석기고고학

석기고고학

성춘택 지음

사회평론

석기고고학

2017년 4월 28일 초판 1쇄 발행
2018년 9월 10일 초판 2쇄 발행

지은이 성춘택
펴낸이 윤철호
펴낸곳 (주)사회평론아카데미

편집 고인욱, 고하영
표지 디자인 김진운
본문 디자인 민들레
마케팅 이승필

등록번호 2013-000247(2013년 8월 23일)
전화 02-2191-1133
팩스 02-326-1626
주소 03978 서울특별시 마포구 월드컵북로12길 17(1층)

ISBN 979-11-88108-12-1 93910

* 이 저서(원과제명 석기 고고학: 선사 고고 자료의 분석)는 2012년 정부(교육부)의 재원으로 한국
  연구재단의 지원을 받아 수행된 연구임(NRF-2012S1A6A4018385).

이 책은 고고학을 하는 방법을 담고 있다. 고고학에서 흔하게 마주하는 돌로 만들어진 유물을 어떤 시각에서 보아야 하며, 어떻게 기록하고, 분류하고, 분석하며, 설명하고, 해석하는지를 다루고 있다. 그러니 단순히 일반인을 상대로 고고학이 무엇인지를 알리는, 재미있는 탐정소설 같은 글은 아니다. 그렇다고 고고학을 전공하는 학생이나 연구자만을 대상으로 한 책도 아니다. 고고학이란 학문을 아직 제대로 접하지 못한 사람일지라도 학문의 대상과 방법을 다루고 있기에 관심이 있다면 충분히 읽을 수 있는 내용을 담았다.

고고학은 물질 자료를 수집하고, 분류, 분석하여 과거 인간행위와 문화를 복원하고 그 변화를 설명하고 해석하는 학문이다. 돌로 만들어진 유물은 오랜 시간이 지나도 잘 보존되기 때문에 아마도 토기와 함께 고고학에서, 특히 선사시대를 다루는 분야에서 가장 흔한 자료일 것이다. 대다수 구석기시대 유적에서 나오는 자료는 석기로만 이루어져 있으며, 신석기시대와 청동기시대 일상도구의 대부분은 석기였다. 이처럼 석기는 선사시대를 이해하는 데 중요한 자료이다.

석기 연구는 고고학이 학문으로 성장하는 배경이 되기도 했다. 19세기 뗀석기를 인공품으로 인지하고, 인류의 과거, 특히 어떤 문헌에도 기록되어 있지 않는 선사시대를 탐구하는 학문의 자료로 삼음으로써 고고학이 성장하였던 것이다. 또한 20세기 중반 고고학 이론의 발전에도 석기 자료를 어떻게 이해할 것인지에 대한 논쟁은 큰 몫을 하였다. 이렇듯 석기는 고고학의 기초 자료이면서 이론과 방법론의 영역에서도 중요한 역할을 해 왔다. 그럼에도 한국 고고학에서는 석기에 대한 체계적 분류와 분석을 다룬 책을 찾기 힘들다. 사실 석기뿐만 아니라 고고학의 이론과 방법론, 자료의 분석과 해석, 곧 학문을 하는 방법을 가르쳐 주는 책이 별로 없다.

이 책은 주로 석기라는 선사시대의 중요한 고고학 자료를 분석하는 방법을 담고 있다. 석기 만드는 방법과 돌감(석재)에 대한 지식에서 시작하여, 동정, 여러 석기의 명명과 분류, 분석법에 이르기까지 넓은 주제를 다루고 있다. 주로 한국 선사시대 자료를 대상으로 하였지만, 이론과 방법론의 중요성을 인지하고, 중요한 외국의 사례 연구도 소개한다. 이 책이 현재 한국 고고학에서 필요로 하는 부분을 모두 메워 줄 수는 없겠지만, 석기라는 부분에서라도 학생과 연구자, 그리고 관심을 가진 대중에게 도움이 되었으면 한다.

나아가 한국 구석기시대 뗀석기에서 신석기시대와 청동기시대의 다양한 간석기에 이르기까지 선사시대의 석기 자료를 망라하고자 했다. 그러다 보니 어떤 유물이나 주제에 대해서는 자세하다가도 또 다른 것은 지나치게 짧게 언급하기도 했다. 또한 많은 연구자가 이미 축적해 놓았던 연구를 참조하였지만, 모두를 포괄하고, 또 나아가 비판적으로 수용하여 새로운 결론이나 연구방향을 제시하는 일은 당초 불가능한 일이었다. 기본적으로 글쓴이의 능력의 문제이겠으나, 현실적인 어려움의 하나는 연구자들이 쓰는 용어나 분류체계가 일관되어 있지 않고, 대중성이 부족하다는 점이다. 이 책에서는 될 수 있는 대로 간략한 우리말을 쓰고자 노력했다. 석핵보다는 몸돌, 마제석검보다는 간돌검이라는 말을 쓰고자 했지만, 이단병식석검 같은 용어도 적절하게 사용하였다. 그리하여 이 책에서 쓰는 용어와 분류 방식에 동의하지 않는 사람도 있을 것이다. 이 점에 대해서는 신사시대 석기와 분석법을 종합적으로 다루는 책이기에 다른 연구자의 너그러운 이해를 바란다. 다만

이 책에 있는 잘못은 본인의 책임이다.

　책을 쓰는 데 국내외의 여러 문헌을 참고했지만, 책의 체제와 담겨 있는 내용은 다른 곳에서 찾을 수 없다. 지은이 역시 스스로 몇 가지 선행 연구를 토대로 했지만, 이 책에서 모두 새로이 다시 풀어 썼다. 특히 구석기시대 뗀석기에서 시작하여 청동기시대 간석기에 이르기까지 선사시대 석기를 포괄하고자 애썼다. 사실 이것은 참으로 힘든 일이었고, 책의 내용에 지은이 역시 만족할 수 없다. 그러나 석기라는 중요한 자료로 고고학을 하는 방법을 다룬 책이 반드시 필요하다는 생각에 스스로 동기를 부여 받았다.

　지은이는 대학에 자리 잡은 뒤 오랫동안 〈석기론〉 강의를 해 왔다. 그러면서 늘 적당한 저술을 찾을 수 없음을 아쉬워했다. 영문이나 일문 도서가 주된 문헌이었지만, 우리의 선사시대 자료와 견주어 만족할 수 없었다. 그리곤 언젠가 새로이 책을 쓰리라 마음먹은 지 오래다. 그러던 차에 2012년 한국연구재단 저술지원을 받아 3년 동안 글을 쓰는 재미에 빠졌다. 그런데 마무리는 역시 어려웠다. 번역과는 달리 고칠수록 새로운 내용이 나오고, 보완하는 과정이 끝이 없을 것만 같았다. 널어놓은 지식을 정리하는 일은 정말 힘들었다. 그렇다고 한없이 시간만 보낼 수는 없는 노릇이라 이제 무거운 마음으로 마무리를 짓는다. 그러면서도 부디 이 책이 유용하게 쓰이길 바라는 마음 간절하다. 나아가 학문의 발전을 위해서 토기론이나 고분론 같은 한국에서 고고학을 하는 방법론을 담은 책이 더 많이 나오길 기대한다.

　여러 사람의 도움을 받았다. 먼저 대학 시절 순천 금평과 죽산, 그리고 고향인 옥과 발굴에서 석기와 인연을 맺었다. 서울대학교의 이선복 선생님께 교실에서, 현장에서 오랜 시간 가르침을 받았다. 이 책이 혹여 선생님의 학덕에 누가 되지 않을까 두려운 마음이 앞선다. 책의 신석기와 청동기시대 부분은 부산대학교 임상택 교수와 한국전통문화대학교의 이기성 교수, 고려대학교의 손준호 교수가 읽고 잘못을 지적해 주었다. 한국연구재단 저술지원 심사위원으로부터도 조언을 받았다.

　이 책은 지은이가 충남대학교와 경희대학교에서 〈석기론〉을 강의하면

서 학생들과 공부하고 토론하면서 준비한 글이라 해도 과언이 아니다. 초고
는 문수균, 양혜민, 오정우, 김민경, 호우쪄(候哲), 한진성, 조소은, 허원영, 김
영은, 손수연, 김태경, 안재필 등 경희대학교의 대학원생과 서울대 송아름
학생이 읽어 주었다. 특히 김민경과 김태경은 마지막까지 도면 작업을 도와
주었다.

책에 실린 도면과 사진은 과거 지은이가 그린 것(경희대학교, 서울대학
교, 한림대학교 발간), 그리고 새로이 작성된 것(지은이와 김민경, 김태경)도 있
지만, 많은 연구자와 기관의 협조를 받기도 했다. 안재호 교수, 유용욱 교수,
조대연 교수, 장용준 박사, 손준호 교수, 쇼다 신야 박사, 이석범 선생, 윤정
국 선생, 박근태 선생, 박성근 선생, 문수균 선생, 이홍주, 민경인, 최철민 학
생, 그리고 유학시절 선배였던 칼 리포 교수, 국립대구박물관, 강원문화재연
구소, 경희대학교 중앙박물관, 경기문화재연구원, 예맥문화재연구원, 충청북
도문화재연구원, 한양대 문화재연구소, 호남문화재연구원 등의 협조를 받아
게재할 수 있었다. 도움을 주신 많은 분과 기관에 감사한다.

흔쾌히 출판을 허락한 사회평론아카데미의 윤철호, 김천희 대표와 고인
욱 위원께도 고마움을 전한다. 끝으로 늘 곁을 지켜 준 가족에게도 깊이 감사
한다.

2017년 4월
경희대 연구실에서 성춘택

차례

제4부 더 넓은 맥락에서 보는 석기

제1부 석기란?

제1장

석기와 고고학

1.1. 고고학과 석기

석기란 돌로 만들어진 고고 유물을 말한다. 이렇듯 많은 사람들에게 자명한 용어도 절차를 따져 들어가면 그리 수월하진 않다. 누구나 사용하는 용어지만 분명하지 않은 부분이 있는 것이다. 석기란 "돌로 만들어진 고고학 유물로서 그 형태나 공간적 속성이 사람에 의해 변형된 것"이라 정의할 수 있다. 그런데 돌로 만들어진 유물이라고 하면, 가령 비석이나 석탑을 만드는 데 쓰였던 석재 역시 넓은 의미의 석기라고도 할 것이다. 그러나 고고학의 학문적 탐구 바깥에 있기 때문에 이것을 석기의 범주에 넣지는 않는다. 고고학에서도 역사시대의 석실묘나 건물지에서 나온 다듬어진 석재 역시 통상 석기로 취급하지 않는다. 이런 것들은 사람이 다듬고 운반하였기에 넓은 의미에서 석기라 할 수도 있지만, 유구에서 돌은 그 자체가 목적이 아니라 큰 구조물의 일부이기에 고고학에서 흔히 석기로 인정되고 분석되지 않는다. 그리하여 '돌로 만들어진 도구 및 관련 유물'이라는 범주로 석기를 정의할 때 한 번도 사람의 손에 깨진 흔적이 없는 구석기시대 유적에서 나온 운반된 석재도 석기로 취급된다.

돌을 깨거나 갈아 만든 도구는 선사시대에 널리 만들어지고 쓰였다. 또한 다른 유기물 도구에 비해 부식에 강하여 오래 살아남기 때문에 고고학 자료로서 많기도 하다. 막대기, 소쿠리, 나무창, 뼈작살 등 수없이 많은 유기물로 만든 도구는 저습지와 조개더미, 동굴 같은 몇몇 특수한 퇴적 환경을 빼고는 세월을 이기지 못하고 대부분 흔적도 없이 사라지고 만다. 돌로 만든 유물도 물리적이고 화학적인 풍화를 겪어 표면이 탈색되고 약해지지만, 대부분 오래 견딘다. 유기물 도구가 석기보다 먼저, 그리고 더 널리 쓰였을 것이지만, 석기는 부식과 침식, 풍화, 농경, 지형 변화 등 수많은 변화를 거치면서도 원래의 형태를 가장 잘 보존하고 있는 유물인 것이다. 그렇기에 석기는 선사시대 인류의 생활, 행위, 문화와 관련된 수많은 고고학 질문에 실마리를 주는 중요한 자료일 수밖에 없다.

석기는 고고학의 대상이면서도 가장 다루기 어려운 자료이기도 하다. 일반인과 상당수 고고학자들 역시 석기를 이해하는 데 어려움을 겪는다. 이는 깨고 갈아 만든 돌 유물에서 패턴을 찾기가 쉽지 않기 때문이다. 그냥 자연의 힘으로 깨지고 닳은 돌과 사람이 의도적으로 깬 돌, 곧 유물을 분간하지 못하는 수가 많다. 글쓴이가 학위 논문을 준비하면서 석기들을 잔뜩 펼쳐 놓고 실측하고 분류하고 있을 때 문외한인 친구에게 "그런 깨진 돌 우리 집 뒷마당에도 많다"는 말을 듣기도 하였다. 우스갯소리이지만, 그만큼 자연적으로 깨진 돌과 석기를 구분하기 어렵다고 할 것이다. 학생들이 석기라고 주워 온 돌도 수없이 던져 버렸으니 분명한 기준이 무엇인지 궁금하기도 할 것이다.

그래서인지 일반인이나 다른 분야의 전문가들에게 인류 문화를 이해하는 데 석기가 지니는 중요성이 과소평가되고 있는 것 같다. 특히 뗀석기의 경우 우선 사람의 손을 거쳐 만들어진 유물인지를 판단하는 데 어려움을 겪는다. 돌을 깨어 만들기 때문에 정해진 크기와 생김새, 곧 형식과 패턴을 찾는 일이 쉽지 않다는 점이야말로 석기 연구의 높은 문턱이라고 하겠다. 석기 판별을 위해서는 어느 정도의 경험과 지식이 필요하다.

고고학이란 학문이 일반인에게 어떻게 인식되는지 몰라도, 만약 잃어버린 문명이나 우리 역사를 찾는 일, 그리고 화려한 백제나 신라의 금관을 떠올리는 사람이라면, 수도 없이 어지러이 흩어져 있는 돌조각을 마주하며 그저 한숨만 쉴지도 모른다. 고고학에 그런 선입견을 가진 사람이라면 금귀고리, 아니 하다못해 도자기 조각도 아니고 돌조각이란 아무런 가치도 없는 물건이라 느낄 수도 있다.

그런데 고고학은 단순히 과거의 잃어버린 찬란한 문명만을 찾는 학문이 아니다. 오히려 많은 고고학자들은 석기나 토기, 집자리 같은 과거 일상적인 물질 자료를 찾고 분류하고 설명하며 해석하면서 인류가 어떠한 과정을 겪어 지금에 이르게 되었는지를 이해한다. 딱딱한 자료를 분석하여 과거 사람의 행위와 삶, 역사, 그리고 문화변화와 같은 문제에 학문적으로 접근한다. 이 책의 취지 가운데 하나는 이런 학문 목적을 이루는 데 석기의 중요성을 강조하는 일이다. 더 구체적으로 이 책은 석기를 알아내고 정리, 기록하고, 분류하며, 분석하는 방법, 곧 물질 자료라는 대상을 자료화하고, 그로부터 의미 있는 진술을 끌어내는 방법을 이야기한다. 그리하여 더 넓은 고고학의 맥락 안에서 석기 연구의 의미를 말한다. 나아가 최근 연구의 경향과 사례를 여러 주제 아래 소개하고 논의함으로써 석기 연구가 잠재적으로 가치 있는 일임을 알리고자 한다.

1.2. 석기의 중요성

석기는 전 세계 어디에서도 만날 수 있는 고고 유물이다. 그도 그럴 것이 석기는 사람의 조상이 자연 세계에서 생존하고 진화하며 발전시킨 기본 도구였다. 불과 몇 년 전까지도 약 260만 년 전, 사람 속(Genus Homo)이 등장하던 무렵 인류의 조상은 돌을 깨뜨려 도구로 사용하기 시작하였다고 생각했지만, 이제 석기의 등장은 이보다 훨씬 더 올라가는 것 같다. 최근 보고에 따르면 케냐의 투르카나호 주변에서는 무려 330만 년 전의 층에서 사람이 만든 석기군이 확인되었다(Harmand *et al.* 2015). 물론 앞으로 학계의 검증을 거쳐야 하고, 비슷한 시기 동물뼈화석에 석기의 사용흔이 발견되었다는 보고도 있었다. 이 발견이 있기 전까지는 에티오피아의 고나(Gona) 유적에서 나온 260만 년 전의 자갈돌 석기들이 호모 하빌리스가 만든 것인지, 아니면 주변에서 화석뼈가 수습된 오스트랄로피테쿠스 가르히(*Australopithecus garhi*)가 만든 것인지 논란이 있었다. 인류의 형질진화와 문화진화를 연결시키고자 하는 더 보수적인 연구자는 호모 속 단계에 들어서야 돌을 깨 도구를 만들었다고 보았다. 그런데 이제 오스트랄로피테쿠스가 석기 제작자임이 점점 확실해지고 있는 것이다. 앞으로 루시(Lucy, 에티오피아 하다르[Hadar]에서 발견된 약 320만 년 전의 화석)로 대표되는 오스트랄로피테쿠스 아파렌시스(*A. afarensis*)가 돌을 깨뜨려 도구를 만들었다는 더 분명한 증거가 나오길 기대한다.

언제 사람의 조상이 처음 돌을 깨서 사용하게 되었는지를 아는 일은 사실 불가능하며, 고고학적으로 무의미한 질문이기도 하다(성춘택 2017). 20세기 중반까지만 해도 사람은 자연세계의 유일한 도구 제작자이고 사용자라는 믿음이 있었다. 이제 침팬지는 물론이고 새까지도 도구를 사용한다는 사실이 잘 알려져 있다. 최근 브라질에서 원숭이가 규암 같은 단단한 돌을 깨는 모습을 담은 동영상이 공개된 적도 있다. 이제 도구 사용과 인간을 직결시킬 수 없게 되었다. 그렇게 생각하면 최초의 도구라는 것은 그저 멋진 수식어이거나 메타포에 불과하다. 그 어떤 고고학 작업으로도 최초의 흔적(최초의 석기, 최초의 불의 사용, 최초의 식물재배 등)을 찾을 수는 없는 것이다. 새로운 자료는 또 나올 것이고, 첫 뗀석기 자료, 그리고 시기는 더 거슬러 올라갈 것이다.

그렇지만 출현 시기와는 별개로 체계적인 방식으로 돌을 깨서 도구를 만들고, 나아가 복합도구를 만들어 사용할 줄 아는 것은 여전히 사람뿐이다.

300만 년 동안 석기기술은 느리지만, 꾸준히 진화하였다. 인류의 형질진화 증거가 화석에 있다면, 문화진화의 실마리는 석기에 있는 것이다. 나무나 바구니 같은 유기물 도구의 흔적을 수백만, 아니 수만 년 전 유적에서 기대할 수 없는 점을 고려할 때 약 1만 2,000년 이전의 구석기시대 유물의 대부분은 석기이다. 그리고 신석기시대, 청동기시대가 이어지고 농사를 짓고 전쟁을 하면서도 생업활동의 주된 도구는 여전히 돌로 만들었다. 이처럼 석기는 인류 문화의 전개과정을 이해하는 데 없어서는 안 될 중요한 유물인 것이다.

선사시대 사람은 불을 피워 요리를 하기 전에 돌을 먼저 다루었다.[1] 긴 구석기시대에는 인구가 아주 적었지만, 시간의 깊이만큼 우리 주변에는 많은 유적이 남아 있다. 토기가 기껏 1만 년 정도의 역사를 갖는 데 비해 석기는 인류 역사 대부분의 시기 동안 가장 주된 물질 자료였다.[2] 그렇게 보면 선사시대 사람들은 지금 우리가 플라스틱이나 알루미늄에 대해서 아는 것보다 더 돌에 대해 세세한 지식을 지녔을 것이다.

돌로 만든 도구의 역사가 300만 년이 넘는다는 것은 인간의 형질과 문화진화의 과정에 석기기술이 중요한 역할을 하였음을 뒷받침해 준다 (Ambrose 2001; Harmand *et al.* 2015; Klein 2002, 2009; Nowell and Davidson 2011; Schick and Toth 1997, 2007). 아프리카의 초기 인류에서 시작하여 후기 구석기시대 전 세계에 확산하며 고위도의 혹한과 건조, 고산지대 등 다양한 환경에 적응한 현생인류의 집단은 돌을 깨서 도구를 만들어 사용하였다. 이처럼 석기기술을 빼고 사람이 어떠한 과정을 거쳐 현재의 정체성을 이루었

....

1   불의 사용에 대한 증거는 아프리카 체소완자(Chesowanja) 같은 유적에서 150만 년 전까지 올라가 기도 하지만, 자연 화재로 불에 구워진 흙이라는 비판적 견해도 있다. 약 79만 년 전 이스라엘의 게세르-베놋-야코브(Gesher-Benot-Ya'qov) 유적에서도 불을 사용한 증거가 보인다. 50만 년 전이 되면 인류는 고위도 지방에 확산하는데, 이는 불 사용의 간접 증거이기도 하며, 비슷한 여러 유적에서 직접 증거가 나온다.
2   토기는 사실 구석기시대 말에 나타나는데, 한국을 둘러싼 동아시아의 자료가 가장 이르다. 약 15,000 년 전 일본이나 아무르강 유역의 자료는 잘 알려져 있는데, 최근 남중국에서는 약 2만 년 전, 최후빙하극성기(LGM)까지 올라가는 토기가 나온 바 있다(Wu *et al.* 2012). 이처럼 토기는 후기 구석기시대 수렵채집민의 맥락에서 등장한다.

는지, 다시 말하면 휴머니티의 형성과정과 인류 문화의 장기간의 변화를 풀어낼 수 없다(Gamble 1999, 2007; 갬블 2013). 긴 시간과 넓은 공간을 가로지르며 석기는 이처럼 인류 문화진화의 열쇠 역할을 하였으며, 지역 조건에 따라 다양한 면모와 변화의 궤적을 담고 있다.

최근 학계뿐 아니라 대중에게도 많은 관심을 모으고 있는 진화심리학의 시각에 따르면 현재 인류 집단이 공유하고 있는 수많은 심리적이고 행위적인 특징은 기실 수백만 년 동안 수렵과 채집 생활을 하면서 진화하였다고 한다. 마을을 이루고 농사를 지었던 시간은 기껏 1만 년 정도에 불과하기에 인류의 공통 특징이 진화하기에는 턱없이 부족하다는 것이다. 그리하여 진화심리학자들은 구석기시대의 사냥과 채집 생활, 불의 사용과 요리, 짝짓기 행위, 이동 생활 등과 관련된 연구를 중시한다(버스 2012). 진화심리학의 전제를 논증하는 것은 이 책의 범위를 벗어나는 일이지만, 구석기시대 내내 이루어진 행위와 문화진화는 현재 인류의 토대인 것은 사실이다.

긴 세월 동안 유기물 도구 역시 천천히 발달하였을 것이다. 그런데 나무를 다듬거나 가공하는 일, 가령 뾰족하고 날카롭게 만드는 일은 또 다른 도구를 필요로 한다. 깨진 돌의 날카롭고 강한 날은 이런 필요에 잘 맞는다. 300만 년이 넘는 시간 동안 석기기술은 인류 정체성의 형성과 진화의 중심 테마였다. 거칠고 투박한 석기는 후기 구석기 최말기가 되면 아주 작고 정교하며 대량생산이라는 용어를 쓸 수 있을 만큼 놀랍게 발전한다. 이어지는 신석기시대, 청동기시대에도 여러 생김새와 크기의 뗀석기가 만들어지고 쓰였으며, 잘라내고(찰절), 구멍을 뚫고(천공), 갈아(마연) 만든 간석기가 수렵, 어로, 농경을 비롯한 의식주 생활과 상징, 의례 활동에까지 두루 쓰였다. 금속기, 특히 철기가 사용되고 사회가 더욱 복합화하면서 석기의 중요성은 쇠퇴한다. 이것은 어디까지나 긴 인류의 진화 역사에 비하면 아주 '최근의 일'이라 할 것이다.

석기는 선사시대 내내 자연 세계에서 에너지를 얻는 주된 도구였다(Adams 2002; Dubreuil 2004; Rowan and Ebeling 2008). 긴 구석기시대 동안 늘 석기는 수렵과 채집의 도구 역할을 하였음은 물론, 시간의 흐름에 따라 도구의 형식은 달라지지만 농경이 등장하고 자리 잡은 뒤에도 석기는 널리 만들어지고 쓰였다. 따라서 석기의 다양한 모습과 시간의 흐름에 따른 변화를 파악하지 않고서는 선사문화의 진화를 이해할 수 없다고 하겠다. 석기의 제작과 사용은 인류 문화의 진화과정을 엮고 설명하는 데 중요한 연구 주제인 것이다.

1.3. 뗀석기와 간석기

다시 정의하면 석기란 돌을 깨거나 가는 등 인위적으로 형태나 위치를 변형시킨 고고 유물을 말한다. 아무런 가공의 흔적도 없이 사용되거나 유적에 옮겨진 유물도 드물지 않다. 고인돌이나 선돌, 돌로 만든 무덤에 쓰인 다듬어진 돌도 넓게 보아 석기의 일부라 할 수 있다. 그러나 고고학에서 석기라고 하면, 좁은 의미, 곧 도구로서 쓰이거나 도구를 만드는 과정에서 생겨난 부산물, 또는 그런 맥락과 연관 있는 돌로 만들어진 유물을 가리킨다. 석기는 철기에 자리를 물려주기까지 선사시대 인류의 주된 도구였다. 이 책에서는 선사시대의 고고학의 중요 자료인 뗀석기와 간석기를 기록하고 분류하며 분석하는 방법을 개괄한다.

뗀석기(chipped stone artifact), 곧 타제석기(打製石器)는 자갈돌이나 돌덩어리 등 원석을 깨거나 다듬어서 만든 유물을 말한다. 후기 구석기시대 최말기의 길이 1cm도 안 되는 아주 작은 석기에서 20cm가 넘고 무게도 몇 킬로그램이나 나가는 몸돌이나 찍개, 주먹도끼에 이르기까지 여러 뗀석기 형식이 있다. 구석기시대 내내, 그러니까 인류의 선사시대 대부분의 시간 동안 뗀석기는 가장 일반적인 도구였으며, 신석기시대에도 여러 격지와 돌칼, 돌괭이 같은 도구가 뗀석기로 만들어졌다.

뗀석기의 기본 구성 성분은, 나중에 자세히 살펴보겠지만, 타격이 되는 원석, 곧 몸돌과 이로부터 떨어져 나오는 조각이다. 큰 격지 역시 다시 몸돌이 되어 더 정교하게 다듬어져 도구가 되기 때문에 몸돌과 격지, 둘 사이의 구분은 실제론 다층적이다. 격지를 떼다가도 수없이 많은 부스러기와 부정형의 돌조각이 떨어져 나오고, 이것들이 다시 몸돌이 되기도 한다. 몸돌도 커다랗고 정해진 형태를 찾기 어려운 것에서부터 아주 작고 정교한 잔몸돌(細石核, microblade core)에 이르기까지 다양하다. 그리고 도구에는 주먹도끼(handaxe), 가로날도끼(cleaver), 찍개(chopper), 찌르개(point), 긁개(scraper), 밀개(endscraper), 톱니날(denticulate), 홈날(notch), 뚜르개(borer), 새기개(burin) 등 여러 형식이 알려져 있다.

이와 대조로 돌을 갈아서 쓸모 있는 연모로 만든 것을 간석기(ground stone artifact), 곧 마제석기(磨製石器)라고 한다. 그런데 많은 간석기는 뗀석기기술과 연속되어 있다. 예를 들어 돌(화)살촉을 만들기 위해서는 셰일이나 점판암 같은 적당한 원석을 골라 먼저 뗀석기기법으로 소재를 다듬은 다음, 처음엔 거칠게, 나중엔 정교하게 갈아서 석기를 완성한다. 또한 돌도끼 같은 석기는 날 부분만을 갈아 만들고 나머지 부분은 뗀석기의 흔적을 그대로 간직하고 있기도 하다.

간혹 일부 초중고 교과서에 뗀석기는 구석기시대, 간석기는 신석기시대의 유물이라 소개되어 있기도 하지만, 이는 잘못된 것이다.[3] 돌을 갈아 가공하는 간석기기술은 신석기시대에 들어서 시작된 것이 아니라 구석기시대까지 거슬러 올라간다. 후기 구석기시대의 간돌도끼(마제석부)도 드물게만 보이는 것이 아니다. 포천 늘거리, 하남 미사리, 대전 용호동, 순천 월평, 진주 집현 장흥리, 장흥 신북 등 많은 후기 구석기시대 유적에서 간석기 또는 갈린 석기가 나오고 있다. 마찬가지로 뗀석기 역시 구석기시대에 한정되는 도구가 아니다. 많은 뗀석기가 신석기시대, 청동기시대 유적의 집자리, 저장공,

....

3   학생들이 사용하는 역사교과서의 선사시대 부분에는 많은 잘못이 있다. 시각과 서술의 부적절함을 떠나서 유물, 특히 석기에 대해서는 잘못된 명칭뿐 아니라, 유적 이름이나 그림의 배치가 잘못되어 있는 것도 적지 않다. 교과서 집필과 제작에 전문가가 참여하지 않은 것이 큰 이유이지만, 그만큼 석기는 적절한 관심과 이해를 받고 있지 않다(성춘택 2016).

작업공, 수혈이나 폐기유구에서 발견되고 있다. 청동기시대 집자리에서도 돌칼, 돌살촉, 돌도끼 같은 유물뿐 아니라 크고 작은 격지도 드물지 않게 나온다. 다만 이런 유물들이 분명 당시에는 제작되고 사용되었을 것이지만, 보고서에 잘 기술되지 않는다. 사실 집자리 안에서 발견된다는 것은 그만큼 도구로서 쓸모가 있었음을 방증한다(이기성 2015). 다시 말해 음식물이나 도구 가공에서 자르고 써는 용도에 적합한 도구는 사실 격지이다. 물론 위에 언급한 돌칼이나 화살촉, 도끼 등도 자르고 베고 써는 데 쓰일 수 있지만, 가장 수월하게 사용할 수 있는 것은 이런 격지인 것이다. 이 때문에 반드시 출토한 유물들 모두를 도면으로 남기고 기록해야 한다.

어쨌든 뗀석기와 간석기의 구분은 다분히 편의적인 것이다. 제작과정도 서로 연속되어 있으며, 어떤 시대의 특징이라는 것도 잘못되거나 과장된 표현이다.

1.4. 석기론

고고학의 대상은 과거의 물질 자료이다. 언젠가는 한 번 사람이 만들거나 그것이 지닌 속성을 바꾼 물적인 자료가 고고학의 연구 대상이다. 고고학은 물질 자료를 기록하고, 분류, 분석하여 그것을 남긴 과거 인간의 행위와 문화를 복원하고 그로부터 인류문화의 변화에 대해 의미 있는 진술을 하는 것을 목적으로 하는 학문이다. 그런데 아무런 말도 하지 않는 물적인 연구 대상은 과거 인간행위와 사고에 대해 직접 정보를 주지 않는다. 그저 무수히 많은 돌이나 흙으로 만들어진 조각이 과거 사람들이 살았을 법한 막집터 주변에 어지러이 널려 있을 뿐이다. 지난 150여 년 동안 고고학은 그런 물질 자료로부터 의미 있는 과거에 대한 진술을 찾아내는 방법을 개발하여 왔다고 해도 과언이 아니다.

물질 자료에서 패턴과 의미를 찾는 일은 고고학 연구의 출발이다. 물질

문화의 패턴은 반드시 농사를 짓거나 국가 같은 공식적 사회체제가 성립한 뒤에야 나타나는 것은 아니다. 사람은 문화적 동물이기 때문에 아무리 독특한 사고와 행위를 한다고 하더라도 그것은 특정 시간과 공간의 맥락과 관련된 유형을 담고 있다. 다만 말하지 않는 물질 자료에서 패턴을 찾고 그로부터 의미 있는 진술을 생산하는 일은 그리 간단하지 않다. 경험, 숙련과 함께 이론과 방법론이 필요한 일이다.

혹자는 고고학을 늘 새로운 발견에 매달리는 학문이라 생각할지도 모른다. 현재의 학설이 땅속에서 새로운 자료가 나옴으로써 뒤집어질 것이라 여기기도 한다. 그렇기에 고고학은 지극히 귀납적이고 경험적인 틀에 의존한다고 생각할 수도 있다. 그러나 학설이란 그저 얻어지는 것이 아니라 수많은 경험과 이론적 성찰을 바탕으로 세워지는 것이다. 그리고 경험만으로 과거 인간행위에 대해 아무런 직접 진술도 담고 있지 않은 물질 자료에서 의미 있는 패턴을 찾고 그것을 해석하고 설명할 수는 없다. 고고학은 물질 자료를 분류하고 분석하여 과거 인간행위와 문화에 대해 진술하고자 하는 학문적 성격을 지니고 있기에 그 대상과 추구하는 목적이라는 학문 성격상 이론과 방법론의 논의가 중요할 수밖에 없다. 고고학사를 돌아보면 학문을 발전시킨 것은 새로운 유적의 발굴이나 자료의 등장이 아니라 과거 물질문화로부터 의미 있는 진술을 이끌어 내는 이론과 방법론의 개발이었다.

고고학에서 귀납과 연역의 부단한 되풀이야말로 중요한 학문과정이다. 다만 한국 고고학은 지나치게 새로운 자료에 의존하는 귀납적 접근을 강조하는 경향이 있기 때문에 연역적 접근과 이론의 역할이 중요함을 주지할 필요가 있다(성춘택 2017). 유물을 다루고 분류하고 패턴을 찾고 과거를 설명하고 해석하는 학문적인 작업이 상식의 수준에서만 이루어져서는 안 된다. 이론이란 상식을 넘어서는 원칙과 논리를 요구한다. 상식으론 부족할 뿐 아니라 우리의 상식은 논리적 사고를 혼란시키기도 한다. 예를 들어 18세기까지의 상식은 인류사는 그저 수천 년 정도 된 것으로만 여기는 것이었다. 이런 상식을 깨고 등장한 것이 문헌에 기록되어 있지 않은 인류의 먼 과거를 다루는 학문으로서의 고고학이다. 층위를 보더라도 땅속 깊이 들어 있는 유물이 얕은 곳에 묻힌 것보다 오래되었을 것임이 당시의 상식이었다. 그런데 층위학의 원칙이 인식되기 시작하면서 사정이 달라진다. 깊이와 상관없이 층위가 더 중요한 것이다. 이로써 퇴적층의 여러 성격을 파악하여 층위를 구분하여 시간의 흐름에 따른 문화변화를 구성할 수 있게 되었던 것이다. 지금은 인류의 기원과 층위학의 원칙이 상식의 영역에 들어왔지만, 당시로서는 "혁명(층위 혁명, stratigraphic revolution)"이라 일컬어질 정도로 중요한 학사적 진전이었다(O'Brien *et al.* 2005).

고고학에서 이론과 방법론의 역할을 인정해야 한다. 물론 새로운 자료가 발굴되고 쌓이면서 성장한 측면도 무시할 수 없지만, 어떻게 말하지 않는 물질 자료를 분류하고 분석하여 과거 인간행위와 문화변화를 논해야 하는지 하는 문제를 두고 벌어진 많은 이론과 방법론의 논의를 바탕으로 고고학은 지금의 모습으로 발전할 수 있었다.

1.5. 책의 범위와 구성

한국 선사시대 또는 구석기시대 유적이나 유물을 소개하는 것은 이 책의 주목적이 아니다. 구석기시대 인류 문화의 진화나 선사시대를 개괄하는 내용은 다른 책에서 얻을 수 있을 것이다. 물론 한국의 선사시대가 논의의 대상이지만, 어떤 유적이나 유물에 대해 지나치게 세밀한 논의는 지양할 것이다. 이 책은 어디까지나 석기론, 곧 고고학 자료의 하나로서 석기를 분석하는 방법에 집중하고 있다. 또한 한국 선사시대의 자료를 기록하고 분류하며 분석하는 방법을 논하고, 이런 작업에 도움이 되는 사례 연구를 제시하고자 한다.

이 책은 많은 선행 연구의 연장선상에 있다. 몇몇 주요 저술만을 제시하면 다음과 같다.

국립대구박물관, 2005.『사람과 돌: 머나먼 진화의 여정』, 국립대구박물관.

손보기, 1988.『한국 구석기학 연구의 길잡이』, 연세대학교 출판부.

손준호, 2006.『청동기시대 마제석기 연구』, 서경문화사, 서울.

이선복, 1989.『동북아시아 구석기연구』, 서울대학교 출판부.

Adams, Jenny L., 2002. *Ground Stone Analysis: A Technological Approach*. Univ. of Utah Press, Salt Lake City(2nd ed., 2012).

Andrefsky, William, Jr. 1998(2005). *Lithics: Macroscopic approaches to analysis*. Cambridge Univ. Press, Cambridge. UK.(2nd ed., 2005).

Clark, J. D., and M. R. Kleindienst, 2001. The stone age cultural sequence: terminology, typology and raw material, in *Kalambo Falls Prehistoric Site III*, by J. D. Clark, pp. 34-65. Cambridge Univ. Press(first edition published in 1974).

Debénath, Andre and Harold L. Dibble, 1994. *Handbook of Paleolithic Typology 1: Lower and Middle Paleolithic of Europe*, University Museum, University of Pennsylvania, Philadelphia(이선복 역, 『구석기 형식분류』, 사회평론, 2012).

Inizan, Marie-Louise, Helene Roche and Jacques Tixier, 1992. *Technology of Knapped Stone*. Meudon, CREP, France.

Whittaker, John C., 1994. *Flintknapping: Making and Understanding Stone Tools*. University of Texas press, Austin, TX.

加藤晋平・鶴丸俊明, 1980.『図録石器の基礎知識』, 柏書房, 東京.

竹岡俊樹, 1989.『石器研究法』, 言叢社, 東京.

竹岡俊樹, 2003.『舊石器時代の形式學』, 學生社, 東京.

선행 연구를 참고했지만, 이 책이 취하고 있는 접근방법과 다루고 있는 내용은 다른 문헌에서 찾을 수 없는 새로운 것이다. 자료를 분석하는 방법과 이론에 바탕을 두고 주로 한국의 구석기시대뿐 아니라 신석기시대와 청동기시대의 다양한 석기까지 포괄하고자 하였다.

이 책은 크게 4부로 구성되어 있다. 제1부는 석기에 대한 기초 지식과 연구사, 제2부는 석기의 제작과 분류, 제3부는 여러 석기의 분석, 제4부는 더 넓은 맥락에서 석기의 의미를 다룬다.

먼저 제1부는 다시 두 개 장으로 이루어져 있으며, 석기란 무엇인지, 그리고 석기와 관련된 고고학 논의와 이슈는 무엇인지를 살펴본다. 제2장에서는 연구사와 함께 분류 및 형식 관련 이슈를 다룬다. 주지하듯이 고고학이 학문으로 성장하는 과정에는 뗀석기에 대한 이해가 중요한 역할을 하였다. 이로써 석기라는 물적 증거를 둘러싸고 인류의 기원, 그리고 문헌이 없는 선사시대를 다루는 학문의 성립을 논한다. 나아가 20세기 중반 문화사고고학과 과정고고학의 논쟁을 바탕으로 석기 형식학 논의가 어떻게 현대 고고학의 여러 모습과 연관되어 있는지를 살펴본다.

제2부는 석기 제작과 분류라는 제목으로 석기를 만드는 방법과 종류를 제시한다. 제3장에서는 석기 제작의 가장 기초적인 단계로서 돌감(석재)을 다룬다. 돌감의 종류와 암석학적 특성, 쓰임새, 중요성, 이용 가능성 등을 짚어 본다. 그리하여 화성암, 퇴적암, 변성암을 위시한 여러 암석의 성인과 석기 제작에 쓰이는 돌감의 특성, 암석학적 분석의 중요성 등을 논의한다. 더불어 석기 제작과 관련된 돌감 이용의 양상은 석기기술과 문화진화 연구에 중요한 주제임을 지적하고, 구체적으로 한국의 구석기시대 뗀석기, 신석기와 청동기시대의 여러 석기에 쓰인 돌감을 논한다.

제4장의 주제는 석기기술의 기초이다. 석기, 특히 뗀석기를 연구하는 데 필요한 기초 용어와 개념을 제시한다. 돌을 깨서 석기를 만드는 원리를 이야기하고, 물리학적인 속성과 함께 돌감에 따른 특징도 논의한다. 돌망치떼기와 뿔망치떼기, 그리고 직접떼기와 간접떼기를 비롯한 다양한 뗀석기 제작 기법을 소개하고, 사례도 살펴본다. 나아가 뗀석기를 기록하고 표현하는 원칙, 도면과 사진 작업 등에 관한 기본 사항을 제시한다.

제5장과 제6장은 석기의 분류를 다룬다. 뗀석기의 분류는 연구의 출발

이면서도 중요한 학문 주제이다. 프랑스와 아프리카 구석기시대 연구사와 함께 석기 분류의 사례 연구를 검토하면서 체계적 분류를 강조한다. 특히 몸돌과 격지, 성형도구의 분류와 관련한 논의를 개괄하며, 한국 구석기시대 뗀석기 분류의 현실적인 대안을 모색한다. 제6장의 주제는 간석기의 종류와 분류이다. 간석기를 만드는 데 쓰인 여러 방법을 소개하면서 신석기시대와 청동기시대 석기의 종류와 분류 방법을 점검한다. 신석기 및 청동기시대 석기는 주로 기능에 따른 분류가 널리 쓰이고 있는데, 이에 대한 이슈를 점검하면서, 개별 간석기 형식을 시공간 분포와 함께 개괄적으로 소개한다. 그러면서도 석기의 제작은 본래 원석에서 돌조각을 떼어 내는 감쇄과정(감쇄연쇄, reduction sequence)임을 강조한다.

제3부는 구체적으로 개별 석기 형식의 분석을 다룬다. 먼저 제7장은 몸돌 분석에 대한 것이다. 몸돌은 격지떼기의 흔적을 간직하고 있기 때문에 뗀석기기술 연구에서 늘 주목을 받는다. 이 장에서는 고고학의 맥락에서 몸돌 감쇄기술의 중요성을 논의한다. 장구한 구석기시대 동안 격지를 떼어 내는 몸돌 감쇄기술의 진화를 개괄하면서 아프리카와 유럽, 그리고 한국의 구석기시대 여러 몸돌을 소개한다. 나아가 몸돌의 종류와 몸돌을 준비하는 여러 기법, 그리고 몸돌의 분류 및 분석 방법을 사례와 함께 살핀다.

제8장은 최근 석기 분석에서 중요시되는 격지와 데비타지 분석이다. 논의는 버리는 돌감으로서 데비타지의 정의와 함께 격지의 종류에서 시작하여 여러 속성을 기록하고 측정하는 방법과 분석법을 사례와 함께 제시한다. 그리하여 실제 뗀석기의 대부분을 차지하고 있는 격지 조각과 부스러기 분석이 가지는 중요성과 의미를 짚어 본다. 이로써 유적의 형성, 기능, 유적에서 벌어진 인간행위의 다양성과 석기군의 구성이 어떻게 연관되어 있는지를 살펴본다.

제9장은 구석기시대 뗀석기로서 성형도구 분석을 논의한다. 여러 형태와 크기의 찍개의 분류와 분석과 관련된 이슈와 사례에서 시작하여 찍개와 주먹도끼를 비롯하여 가로날도끼, 그리고 대형격지의 분류와 분석을 살펴본

다. 잔손질의 종류와 분류법을 논하면서, 소형의 격지 소재로 만들어지는 긁개와 밀개, 새기개, 뚜르개, 찌르개 등의 석기 제작법도 이야기한다. 이를 바탕으로 한국 구석기시대 석기군의 다양성을 강조한다.

제10장은 주로 신석기시대와 청동기시대의 수렵구 및 무기로서 돌(화)살촉에 대한 분류와 분석법을 다룬다. 후기 구석기시대 말의 뗀석기 돌살촉을 개괄하는 것으로 시작하여 신석기, 청동기시대에 만들어지고 사용된 다양한 돌살촉 자료와 관련 연구사를 정리한다. 돌살촉의 형태, 속성, 분류, 분석, 그리고 제작과정 등을 개괄하고, 나아가 돌살촉의 편년과 제작 및 출토 맥락과 사용 방법 등에 관한 사례 연구를 소개한다.

제11장은 신석기시대와 청동기시대의 농구 및 공구류를 다룬다. 돌도끼 또는 여러 석부류 석기의 기능과 분류, 편년을 살펴보고, 여러 형식의 돌칼의 분포와 변화를 논한다. 돌칼(반달돌칼, 반월형석도)에 대해서는 그동안 상당한 연구가 이루어졌다. 여기에서는 연구를 요약하고, 돌칼의 형태와 분류, 제작과 사용 관련 연구 사례를 소개한다. 또한 간돌검의 기원, 분류와 형식, 지역적 양상과 변화를 개괄한다. 이로써 한국 선사시대의 여러 간석기 자료와 개념, 분류, 분석 방법을 제시하며, 앞으로의 연구 방향을 모색한다.

제4부 더 넓은 시각에서 보는 석기에서는 유물의 분류와 분석을 넘어 과거 인간행위와 관련된 이슈를 폭넓게 논의한다. 제12장에서는 유물의 기능과 관련된 이슈를 점검한다. 유물의 명칭이 담고 있는 기능적 함의를 비판적으로 짚어 보고, 실제 석기의 기능을 유추하는 법을 개괄한다. 특히 실험분석과 미세흔(사용흔) 분석의 여러 방법과 사례 연구, 한계를 논의한다. 나아가 잔존물 분석, 민족지 유추와 같은 방법으로 어떻게 유물의 기능을 추정할 수 있는지 사례 연구와 함께 논의한다.

제13장은 석기기술체계론의 입장에서 개별 유물을 넘어 유물군 분석을 통해 유적의 형성과정에 대한 이해를 다룬다. 어떻게 도구와 몸돌, 데비타지의 분포, 계량 분석으로 과거 인간행위의 고고학적 맥락을 추론하는지를 논한다. 또한 유적에서 나오는 석기군의 변이와 석기기술이 어떻게 돌감의 이

용 가능성, 수렵채집민의 이동성 등의 변수와 체계적으로 연관되어 있는지를 이론과 방법론을 강조하면서 검토한다.

제14장은 한국 선사시대 석기기술의 진화를 개괄한다. 한국 구석기시대와 신석기시대, 청동기시대 석기군의 다양한 양상은 시간성과 공간성, 그리고 인간행위의 맥락과 체계적으로 관련되어 있음을 강조한다. 이른 구석기시대 규암·맥석영 석기군에서 후기 구석기시대 돌날과 잔석기기술, 그리고 신석기시대와 청동기시대의 다양한 생산용구와 가공구, 의례용구 석기의 변천을 요약한다. 이로써 시간의 흐름에 따라 석기기술이 어떠한 변화를 보이는지, 어떻게 그 변화를 이해할 수 있는지를 논한다.

제15장은 위의 논의를 요약하고, 선사고고학의 주요 주제로서 석기 연구의 과제와 전망을 제시한다.

제2장

석기 연구사, 기술과 형식

석기를 인지하고 분석하는 것은 일반인뿐만 아니라 고고학을 직업으로 하는 사람에게도 쉬운 일이 아니다. 토기나 금속기는 사람이 만든 유물임이 자명하지만, 돌을 깨서 만든 도구는 자연의 힘에 깨진 것과 언뜻 비슷하게도 보인다. 그리하여 뗀석기, 그리고 심지어 간석기를 사람이 만든 유물인지 판단하는 일은 고고학, 특히 선사고고학이 학문으로 성립하는 과정에서 큰 역할을 하였다. 이 장에서는 동서양을 막론하고 전통 사회에서 석기에 대한 인식이 어떠하였는지, 그리고 선사시대 석기를 학문의 대상으로 인정하면서 고고학이 성장하는 과정을 살핀다.

그리스의 헤시오드(Hesiod)는 기원전 약 800년 『일과 나날(Works and Days)』이라는 교훈시에서 인류 문화와 역사를 다섯 단계로 구분한 바 있다. 가장 먼저 오는 것은 '금과 불멸의 시대'로서 인류는 평화롭게 좋은 사물에 둘러싸여 살았으며, 그 다음 '은의 시대'가 조금 뒤떨어져 이어지고, 그 뒤를 '청동의 시대', '영웅의 시대', 마지막으로는 '철의 시대'라는 슬픔의 시기가 따랐다고 하였다(Wenke 1994). 로마의 시인이자 철학자 루크레티우스(Lucretius, 95-53 BC)는 도구의 재질을 바탕으로 돌의 시대와 청동의 시대, 철의 시대를 나누기도 하였으며, 중국에서도 같은 시기에 원강(袁康)이 비슷한 생각을 밝혔다고 한다. 이에 따르면 최초의 무기는 손, 손톱, 이빨, 돌, 나뭇가지, 불이었다고 한다. 나중에서야 철과 청동이 알려지는데, 청동이 먼저고 나중에 아주 천천히 철로 만든 날이 청동기를 대체하였다는 것이다(Clarke 1978: 4에서 재인용). 그러나 루크레티우스를 비롯한 고전고대의 철학자가 말했던 먼 과거에 대한 서술은 모두 사변이나 공상에 머물렀을 뿐이다. 과거 유물이 무엇인지, 어떤 물질 자료가 과거를 말해 주는지, 그것으로 과거를 연구할 수 있는지에 대한 생각은 없었다.

2.1. 벼락도끼

그런데 중세 전통사회의 고고학 물질 자료에 대한 인식은 고대의 사색이나 공상에서 오히려 퇴보하였다. 고전고대의 사변가들은 실제 유물과 결부시키진 못하였지만, 돌을 쓰던 시기가 청동과 철의 시기보다 빨랐다는 생각은 있었다. 그런데 중세 유럽에서는 기독교 세계관이 주도하여 인류는 성서에 기록되어 있는 역사 이전으로 올라가지 못한다고 생각하였다. 심지어 인류는 에덴 동산을 떠나면서 갈수록 퇴보한다는 관점도 널리 퍼져 있었다. 신은 완벽하며, 신이 만든 창조물로서 모든 생물체는 완전하기에 변화가 있을 리도 없다(Wenke 1994 [안승모 옮김, 2003]). 그렇기에 생물 종은 불변하는 고정된 실체였다. 오히려 에덴 동산에서 멀어질수록 신의 가르침에서 멀어져 지성적으로 퇴보한다는 것이다(트리거 2010). 이 같은 중세의 세계관과 퇴보론은 이성과 합리성을 바탕으로 하는 근대의 진화론이 성립할 때까지 이어졌다.

중세 농부들은 밭을 갈면서 돌을 깨뜨리거나 갈아 만든 유물을 마주치기도 했다. 그런데 이것을 벼락이 쳐서 하늘에서 떨어진 것 정도로 여겨졌다. 뇌부(雷斧), 곧 벼락도끼나 벼락석기인 셈이다. 보통 영어로는 thunder-bolts라고 하지만, 지역에 따라 thunderstones, thunder arrows, thunder axes라는 말로도 불렸다. 석기는 하늘에서 돌이 떨어졌거나 번개가 치면서 만들어진 신기한 물건으로 생각되었을 뿐이다.

이처럼 전통사회에서는 돌로 만들어진 유물을 사람이 손으로 만든 것이 아니라 하늘의 조화로 우연히 만들어진 것으로 보는 시각이 강했다. 아시아와 유럽, 아메리카, 아프리카에서도 돌로 만들어진 선사시대 유물을 하늘의 조화로 생긴 것으로 여기는 관습이 있었다. 그리하여 구멍이 뚫려 있는 석기를 비롯하여, 돌도끼, 돌칼, 간돌검, 돌자귀, 돌살촉 등이 번개가 치면서 일순간에 신묘한 모양을 갖추었다고 보았다.

뇌부에 대한 조선시대의 기록에서도 서양과 대체로 비슷한 시각이 있었다. 이선복(2001)의 연구에 따르면, 세조에서 성종 때의 학자 이륙(李陸, 1438-1498)은 『청파극담(靑坡劇談)』에서 돌도끼나 간돌칼을 언급하며 뇌부의 성격을 논하였다.

별이 떨어지면 돌이 되며, 뇌진이 있으면 칼이나 도끼 같은 돌을 얻는데, 그 새기고 다듬은 수고로 보아 우연히 만들어진 것이 아니라 훌륭한 기술자의 노련한 솜씨가 아니면 만들 수 없는 것이다. 천지조화의 능력이란 신묘하지만 쇠나 옥, 흙이나 돌에 이르게 되면 사람의 힘을 빌리지 않으면 교묘하게 모습을 만들 수는 없는바, 나는 雷斧와 雷劍에 대해 그것이 왜 그런 것인지 알 수 없으니, 이로써 博物君子를 기다리노라.(이선복 2001: 152-153에서)

뇌부라는 말은 조선왕조실록에도 보이는데, "벼락이 떨어진 곳이나 혹은 토목공사를 하다 도끼같이 생긴 쐐기를 얻게 되는데, 이를 벽력설(霹靂楔)이라 한다. 어린이에게 채워 주면 경기와 사기를 모두 물리치고, 잉태한 부인이 갈아 복용하면 아이를 빨리 낳게 하는 약으로 꼭 효험이 있다"(세종실록, 세종 23년)는 기록도 있으며, 뇌부, 그러니까 돌도끼나 간돌검(마제석검)과

뇌전(雷箭), 곧 돌살촉(석촉)을 바친 이에게 면포를 상으로 내렸다고도 한다(이선복 2001: 155-156). 광해군 때의 실록에는 "벼락이 쳐 궁궐 문이 훼손되었는데, 임금은 그 변고를 두려워하기는커녕 뇌부가 있을 것이니 파 보라는 지시를 했으나 찾지 못했다"는 기록이 있을 정도로 뇌부가 지닌 효험을 믿었음을 알 수 있다(이선복 2001: 157).

또한 이익(李瀷, 1681-1763)의 『성호사설(星湖僿說)』에서 뇌부의 생성을 논하기도 했다. 이선복(2001: 159)의 글을 인용하면, "유성이 떨어진 곳과도 같은 곳에도 또한 반드시 돌이 있어 사람들이 왕왕 얻게 되는데, 이것은 춘추의 운석과도 같은 것이다. 별이 흐르면 빛이 있으니 분명 화기(火氣)인데, 뇌(雷)도 화기인바, 화가 극에 달하면 토(土)를 만들며, 토는 석(石)을 결성하는 법이니, 이것이 바로 그 이치이다"고 하면서 약효가 있음을 음양의 이치로 설명하였다고 한다.

이렇듯 동양과 서양을 막론하고 중세에는 석기, 주로 간석기를 마주하였지만, 과거 사람이 만들었다는 인식을 하지는 못했다. 도끼나 칼, 화살촉처럼 실제 사용할 수 있는 형태를 지녔기 때문에 바람에 의해 저절로 닳은 것이라고는 믿기 어려웠으며, 하늘에서 벼락이 치면서 떨어져 내린 것이라 여겼다. 특히 중국에서도 청나라에 이르기까지 선사시대의 유물이란 생각은 전혀 없었으며(이선복 2001), 우리나라에서도 선사시대 석기를 수집하는 전통은 없었다.

그런데 서양에서는 르네상스에 이르러 이런 인식이 바뀌기 시작하였다. '지질학자'로 알려진 아그리콜라(Agricola, 1490-1555)는 더 이상 벼락도끼의 개념을 받아들이지 않았고, 메르카티(Michael Mercati, 1541-1593)는 『메탈로테카(Metallotheca)』라는 글을 써서 이런 생각을 비판하고 루크레티우스를 인용하기도 하였다. 나아가 플린트[燧石] 도구가 어떻게 만들어지는지를 예증하기도 하고, 갈아 만든 돌도끼를 그림으로 제시하기도 하였다. 데이비드 클라크(David Clarke 1968, 1978)는 메르카티를 '천문학의 코페르니쿠스'에 비유하면서 고고학사상 획기적인 인물로 그리고 있다.

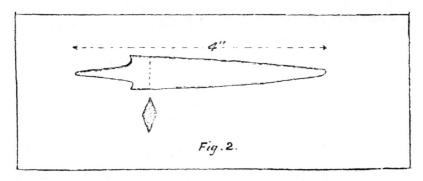

그림 2.1 1895년 골랜드가 영국 인류학 학술지에 발표한 글에 수록된 김해 발견 간돌살촉(마제석촉)
(W. Gowland, 1895. "Note on the Dolmens and Other Antiquities of Korea", *Journal of the Anthropological Institute of Great Britain and Ireland*, Vol. 24: 318-331의 그림 2)

한국에서도 추사 김정희(金正喜, 1786-1856)는 북청에 유배되었을 때 북청토성을 답사하면서 돌로 만든 화살촉을 보고 "돌도끼와 돌살촉이 청해의 토성에서 늘 나오는데, 이곳 사람들은 토성을 숙신이 남긴 고적이라 한다(石斧石石鏃 每出於青海土城 土人以土城爲肅愼古蹟)"고 말했다고 한다(이선복 2001: 153).

그러나 추사는 여기서 더 나아가지 않았고, 한국에서 석기를 과거 인류의 흔적으로 수집하고 사변적인 기록을 남기는 호고주의의 전통은 없었던 듯하다. 1895년 한국과 일본에서 고유물을 수집하던 윌리엄 골랜드(William Gowland)는 한국에서 보았던 고인돌과 유물, 그리고 석기에 대해 소개하는 글을 남겼다. 먼저 간돌검(마제석검) 두 점은 길이 8인치(약 20cm) 정도로 자루와 검이 한 몸이라 하였다. 영국으로 가져간 돌살촉(석촉)은 길이 4인치(약 10cm) 정도인데, 스케치를 그리기도 했다(그림 2.1). 골랜드는 간돌검과 돌살촉 모두 청동유물을 모방한 것으로 보았는데, 간돌검과 화살촉의 연대에 대해서는 잘 알지 못했던 것으로 보인다. 간돌검이 마치 청동검을 본뜬 듯해 진정한 의미의 석기시대 유물은 아닌 것으로 기록하기도 하고(Gowland 1895: 324), 수집한 가야토기와 같이 김해 근처의 고분에서 나왔을 것이고 같은 시기라 하면서도 고인돌과 함께 모두 선사시대의 유물이라고도 했다

Gowland 1895: 318).

2.2. 주먹도끼와 인류 기원 연구

추사의 기록을 보면 우리나라에서도 고고학이란 학문이 이렇게 자생할 수 있는 싹이 있었음을 느낀다. 그러나 선사와 고대의 유물을 수집하고 고증하는 전통은 없었던 것이다. 그런데 이때 이미 유럽에서 고고학은 학문으로서 자리를 잡아가고 있었다. 서유럽에서는 석기가 신대륙에서 호사품으로 들어와 인류의 문화진화에서 야만과 미개의 단계를 대표하는 증거로 받아들여졌다(트리거 2010). 특히 영국과 프랑스에서는 구석기시대의 주먹도끼와 절멸된 동물의 뼈가 같이 나오면서 성서에 기록된 과거가 아닌 그 이전 시기에 대한 물적 증거를 확보하게 된다. 이로써 사라진 인류의 과거 물질 자료를 탐구하는 학문, 곧 고고학이 등장한다.

영국에서는 17세기부터 도로 건설과정에서 절멸된 동물의 뼈와 석기가 땅속 깊은 곳에서 나오기 시작하였다. 1979년 영국 동부의 혹슨(Hoxne)에서는 주먹도끼와 함께 절멸된 동물의 뼈가 같이 발견되었다. 영국의 호고가 존 프레어(John Frere 1800)는 "Account of flint weapons discovered at Hoxne in Suffolk"이라는 글을 써 금속기를 사용할 줄 모르는 사람들이 만든 전쟁 무기라고 하였다. 나아가 층위를 기술하면서 유물은 4m 깊이에서 나왔는데, 우연하게 쓸려온 것이 아니라고 보았다. 이런 출토 정황은 심지어 현세(現世)를 넘어서까지 우리를 아주 먼 과거로 올려보게 한다고 언급하였다(Frere 1980; 트리거 2010; Grayson 1983).

조르주 퀴비에르(Georges Cuvier, 1769-1832)는 비교해부학과 고생물학의 대가로서 현존 동물과 화석을 비교하여 절멸한 동물의 뼈대를 복원하고 실제 많은 대형 동물이 멸종하였음을 논증하였다. 이로써 멸종된 것이 확실한 동물과 사람이 만든 유물이 같이 나왔음이 밝혀진다. 역시 19세기 부셰르

그림 2.2 존 프레어가 영국 동부 혹슨에서 나왔다고 보고한 아슐리안주먹도끼
(Frere 1800; https://en.wikisource.org/wiki/Archaeologia/Volume_13/Account_of_Flint_Weapons_
discovered_at_Hoxne_in_Suffolk에서, 두 유물 축척 부동)

드 페르드(Boucher de Perthes, 1788-1868)는 프랑스의 지질학자이자 호고가
로서 1830년 솜므강의 자갈 단구퇴적층에서 절멸된 동물의 뼈와 뗀석기를
발견하였다. 페르드는 화석과 함께 사람이 플린트 돌을 깨서 만든 것이 확실
한 유물이 나왔다고 하였으며, 다시 1846년에도 털코끼리와 털코뿔소의 뼈
와 플린트 석기를 발견하기도 하였다.

이 시기 지질학에서는 찰스 라이엘(Charles Lyell)이 기존의 격변설(cata-
strophism)과는 대비되는 동일과정설(uniformitarianism)을 제창하여, 현재
관찰되는 퇴적과 침식 등 자연과정이 과거에도 지속되었으며, 이 과정으로
오랜 세월을 거쳐 자연세계가 형성되었다고 주장하였다. 동일과정설은 성
서의 기록으로는 상상할 수 없는 시간의 깊이를 더해 주었다. 라이엘을 비
롯하여 고고학자 에반스 등은 영국과 프랑스에서 절멸 동물과 석기가 같이
나온 유적을 답사하기에 이른다. 이렇듯 서유럽에서는 19세기 들어 여러 지
점에서 절멸 동물 화석과 석기가 같이 나왔으며, 아마추어 연구가와 지질학
자, 고생물학자들은 점점 동물과 인류가 동시대를 살았다는 결론에 이르게
되었다(트리거 2010; Grayson 1983). 이로써 인류의 기원에 대한 문제는 이제

성서의 기록이 아닌 학문의 탐구 대상이 되었다. 물적 증거를 바탕으로 문헌 기록 이전의 인류 문화를 연구하는 고고학이 등장한 것이다.[1]

석기와 관련하여 19세기 후반 서석기(eoliths) 논쟁도 주목할 만하다. 서석기란 플린트나 처트가 깨져 뗀석기처럼 생긴 것으로 주로 얼어붙은 동토에서 자연적으로 깨진 것이지만, 당시에는 초기 인류가 조잡하게 만든 도구라고 생각되기도 했다. 미국에서는 윌리엄 홈스(William Henry Holmes, 1846-1933) 같은 연구자가 유럽에서 발견되는 뗀석기와 유사한 유물이라고 하여 북아메리카의 선사시대를 구석기시대까지 올렸다. 물론 유물에 대한 관점은 잘못된 것이지만, 후일 플라이스토세(Pleistocene, 갱신세)로 소급되는 인류 점유의 증거가 나타남으로써 신대륙에서도 구석기시대가 있었다는 믿음은 확인되었다. 1926년 뉴멕시코 주의 폴섬(Folsom) 유적에서 절멸된 들소의 갈비뼈와 찌르개(Folsom point)가 공반하면서 그동안의 의혹을 물리치게 된 것이다. 이후 클로비스(Clovis) 유적에서도 찌르개가 발견됨으로써 아메리카대륙의 인류 점유는 구석기시대까지 소급되었다. 이처럼 뗀석기 자료는 유럽과 아메리카대륙에서 고고학이 성장하는 데 중요한 역할을 하였다.

2.3. 구석기고고학의 성립과 발전

서유럽에서 주먹도끼와 매머드를 비롯한 절멸된 동물뼈의 공반은 선사고고학, 특히 구석기고고학의 확립으로 이어진다. 프랑스를 중심으로 한 초창기 구석기시대 연구는 지질학과 밀접한 관련을 맺으면서 이루어졌다. 연구자 가운데 에두아르 라르테(Edouard Lartet, 1801-1871)는 많은 고고 및 지

....

1 당시는 문화진화와 사회진화가 유행하던 시기로서 인류 문화의 보편 단계를 설정하고 단선진화의 노선을 찾고자 하였다. 또한 열등한 인종과 사회는 우월한 사회에 대체되는 것이 자연의 이치임을 강조하기도 하였다. 그리하여 구석기시대는 야만의 단계, 신석기시대는 미개의 단계 정도로 생각되었다.

질 유적을 방문하고 발굴함으로써 지질 편년을 세우고자 하였다. 라르테는 퀴비에르의 연구에 자극을 받아 화석이 갖는 편년적 중요성을 알게 되고, 동굴 퇴적층 발굴에 노력을 기울였다. 그리하여 오리냑(Aurignac) 동굴에서 인간과 절멸 동물이 공존하였음을 입증하였고, 이 동굴 유적은 나중 유럽 후기 구석기시대 전반의 대표적인 문화인 오리냐시안기의 표지 유적이 된다. 라르테는 마들렌느의 바위그늘 유적(Abri de la Madeleine)도 조사하였으며, 이는 후기 구석기 말기의 막달레니안기의 대표 유적이 되었다. 라르테의 연구법은 화석을 근거로 층의 편년체계를 확립하는 것이었다. 그리하여 대부분 절멸된 화석을 바탕으로 들소-순록-매머드-동굴곰시대의 편년체계를 제시한다. 마들렌느 유적의 경우 순록의 시대이고, 오리냑은 매머드 시대에 해당한다.

라르테의 편년이 기본적으로 지질학, 고생물학적인 것이라면, 돌로 만들어진 유물, 곧 석기의 중요성을 인식하고 고고학 편년으로 발전시킨 사람은 가브리엘 드 모르티에(Gabriel de Mortillet, 1821-1898)였다. 모르티에는 라르테의 지질시대 편년을 유물에 따라 재명명하였는데, 유적에서 나온 석기 형식을 바탕으로 한 개념은 지금도 널리 쓰이고 있다. 라르테의 하마시대는 셸리안(Chelléenne, Chellean)이라 부르고, 동굴곰, 매머드시대는 무스테리안(Moustérienne, Mousterian)으로, 동굴곰, 매머드시대 말기는 오리냐시안(Aurignacian), 순록 시대는 솔뤼트레안(Solutréenne, Solutrean)과 막달레니안(Magdalénienne, Magdalenian)으로 불렀다. 셸리안은 이후 아슐리안(Acheulean)으로 재명명된다. 주지하듯이 아슐리안은 전기 구석기시대 석기 공작이며, 무스테리안은 중기 구석기시대, 오리냐시안은 후기 구석기시대 전반, 솔뤼트레안은 후기 구석기 중반, 막달레니안은 후기 구석기 말의 석기 공작을 부르는 용어이다. 이처럼 모르티에에 와서 지금도 널리 쓰이는 구석기시대의 세부 편년, 혹은 석기 제작 전통의 체계가 확립되었다. 모르티에는 이러한 석기공작의 변화는 전 세계의 보편적인 것이며, 단선적인 변화과정을 거쳤다고 보았다. 이는 당시 단선진화론이 대세였던 시대적인 한계라 하겠다(트리거 2010).

제임스 새킷(James Sackett 1981)에 따르면 프랑스 구석기고고학의 발달은 세 단계로 구분할 수 있다고 한다(Gamble 1986). 첫째, 1870년부터 1900년까지는 영웅의 시대(heroic age)로서 모르티에와 앙리 브뢰이(Henri Breuil, 1877-1961)와 같은 사람이 구석기시대 연구의 기초를 닦는다. 브뢰이는 구석기시대 동굴벽화 연구를 개척하였다. 모르티에의 업적에 힘입어 석기기술 전통에 입각한 편년 틀이 제시되고 층위 발굴이 이루어진다. 둘째, 20세기 전반은 전통의 토대기(traditional foundations)로서 모르티에의 초창기 체계가 수정되고 확장된다. 오리냐시안 논쟁을 거쳐 앙리 브뢰이의 후기 구석기시대 초의 문화라는 주장이 받아들여져 솔뤼트레안보다 이른 시기로 설정된다. 셋째, 이후 시기는 시간층위 발달기(chronostratigraphic developments)로서 세밀한 층위 발굴로 전통 문화사의 틀이 수정되고 보완된다. 드 손느빌르-보르드와 페로(de Sonneville-Bordes and Perot 1954-6)는 후기 구석기시대 유물에 대한 세부 분류를 제시한다. 프랑수아 보르드(François Bordes 1961)는 전기와 중기 구석기시대의 석기 명칭과 형식을 정리하였다. 이런 형식분류는 프랑스를 넘어 구석기시대 연구 전반에 적용되었다.

이렇듯 프랑스에서는 일찍이 19세기 중반부터 구석기고고학 연구의 토대가 놓였다. 이는 프랑스를 비롯한 서유럽에서는 추운 기후에 살았던 절멸 동물 화석과 함께 잘 만들어진 뗀석기 유물이 풍부히 발견되었기 때문이었다. 그리하여 이후 100여 년 동안 많은 연구자에 의해 석기 명칭과 형식분류가 확립되고 문화사 편년의 틀이 갖추어짐으로써 유럽뿐만 아니라 다른 지역에도 영향을 미쳤다.

또 다른 연구 전통은 아프리카에서 찾을 수 있다. 서유럽과는 달리 아프리카에서는 인류의 기원과 관련하여 시간의 깊이를 더해 주었다. 이미 1920년대 레이먼드 다트(Raymond Dart)는 남아프리카의 타웅에서 나온 화석을 근거로 오스트랄로피테쿠스 아프리카누스(*Australopithecus africanus*)라는 학명을 제안하였다. 논란이 있었지만, 인류의 진화와 관련된 유적은 남아프리카와 동아프리카에서 연이어 확인되었다. 특히 20세기 중반 루이스 리키(Louis Leakey)와 메리 리키(Mary Leakey)는 올두바이 고지(Olduvai Gorge)에서 현재 파란트로푸스 보이세이(*Paranthropus boisei*)라 부르는 화석과 많은 구석기시대 유물을 발굴하였다. 화석이 나온 최하층(Bed I)은 1960년 처음 실시된 포타슘-아르곤연대측정에 따라 189만-175만 년 전으로 추정되었다. 인류의 기원이 100만 년 이전으로 올라간다는 것인데, 당시 학계로서는 놀라운 일이었다. 그리하여 초기 인류의 형질 및 문화적 기원 연구에서 아프리카는 새로운 중심 무대가 되었다. 또한 올두바이 고지에서 나온 많은 유물을 근거로 올도완(Oldowan)이라는 개념이 제시되었는데, 아슐리안주먹도끼 제작 이전의 주로 자갈돌을 깨서 만든 석기군과 관련 석기기술을 가리킬 때 널리 쓰인다.

한국에서는 1962년 북한의 웅기 굴포리에서, 1964년 공주 석장리에서 유적이 확인되고 발굴되면서 구석기고고학이 성립한 것으로 알려져 있다(성춘택 2015). 그런데 이런 유적 조사가 아무런 이전의 조사나 연구 없이 갑자기 등장한 것은 아니다. 이미 1920년대부터 연구자들은 구석기시대를 인지하고 있었다. 당시 이미 서양의 선교사와 학자들이 중국에서 활동하면서 유물을 수습하고 있었다. 프랑스 철학자이자 선교사였던 드 샤르뎅((P. Teilhard de Chardin)은 중국에 들어와 지질학 및 고고학 조사에 나서 내몽고 살라우수(薩拉烏蘇, Salawusu)와 수이둥거우(水洞溝) 유적을 찾았다. 북경의 저우커우뎬(周口店) 유적도 이 시기 스웨덴의 지질학자 안데르손(J. G. Andersson) 등이 조사하기 시작하였다. 이후 페이원중(裵文中) 같은 중국 연구자도 참여하여 1929년 북경원인 화석이 발견되었다. 러시아에서도 이미 1920년대 말타(Mal'ta) 유적이나 부레트(Buret) 유적이 조사되었다. 1930년대 일본은 노골적으로 동아시아 침략 야욕을 드러내 만주국을 세우고 학술조사를 실시한다. 헤이룽장성의 구샹툰(顧鄕屯)에서는 털코끼리-털코뿔소를 비롯한 동물 화석과 석기가 출토하였다.

이런 과정에서 1932-35년 함경북도 온성 동관진(현 강안리)의 하안단구

퇴적층에서 털코끼리, 털코뿔소와 큰뿔사슴 등 멸종된 동물 화석과 흑요석제 석기가 발굴되었고(德永重康·森爲三 1939), 나오라 노부오(直良信夫 1940)가 정식으로 구석기 유적 발굴을 보고한다. 여기서 나온 흑요석으로 만든 석기는 잔손질이 없는 격지로 생각된다. 그러나 한반도에서 수없이 많은 유적을 조사하였던 일제 관학자 우메하라 스에치(梅原末治), 후지타 료사쿠(藤田亮策) 등은 구석기 유적 조사를 무시하였다(배기동 1992; 성춘택 2015). 또한 정식 보고는 없었지만, 1930년대 한국에서 조사활동을 했던 요코야마 쇼사부로(橫山將三郎)는 파주 문산에서 규암제 뗀석기를 수습했으며, 현재 국립중앙박물관에 보관되어 있다(이선복 1989; 장용준 2016).

최근 한창균(2014)의 연구에 따르면, 일제강점기 우리의 지식인도 구석기시대와 인류의 진화에 대해 인지하고 있었고, 한흥수는 황해도 금천의 천앙굴을 파 보기도 했다고 한다. 해방 이후 북한에서는 한흥수가 실각하고 도유호가 고고학을 주도하였으며, 신석기, 청동기시대 유적 발굴을 근거로 일제의 금석병용기를 거부하였다. 이는 1962년 굴포리 구석기 유적 발굴로 이어졌다. 남한에서는 1957년 펜실베이니아대학의 인류학 교수 칼튼 쿤(Carleton Coon)이 한국을 방문하여 단양 북하리 동굴을 시굴조사한 바 있으며(손보기 1993: 16), 이를 바탕으로 김정학(1958)이 구석기 유적의 존재 가능성을 글로 발표하였다.

이후 1964년 동삼동패총을 조사하였던 알버트 모어와 샘플이 석장리의 퇴적층에서 뗀석기를 수습하고 연세대에서 조사함으로써 한국에서 구석기 고고학이 시작되었다. 1978년 동두천에서 근무하였던 미군 병사 보웬이 전곡리에서 주먹도끼를 비롯한 규암제 유물을 수습하였다. 보웬은 이 발견을 프랑수아 보르드에게 편지로 알리고, 다시 서울대를 찾음으로써 이듬해 대학연합팀의 본격 조사가 이루어진다.

2.4. 구석기시대 석기 분류와 형식체계

현대 구석기고고학에 큰 족적을 남긴 프랑수아 보르드는 1950년대 구석기 형식분류를 수립하였다. 프랑수아 보르드 이전의 많은 연구자들은 자의적인 판단에 따라 석기의 이름을 부르고 기술하였다고 한다(Debénath and Dibble 1994: 5). 보르드의 전·중기 구석기시대 석기 형식분류는 유럽 전역과 서아시아, 북아프리카까지 널리 쓰이고 있다. 특히 무스테리안시기 유적에서 나온 석기군을 분류하고 각 형식별 누적도표를 작성함으로써 다섯 가지 유물군 패턴을 설정한 것은 잘 알려진 업적이다.

보르드는 먼저 63개나 되는 형식을 정의한 다음, 각각이 유물군에서 차지하는 비율을 누적으로 도표화하였다. 형식은 대체로 르발루아격지, 르발루아찌르개, 그리고 여러 형식의 긁개, 밀개, 새기개, 뚜르개, 등손질칼, 홈날, 톱니날, 슴베찌르개, 버들잎찌르개, 찍개 등으로 구성되어 있다. 이것들을 세부 형식별로 1부터 63번까지 일련번호를 매긴다. 1번은 전형르발루아격지, 비전형르발루아격지는 2번, 3번은 르발루아찌르개이고, 유사르발루아찌르개는 5번이다. 긁개류에는 9번 단일곧은날긁개(single straight scraper)에서 단일볼록날(10번), 단일오목날(11번), 이중날긁개(각각 곧은날, 볼록날, 오목날 등에 따라 12에서 17번), 기운날(dejete)긁개(21번), 내면잔손질긁개(25번), 얕은등손질긁개(27번), 양면잔손질긁개(28번), 교차잔손질(alternate)긁개(29번)에 이르기까지 형식만 무려 21개에 이른다. 뾰족날(convergent)긁개는 곧은날(18번), 볼록날(19번), 오목날(21번)이 있으며, 무스테리안찌르개(4, 6, 7, 8번)와 생김새가 비슷하다. 가로날긁개(transverse scraper) 역시 곧은날, 볼록날, 오목날(각각 22, 23, 24번)로 나눈다. 새기개와 뚜르개는 전형(각각 32번과 34번)과 이형(33번, 35번)의 두 개에 불과하다. 그리고 홈날(42번)과 함께 삼각형홈날(52번), 끝부분홈날(54번)이 있으며, 톱니날(43번)은 그 자체로 단일한 형식으로 하위의 세부 형식은 없다. 찍개는 외날찍개(59번), 역손질찍개(60번), 안팎날찍개(61번), 대패찍개(56번)가 있으며, 유사잔돌날뚜르개(53

번), 무스테리안끝날(41번), 심지어 기타 석기(miscellaneous)의 범주도 있다.

따라서 보르드의 형식분류는 아주 세부적이기도 하지만(예, 긁개) 반대로 몇몇 형식(예, 홈날, 톱니날)은 뭉뚱그려져 있다고 할 수 있다. 보르드 자신이 오랜 조사와 연구 경험에 바탕을 두고 "인지한" 여러 형식을 나열한 것이다. 부인 드손느빌르-보르드가 개척한 후기 구석기시대 형식학 역시 이론적이라기보다는 실용적이고 경험적이다. 드베나스와 디블(Debénath and Dibble 1994[이선복 역 2012: 56])이 63개 형식을 잔손질 여부, 위치, 형태, 성격 같은 속성으로 체계적으로 다시 정리하려 하였지만, 이는 애초 불가능한 일이다. 체계적 정의와 분류보다는 경험과 안목을 강조하는 분류는 주관적일 수밖에 없다. 과연 전형적인 새기개와 그렇지 않은 이형의 새기개는 어떻게 구분할 수 있단 말인가? 유럽 등의 지역에서는 연구 전통에 따라 보르드의 체계가 널리 쓰이지만, 우리나라와 동아시아에서는 효과적으로 적용되기 어려운 것이다.

신고고학, 곧 과정고고학이 고고학에 새로운 바람을 불어넣던 1960년대 중반에 시작된 보르드와 루이스 빈포드의 논쟁은 고고학사에 이정표라 할 수 있다. 논쟁은 석기 형식과 석기군의 변이에 대한 고고학 논의의 깊이를 더했다. 보르드는 프랑스 서남부의 콩그레날(Combe Grenal)과 페시드라제(Pech de l'Azé) 유적을 발굴했는데, 두 유적 모두 많은 층에서 유물도 풍부히 나왔다. 보르드는 층위별 유물군에서 1번부터 63번까지 각 석기형식이 어떤 비율(0%에서 100%까지)로 나타나는지를 누적도표화하였다. 이렇게 여러 유물군의 석기형식별 누적도표를 그린 결과 각각 전형적 무스테리안(Typical Mousterian), 페라시 무스테리안(Ferrassie type Mousterian), 아슐리안전통 무스테리안(Mousterian of Acheulian Tradition, MTA), 톱니날 무스테리안(Denticulate Mousterian), 키나 무스테리안(Quina type Mousterian)이라는 다섯 가지 유물군의 변이를 찾게 된 것이다.

누적도표로 드러난 각 유물군의 변이란 보르드의 석기형식 가운데 어떤 것이 상대적으로 많고 적은지에 따라 나타난 패턴이다. 콩그레날과 페시드라제 유적에서는 많은 층에서 유물군이 확인되었지만, 각 유물 형식의 누적 도표는 층위의 흐름, 곧 시간의 흐름과는 별 관련이 없다고 생각되었다. 이로써 다섯 무스테리안변이는 편년과는 상관없는 다른 문화적인 의미가 있다고 보았다(Bordes 1972). 보르드는 여기서 더 나아가 이 변이를 서로 다른 네안데르탈 부족이 남긴 유물군이라고 생각했다. 상이한 유물군은 서로 다른 문화, 곧 상이한 부족을 뜻한다는 것이다. 수만 년 동안 상이한 유물군이 지속되는 것으로 보아 다섯 네안데르탈 부족은 서로 교류하지 않고 적대적이었을 것이라고 말했다. 이 같은 해석은 유물에 대한 형식분류를 통해서 문화를 지역과 시간에 따라 모자이크처럼 복원하려는 전통 문화사고고학적인 접근 방법이라 할 수 있다. 이처럼 20세기 전반 문화사고고학의 시각은 널리 퍼져 있었으며, 보르드의 구석기시대 연구에서 잘 드러난다.

이 같은 보르드의 해석은 고고학사에서 가장 중요한 인물 가운데 하나인 루이스 빈포드(Lewis R. Binford, 1931-2011)의 도전을 받는다. 빈포드는 상이한 유물 형식과 유물군의 변이가 반드시 상이한 문화를 뜻하지는 않는다고 보았다(Binford and Binford 1966). 새로운 시각, 곧 신고고학의 틀에서 빈포드는 스승인 레슬리 화이트를 따라 문화란 인간의 비신체적 적응 수단이라고 정의하였다(Binford 1962). 따라서 서로 다른 환경과 조건에 따라 인간은 상이한 적응의 결과물을 낼 수 있다. 가령 여름에 동굴 유적을 방문하여 남긴 유물군과 추운 겨우살이 동안 남긴 유물의 형식은 다를 수밖에 없으며, 주로 사냥감을 도살하는 데 쓰였던 유물군과 식물 가공을 위주로 한 유물군은 상이한 패턴을 보일 것이다(Binford 1983).

표 2.1에서도 잘 드러나 있듯이 빈포드는 보르드의 석기 형식은 서로 다른 기능을 가졌고, 유물군의 차이는 아마도 서로 다른 행위를 가리킬 것이라고 보았다. 찌르개와 긁개가 많은 페라시 무스테리안은 사냥과 도살의 행위가 중심이었던 유물군이었고, 전형적 무스테리안유물군에서 뚜르개와 새기개가 많다는 것은 도구 제작 행위가 이루어졌음을 알려 주며, 격지와 칼 종류가 많은 아슐리안전통의 무스테리안유물군은 자르고 음식을 가공하는 행

표 2.1 무스테리안유물 형식과 유물군 변이에 대한 빈포드 부부의 재해석

석기 형식	석기 형식과 관련된 행위	행위 패턴	보르드의 무스테리안 유물군 변이
뚜르개, 긁개, 새기개	도구 제작	본거지(base camp), 도구 수선	전형적 무스테리안
찌르개, 긁개	사냥과 도살	작업 캠프, 식량 가공	페라시 무스테리안
격지와 칼	자르고 새기는 일, 음식 가공	본거지, 도구 수선과 유지	아슐리안전통 무스테리안
사용된 격지, 톱니날	식물을 자르고 써는 일	작업 캠프, 식량 가공	톱니날 무스테리안

이들은 인자분석(factor analysis)으로 특정 유물과 이와 관련된 행위에 가중치를 부여함으로써 보르드의 유물군 변이는 문화적 차이가 아니라 행위적 변이일 가능성이 큼을 논하였다(Binford and Binford 1966; Gamble 1986: 표 1.2 수정).

위가, 사용 격지와 톱니날이 상대적으로 많은 톱니날 무스테리안유물군은 식물을 자르고 써는 행위가 많았음을 시사한다는 것이다.

　이 논쟁은 많은 연구자들이 참여하여 유물 형식과 그것이 담고 있는 의미를 고민하고 성찰하는 계기가 되었다. 고고학에서 유물 형식이란 어떤 것이며, 어떻게 구성되고, 어떠한 의미가 있는지에 대해 활발한 논의가 있었다. 이후 유물군 또는 유적의 형성과정에 대해 더 많은 연구가 이루어졌다(예, Binford 1979, 1980, 1982, 1983; Dibble 1987; Rolland and Dibble 1990). 무스테리안 논쟁에서 드러난 문화사고고학의 해석과 과정고고학의 설명은 당시 전환기에 있었던 학계의 움직임을 잘 요약해 준다. 다만 논쟁을 단순히 전통 시각과 새로운 접근의 대결로 생각하여 구시대가 지나가고 새로운 패러다임이 확립되는 과정으로 여기는 것은 잘못이다. 빈포드와 다른 연구자들이 사용한 유물 형식명과 용어는 여전히 보르드를 비롯한 선학이 고안한 틀이라는 점도 고려해야 한다.

　논쟁은 생산적인 연구를 낳는다. 연구자들은 유물 형식체계가 가지는 의미를 궁구하게 되었다. 특정 형식체계를 선택하고 사용한다는 것은 그 체계가 내포하고 있는 해석과 설명의 한계까지 떠안음을 인정하게 되었다. 이

점을 분명히 할 필요가 있으며, 때문에 형식분류에 대해 적절한 이론과 방법론적 논의가 이루어져야 한다. 어떤 특정 석기를 어떻게 부르고 분류해야 하는지는 연구 전통의 문제이면서도 우리가 과거 유물을 어떤 시각에서 바라보았는지와 직결되어 있는 문제이다.

2.5. 고고학과 분류체계, 석기 형식

고고학의 대상인 물질 자료는 특정 시공간의 산물로서, 과거 인간행위와 문화에 관한 정보를 담고 있다. 분류란 말하지 않는 물질 자료에 의미를 주는 행위이고, 체계적 고고학 연구의 출발점이다. 19세기 말부터 유물의 분류는 고고학의 주요 작업이었고, 그 결과 몬텔리우스의 형식편년(형식계열, typological series), 페트리의 계기편년(sequence dating), 페트리와 크로버, 스파이어 등의 순서배열(seriation), 교차편년 같은 편년 방법이 개발되었다. 1980년대 이후 분류에 관한 논의는 활발하지 않지만, 여전히 고고학에서 분류는 필요하고 중요한 작업이다.

물질 현상을 다루는 고고학에서 분류는 동정(identification)에서 출발한다. 동정이란 어떤 유물을 확인하고 명명하는 것으로서 분류의 일환이다. 이처럼 분류가 경험 연구의 출발이라 하지만, 사실 순수한 의미에서 시작이라 할 수는 없다. 왜냐하면 모든 관찰은 어느 정도 이론적재성(theory ladenness)을 지니고 있기 때문이다. 세상에 자연적으로 나뉘는 분류란 없으며, 어지러이 널려 있는 물질 자료에서 질서를 찾는 것은 고고학자의 몫이다(성춘택 2017). 고고학자는 분류라는 수단을 이용하여 분석에 사용할 클래스(집합)를 만들어 낸다. 분류체계를 세우는 일은 단순히 어떤 현상을 분간하는 것을 넘어서 경험 자료 사이의 관계를 설정하는 일이다. 분류라는 수단으로 어떤 자료가 서로 같고, 비슷하고, 다르다는 것을 인식하는 것이다. 얼마나 비슷하고, 다른지, 문화적인 관련이 있는지, 기능만 같은 것인지 하는 이슈가 분류체계 안에 포괄된다. 이처럼 분류란 존재론적이고 인식론적인 이슈이기도 하다.

객관적인 분류가 가능한지에 대해서는 학사적으로 많은 논란이 있었다. 연구자가 문화사 편년이라는 목적을 이루기 위해 임의로 형식을 고안한 것인지, 아니면 과거 인간행위와 직결된 더 객관적인 형식을 찾을 수 있는 것인지 활발한 논쟁도 있었다. 다음 장의 돌감 논의에서도 지적하겠지만, 세상의 모든 존재가 저절로 분류되어 있지 않음을 유념해야 한다. 우리가 쓰고 있는 석기 분류체계 또는 형식학은 프랑스나 유럽, 아프리카, 미국 등 영향력이 큰 연구자나 학문 전통에 따라 정립된 것이기에 반드시 체계적이라 볼 수는 없으며, 모든 현상을 담기에는 늘 부족하고 내적인 모순도 가지고 있을 수밖에 없다.

석기가 감쇄과정의 산물임도 체계적 분류가 어려운 원인이 된다. 어떤 것은 몸돌이기도 하고 찍개로 불리기도 하고, 격지인데도 더 작은 격지를 떼어 내는 몸돌로 쓰이기도 하는 것이다. 분명한 형식체계를 세우기 위해서는 상호 배타적인(mutually exclusive) 단위와 개념을 사용하는 것이 옳지만, 현실적으로 너무도 많은 석기들이 형태상, 기능상 이중적이다. 그리하여 연구자가 무엇을 중시하는지, 예를 들어 몸돌에서 격지를 떼어 내는 기술에 초점을 맞추어 연구하고 있는지, 아니면 석기의 기능적 속성을 더 중시하고 있는지, 연구의 방향과 목적에 따라 어느 정도 다른 석기 분류체계가 나올 수 있다.

또한 분류나 명명이라는 것은 의사소통의 수단이기에 다른 연구자가 이해할 수 있어야 한다. 통계 방법 같은 것이 쓰이기도 하지만, 과학을 추구하는 학문에서는 체계적 분류를 선호한다. 체계적 분류란 클래스를 정의하는 일이 일관된 것을 말한다. 석기를 예로 들면 돌감(석재), 소재, 형태, 날의 위치, 날의 성격, 잔손질(위치, 깊이, 성격) 같은 속성을 일관되게 적용해야 한다. 그런 속성 안에서 속성상태(가령 곧은날, 볼록날, 오목날; 얕은잔손질, 중간잔손질, 깊은잔손질)를 설정하고, 이것들을 교차시켜 형식을 만들어 낸다. 이런 방법은 (다차원)변화표분류(paradigmatic classification)라고도 불린다. 돌감이 소재를 결정하고, 소재가 잔손질을 결정한다면, 위계적 분류, 곧 택사노미분류(taxonomic classification)도 고안할 수 있다(Dunnell 1971; 오브라이언·라이맨 2009).

형식학 또는 형식분류는 분석 도구로서 무수히 흩어져 있는 유물을 정리하는 것을 일차 목적으로 한다. 고고학의 분류, 그리고 이로부터 생산되는 형식은 후속 분석과 연구의 단위가 된다. 그리하여 분류란 결국 분석의 단위(예를 들어 형식)를 만들어 내는 일이라고도 할 수 있다. 연구자는 단위를 만들어 비교와 분석의 도구로 삼으며, 분류라는 작업으로 유물의 범주를 만들고 유물의 다양성과 변이를 이해하는 틀을 세운다. 예를 들면 어떤 특정한 형식의 석기가 특정한 시공간에 분포하고 있다면, 이것을 다른 시간과 공간의 유물과 비교하여 문화사 편년을 수립하고 문화변화 양상을 파악하고 설명하는 것이다. 따라서 연구 목적이 뚜렷해야 할 것이며, 그 목적에 합당한 분류체계를 고안해야 한다.

한 가지 유념해야 할 것은 기존에 널리 쓰이고 있는 분류의 틀이 상호모순적이고 체계적이지 않다는 이유로 완전히 새로운 분류체계와 용어를 사용하는 일은 바람직하지 않다는 점이다. 석기를 분류하는 방법, 곧 특정 석기에 명칭을 부여하고 형식을 나누는 것은 논문을 준비하는 학생들이 관심 있어 하는 일인 것 같다. 그런데 지나치게 자신의 시각만을 고집한다면 수도 없이 많은 분류체계가 양산될 것이며, 이는 이해가 아니라 혼란만을 자초할 뿐이다. 석기를 이해하는 데는 연구사와 관련된 전통이 있다. 이 연구 전통을 존중해야 하는 것은 당위라기보다는 자신의 연구를 설득력 있게 알리는 수단이다. 기존에 쓰이고 있는 석기 형식 용어는 연구자들 사이의 소통 수단이기 때문에 아무도 쓰지 않는 용어를 개발할 필요는 없는 것이다.

석기 분류체계는 좁게는 영향력이 큰 연구자나 특정 지역의 고고학 연구 전통과 결부되어 있고, 넓게는 뗀석기나 간석기를 고고학적으로 분석하는 방법의 문제이기도 하다. 그리하여 어떤 한 나라의 연구 전통만을 고집할 수도 없지만, 지나치게 일반성만을 강조할 필요도 없다. 지역적 특수성과 의

사소통을 위한 연구의 일반성을 모두 존중하여야 하는 것이다. 우리나라에서는 기존의 연구에서 유럽과 아프리카의 연구 전통과 사례를 이용하여 왔지만, 이제 한국과 동아시아의 구석기 자료의 성격에 대한 이해도 점점 깊어지고 있다.

위에서 논의하였듯이 구석기고고학은 서유럽, 특히 프랑스의 연구 전통이 뿌리가 깊다. 지금도 전 세계적으로 가장 많이 쓰이는 용어와 개념은 이미 19세기에 개발되었다. 특히 20세기 중반에 들어서면서 전기와 중기 구석기시대에서는 프랑수아 보르드(F. Bordes 1961), 후기 구석기시대 유물의 형식에 대해서는 드손느빌르-보르드 틱시에, 페로와 같은 연구자들이 선구적으로 종합하였다(Debénath and Dibble 1994; Inizan et al. 1992; 정영화 1974). 프랑스의 구석기 형식학의 가장 큰 특징은 세부적이라는 데 있다. 연구 전통이 깊고 자료가 많은 만큼 유물의 형식은 세밀하다. 그리하여 수백 가지 형식명칭이 사용되고 있으며, 우리나라에도 소개되었다. 그런데 이런 구석기 형식학은 가장 정확한 유물 분류와 기록 방법이라기보다는 그런 연구 전통의 연장선상에서 현재 유럽에서 널리 쓰이는 분류라 말하는 것이 옳다.

고고학에서는 형태에 바탕을 두고 속성과 유물, 형식을 나누는데, 석기의 경우 크기와 전체 형태와 소재, 날의 위치와 성격 등에 초점을 맞추어 범주를 짓는다. 물론 제작기술에 대한 고려가 전혀 없는 것은 아니지만, 이 같은 형식체계는 석기의 전체 형태에 치중한 것임을 유념할 필요가 있다. 그런데 석기 명칭은 대체로 기능을 가정하여 붙여진다. 예를 들어 긁개는 무엇인가 긁는 데 쓰는 석기였을 것으로 생각되었기에 그런 이름을 붙인 것이며, 찍개는 손에 들고 무엇인가를 찍고 부수는 일을 하였으리라 생각되었다. 구석기시대 석기를 예로 들었지만, 돌칼이나 돌도끼 같은 기능적 함의를 담은 석기 이름은 신석기 및 청동기시대 간석기에서도 널리 쓰이고 있다. 그러나 기능이란 사실 형태와는 직결되지 않는다(제12장 참조). 만약 기능을 먼저 생각하면 석기의 이름, 곧 형식은 연구자에 따라 엄청난 변이가 있을 것이고, 이는 큰 혼란을 불러올 것이다. 석기의 이름은 형태 속성을 바탕으로 붙여진 것이고, 기능을 미리 염두에 둘 필요는 없다.

그리고 긁개나 밀개, 찌르개 같은 석기 형식은 고정된 실체가 아니다. 많은 유물에서 석기의 형태란 연속적이고 잔손질은 재가공과 구분하기 어렵다. 그러니 형식이란 의사소통의 수단이자 학문적으로 유용한 형태 변이를 인식한 것일 뿐 그 자체로 고정불변의 실체라 할 수 없다. 현실적으로 날이 닳은 성형도구를 다시 잔손질하여 다른 형식의 석기를 만들어 쓸 수도 있다. 이는 석기 제작과 사용은 감쇄과정이기 때문이다.

2.6. 감쇄과정으로서 석기기술

석기기술은 기본적으로 원석으로부터 제작과정과 사용, 재가공, 파손에 따라 갈수록 작아지는 감쇄과정(reduction process)이다. 토기를 부가기술(additive technology)의 사례라 한다면, 석기는 그와 정반대로 감쇄기술이다. 따라서 원석의 확보에서 소재의 준비와 가공, 도구 제작, 재사용, 재활용, 폐기 등 흔히 작업연쇄(chaîne opératoire)라 불리는 다양한 과정을 이해해야한다. 고고학 자료로 남아 있는 석기는 모두 완성된 도구가 아니라 이런 여러 과정 가운데 있기 때문에 석기 형식이 모두 제작자의 의도와 목적의 최종산물은 아닌 것이다. 보르드와 빈포드의 직접 논쟁에서 별로 언급되지 않았던 문제가 뗀석기 제작의 집중도(intensity) 문제였다. 어떤 유적의 점유시간 동안 집중적으로 잔손질이 이루어지고 재사용과 재활용도가 높았던 상황의 유물군과 그렇지 않고 제작된 유물을 한두 번 사용으로 폐기한 유물군의 상황은 서로 다를 것이다(Rolland and Dibble 1990). 그만큼 우리의 손에 들어와 있는 유물은 재사용과 재가공, 재활용을 복잡하게 거친 것일 수도, 쓰이지도 않고 곧바로 폐기된 물건일 수도 있다.

석기의 제작과 사용, 폐기의 단계를 나눈다면 크게 다섯 개로 구분할 수 있다.

첫째, 원석의 획득이다. 다음 장에서 더 자세히 논하겠지만, 구석기시대의 뗀석기를 만들 때도 적절한 돌감을 골라야 한다. 예를 들어 화강암이나 편마암과 같은 석재로는 거의 원하는 뗀석기의 형태를 만들어 낼 수 없다. 강가에서 커다란 자갈돌을 취하든지, 아니면 드러난 암맥에서 돌덩어리를 가져올 수도, 규질셰일이나 흑요석과 같은 정교한 암석을 찾아 멀리까지 나갈 수도, 주변 집단과 교류하여 얻을 수도 있다.

둘째, 소재 준비이다. 어떤 원하는 도구를 만들기 위해서는 소재(blank)와 선형(preform)을 준비해야 한다. 자갈돌이나 돌덩어리 자체가 소재가 될 수도 있으며, 그로부터 떼어 낸 큼직한 격지가 소재가 되기도 한다. 적당한 원석을 골라 몸돌로 사용하여 격지를 떼어 낼 수도 있으며, 어느 정도 다듬어 격지를 떼어 내기도 한다. 커다란 격지 역시 대형자르는도구(large cutting tool)의 빈번한 소재가 되며, 격지는 긁개나 홈날, 톱니날, 찌르개, 뚜르개와 같은 석기의 소재가 된다. 돌날 역시 그 자체로 쓰일 수도 있지만 나아가 밀개나 새기개, 슴베찌르개의 소재이다. 이처럼 적절한 생김새와 크기의 소재를 만들고 선택하는 것은 석기 제작에서 아주 중요한 단계이다. 청동기시대 돌살촉을 만들 때도 점판암 같은 돌감을 구하고 양극떼기나 직접떼기로 다듬어 소재를 만들어야 한다. 찰절 같은 기법을 써서 소재를 만든 다음 가는(마연) 단계로 넘어갈 수도 있다.

셋째, 대부분의 도구는 성형 또는 잔손질과정을 거쳐 완성된다. 찍개나 주먹도끼, 가로날도끼와 같이 대형 석기의 경우 성형(shaping)이나 손질(trimming)이라는 표현을 쓰지만, 더 작은 석기는 잔손질(retouch)로 도구의 모습을 갖춘다. 이 과정에서 많은 부산물이 나온다. 실제 도구의 형태와 기능은 잔손질을 어떻게 하느냐에 달려 있다. 격지의 한쪽에 직선이나 볼록한 곡선의 작업날을 가지도록 잔손질하면 긁개가 될 것이고, 뾰족한 모양으로 손질하면 찌르개가 된다. 격지나 돌날의 기부를 잔손질하여 슴베찌르개를 만들 수도, 한 쪽에 울퉁불퉁한 톱니날이나 오목하게 파인 홈날의 잔손질을 베풀 수도 있다. 돌살촉이나 돌도끼, 간돌검 같은 간석기를 만들 때도 소재와 선형을 준비한 다음 거칠게 갈고, 다시 날 부분을 정교하게 가는 과정을 거친다.

넷째, 만들어진 도구는 사용된다. 도구의 사용이나 용도는 사실 판단하기 어려운 것이 사실이다. 석기의 모습이 유사하다는 것이 같은 쓰임새를 가리키는 것은 아니다. 우리의 분류나 형식이라는 것은 거의 전적으로 형태에 바탕을 둔 것이지만, 석기의 전체 형태나 날의 위치, 생김새는 석기의 기능과 완벽하게 일치하지는 않기 때문에 사용흔 분석과 같은 다른 방법을 동원하여 연구하여야 할 것이다. 석기는 사용의 과정에서도 날이 닳고 깨지기도 한다. 지속적인 감쇄의 과정 속에 있는 것이다. 그러다 이전의 잔손질 단계로 돌아가 재가공될 수도 있다.

다섯째, 우리의 고고학 유적에서 발견되는 유물은 모두 버려진 것들이다. 고고학 유적은 제작과 사용의 맥락이 아닌 주로 폐기의 맥락을 시사한다. 사용되면서 닳거나 부러져 버려지기도 하고, 돌살촉 같은 도구는 그저 망실되기도 한다. 폐기 맥락의 유물로부터 석기의 제작과 사용을 되짚어 가는 것은 유추와 추론의 과정을 밟아야 하는 것이기에 더욱 어렵다. 버려진 뒤 사람이나 동물의 발에 밟혀 부러진 것도 있을 것이고, 물과 바람에 쓸리고 퇴적되면서 부러지거나 이동된 것도 있을 것이다. 이 단계에서도 석기는 감쇄된다.

석기 제작과 사용, 폐기의 다섯 단계를 더욱 복잡하게 하는 것이 바로 재사용과 재가공, 재활용과 관련된 문제이다. 모든 석기가 다섯 단계를 거친 것일 수는 없으며, 그럴 필요도 없다. 첫 번째, 두 번째 단계에서 바로 폐기되는 것도 많으며, 사용된 석기가 다른 용도로 재사용될 수도, 다시 날을 잔손질하여 다른 용도로 쓰이기도 한다. 날이 무뎌진 긁개를 잔손질하여 찌르개로 삼을 수도 있으며, 뾰족한 끝이 부러지면 그 부분만 잔손질하여 밀개를 만들 수도 있다. 그 과정에서 많은 부산물과 제작과정에서 실패한 유물도 나올 것이다.

석기의 분류에서 쓰이는 형식이 이 모든 감쇄과정을 담아내는 것은 불

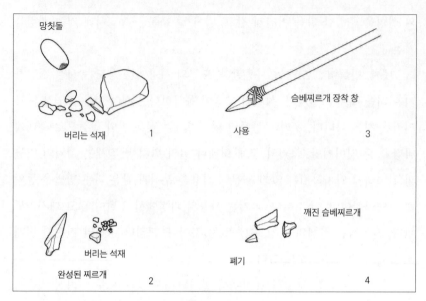

그림 2.3 석기의 제작과 사용, 그리고 폐기의 과정을 보여 주는 사례

찌르개를 만들기 위하여 우선 (1) 규질셰일 원석을 획득하고 망칫돌을 사용하여 격지나 돌날 소재를 준비하며, (2) 잔손질하여 슴베찌르개를 만들며, 이 과정에서 많은 부산물이 나오고, (3) 나무 창 끝에 찌르개를 장착하여 사냥에 사용하며, (4) 마지막으로 부러진 찌르개가 폐기되는 과정을 그린 것이다. 결국 고고학자의 손에 들어오는 것은 제작과 사용 도중 또는 마지막 폐기물이다(김민경·성춘택 그림).

가능하다. 석기의 제작과 사용, 그리고 폐기는 그만큼 역동적이다. 두 번째 단계에서 폐기된 유물과 재사용되고 재활용된 것들을 똑같은 체계 안에서 동일한 분류를 하는 것은 불합리할 수도 있다.

다시 무스테리안석기의 형식분류로 돌아가 보자. 프랑수아 보르드는 각 형식이 의도적인 생산물로서 서로 단절된 독자적 범주로 다루었다. 그러나 역동적인 감쇄기술로서 석기 제작과 사용을 고려한다면, 우리가 사용하는 석기 형식이라는 것은 복잡한 제작과 사용, 폐기과정의 산물일 수밖에 없다. 석기 감쇄의 정도는 특정한 원석의 풍부한 정도나 유적에 점유한 기간, 수렵민의 이동성과 같은 변수와 밀접하게 연결될 것이다(Dibble 1987; 제13장 참조).

해럴드 디블(Harold Dibble 1987)은 바로 이 점을 강조하면서 무스테리안 석기군의 변이를 풀고자 하였다. 디블은 긁개를 사례로 들어 유물의 형식

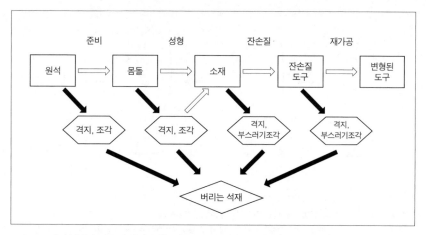

그림 2.4 석기 제작과 사용의 다양한 감쇄과정을 도식화시켜 표현한 그림
먼저 원석(raw material)을 획득하여 일차적인 준비과정을 거치면 몸돌과 격지 및 조각과 부스러기가 생산
되고, 다시 성형과정을 거쳐 소재(blank)를 만든 다음 잔손질하여 도구를 완성한다. 완성하여 사용한 도구
는 재가공과 재활용될 수 있다. 석기 제작과 사용은 감쇄과정이기 때문에 각 단계에서는 다양한 부산물이
생길 수 있으며, 경우에 따라서는 격지와 부정형조각을 소재로 사용하여 도구로 가공할 수도 있다.

은 그 자체로 고정된 것이 아니라 잔손질의 집중도에 따라서 재활용되어 다
양한 형식으로 전환될 수 있음을 보여 주었던 것이다. 긁개에 잔손질을 가하
면서 석기는 지속적으로 감쇄되어 크기가 줄어들고, 형식적으로도 단순한
옆날긁개에서 집중적인 잔손질을 가진 가로날긁개로 변모하는 것이다(그림
2.5). 디블은, 프랑수아 보르드의 사후 일이지만, 이로써 무스테리안 논쟁에
중요한 논점을 제시하였다. 이렇듯 석기 제작과 사용은 감쇄기술의 산물임
을 유념하여야 하며, 우리가 사용하는 석기의 형식이라는 것은 역동적인 석
기기술의 일부분이기에 고정불변한 것이라 생각하면 안 된다.

2.7. 분류와 형식, 범주화

보르드를 비롯하여 전통적인 접근을 중시하는 고고학자는 우리가 쓰는
형식에는 석기 제작자의 의도성이 담겨 있다고 생각한다(Debénath and Dib-

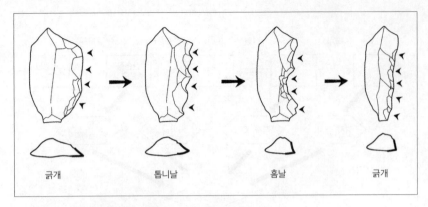

그림 2.5 석기의 제작과 사용, 재사용, 재가공의 감쇄과정의 사례
이 석기는 처음 볼록날 긁개로 만들어지고 사용되었지만, 날이 무뎌지면서 재가공되어 톱니날을 가진 석기가 되었으며, 다시 홈날석기로, 그리고 다시 날을 벼려 곧은 날을 가진 긁개가 되었다. 이처럼 석기는 제작과 사용, 재가공의 복잡한 감쇄과정을 거칠 수 있다(Dibble 1987 참조하여 김민경·성춘택 그림).

ble 1994: 6). 어떤 형식의 석기는 제작자가 어떤 목적을 이루기 위해 만들었기 때문에 형식분류라는 수단으로 거기에 담긴 문화적 의미를 찾을 수 있다고 생각한다.

이런 시각은 본질론(essentialism, 본질주의) 또는 유형론의 인식론에 바탕을 두고 있다. 세상은 유한한 종류로 이루어져 있으며, 유형, 종류, 형식이라는 것은 자연적 존재로서 연구자가 집중적인 분석을 한다면 찾을 수 있다고 본다(오브라이언·라이맨 2009). 그리하여 서로 다른 형식이나 종류는 서로 다른 본질을 가지며, 연구는 그 본질을 찾는 데 초점을 맞춘다. 이 시각에서 형식이란 석기 제작자가 공유하는 이상적인 형판과도 같은 것이다. 보르드를 비롯한 문화사고고학자들이 생각하였던 석기 형식체계는 한 문화의 구성원이 공유하였던 형식이나 종류를 찾는 과정이었다. 되풀이 공반하는 유물조합으로 고고 문화를 찾고, 나아가 유물조합이 다르다는 것은 바로 문화가 달랐음을 가리키는 증거로 여겼다. 문화사고고학의 패러다임에서 문화란 사회 구성원이 공유하는 사고와 행위의 지침이었다. 구성원은 문화를 공유히고, 그것은 물질문화로 나타난다. 되풀이 반출되는 유물조합으로 고고학문화를 정의할 수 있고, 그것은 다시 과거의 종족이나 부족을 추정하는 지표가 되는 것이다(성춘택 2017).

이와 상반되는 관점은 유물론(materialism) 또는 변이론의 인식론이다. 본질론과는 대조로 유물론의 시각에서는 절대적 종류라는 것은 존재하지 않는다. 범주는 오직 연구자의 머릿속에서나 있는 개념 장치이거나 분석 도구에 불과하다. 본질론에서는 전형, 곧 본질에서 벗어나는 것은 변이 또는 산란(노이즈)으로 취급됨에 반해, 유물론의 입장에서 본질이란 없는 것이고 세상은 수없이 많은 변이로 이루어져 있으며, 변이만이 탐구의 대상이 된다. 형식이나 종류란 고정되어 있는 것이 아니며, 늘 변화의 가능성과 역동성을 지니고 있는 것이다. 연구자는 연구의 목적과 방법에 맞게 형식을 설정할 것인데, 늘 변이의 생성과 변화에 초점을 맞춘다.

감쇄기술로서 석기 제작과 사용을 생각한다면, 본질론에 입각하여 석기의 형식이 고정되어 있다는 가정은 적절하지 않다. 유물론의 시각이 어울리는 것이다. 석기 제작은 공장에서 주물을 만들어 똑같은 상품을 찍어내는 과정과는 다르다. 원석의 획득에서 소재의 준비, 손질과 잔손질, 재가공, 재사용과 재활용, 폐기와 파손 등 복잡한 과정을 거친 자료의 형성과정을 고려해야 한다. 어떤 뗀석기가 의도적으로 만들어진 것이라 할지라도, 그 의도를 찾기 전에 먼저 형식이란 개념적 장치이자 분석 도구일 뿐이다. 예를 들어 석기의 크기나 잔손질의 길이를 도표화시킨다고 해도 형식이란 통계 분포에서 빈도봉과도 같은 것으로서 형식과 형식 사이에는 엄밀한 구분을 짓기 힘들다. 마찬가지로 곧은날, 볼록날, 오목날이란 범주 역시 완전하게 객관적인 기준이라 할 수 없다. 휘어 있는 날이 있을 수 있고, 곧은날과 볼록날이 합쳐져 있기도 할 것이다. 만약 새로운 범주가 필요하다면, 연구자는 자신의 연구 목적에 맞게 나눌 수밖에 없다.

다시 강조하지만, 석기는 그 자체로 감쇄기술의 산물이다. 최초의 원석에서 무엇인가를 떼어 내어 만들어진 것이고, 그 어떤 시점의 유물은 언제든 재가공되거나 재활용, 아니면 그냥 버려질 수 있다. 연구자에 따라서는 석기의 전체 형태보다는 특정 작업날이 지속적으로 재가공되는 양상을 중요시하기도 한다. 그리하여 이전의 모습을 잃어버리기도 하며(긁개였다가 재가공 되어 밀개가 되기도, 톱니날이 되기도 한다), 재가공, 재활용의 빈도와 정도가 낮 다면 한두 번 쓰고 그냥 버려지기도 할 것이다. 고고학 유적에서 나오는 유 물은 이런 복잡한 과정을 거친 것이다. 이 모든 과정을 담는 개념이 작업연 쇄(chaîne opératoire)이며, 최근 석기기술 연구에서 중요하게 생각되고 있 다. 석기 분류 역시 될 수 있으면 이런 과정을 담아야 한다.

이런 상황에서 석기의 형식이 가지는 의미에 대해서 혼란이 없을 수 없 다. 대중과 많은 초심자들은 석기의 명칭에서 여전히 기능의 의미를 찾고자 한다. 물론 그런 함의가 전혀 없지는 않지만, 고고학에서 쓰이는 형식명이란 그저 고고학자가 이해하는 방식대로 어떤 형태의 석기를 부르는 이름일 뿐 이다. 어떤 형식을 규정하는 형태나 날의 위치와 성격, 제작상의 특징 등을 가지고 있다면 그 석기는 그렇게 분류되고 불리는 것이다. 지나치게 자의적 인 분류나 명칭을 지양하면서도 돌감, 전체 형태와 크기, 소재의 종류, 날의 위치와 성격 등 중요한 속성을 고르게 반영하면서 더 체계적인 분류를 고안 해야 한다. 완벽한 분류는 현실적이지 않다. 분류나 형식이 의사소통의 수단 임을 생각할 때 바람직하지도 않다. 기존의 용어와 분류 방식을 수용하면서 도 체계적 분류를 모색해야 한다.

제2부 석기 만들기와 나누기

제3장

돌감의 고고학

석기 만들기는 돌감(석재)을 얻는 일에서 시작한다. 돌감은 석기 분석의 기초면서도 석기기술에 대한 많은 정보를 담고 있다. 주먹도끼든 돌날이든, 아니면 청동기시대 간돌검(마제석검)이든 어떤 석기를 만드는 데는 선호하던 돌감이 있었다. 그렇기에 석기 제작과정을 이해하기 위해서는 원석에 대한 지식이 필요하다. 나아가 어떤 돌감의 취득과 관련 사항은 선사시대 인간 행위와 자원이용, 사회 네트워크에 대한 정보를 주기도 한다.

이 장에서는 석기 제작과 관련하여 돌감을 판단할 때 주의해야 할 사항과 암석의 색깔, 광물, 구조에서 어떤 돌감이 지닌 물리화학적 특성에 주목하여 선사시대 석기의 돌감이 어떻게 이용되었는지를 살펴본다. 다만 암석학 전문 지식이 아니라 고고학의 시각에서 초보적인 암석의 분류와 동정에 관한 개괄에 치중한다.

3.1. 고고학과 암석학

암석은 고고학자에게 낯선 분야이다. 어떤 돌의 분포, 성인, 물리화학적 특성을 아는 데는 암석학 전문 지식이 필요하기 때문이다. 그래서인지 발굴보고서 같은 문헌에는 석기의 재료가 무엇인지, 어떤 암석으로 만들어졌는지에 대해 아주 간단한 기록만이 담겨 있다. 어떤 돌감이 가진 특성보다는 암석 판정에 치우치고 있다. 그것도 고고학자가 적극적으로 분석하기보다는 자연과학자의 식견에 의존하여 암석의 명칭만을 취하는 경우가 많다.

그런데 돌감을 더 잘 알기 위해서는 암석의 이름보다는 성인을 이해해야 한다. 암석학 역시 물리학이나 화학 등 자연과학 지식이 필요한 학문이기 때문에 고고학자가 암석학자처럼 깊이 있는 분석과 이해를 할 수는 없겠지만, 고고학의 맥락에서 석기기술을 이해하는 데 필요한 지식이 필요하다. 암석의 성인과 성질, 분포에 대한 기본 지식을 갖추어 잘못된 이해를 하지는 말아야 한다.

암석학의 요체는 특정 암석의 성인을 아는 것인데, 이것이 그리 간단하지 않다. 린네가 창안한 생물 분류체계는 계통분류체계(systematics)로서 계-문-강-목-과-속-종이라는 위계적 흐름에서 아래로 갈수록 친연관계가 가까워지기 때문에 분류 자체가(린네 사후의 일이지만) 종분화(speciation)라는 진화과정을 암시한다. 그러나 암석학에서 분류란 생물 분류체계와는 다르다. 생물학에서 종과 종 사이의 구분은, 물론 종의 정의에 대해 논란도 있지만(오브라이언·라이맨 2009 참조), 암석과 비교하면 명료하다고 할 수 있다. 엄격히 말하면, 상이한 종은 외형이 다르고 서로 교배하지 않으며, 하더라도 생식력 있는 자손을 낳지 않는다. 서로 다른 종은 대부분 지리적으로 격리되어 생물학적으로 서로 교류하지 않는 것이다. 그런데 가령 이암과 점판암, 혼펠스 같은 것이 앞엣것은 퇴적암이고 다른 둘은 변성암이라고는 하지만 자연세계에서 생물 종처럼 그리 간단히 구분되지 않는다. 그래서 암석학자라 하더라도 서로 다른 분류와 동정을 하기도 한다.

화성암과 퇴적암, 그리고 변성암은 서로 순환하지만, 그 과정은 복잡하고 흔히 단속적이지 않다고 하겠다. 그렇기 때문에 단순히 암석의 이름보다는 성인을 이해하는 것이 중요하다. 한 가지 덧붙이고 싶은 점은 일반적으로 암석학자 역시 화성암, 퇴적암, 변성암 등 세부 전공분야가 다르기 때문에, 어떤 이는 특정 암석을 퇴적암의 맥락에서 파악하지만 다른 이는 화성암이나 변성암의 맥락에서 이해할 수도 있다는 것이다. 석기의 돌감으로 흔히 쓰이는 규암이나 혼펠스 같은 암석은 변성의 과정을 겪은 것이기에 그만큼 다양한 모습과 성질을 가지고 있음도 염두에 두어야 한다.

따라서 암석학자가 아니라 고고학을 위한 암석학 지식이 필요하지만 이 분야는 그리 발달되어 있지 않다. 고고학자들은 같은 재질의 암석임이 분명함에도 서로 다른 이름으로 부르는 사례가 많다. 미국 선사시대 뗀석기에 널리 쓰인 처트와 유럽의 플린트 같은 암석이 그렇고, 한국에서도 후기 구석기시대의 대표적인 돌감이 한편으론 혼펠스, 다른 한편으론 유문암이나 안산암, 이암, 산성화산암, 반암, 그리고 규질셰일(규질혈암), 규질응회암이라 불리고 있다(성춘택 2003). 모두 암석학자의 전문 지식을 빌어 판정을 내렸다고는 하지만, 역시 고고학자가 주도적으로 유물 제작에 쓰인 암석에 대한 지식을 가질 필요가 있다.

암석을 동정하고 분류하기 위해서는 성인을 이해해야 한다. 대부분 구성 광물을 관찰하고, 구조가 어떻게 발달하였는지, 곧 조직(texture)으로서 광물 입자의 크기와 연결 상태는 어떠한지를 판단함으로써 암석을 판정한다. 암석을 구성하는 광물을 조암광물이라 부르며, 보통 석영, 장석, 운모, 각섬석, 휘석, 감람석 등 몇 가지 주요 조암광물에 주목한다. 암석학의 기본인 광물학은 물리학과 화학과 같은 기초 과학의 이해, 그리고 현미경 관찰이나 광물 동정 같은 실험 분석의 과정을 거치지 않고서는 이해하기 힘들다. 따라서 광물학의 내용은 우선 더 깊은 전문 지식을 필요로 하는 것으로 넘기자. 그리고 여기서는 여러 광물이 어떻게 암석, 특히 석기의 돌감이 되는 암석이 되는지를 개략적으로 살펴보자.

주지하듯이 암석은 성인에 따라 화성암, 퇴적암, 변성암이라는 크게 세 집단으로 나뉜다. 화성암(igneous rock)은 기본적으로 마그마가 냉각되어 굳어서 형성된 것이며, 퇴적암(sedimentary rock)은 기존 암석의 쇄설물이 쌓여 굳어서 생기고, 변성암(metamorphic rock)은 화성암이나 퇴적암이 오랜 시간 열과 압력을 받아 광물 조성과 구조가 변하며 만들어진다. 그런데 예를 들어 응회암의 경우 화산 기원의 화산재가 쌓여 굳은 것으로 성인으로는 퇴적암이지만, 퇴적물의 기원 자체는 화성암의 요소를 지니고 있다.

3.2. 화성암

지각 내부 깊은 곳의 열과 압력으로 용융되어 형성된 마그마가 지표 위로 분출(extrusion)하거나 지각으로 관입(intrusion)하여 형성되는 암석을 화성암이라 한다(레이먼드 2003). 화성암의 암석을 이루는 조암광물 입자의 배열, 곧 석리(石理, fabric)는 마그마가 어디에서 냉각되었는지, 곧 냉각 속도에 따라 다르다. 지각 내부 깊은 곳에서는 천천히 식고, 지표 위에서는 급속히 냉각될 것이다. 지각 내부 깊은 곳에서 형성된 심성암의 경우 조암광물 결정의 성장 시간이 길어 결정질이 되며, 지표 위에서 냉각된 용암은 비정질이다. 마그마의 냉각과정에서 암석의 형성에 가장 많은 영향을 미치는 것은 이산화규소(SiO_2), 곧 석영의 함량이라고 한다. 그 함량이 높은 산성암의 대표적인 사례는 화강암이며, 염기성암은 반려암인데, 그 중간이 섬록암이다(표 3.1). 그리하여 화강암은 밝고, 반려암은 검은 빛이다.

화성암의 95%는 석영, 장석, 운모, 감람석, 각섬석, 휘석, 곧 주요 조암광물로 이루어져 있다(Andrefsky 1998: 46). 조암광물의 조직에는 현정질(顯晶質, 조립질, phaneritic)과 비현정질(非顯晶質, 세립질, aphanitic)이 있다. 현정질은 주로 화강암에 보이는 것으로 비교적 큰 결정체를 관찰할 수 있으며, 이와 반대로 비현정질의 사례로는 현무암을 들 수 있다. 반정질(斑晶質, por-

표 3.1 화성암의 생성 상황과 종류

식는 곳	염기성암(어두움)	중성암(중간)	산성암(밝음)	결정질
지표 (화산암)	현무암	안산암	유문암	세립질, 유리질
중간 (반심성암)	휘록암	섬록반암	석영반암	
지각 깊은 곳 (심성암)	반려암	섬록암	화강암	조립질
주요 조암 광물	감람석, 휘석	장석, 각섬석, 휘석	석영, 장석, 흑운모	

phyritic)이라는 것은 현정질 또는 비현정질 조직에 반정(phenocryst)이 보이는 것을 말한다. 반정질 암석의 대표로 들 수 있는 것이 유문암인데 비현정질의 조직에 검은 반정이나 석영 같은 결정체가 관찰된다.

이렇듯 화성암은 암석의 조직과 입자에 따라 구분할 수 있는데, 조립질 암석으로는 화강암, 섬록암(閃綠岩, diorite), 반려암을 들 수 있으며, 후자로 갈수록 어두워진다. 이 세 암석 모두 심성암(plutonic rocks)으로서 지하 깊은 곳에서 암석이 형성된 다음 지표에 드러난 것이다. 화강암은 주로 흰색이나 연한 누르스름한 빛을 띠며, 반려암의 경우 회색이나 검은색에 가깝다. 그 중간인 섬록암은 비교적 어두운 색조의 심성암으로서 주로 사장석, 각섬석, 휘석으로 이루어져 있다. 같은 조성을 가진 안산암은 지표에서 암석화한 화산암의 일종이다(표 3.1). 반려암(gabbro)은 가장 어두운 조립질 심성암으로서 무색 광물로 사장석이, 색을 띠는 광물로는 감람석과 휘석이 있다.

세립질의 화산암으로는 유문암, 안산암, 현무암을 들 수 있는데, 후자로 갈수록 어두운 색조를 띤다. 이 암석들은 심성암과 달리 지표 근처에서 마그마가 급격히 굳어 만들어진 화산암(volcanic rock)이다. 안산암은 광물로 사장석이 많고, 휘석이나 각섬석도 포함되어 있다. 유문암은 색깔이 옅은 산성암이다. 비슷한 조직을 가진 화강암이 육안으로 쉽게 보이는 결정질 입자를 가지고 있는데 반해 유문암의 경우 미정질(微晶質)이나 유리질이다. 유문암(流紋岩, rhyolite)은 밝은 색조의 화산암으로서 비교적 높은 SiO_2 성분을 지니고 있다. 따라서 석영, 그리고 사장석이 주 광물로 포함되어 있다. 한국 후

그림 3.1 주요 화성암의 종류

왼쪽 위에서 시계방향으로 현무암, 안산암, 섬록반암, 반려암, 알칼리화강암, 화강암, 흑운모화강암, 화강섬
록암. 현무암과 안산암은 화산암이며, 섬록반암과 화강반암은 반심성암, 나머지는 심성암이다.

기 구석기시대 돌날을 만드는 대표적인 암석을 유문암이라 판정하여 광범
위하게 사용하고 있는 경우가 있지만(이기길 외 2000), 사실 그 암석의 내부
는 거의 예외 없이 검은색을 띠고 있기 때문에 적절한 동정이라 생각되지 않
는다(성춘택 2003).

화강암의 경우 정장석이, 섬록암은 사장석이 많으며, 반려암에는 석영
이 거의 없다. 안산암에는 각섬석 반정들이 함유되어 있는 수가 많으며, 현
무암(basalt)은 세립질이며 감람석이나 휘석을 포함하고 있다. 대체로 SiO_2
의 함량이 낮지만(50% 이하), 급히 냉각되었을 경우 높기도 하여 미국 서북
부에서는 주된 뗀석기 재료가 되기도 한다.

석기 제작에 쓰이는 정질의 암석 가운데 흑요석의 경우 지표 위에 아주
빠른 속도로 냉각된 용암으로 형성된다. 흑요석은 마그마가 지표 위에서 빠
른 속도로 냉각된 사례로서, 너무 빨리 식는 바람에 결정체가 성장할 시간을
전혀 갖지 못해 암석의 조직이 유리와 같이 정질, 곧 자연 유리가 된 것이다.
석영 결정체, 곧 수정 역시 냉각과정에서 생성될 수 있으며, 육각기둥을 가
진 큰 수정은 후기 구석기시대 정교한 석기를 제작하는 데 쓰이기도 하였다.

표 3.2 주요 화성암의 평균 화학 성분 사례(원종관 외 1989: 396에서)

성분	현무암	안산암	화강암	유문암
SiO_2	49.06	59.59	70.18	72.80
TiO_2	1.36	0.77	0.39	0.33
Al_2O_3	15.70	17.31	14.47	13.49
Fe_2O_3	5.38	3.33	1.57	1.45
FeO	6.37	3.13	1.78	0.88
MnO	0.31	0.18	0.12	0.08
MgO	6.17	2.75	0.88	0.38
CaO	8.95	5.80	1.99	1.20
Na_2O	3.11	3.58	3.48	3.38
K_2O	1.52	2.04	4.12	4.46
H_2O	1.62	1.26	0.84	1.47
P_2O_5	0.45	0.26	0.19	0.08

한국 구석기시대 석기의 제작에 널리 쓰인 암석 가운데 맥석영이 있다. 석영맥암이나 석영암, 또는 그냥 석영이라 불리기도 하지만, 맥석영이라는 말이 더 합당하다고 한다(양동윤 2006). 맥석영은 화강암이나 기타 암석에서 석영 입자가 암맥의 형태로 발달하며, 이것이 다시 풍화작용을 거쳐 상대적으로 약한 부분은 떨어져 나가고 암맥 부분만이 남아 지표에 덩어리를 이루며 노출된 것이다. 대부분 맥석영은 내부에 절리면(켜면)을 그대로 간직한 것들이 많아 작은 석기를 만드는 데는 적합하지만, 대형의 격지나 주먹도끼나 가로날도끼와 같은 대형자르는도구(large cutting tool)를 만드는 데는 적합하지 않다. 맥석영은 우리나라에 광범위하게 분포하고 있으며, 그 안에서도 수많은 변이가 있다. 어떤 것은 상대적으로 더 정질의 것이 있는 반면, 석기의 재료로 사용하기에 부적합한 조질의 것도 많다(Seong 2004).

3.3. 퇴적암

퇴적암은 진흙(점토)이나 모래, 암석 쇄설물이 풍화를 겪고 물과 바람, 중력 등으로 운반되어 육상이나 바다 아래서 오랫동안 쌓이고 굳어져 만들어진다(레이먼드 1999). 퇴적암의 근원 물질에는 기존 암석의 쇄설물이나 진흙, 그리고 화산재 말고도 바다나 내륙에 서식했던 동식물 유체도 있다. 단일한 성인을 가지기도 하지만, 복합적으로 작용하여 암석이 형성되기도 한다. 퇴적은 암석 내부의 구조를 살피거나 쇄설물이 쌓여 만든 층리를 구분하여 판별한다. 예를 들어 계절에 따른 홍수로 진흙이 운반되어 쌓여 이암이 될 수 있는데, 층리 구조가 발달하면 셰일이 될 수 있다.

퇴적암은 크게 쇄설성(clastic)과 비쇄설성으로 구분하며, 여기에 유기적 퇴적암을 따로 분류하기도 한다. 쇄설성 암석이란 기존 암석의 조각들이나 진흙이 쌓여 굳어 속성작용(diagenesis)을 거쳐 만들어진다. 광물 입자는 굳으면서 다져짐(compaction), 교결(cementation), 결정질화(crystallization) 등의 과정을 거쳐 암석이 된다. 주로 다져짐의 과정을 겪은 것이 셰일이며, 사암의 경우 교결과정을 겪었다고 할 수 있다.

쇄설성 암석을 구분하는 데는 입자의 크기가 가장 중요하다. 정질의 암석 가운데 아주 단단하고 잘 깨지는 성질을 가진 암석이 뗀석기 제작에 유용하게 사용된다. 실트암과 셰일은 정질의 입자가 다져지면서 만들어진 암석이지만, 많은 경우 그리 단단하게 굳지 않은 상태라 석기의 재료가 되기 어렵다. 다만 규질의 셰일은 후기 구석기시대 정질의 석기를 만드는 데 유용하게 쓰였다. 입자가 쌓이고 굳어서 생기는 암석이기 때문에 층리가 발달하였을 경우 깰 때 층을 따라 깨져 버리기도 한다. 층리가 있는 암석도 뗀석기 제작에 쓰이기 위해서는 정질이어야 하며, 깨는 힘을 층리가 아니라 입자 사이로 전달하여야 한다(Andrefsky 1998: 50, 55).[1]

....

1   그렇다면 일반 셰일이나 점판암 같은 층리가 발달한 암석은 좋은 뗀석기 돌감이라 할 수 없지만, 팽이

안드레프스키(Andrefsky 1998: 50-51)에 따르면 입자들은 이산화규소(SiO_2)를 통해 교결과정을 거친다. 석영 입자가 쇄설성 암석의 원 퇴적입자 사이에 침투하여 교결시키는 것이다. 이렇게 규질화한 퇴적암이 아니라면 타격하여 떼기를 했을 때 구성 입자 사이에서 깨져 이른바 조가비모양 깨짐(conchoidal fracture)의 특성을 내지 못하고 뭉그러지고 만다. 때문에 원하는 모양의 석기를 얻을 수도, 날카로운 날을 낼 수도 없다. 그러나 선사시대 늦은 시기 간석기를 만드는 데 규질화하지 않은 사암 같은 것도 좋은 재료가 된다. 떼기는 수월하지 않지만 가는(마연) 과정을 통해 적당한 형태의 석기를 만들 수 있기 때문이다.

그런데 규질화한 암석, 곧 규질셰일(siliceous shale, 규질혈암)이나 규질응회암, 규질실트암의 경우 석영 입자에 의한 교결작용 때문에 입자 사이를 가로지르며 깨지면서 조가비모양의 깨짐이 일어난다. 이산화규소가 많이 들어갈수록 더 단단해지고 정질의 암석이 된다. 따라서 규질셰일은 광범위하게 뗀석기 제작에 쓰일 수 있다. 우리나라 후기 구석기시대 돌날을 비롯한 정교한 석기를 만드는 데 쓰였던 암석의 상당수도 규질셰일이라 부를 수 있다(성춘택 2003). 이렇듯 쇄설성 퇴적암의 모입자뿐 아니라 그것이 굳고 교결된 과정이 어떠했는지가 중요하며, 그것이 뗀석기의 돌감으로서 중요한 속성이다. 모입자의 기인이 화산재인 경우도 많으며, 그렇다면 규질응회암(silicified tuff)이라 부를 수 있다. 심지어 사암 역시 석영으로 교결작용, 곧 규질화작용을 거쳤다면 정규암(orthoquarzites)으로서 뗀석기 제작에 쓰일 수 있다. 그런데 규질화과정을 거친 쇄설성 퇴적암과 화학적 퇴적암을 구분하기란 쉽지 않다.

화학적 퇴적암은 규소와 산소가 용해되어 암석을 이루고 있다. 화학적 침전으로 만들어진 암석의 사례로는 암염이나 석고, 방해석, 석회암, 옥수 같은 것을 들 수 있다. 이런 암석의 대부분은 부드러운 편이어서 뗀석기 제

....

나 돌살촉 같은 신석기, 청동기시대 석기를 만들 때는 유용하게 쓰였다.

작에 적합하지 않다. 다만 규산이 침전된다면 거의 이산화규소로 이루어진 아주 단단하고 치밀한 암석이 만들어진다. 이렇게 규산이 침전되어 형성된 처트는 화학적 퇴적암의 일종이고, 뗀석기 제작에 널리 쓰였음은 물론이다. 규화목(petrified wood) 역시 규산이 많아 처트와 유사한 성격을 가지고 있으며, 뗀석기의 재료로 이용되기도 한다.

이런 암석이 만들어지는 화학적 침전 환경은 대체로 해성층이다. 럿키(Luedtke 1992)의 설명에 따르면 규산은 오팔, 곧 단백석으로 성장한다. 이 오팔은 지표면에서는 불안정한 상태인데, 깊은 바다 아래에서는 실리카(SiO_2)가 퇴적물 안에 용해되어 퇴적물을 더욱 단단하게 만든다고 한다. 이 규산의 원 제공자는 대부분 바다의 규조류이다. 규조가 규산을 오팔-A의 형태로 방출하면서 바다 아래 쌓이는 것이다. 그러하여 바다 아래에는 규조류에서 기인하는 규산이 풍부하며, 이것이 다시 교결의 과정을 거쳐 암석화한다. 이 과정은 오팔(단백석[蛋白石])-A에서 오팔-CT를 거쳐 석영으로 전환 재결정화한다. 이렇게 만들어지는 것이 비교적 큰 결정질, 곧 거정질의 석영(macrocrystalline quartz)인데, 곧 수정이다. 이와 대조적으로 작은 결정질의 암석은 미결정질의 석영(microcrystalline, 또는 cryptocrystalline)인데, 이것이 처트이며, 이 가운데 석리구조(fibrous)를 지닌 것은 흔히 옥수(chalcedony)라 불린다. 사실 처트와 옥수는 거의 구분하기 어렵다. 비슷한 암석을 지역에 따라 유럽에서는 백악 또는 석회암이 변성된 대리암과 같이 나오기에 플린트(수석[燧石])라 이름하고, 미국에서는 처트라 부른다(Whittaker 1994). 이렇듯 암석의 성인이나 특성은 지역마다 차이가 있고 부르는 이름도 다르다. 색깔 역시 검거나 회색에서 갈색, 녹색이나 누르스름한 빛을 띠는 것까지 다양하다. 처트는 위에 서술한 쇄설성 퇴적암 가운데 규질의 셰일(또는 혈암[頁巖])이나 실트암과 구분하기 쉽지 않기도 하다(Andrefsky 1998: 53의 그림 3.2 참조).

유기적 퇴적암은 동물의 골격이나 식물의 유체가 석화한 것으로 석회암이나 처트, 백악, 석탄 등을 들 수 있다. 석회암은 화학적이면서도 유기적 퇴

그림 3.2 주요 퇴적암의 종류
왼쪽 위부터 시계방향으로 이암, 사암, 셰일, 역암, 처트, 백운암, 석회암, 응회암이다. 이암, 사암, 역암, 셰일, 응회암은 쇄설성 퇴적암이며, 석회암과 백운암, 처트는 화학적 퇴적암이다.

적암으로서 해조 중에서 규조의 유해가 쌓인 것으로 주성분이 SiO_2이다. 처트 역시 석회암과 같은 성인 환경을 가지고 있다. 그리하여 처트는 석회암이 있는 곳에서 발견되는 경우가 많다. 식물이 매몰되어 바다 밑 같은 환경에서 공기와 차단되면서 생화학적인 과정으로 형성되는데, 이것이 주지하듯이 석탄이다.

3.4. 변성암

변성암은 열과 압력을 받아 구조가 변화한 암석을 가리킨다. 높은 압력과 온도에서 생성된 광물이 낮은 온도와 압력에 노출되어 새로운 암석이 되기도 하고, 반대로 지표의 암석이 고온 고압을 받아 새로운 암석이 되기도 한다(레이먼드 2000).

열과 압력을 받아 결정질이 변화한 것이기 때문에 변성암의 조직이나 구성을 파악하여 분류하기란 쉽지 않다. 암석학에서는 변성암을 흔히 성인에 따라 접촉변성암과 광역변성암으로 나눈다. 광역변성 작용은 흔히 조산운동으로 높은 압력과 열을 받는 과정을 일컫는다. 광역변성 작용은 흔히 수백km에 이르는 넓은 지역에서 지각운동으로 지하 깊숙이 들어가거나 마그마의 관입으로 새로운 광물이 만들어지면서 암석의 성질이 변화하는 것을 말한다. 이로써 암석은 압력을 받는 방향의 수직으로 광물이 배열되는데, 이를 엽리(葉理, foliation)라 부른다. 변성암이 열과 압력을 받아 마치 퇴적암에서 층을 보는 것처럼 층을 이루고 있는 구조를 가리킨다. 퇴적암에서는 입자가 층을 이루며 쌓인 것이지만, 엽리란 열과 압력을 통해 기존의 암석 광물 입자가 재배치된 것이다. 이런 엽상구조 변성암(foliated metamorphic rocks)은 평면 구조를 가지는데, 대표적인 것이 이암이나 셰일이 변성되어 형성된 점판암(slate)이다. 점판암은 대체로 한 점에 힘을 가했을 때 엽리를 따라 깨지는 속성이 있어 구석기시대 뗀석기로는 적합하지 않지만, 수월하게 다룰 수 있어 신석기시대 이후의 석기 제작에 널리 쓰였다.

엽리는 다시 편리(schistosity, 片理, 광물이 변성을 받아 일정한 방향, 특히 면상으로 쪼개지지 쉬운 구조로 발달한 것)와 편마 구조(片麻構造, 편리가 더 큰 열과 압력을 받아 엽리가 약해지면서 불규칙한 평행 구조를 보이는 것)로 나뉜다. 셰일은 편리 구조가 발달한 점판암으로, 이것이 다시 편마 구조를 가진 천매암, 편암으로 변성되며, 화강암은 변성 작용으로 화강편마암이 된다(레이먼드 2000).

접촉변성암은 마그마의 관입으로 높은 열을 받음으로써 모암의 구성성분이 높은 열을 받아 새로운 광물구성으로 변성된 것을 말한다. 특히 모암이 화성암보다는 퇴적암인 경우에 변성 작용이 잘 나타난다. 접촉변성암은 엽리 구조를 갖고 있지 않고 방향성이 없어 특별한 구조를 관찰할 수 없다. 석회암이나 돌로마이트가 접촉변성 작용으로 형성된 암석을 대리암이라 한다. 접촉변성 작용으로 내부의 층리나 화석은 사라진다.

규암은 사암이 접촉변성 작용으로 변성된 암석이다. 특히 열에 의한 변성으로 재결정작용으로 이산화규소가 사암의 입자 사이의 공극을 채워 아주 단단한 암석이 된다. 규암이 우리나라를 비롯한 지역에서 구석기시대 뗀 석기 제작에 널리 사용된 것은 두말할 나위가 없다. 퇴적암으로서 규질화과 정을 밟은 정규암(orthoquartzites)과는 대조로 변성되어 형성된 변성규암 (metaquartzites)을 구성하는 성분은 대부분 석영이다. 규암은 아주 단단한 암석이며, 석영이 교결작용을 균질하게 하였을 경우 뗀석기 제작의 좋은 재 료가 된다. 이 경우 떼기의 힘은 느슨하게 결합된 모래 입자와 입자 사이가 아니라 입자를 규산, 곧 석영이 교결작용으로 서로 단단하게 맞물려 있기 때 문에 입자를 가로질러 깨지는 성질이 있다. 그리하여 이른바 조가비모양 깨 짐이 나타나기도 하는데, 이것이 뗀석기 제작을 가능하게 해 주는 가장 중요 한 속성이 된다(Andrefsky 1998: 55). 정규암과 변성규암을 구분하는 것은 쉽 지 않지만, 정규암은 규질사암이라고도 부를 수 있는데, 개별 석영 모래입자 가 변형되지 않고 그대로 관찰된다. 우리나라 석기 연구에서는 대부분 이 둘 을 구분하지 않고 규암이라 통칭한다.

셰일이나 점판암(slate) 같은 세립질의 암석은 마그마의 관입으로 열을 받아 혼펠스로 변화하거나 재결정된다. 혼펠스는 아주 치밀한 변성암인데, 흔히 셰일이 접촉변성 작용을 받아 형성된다. 넓게 쓰이는 용례에 따르면 조 직에 방향성이 없는 세립질의 변성암을 총칭하기도 하는데, 세립질의 퇴적 암이 고도로 변성 작용을 받아 극히 작은 입자를 가진다. 혼펠스는 구석기시 대 뗀석기 제작에 널리 쓰이는 암석이다. 그리하여 아주 단단한 특징을 가지 고 있는데, 이런 변성 작용을 통해 윤이나 광택이 나기도 한다. 우리나라 후 기 구석기시대 뗀석기로 널리 쓰이는 암석을 변성암으로 판정하여 혼펠스 라 부르기도 한다.

이밖에도 가장 흔한 변성암으로 편암과 편마암이 있다. 편암(schist, 片 岩)이란 광역변성 작용으로 형성된 변성암의 일종으로 광물 입자가 눈에 보 일 정도로 거칠기도 하며 세립인 경우도 있다. 엽리가 발달하여 얇은 판 모 양으로 깨지는 성질을 가지고 있다. 편마암은 열과 압력을 받아 형성된 변성 암의 일종으로 화학성분은 화강암 또는 화강섬록암과 유사하다. 석영이나

그림 3.3 주요 변성암의 종류
왼쪽 위부터 시계방향으로 혼펠스, 점판암, 천매암, 흑운모편암, 대리암, 규암, 사문암, 편마암. 점판암, 천매암, 운모편암, 편마암은 광역변성 작용으로, 규암, 대리암, 혼펠스는 접촉변성 작용으로 형성된 암석이다.

운모, 장석을 많이 함유하고 있으며, 편암처럼 판상의 구조가 뚜렷하지는 않지만 대체로 눈에 띄는 줄무늬가 있다. 편암과 편마암은 뗀석기 제작에 부적합하지만, 신석기시대와 청동기시대 갈판이나 다른 간석기 제작에 널리 쓰였다.

3.5. 석기 제작 이후의 풍화

풍화란 암석이 물리적이거나 화학적인 변형을 받아 분해되는 과정을 일컫는다. 암석에서 나타나는 풍화테(weathering rind)는 자갈이나 돌덩어리의 표피가 화학적 풍화를 받음으로써 마치 고리를 이루는 형상을 말한다. 암석을 쪼갰을 때 내부와 외부의 색깔이 다른 것을 볼 수 있는데, 이때 내부는 아직 풍화되지 않은 곳이고, 풍화한 외부만이 고리를 이루며, 풍화가 진행될수록 고리는 두꺼워진다.

풍화테가 만들어지는 원인은 다양하고 복합적이지만 주된 것은 산화과

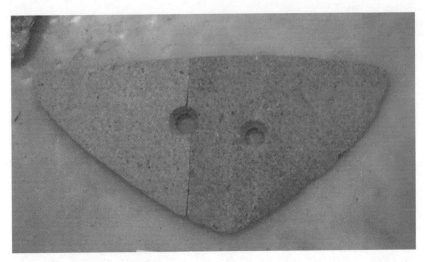

그림 3.4 아산 명암리 출토 삼각형돌칼

석영반암제 돌칼이 부러져서 발견되었는데 왼쪽과 오른쪽의 풍화된 정도가 다르다(충남대 박물관, 지은이 촬영).

정이라고 한다. 암석의 표피는 알칼리성 성분이 분해되면서, 곧 산화의 과정으로 경도가 약해진다. 특히 자갈돌에서는 물에 의해서 산화가 진행된다(Oguchi 2001). 따라서 건조한 환경보다는 고온다습한 환경에서 풍화테가 잘 발달한다. 철분이 풍부한 광물은 산화하여 침철석(針鐵石, geothite)이라 불리는 연한 갈색이나 누르스름한 빛으로 변한다. 이런 풍화과정은 아주 강하고 안정된 것을 제외한 거의 대부분 암석에서 나타나며, 심지어 흑요석의 표피도 오랫동안 풍화하여 탈색된다. 흑요석수화연대측정법(obsidian hydration dating)이란 사실 흑요석 표면에 발달하는 풍화테, 곧 흑요석수화층을 측정하여 암석이 공기 중에 노출된 시기를 역산하는 방법이다.

풍화테는 고고학 유물에서도 널리 보인다. 청동기시대 돌칼이 아산 명암리 유적에서 부러져서 나왔는데, 그림 3.4의 왼쪽 부위는 오른쪽 부위에 비해 탈색이 더 많이 진전되어 있다. 3000년도 흐르지 않았지만, 퇴적 토양의 성격에 따라 서로 다른 정도의 풍화작용을 받은 것이다.

유럽 구석기시대 뗀석기를 만드는 데 널리 쓰인 플린트는 미세결정 구조를 지니고 있는데, 백악과 관련된 암석이기 때문에 풍화로 말미암은 탈색

그림 3.5 암석의 화학성분을 파악하기 위해 단면을 잘라 정면한 모습의 규질셰일
한국 후기 구석기 유적에서 슴베찌르개와 돌날을 비롯해 많은 정교한 석기 제작에 쓰인 규질셰일은 풍화에 비교적 약하다. 외부는 탈색되었지만, 내부는 여전히 검은빛을 간직하고 있다. 오른쪽 아래는 이 암석의 성분을 분석하기 위해 표면을 마련한 시료이다(표 3.4 참조, 지은이 촬영).

화과정이 잘 드러난다(이형우 2002). 우리나라의 대표적인 후기 구석기시대 유물을 만들었던 소재 돌감인 규질셰일이나 혼펠스 역시 풍화의 흔적을 잘 보여 준다. 풍화가 너무 심하여 작은 돌날이나 부스러기의 경우 발굴과정에서 조심하지 않으면 부서질 정도이다. 그런데 이 유물은 애초 이암이나 혼펠스, 유문암, 안산암, 저색실트암, 또는 반암 등으로 지칭되기도 하였는데, 부분적으로 유적과 유물에 따라 다른 성격을 가질 수도 있지만 기본적으로 대부분 같은, 또는 유사한 암석일 가능성이 크다.

이 암석으로 만들어진 유물의 외피는 풍화로 원래의 빛을 잃고 흔히 누르스름하고 연하게 푸르스름한 빛을 낸다. 탈색되지 않은 내부(core)는 거의 예외 없이 검은색을 띠고 있다(그림 3.5). 유물은 겉 표면만 풍화를 입어 풍화테를 이루고 있는 상태이며, 이 검은 내부가 실제 암석의 성격을 잘 말해 주며 석기를 떼며 사용하였을 때의 모습 역시 주로 검은색이었을 것이다. 그리하여 애초 후기 구석기시대 인류가 암석을 골라 깨서 석기를 만들었다면, 당시에는 도구 역시 표피를 제외하고는 검은색을 띠고 있었을

표 3.3 석재 시료에 대한 XRF 화학성분 분석 결과(성춘택 2003: 표 1에서)

	SiO_2	AlO_3	Fe_2O_3	TiO_2	MnO	CaO	MgO	K_2O	Na_2O	P_2O_5
옥과 2(W)	83.63	10.13	1.5	0.1	0.02	0.11	0.14	3.29	0	0.03
옥과 2(B)	83.16	10.72	1.49	0.09	0.02	0.05	0.14	4.28	0	0.02
옥과 1	80.45	10.96	0.75	0.05	0.02	0.45	0.51	6.83	0.1	0.17
평창리	81.62	10.45	1.26	0.11	0.03	0.14	0.29	5.3	0.18	0.05
죽산 2	83.92	8.11	2.87	0.21	0.05	0.1	0.93	2.45	0.3	0.03
죽산 1	82.72	9.5	2.29	0.11	0.03	0.03	0.27	3.61	0.47	0.02

* 중량 백분율(표 2 포함).

** 옥과 2(W): 풍화된 외피, 옥과 2(B): 동일 시료의 내부.

것이다.

글쓴이는 중부(용인 평창리)와 남부(곡성 옥과, 순천 죽산)에서 수습된 암석을 X-선 형광분석법(XRF, X-Ray Florescence) 및 EPMA(전자현미경분석, Electron Probe Micro-Analyizer)으로 분석한 바 있다(성춘택 2003). 우선 이 암석은 거의 같은 광물 구성을 가지고 있는 동일한 암석이었으며, 이산화규소(SiO_2) 함량은 대체로 80%를 넘는 아주 정질의 단단한 암석이었다.

이윤수(2000)는 순천 죽내리 유적에서 출토된 유물을 분석하면서 주로 육안과 현미경 관찰을 통해 유문암이라 판정하였으며, 아직도 이 암석의 동정과 기록에 널리 쓰이고 있다. 유문암은 안산암에 비해 상대적으로 SiO_2의 함량이 높은 것은 사실이지만, 안산암이 어두운 색조임에 비해 산성인 유문암은 거의 밝은 색조에 반상조직이 발달되어 있는 화성암이다. 따라서 이 암석은 풍화되어 탈색화한 상태의 외관이 유문암과 유사한 것은 사실이지만, 풍화되지 않은 내부를 관찰해 보면 원래 아주 어두운 색조의 퇴적암 또는 변성암으로 판정하는 것이 옳을 것이다. 성분 분석에 따르면 이 암석이 화성암일 가능성은 높지 않다. 오히려 경우에 따라 층리도 관찰되기 때문에 퇴적암일 가능성이 더 높다.

그리하여 이 암석은 진흙이나 화산재가 바다 깊은 곳에서 오랫동안 굳

표 3.4 석재 시료에 대한 EPMA 화학성분 분석 결과(성춘택 2003: 표 2를 바탕으로 수정)

	J1 int	J1 int	J2 int	J2 ext	O1 int	O1 int	O1 ext	O2 int	O2 int	P int	P int
FeO	0.264	0.206	0.079	0.111	0.11	0.141	0.093	0.301	0.351	0.075	0.068
K_2O	7.438	5.307	8.825	0.023	7.543	7.707	7.29	6.028	6.452	2.749	5.494
MgO	0.085	0.042	0.043	0	0.08	0.065	0.04	0.06	0.091	0.071	0.002
MnO	0.062	0	0	0.004	0.014	0	0.009	0.018	0.013	0.009	0.006
CaO	0.125	0.069	0.064	0	0.073	0.11	0.124	0.016	0.051	0	1.92
Na_2O	0.513	0.095	0.466	0.028	0.24	0.255	0.221	0.086	0.127	0.084	1.03
Cr_2O_3	0.027	0	0	0.02	0.04	0	0.016	0	0.022	0	0.001
TiO_2	0	0.017	0	0	0	0	0.025	0.068	0.079	0.066	0
Al_2O_3	9.476	6.22	10.132	0.001	8.599	9.151	7.874	7.799	8.345	3.693	11.094
SiO_2	81.221	85.682	80.22	98.197	81.851	81.119	82.924	82.937	82.545	90.396	79.162

* J1: 죽산 1, J2: 죽산 2, O1: 옥과 1, O2: 옥과 2, P: 평창리.
** int.: 내부, ext.: 풍화된 외피.

고 교결의 과정을 거쳐 만들어진 규질의 퇴적암의 일종일 수 있다. SiO_2의 성분이 90% 이상인 경우 풍화에 비교적 강한 처트라고도 하겠지만(Leudke 1992: 39), 그렇지 않고 80% 정도이기 때문에 셰일처트(shaley chert) 정도의 표현도 틀리지는 않다고 생각한다. 애초 수양개 유물은 규질셰일(siliceous shale)이라 판정되었는데, 사실 수양개의 경우 풍화테의 형성이 상대적으로 미미하여 어두운 색조를 유지하고 있는 유물들이 많다. 흔히 규질셰일은 이산화규소(SiO_2)를 85% 정도까지 함유하고 있는 단단하고도 정질의 암석이다. 기본적으로 규질셰일은 응회암질의 기반암에서 발달하는 것이 일반적이라고 할 때(秦昭繁 1999), 우리나라 남부의 백악기 지형의 분포와 밀접하게 연관되어 있을 가능성이 크다(성춘택 2003). 포천 늘거리 유적의 후기 구석기 유물의 다수는 규질응회암(silicified tuff)으로 만들어졌다고 한다.

또한 후기 구석기시대 돌날과 잔석기 등의 정교한 석기 제작에 닐리 쓰인 이 암석을 혼펠스라고 부르는 연구자가 많다. 혼펠스는 셰일이나 점판암이 접촉변성암으로서 조직에 방향성이 없고 아주 단단한 세립질의 암석이며, 흑운모가 많아서 검은 빛을 띠는 것이 보통이다. 혼펠스 풍화테 형성도 보고되고 있다(정기영·이봉호 2004). 규질셰일인지 혼펠스인지는 퇴적암인지 접촉변성 작용의 변성암인지를 판별해야 하지만, 변성의 정도 문제가 있어 복잡하다(신국진 외 2014). 다만 세계적으로 혼펠스보다는 규질셰일이나 규질응회암으로 뗀석기를 만든 사례가 더 많다.

고고 유물에서는 풍화하여 탈색되면서 가끔 아름다운 무늬를 볼 수 있다. 한국의 마제석검은 주로 점판암이나 혈암, 이암, 혼펠스 등으로 만들어졌다. 점판암은 점질토가 쌓여 이루어진 암석으로 층리, 또는 편리가 잘 발달되어 있는 암석이다. 쪼개짐이 좋은 점판암을 소재로 하여 먼저 판상으로 쪼개고 주변을 떼어 내어 석검의 전체 모양을 갖춘 다음 갈아서 만든다. 그래서 층리와 평행하게 마연을 하는 것인데, 이것이 나중에 유물을 만든 다음 풍화되어 좌우 균형의 띠와 같은 무늬로 나타나는 것이다. 많은 마제석검은 현재 연한 갈색이나 누르스름한 빛을 띠고 있으나 원래 제작되고, 아마도 사용되었을 당시에는 점판암이나 셰일의 색깔, 곧 어두운 검은 빛을 띠고 있었을 것이다. 그러던 것이 매납되거나 폐기되면서 공기 중이나 토양의 수분과 접촉하여 화학적 풍화를 겪음으로써 표피가 탈색하는 과정을 겪은 것이다. 그런데 유물 가운데는 이런 풍화의 과정을 비교적 겪지 않아 회색이나 검은 색조를 그대로 유지하고 있는 것도 있다. 그것은 사용된 원석이 다르거나 퇴적 조건이 다른 때문일 수도 있다. 셰일이나 점판암 같은 재질로 만들어진 화살촉이나 돌창에서도 이렇게 결을 따라 풍화하여 좌우대칭의 선이 무늬처럼 나타나기도 한다.

3.6. 석기의 돌감

돌감의 분포와 물리화학적 특성은 석기 제작기술을 결정하는 중요한 요인 가운데 하나다(Andrefsky 1994; Eren *et al.* 2011). 그래서 석기론을 다룬 글에서는 돌감에 대한 기술이 가장 기본적이면서도 필수적인 사항이다. 사람은 돌을 깨서 도구를 만들어 사용할 때부터 적당한 돌감을 골랐다. 가장 이른 시기 석기전통이라 할 올도완의 석기군에서는 규암을 비롯하여, 유문암, 화강암, 현무암, 처트, 규장암, 향암(phonolite) 같은 돌감이 쓰였다(Braun *et al.* 2009). 이후 주먹도끼와 가로날도끼가 특징인 아슐리안의 석기군에서는 더 다양한 암석이 사용되었다. 가령 불 사용 흔적으로 유명한 약 79만 년 전의 이스라엘 게셰르 베놋 야코브(Gesher Benot Ya'aqov)에서는 주로 현무암으로 가로날도끼를 비롯한 대형자르는도구를 만들었다. 주변 이스라엘의 전기 구석기시대 유적들에서는 현무암뿐 아니라 석회암, 처트, 화강암, 규암, 플린트, 맥석영 등 여러 암석이 석기 제작에 쓰였다. 아프리카에서도 탄자니아의 이시밀라(Isimila) 유적에서는 맥석영과 화강암이, 올두바이 고지에서는 규암이 주된 돌감으로 사용되었으며, 파워스 유적(Powers site)을 비롯한 남아프리카의 전기 구석기 유적에서는 안산암이 주된 돌감이었다. 인디아의 훈스기(Hunsgi) 유적의 주먹도끼와 가로날도끼 대부분이 석회암으로 만들어졌으며, 영국의 약 50만 년 전 박스그로브(Boxgrove) 같은 유럽의 많은 구석기 유적에서는 이른 시기부터 플린트가 석기 제작의 주 돌감이었다(Sharon 2008).

석기 제작에 좋은 암석은 사실 어떠한 석기를 만드느냐에 달려 있다. 크고 육중한 작업에 쓰일 석기를 만들 때는 상대적으로 거친 재질의 돌감이 쓰이겠지만, 돌날 같이 작고 정교한 석기를 만든다면 정질의 암석이 아니고서는 거의 불가능하다. 한 점에 힘을 가해 떼어 낼 때 암석의 고유한 절리나 불순물, 광물 입자 사이로 깨지거나 바스러지는 암석은 좋은 돌감이라 할 수 없다. 뗀석기 제작에 좋은 정질의 암석이란 떼어 냈을 때 원하는 방향으로 힘이 전달되는 성질, 곧 등방성(isotrophy)이 높은 미세결정 구조를 지녀 조가비모양 깨짐 성질을 가진 플린트나 처트, 흑요석과 같은 것을 대표로 들 수 있을 것이다.

간석기 제작에 쓰이는 원석의 성질은 이와 다르다. 사암이나 이암은 숫돌에 많이 쓰이고, 점판암이나 셰일(혈암) 같은 암석이 돌살촉이나 돌검 같은 간석기 제작에 널리 이용되었다. 뗀석기를 만드는 데 부적절한 화강암이나 편마암, 현무암도 갈판 같은 석기에 널리 쓰였다.

아래에서 한국 구석기시대의 뗀석기 제작, 그리고 신석기시대와 청동기시대의 여러 석기 제작에 흔히 사용되었던 몇몇 암석에 대해서 더 자세히 살펴보자.

3.6.1. 규암

1978년 전곡리에서 수습되어 학계의 주목을 받았던 "아슐리안"전통에 비견할 만한 주먹도끼는 규암제 자갈돌 소재이다. 주변 임진한탄강 유역, 그리고 서울 등 주로 우리나라 중부지방에서는 규암제 자갈돌이 비교적 흔하다. 주먹도끼뿐 아니라 몸돌, 찍개, 다면구를 비롯한 대형의 석기를 만드는 데 선호하였던 돌감이다.

규암이란 사암이 열과 압력을 받아 모래 입자가 재결정한 변성암의 일종이다. 한국 구석기시대 유적에서 잘 드러나듯이 주먹도끼와 가로날도끼, 큰 긁개와 격지 등 이른바 대형자르는도구를 만드는 데 널리 쓰인 좋은 재질의 암석이다. 물론 유럽의 플린트로 만든 주먹도끼에 비하면 거친 재질이라 할 수 있으나(유용욱 2012), 이런 재질의 돌감도 사실 임진한탄강과 우리나라 중서부를 제외하면 그리 흔하지 않다. 석영 입자가 열과 압력을 받아 재결정하여 서로 맞물려 등방향으로 깨지는 성질을 지니고 있다. 물론 완벽한 조가비모양의 깨짐을 보여 주지는 않지만 여전히 대부분의 대형자르는도구를 만드는 데 손색이 없다. 비교적 작은 자갈돌도 있지만, 강변에는 길이 50cm가 넘고 아주 무거운 자갈돌도 있다. 이렇게 큰 자갈돌도 커다란 격지를 떼어 내어, 격지를 다시 손질하여 주먹도끼나 다른 석기를 만들었다. 가끔 초대형의 규암제 몸돌이 유적에서 출토되기도 한다(그림 7.3).

규암 자갈돌은 정질의 암석이라 할 수는 없다. 내부의 절리면이 발달되어 있는 경우도 많다. 단단해서 잘 깨지지 않지만, 거친 재질이고 불순물이 함유되어 있을 때는 원하는 방향으로 쪼개지지도 않으며 중간에 부러지기도 한다.

우리나라에서는 많은 보고서에서 규암과 맥석영을 제대로 구분하지 않고 기록하는 경향이 있다. 발굴 기관에 따라서는 그냥 "석영"이라 기록된 상당수 석기는 아마도 전문가가 판단한다면 규암이라 동정할 것이다. 임진한탄강 유역을 비롯한 경기 중북부의 전형적인 규암은 겉은 짙은 갈색이나 누르스름한 빛을 띠고 있으며, 내부 역시 비슷한 색깔이거나 더 연한 빛을 띠는 것이 일반적이다. 그러나 자연면이 없으며 자갈돌이 아니라 암석 덩어리로 이용된 석기의 경우 판단을 내리기가 쉽지 않은 경우가 많다. 흰빛을 띠면 대부분 석영이라 판정하지만, 사실 석영의 경우 광물을 지칭하는 개념이기 때문에 암석을 말할 때는 신중할 필요가 있다.

3.6.2. 맥석영

대부분의 규암은 자갈돌로 만들어져 대형 석기 제작에 많이 쓰였다. 몸돌이나 다면구, 찍개의 상당수도 규암으로 만들어졌으며, 비교적 큰 격지나 긁개 같은 것도 규암으로 만들어진다. 그러나 한국의 구석기 유적에서 가장 흔한 돌감은 맥석영이라 할 수 있다. 화강암이나 편마암 등 우리 주변에 흔한 암석에서 석영 암맥으로 발달한 암석으로 주위를 둘러싸고 있는, 풍화에 더 약한 화강암이나 편마암 등의 부위가 먼저 떨어져 나가면서 암맥이 노출된다. 이것이 다시 맥석영 암괴와 암석 덩어리로 산지나 구릉에 분포하고, 다시 자갈돌이 되기도 한다.

규암 자갈돌과 비교하면 더 작은 석기를 만드는 데 널리 쓰였다. 더 투명하며 거정질이기 때문에 내부에 절리면이 발달한 경우가 많다. 규암보다 더 날카롭고 오래 견디는 강한 날을 만들 수 있어 작은 석기 제작에 널리 쓰였다. 몸돌이나 다면구를 비롯하여 긁개, 찌르개, 홈날, 톱니날, 뚜르개, 밀개 등 구석기시대 전반에 걸쳐 널리 쓰인 돌감이다. 다만 암석학적 특성 때문에 더 미세결정질인 규질셰일이나 흑요석에 비해 거친 재질이라 할 수 있으며, 돌날이나 잔돌날과 같은 후기 구석기시대의 전형적인 정형석기기술(formal-ized technology)에는 적합한 돌감이라 하기는 어렵다. 물론 후기 구석기시대에도 맥석영은 다른 어떤 암석보다 많이 쓰였다. 유적에 따라서는 돌날을 만드는 데도 사용되었지만, 그런 석기를 만들면서 시행착오와 실패율을 생각하면 더 먼 곳일지라도 더 정질의 암석을 구하는 것이 더 효율적이었을지도 모른다(Seong 2001, 2004, 2009).

3.6.3. 현무암

세립질의 화산암인 현무암은 사장석과 함께 녹회색의 휘석, 그리고 경우에 따라서 감람석 성분으로 이루어져 있다. 이밖에 철분도 소량 포함되어 있는데, 이 때문에 산화로 인한 풍화과정을 겪어 풍화테가 생기기도 한다. 현무암은 대부분 단단하지 않은 암석이지만, 석기 제작의 재료로도 쓰인다. 대체로 무른 암석이지만, 급속히 냉각되면 유리질을 많이 함유하고 있는 변이도 있다. 이 경우 어둡고 검은 빛의 현무암은 아주 단단하고 상당히 치밀하여 여러 뗀석기의 재료가 된다. 미국 서북부 선사시대 유적에서는 현무암을 소재로 하여 많은 석기를 만들었다. 우리나라에서도 전곡리를 비롯한 임진한탄강 유적에서는 규암제 석기와 함께 현무암이 드물지 않게 보인다. 일부는 손질을 받은 흔적이 뚜렷하여 현무암도 비교적 큰 뗀석기 제작에 쓰였음이 확실하다. 다만 지은이의 견문으로는 우리나라의 현무암은 규암이나 맥석영과 비교하여 단단하거나 치밀한 조직을 가지고 있지 않은 것 같다. 그리하여 임시방편적으로 중대형의 석기 제작에 제한적으로 쓰였던 것으로 보인다.

3.6.4. 응회암

현무암과 마찬가지로 응회암 역시 석기 제작에 널리 쓰인 암석이다. 응회암은 주로 세립질이지만, 가끔 석영 같은 입자가 맨눈으로도 보인다. 현무암처럼 비중이 낮아 가볍고 단단하지 않은 것이 특징이다. 하지만 규질응회암이라 부를 수 있을 정도로 단단한 암석도 있는데, 아마도 처트와 유사하게 화산재가 호수나 바다 밑에서 단단하게 굳은 암석일 것이다. 이런 돌감은 후기 구석기시대 돌날이나 잔석기를 만드는 데도 쓰였다. 가령 철원 장흥리나 포천 늘거리 등 중부지방의 경우 돌날과 잔석기(세석기) 같은 작고 정교한 석기를 만드는 데 흑요석을 많이 사용하고 있지만, 흑요석이 귀한 만큼 모든 석기를 흑요석으로 만들지는 않는다. 상당수 돌날과 작은 격지와 밀개는 응회암, 이 가운데서도 포천 늘거리 유적과도 같이 규질의 응회암을 돌감으로 하기도 한다. 보고서에 반암이라는 암석으로 기술되어 있기도 하지만, 응회암이 더 정확한 판단이라고 생각한다. 반암이란 보통 산성의 화성암에서 석영이나 장석, 휘석, 운모와 같은 반정질 입자가 관찰되는 것을 일컫는다. 반암이라기보다는 암석의 성인에 따라 응회암 또는 규질응회암이라 부르는 것이 더 적절할 것 같다.

3.6.5. 흑요석

흑요석 또는 흑요암은 자연유리라고 할 만큼 가장 정질의 암석이다. 이 때문에 깼을 때 가장 완벽한 조가비모양의 깨짐을 보여 주며, 전달되는 물결과도 같은 동심원문, 갈라진 틈, 타격혹, 타격흔 같은 한 점에 힘을 집중시켜 떼어 낸 격지에서 보이는 거의 모든 해부학적 특징을 관찰할 수 있다(그림 4.3). 유리와 같이 정질이기에 아주 날카로운 날을 만들 수 있으며, 흔히 수술용 칼과 비교될 정도이다. 흑요석을 이용하여 만들어진 돌날이나 잔돌날을 박은 도구는 아주 효율적인 도구이자 무기의 역할을 했다. 돌감으로서 흑요석의 단점 가운데 하나는 잘 깨진다는 것인데, 사실 석기 제작 실험을 해 보면 한 번의 타격으로도 격지와 함께 수없이 많은 작은 부스러기가 나옴을 알 수 있다. 사용하였을 때도 날은 날카롭지만 끝이 쉽게 잘게 부서지는 단점도 있다. 그래서 날이 오래 견딘다고 할 수는 없으며, 이 경우 다시 잔손질하여 날을 세우거나 뼈나 뿔에 박힌 잔돌날은 다른 것으로 갈아 끼워야 한다. 이런 성격 때문에 떼기가 아닌 간석기 제작에 흑요석을 사용하지는 않는다. 다만 잔몸돌(세석핵)을 만들고, 돌날을 떼어 내기 전에 타면을 조정한 뒤 돌망치로 긁어 마찰력을 높이기도 한다.

흑요석은 후기 구석기시대 잔석기나 밀개, 새기개 같은 정교한 석기를 만드는 데 가장 선호되는 돌감이었다. 그런데 아프리카 케냐의 약 70만 년 전으로 추정되는 카리안두시(Kariandusi) 유적에서는 흑요석으로 주먹도끼를 만든 사례가 나오기도 하였다(Gowlett 1992). 연대도나 욕지도, 송도 등 남해안 신석기시대 다수의 화살촉이나 작살, 각종 석기들이 규슈에서 온 흑요석으로 만들어졌다.

구석기시대에도 홍천 하화계리나 철원 장흥리, 포천 늘거리, 남양주 호평동, 인제 부평리 등 중부지방에서 흑요석이 후기 구석기시대의 주요 돌감으로 이용되었다. 또한 1980년대 이전 발굴된 수양개나 석장리에서도 흑요석이 출토되었으며, 최근에는 대구 월성동, 그리고 한반도의 가장 아래라 할 수 있는 서남부 장흥 신북에서도 흑요석 유물이 소수 수습되었다.

이 흑요석의 원산지가 어디인지는 아직 불분명한 점이 있어 크게 백두산계, 규슈, 그리고 멀리는 홋카이도라는 설도 있다. 나진 초도와 같은 유적에서 많은 흑요석 유물이 나왔으며, 최근 널리 조사되고 있는 길림(吉林)지방의 두만강 유역 구석기 유적들에서 많은 흑요석 유물들이 확인되고 있는데(候哲 2015), 모두 백두산이 원산지이다. 유물 하나가 10kg에 이를 만큼 무거운 것도 있다. 하지만 우리나라 중부지방의 유적에서는 큰 것은 거의 없고 아주 작은 유물만이 나온다. 그만큼 귀한 돌감이었다는 것인데, 아마도 먼 곳에서 왔을 것이다. 분석에 따르면 백두산이 원산지라는 생각이 대세인데(이선복·좌용주 2015), 그렇다면 무려 500km 넘는 거리에서 운반되어 온 것이 된다. 한탄강 상류에서는 큰 화산 폭발이 몇 번 있었던 것으로 알려져 있기 때문에 아직 알려지지 않은 원산지가 휴전선 너머에서 나올지도 모르겠다. 그럴지라도 석기를 만들 만큼 큼직한 흑요석 덩어리는 한반도 중부와 남부에는 없을 것이고, 대부분의 흑요석은 백두산이 산지일 가능성이 높다.

3.6.6. 점판암과 혼펠스

돌살촉이나 간돌검, 그리고 굴지구에 이르기까지 신석기시대와 청동기시대 석기를 만드는 데 흔하게 쓰였던 암석이다. 점판암이란 점토질 또는 세립 응회암질의 층리가 잘 발달되어 그것을 따라 잘 쪼개지는 성질을 지닌 암석을 일컫는다. 최근에는 건축물이나 벽의 판재나 보도 건설에도 쓰인다. 엄밀히 퇴적암인 셰일이 깊은 지하에서 열과 압력을 받아 변성을 받은 광역변성암의 일종이라고 하지만, 변성암의 특징인 재결정질화가 약한 경우가 많아 그냥 퇴적암으로 분류하기도 한다.

혼펠스는 셰일이 접촉변성으로 형성된 것으로 조직에 방향성이 없는 세립질 구조의 변성암을 통칭한다. 깨지는 모양이 마치 뿔 같다고 해서 붙여진 이름으로 아주 단단한 암석이다. 조직에 방향성이 없는 것은 주로 변성 작용의 원인이 주로 열에 있기 때문이다. 우리나라에서는 후기 구석기시대 돌날이나 잔석기, 밀개 등을 만드는 데 흔히 쓰였던 암석을 혼펠스라 부르기도 한다.

3.6.7. 셰일

셰일은 세립 점토질 입자가 굳은 암석인데, 이암과는 달리 층상 구조를 가져 쪼개짐의 성질을 지니고 있다. 한자말로는 혈암이라 하며, 흔한 퇴적암으로서 열과 압력을 받아 광역변성 작용으로 변성되면 점판암, 접촉변성 작용을 받아 변성되면 혼펠스가 된다. 셰일, 곧 혈암은 점판암, 혼펠스와 더불어 돌살촉이나 돌검, 돌칼 등을 만드는 데 널리 사용되었다. 셰일은 우리나라의 많은 지역에서 비교적 흔하게 볼 수 있는 암석이다. 아마도 대부분 유적의 근처에서 구할 수 있는 암석일 것이다.

세립질의 입자가 호수나 바다 깊은 곳에서 오랫동안 굳고 교결작용을 거친다면 아주 단단하고 치밀한 조직을 가진 암석이 된다. 이를 규질셰일이라 부르며, 조가비모양의 깨짐이 좋기 때문에 구석기시대 작고 정교한 석기를 만드는 데 널리 쓰였다.

이밖에도 사암과 실트암 또는 미사암은 흔히 숫돌로 이용된다. 그리고 화강암, 편마암과 같은 암석은 갈판과 갈돌로 쓰이기도 하고, 돌도끼를 만드는 데 이용되기도 한다. 청동기시대 유적에서 자주 보이는 옥은 주로 벽옥(碧玉, jasper), 또는 천하석(天下石)이라 불리는 돌이 소재로 사용되었다. 진주 옥방지구 유적에서는 옥을 만든 공방이 여섯 기 정도가 확인되었다. 아마도 전문 옥 장인이 있었을 것으로 추정된다. 원석은 채굴이나 채석하여 찰절기법 같은 것을 동원하여 작은 조각으로 만들면서 불순물을 제거하고 숫돌에 갈아 빛을 내는 굽은 옥이나 대롱옥, 구슬옥 등으로 만든다.

3.7. 돌감의 취득

돌감의 물리화학적 성질과 분포는 암석학을 넘어 석기기술, 곧 고고학의 맥락에서 의미를 찾아야 한다. 어떤 석기를 만드는 데 필요한 돌감의 분포는 석기군의 변이에 중요한 요인이다(Andrefsky 1994; 제13장 참조). 수렵채집민, 그리고 신석기, 청동기시대 주민들 역시 어떤 돌감을 어디에서, 어떻게 얻어야 하는지에 대해 아주 정확한 지식과 행위 전략을 가지고 있었을 것이다. 루이스 빈포드(Binford 1979)는 누나미우트족 민족지고고학의 사례에서 돌감만을 얻기 위해 먼 여행을 하는 것은 비효율적이라고 하면서, 돌감획득을 수렵채집의 생계활동에 배태되어 있는 전략(embedded strategy)으로 본다. 다시 말하면 돌감의 이용은 수렵과 채집 활동, 그리고 이동성과 같은 변수와 밀접히 연결되어 있다. 이를 고려하여 한국 선사시대 돌감 조달 전략을 생각해 보자.

먼저 주변에 산재하는 돌감을 이용한다. 한국 구석기시대의 가장 흔한 돌감은 맥석영으로 찍개나 몸돌 같은 석기에서 작은 격지석기에 이르기까지 많은 석기 제작에 쓰였다. 맥석영은 강변에서도 찾을 수 있지만, 산기슭에 맥석영의 암석노두가 있는 경우가 많다. 여기서 크고 작은 돌덩어리로 맥석영을 얻을 수 있다. 그러나 구석기 유적에서 나오는 맥석영 유물 가운데는 강자갈로서 자연면을 가진 사례가 많은데, 이 경우 맥석영 돌감은 강변에서 얻었을 것이다. 그러나 현재 한국 구석기 유적 가운데 돌감을 직접 채석한 흔적이 발견된 것은 없다.

주먹도끼와 가로날도끼, 칼형도끼 등 대형자르는도구를 비롯한 많은 석기를 만드는 데는 규암제 자갈돌이 많이 쓰였다. 전곡리나 많은 임진한탄강 유역의 유적에서는 강가에 나가면 어렵지 않게 크고 작은 규암 자갈돌을 얻을 수 있다. 그런데 규암이란 암석은 석기 제작을 위한 돌감의 측면에서 아주 변이가 넓다. 그리하여 대형자르는도구를 만드는 데 적합한 돌감은 임진한탄강 주변이나 경기도 중북부 같은 지역에서는 많지만, 남부지방 같은 곳에서는 그리 흔하지 않다. 그렇다고 암석의 무게를 생각할 때 이런 암석을 구하기 위해 먼 곳에서 찾을 필요는 없었고, 지역에 있는 다른 돌감(편마암, 안산암, 응회암, 혼펠스 등)을 이용하였을 것이다.

이동성이 높은 수렵채집민은 하루에 몇 킬로미터(4-10km 정도)를 걸어 식량을 조달한다. 선사시대 사람들은 돌감의 분포와 성질에 대해 상당히 정확한 지식을 갖고 있었다. 그리하여 생계활동 중에 어떤 석기를 만드는 데 적합한 돌감을 구할 수 있는 곳을 잘 알고 찾았을 것이다. 예를 들어 수양개에서는 규질셰일이 슴베찌르개, 밀개, 돌날, 잔돌날을 만드는 주된 돌감이었다. 이 돌감은 유적에서 1km 정도 떨어진 곳에서 얻을 수 있다고 한다. 유적에서는 석기 제작과정에서 부산물로 얻어진 수많은 석기가 수습되었고, 여러 석기 제작장이 알려져 있다. 이렇게 생각하면 유적의 입지 자체가 돌감을 어렵지 않게 구할 수 있는 곳 가까이에 있는 것이 아닌가 생각된다.

신석기시대와 청동기시대 돌살촉 등 간석기를 만드는 데 널리 쓰였던 셰일이나 점판암(연구자에 따라서는 혼펠스라 부르기도 한다) 역시 한국의 대부분 지역에서 그리 멀리 않은 곳에서 찾을 수 있다. 서산 신송리 돌살촉 돌감의 분석에 따르면 아주 가까운 곳에서 얻을 수 있는 결정편암의 일종이라고 한다(쇼다 신야 외 2013). 아마도 일상의 생계활동의 영역 안, 또는 거기서 그리 멀리 떨어져 있지 않은, 그리 멀지 않은 곳에 산재하는 돌감이었을 것이다. 그렇지 않다고 해도 주변 집단과 교류를 통해 어렵지 않게 구할 수 있었을 것이다.

그런데 정질의 규질세일이나 규질응회암, 또는 치밀한 조직의 혼펠스 같이 잔석기 제작에 널리 쓰였던 암석이 주변에 흔한 곳은 많지 않다. 수렵채집 생계활동 영역을 벗어난 곳에 있는 돌감을 얻기 위해서는 먼 곳일지라도 그곳을 직접 찾거나, 아니면 주변 집단과 교류하는 방법 밖에는 없다. 위에서 지적하였듯이 돌감 취득은 먼 곳까지 수고로운 여행보다는 수렵채집 활동 안에 배태되어 있다고 하는 것이 현실적이다. 다만 계절에 따른 이동의 과정에서 희소한 돌감을 얻고, 날을 지속적으로 벼리거나 재가공하는 등 유지관리 전략(curated technology)을 쓸 수 있다.

주변 집단과 교류 네트워크는 수렵채집민의 생존에 필수이다. 이동하는 수렵채집민이라 할지라도 생계와 생존을 위해 물자와 정보, 인적 교류 네트워크를 만들어야 하는 것이다. 이것은 신석기시대, 청동기시대 주민도 마찬가지였을 것이다.[2] 아직 후기 구석기시대 규질세일의 분포에 대해서는 설득력 있는 분석이 없는 실정이다(성춘택 2003). 그러나 흑요석에 대해서는 그동안 1980년대부터 많은 분석과 연구가 있었다. 특히 상당수 분석에 따라 한반도 중부지방(대구 월성동과 남부지방의 장흥 신북)에서 나오는 흑요석이 백두산에서 온 것이라면 주변 집단과 교류만으로 얻을 수는 없을 것이다. 직접 접촉할 수 있는 집단과 교류를 넘어 광역의 네트워크를 거쳐(간접 교류로) 얻었을 것으로 보인다.

나아가 동삼동, 연대도, 욕지도, 송도, 안도 같은 남해안의 많은 신석기

....

2   물론 경우에 따라서는 적대적인 관계도 있을 수 있다. 특히 청동기시대 돌살촉이나 환호, 목책 같은 유구는 농경지와 생산물을 지키기 위한 방어, 그리고 빈번한 충돌과 전쟁을 시사하고 있다(손준호 2006).

유적에서는 흑요석을 만든 유물이 많이 나온다. 이곳의 흑요석 대부분은 일본 규슈의 몇몇 산지에서 온 것이다. 이로써 신석기시대에 바다를 건너는 교류가 비교적 활발했음을 알 수 있다. 이처럼 흑요석 같은 희소한 물자는 직접 교류보다는 중층적이고 광역 네트워크의 산물로 보인다.

제4장

석기기술의 기초

4.1. 석기의 동정

　지표에서, 그리고 발굴 현장일지라도 비전문가가 뗸석기를 판별하는 것은 쉽지 않으며, 지식과 어느 정도 경험이 필요한 일이다. 그런데 고고학에서 통하는 두 가지 원칙은 구석기시대의 뗀석기에도 그대로 적용된다. 하나는 형태(morphology) 증거로서 석기로서 확실한 해부학적 특성을 지니고 있다면 의도적으로 떼어 낸 석기로 판별하는 데 어려움이 없다. 사람은 의도를 가지고 돌을 깰 것이기에 그렇게 만들어진 석기에는 인지할 수 있는 패턴이 있기 마련이다. 두 번째는 맥락(context), 곧 정황 증거로서 구석기시대 퇴적층에서 나왔는지, 그리고 어떤 유물과 같이 나온(공반) 것인지를 판단한다. 형태에서 의도성이 불분명한 것일지라도 다른 석기와 같은 재질이고 구석기시대 퇴적층에서 같이 나왔다면 석기일 가능성은 그만큼 높아진다. 그어느 시기의 고고학일지라도 형태와 맥락이라는 두 가지 기준으로 유물을 판정하는 것은 마찬가지이다.

한국에서는 1990년대부터 이루어진 대규모 발굴 덕분에 정확한 통계는 없지만 전국적으로 알려진 구석기 퇴적층만 1,000지점이 넘으며, 이 가운데 발굴된 것도 200지점이 넘는다. 다만 현재 알려진 유적은 지역에 따라 분포 밀도에 편차가 크다. 예컨대 임진한탄강 유역과 같은 곳에는 40여 유적이 몰려 있으며, 구석기 연구자의 활동이 왕성한 호남에도 많은 유적이 알려지고 조사되었다. 지표조사가 잘 실시된 전라북도 임실 같은 군 단위에서도 40여 지점에서 유물이 수습되었다고 한다(이기길 2008). 앞으로 더 집중적인 조사가 이루어진다면 전국적으로 유적의 수는 더욱 늘어날 것이다. 어쨌든 흔히 "토양쐐기"라 불리는 땅갈라짐 현상이 우리나라의 거의 모든 구석기 퇴적층에서 관찰되기 때문에 이런 퇴적층의 맥락에 주의하여 석기 수습이 이루어지고 있다. 그런 퇴적층은 임진한탄강 유역 등 내륙에서는 하안단구상에 분포하는 경우가 많으며, 강원 해안의 경우 높은 해안단구에서도 많은 유적이 알려져 있다. 산록의 경사면에서도 구석기 퇴적층과 유물이 자주 확인된다. 그런데 최근 서해와 가까운 경기도나 충남, 호남의 저평지에서도 구석기 퇴적층이 널리 분포하고 있음이 알려지고 있다. 이처럼 영월과 단양, 평양 등 석회암 지대와 제주도의 동굴유적을 포함하여 유적의 수는 늘어나고 있다.

문제는 석기의 판단이다. 한국의 구석기시대 돌감(석재)은 늦은 시기에 들어 규질셰일(응회암, 혼펠스)이나 흑요석과 같은 정질의 암석이 사용되기 때문에 이런 유물이 유적에서 나온다면 별다른 혼란은 없을 것이다. 다만 규질셰일 유물은 풍화테가 발달하는 성질이 있기 때문에 아주 작은 석기는 조그만 충격에도 부서져 구석기시대 석기 출토를 염두에 둔 세심한 지표조사와 시굴이 아니고서는 찾기가 쉽지 않다.

한국 구석기시대 석기 가운데 맥석영(석영맥암)으로 만들어진 것이 가장 많다는 점도 문제를 어렵게 한다. 맥석영은 아주 단단한 석영으로 이루어져 있기에 화학적 풍화에 강하지만, 거정질의 입자 사이에 불순물이나 절리면이 있고, 둥근 자갈돌이 아니라 깨져 있는 상태인 경우가 많다. 사실 산록이나 비탈진 언덕 등 한국의 도처에서 이 같은 맥석영 암괴와 각진 돌덩어리가 산재하기 때문에 그 형태만으로 인공 여부를 판단하기가 쉽지 않다. 설사 구석기 퇴적층의 맥락에서 깨진 맥석영 조각이 나온다고 해도 바로 유물이라 판정할 수는 없다. 암맥에서 떨어져 나와 중력이나 물의 흐름 같은 자연력으로 운반되어 다른 퇴적물과 같이 쌓일 수 있기 때문이다. 실제 지나치게 미시적으로 관찰하면 맥석영의 일부에 인공으로 깨진 것 같은 흔적만이 눈에 들어올 수 있다. 그런데 맥석영 자체가 암맥에서 기계적 풍화로 깨진 돌이고 절리면을 따라 쉽게 깨지기 때문에 늘 형태, 맥락 속성을 엄격히 따져야 한다. 지표에서 수습했다면 더 엄격한 기준으로 다른 수습품과 비교하고 퇴적층의 맥락을 찾아야 한다. 유물의 밀도가 떨어지는 구석기 퇴적층에서 나오는 사례에서도 비판적으로 관찰하고 판단해야 한다. 다만, 구석기 퇴적층에서 나오는 여러 석기들을 종합적으로 판단한다면 발굴현장에서 이런 석기 판정의 혼란은 일어나지 않을 것이다. 왜냐하면 어떤 암석을 돌감으로 사용하든지 사람이 만든 석기에는 사람의 손길을 추적할 수 있는 패턴이 있고, 그런 패턴은 여러 수습품에서 보일 것이기 때문이다.

또한 이전 장에서 살펴보았듯이 흔히 석기의 재료로 사용하는 돌과 그렇지 않은 돌 역시 차이가 있어 석기를 판별하는 데 도움이 된다. 구석기시대 퇴적층으로서 잡석이 거의 없는 아주 균질한 점토나 실트층이고 땅갈라짐 현상을 가진 퇴적층 내부에서 강 자갈돌의 자연면을 간직하고 있으며 몇 차례 깨진 흔적이 있다면, 십중팔구 구석기시대 뗀석기이다. 거꾸로 석기가 드문 경우 지나치게 미시적인 관점으로 맥석영 암석의 표면에서 관찰되는 흔적 하나하나를 인공의 결과물이라 판정하는 것은 잘못된 판단으로 이어질 가능성이 있으므로 조심하여야 한다.

4.2. 뗀석기 제작의 원리

맥락과 더불어 뗀석기를 판단하는 중요한 기준은 형태 속성이다. 자연적으로 깨진 돌과 석기를 구분하는 일은 사실 그리 어렵지 않다. 바위나 돌은 자연적으로 풍화하여 부서지기도 하고, 산에서 중력이나 물의 흐름으로 떨어지거나 서로 부딪혀 깨질 수 있다. 이런 자연적으로 깨진 돌과 사람이 의도적으로 가격하여 깬 돌은 차이가 있기 마련이다. 자연적인 것이라면 깨진 면의 위치와 순서에 아무런 패턴이 없을 것이지만, 사람은 떼어 낼 곳을 정하고, 거기에서 연속적으로 격지를 떼어 내는 경향이 있다. 자연적으로 깨진 돌은 그런 패턴이 없고 그저 부서지거나 몇 조각으로 깨지고 마는 것이다.

이처럼 사람이 의도적으로 돌을 떼어 내어 만든 석기는 인지할 수 있는 특성을 가지고 있다. 만약 너무 거친 입자가 많으면 그냥 바스러질 것이며, 층리나 절리면대로 깨져 버리면 의도하는 형태로 만들기 어렵다. 제3장에서도 지적했듯이 뗀석기 제작에는 한 점을 가격했을 때 힘의 전달이 등방향으로 퍼지는 성질을 가진 돌이 석기 제작에 좋은 돌이다. 곧 조가비모양의 깨짐이 잘 일어나야 한다.

자연세계에서 가장 정질의 유리질 구조를 가지고 있는 흑요석 몸돌과 격지에서는 거의 모든 해부학적 속성이 보인다. 한 점에 타격을 가했을 때 유리나 흑요석에서는 물리학에서 말하는 작용-반작용의 원리 때문에 조가비모양의 조각(보통 헤르츠 원추, Hertzian cone)이 떨어져 나온다. 아마도 자동차 앞 유리에 작은 돌이 강하게 부딪쳤을 때 유리 앞부분에는 작은 구멍이 나지만 차 안쪽에는 더 큰 구멍이 뚫려 있는 것을 생각하면 이해할 수 있을 것이다. 다시 말하면 완전한 유리라면 힘을 위에서 받으면 그냥 선을 그리며 쪼개지는 것이 아니라 원추 모양의 돌조각이 떨어져 나오는 것이다(Cotterall and Kamminga 1987; 국립대구박물관 2006; 성춘택 2006; 유용욱 2011).

헤르츠 원추가 만들어지는 원리 때문에 정질의 아주 단단한 암석이라면 타격을 받으면 마치 물결이 치듯 조가비모양의 깨짐(conchoidal fracture)이 일어난다(Cotterell and Kamminga 1987, 1992). 그리하여 격지(박편, flake)의 타격점 아래에는 타격혹(bulb of percussion)이 생기고, 몸돌(석핵, core)에서는 움푹 파인 흔적이 나타난다. 물론 거친 재질의 암석에서는 이 같은

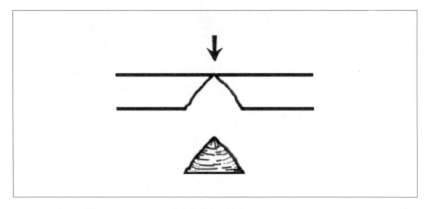

그림 4.1 헤르츠 원추(Hertzian cone)가 만들어지는 원리

유리의 한 점에 강한 힘을 가하면 유리는 깨지면서 작용과 반작용의 원리에 따라 콘 모양의 작은 덩어리가 떨어져 나오는데, 이를 헤르츠 원추라 부른다. 마찬가지로 몸돌 가장자리의 한 점을 가격하면, 원추모양이 떨어져 나올 것이다. 이것이 타격혹(bulb)이 된다(그림 4.2).

특징이 보이지 않을 수 있지만, 규암이나 맥석영 등 많은 암석에서 관찰되며, 흑요석과 같은 미세결정질 암석에서 두드러진다. 타격혹은 타(격)면(때림면, flaking platform)이나 정확한 가격을 받았던 타격점(point of percussion) 아래에 발달하며, 그 아래 격지의 끝 부분까지는 몸돌의 표면을 따라 비교적 얇게 떨어지는 것이 보통이다. 따라서 몸돌에서 떨어져 나온 배면(내면, ventral surface, 곧 격지가 몸돌에 접하였던 부분으로 보통 부드럽고 깨끗하며 타격점 아래에 부풀어 오른 타격혹을 가지고 있다)에서 기부(굽, proximal end) 쪽은 타격혹으로 비교적 두툼할 것이며, 격지끝(distal end)으로 갈수록 얇은 모습일 것인데, 몸돌의 표면을 따라 점점 얇아지기 때문에 격지를 측면에서 보았을 때는 배면 쪽으로 약간 휘는 것이 보통이다(그림 4.2).

　돌망치를 이용해 모양과 크기의 격지를 떼어 내기 위해서는 적당한 지점에 적당한 각도로 몸돌에 내리쳐야 한다. 그림 4.2와 그림 4.4와 같이 몸돌의 가장자리 한 점을 타격해야 하는데, 너무 끝 부분을 내리치면 그냥 부스러기만 떨어지고 말 것이며, 너무 안쪽을 겨냥하면 격지가 떨어지지 않을 것이다. 타격각 역시 힘을 전달하는 데 중요한 요소이다. 직각보다는 예각으로 몸돌의 표면에 충격을 주어야 격지를 떼어 낼 수 있다. 이론적으로 각도가

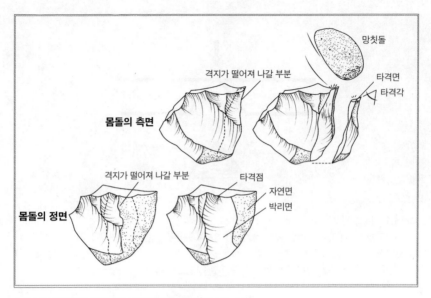

그림 4.2 망칫돌을 이용하여 몸돌에서 격지를 떼어 내는 모습

몸돌과 격지에서는 다양한 패턴과 속성들이 관찰된다(성춘택 외 2011: 76에서 수정, 민경인 그림).

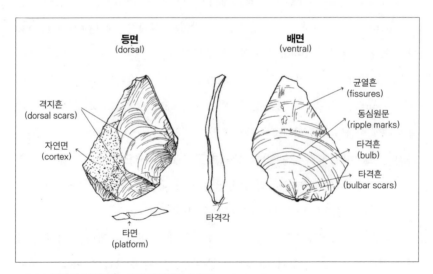

그림 4.3 격지에서 관찰되는 여러 해부학적 속성들

이상적으로는 위의 모든 속성이 보여야 하지만, 이는 주로 위 흑요석 격지처럼 정질의 암석에서만 가능한 일이다. 그러나 여전히 규암이나 맥석영과 같이 거친 재질의 암석으로 만들어진 격지에서도 타면이나 타격혹 같은 기본 속성을 판별할 수 있다. 타면 쪽을 기부(굽, proximal end)라 하고 그 반대 쪽이 격지끝(distal end)이다. 격지 속성의 대부분은 기부에서 판단할 수 있는데, 만약 기부가 유실되었고 격지끝만이 있다면 격지조각이나 부스러기로 분류될 것이다.

커질수록 더 긴 격지, 또는 돌날을 떼어 낼 수 있다. 물론 예외적으로 둔각에서도 떼어 내는 수가 있지만, 수직에 이르면 거의 격지를 떼어 내기 힘들다.

기부(굽)가 격지를 떼어 내는 힘이 시작되는 머리 부위라면, 격지끝은 그런 힘이 끝나는 부분이다. 격지끝이 어떤 모양을 그리며 마무리되는지 하는 패턴은 어떤 방식으로 격지를 떼어 냈는지, 힘이 어떻게 전달되었는지에 따라 다르다. 보통 격지끝으로 갈수록 점점 얇아져서 측면에서 보았을 때 날개모양의 뾰족한 모습이지만(feathered), 중간에 계단모양으로 부러져 있을 수도 있으며(stepped), 끝이 둥그렇게 말린 모습(hinge)을 볼 수도 있다(그림 4.4). 부러지거나 말린 모습일 때는 몸돌에도 계단모양으로 튀어나온 부위가 있을 텐데, 그렇다면 지속적인 격지나 돌날떼기가 어려울 수 있다(Whittaker 1994). 또한 격지를 떼어 내는 힘이 격지끝 깊이까지 전달되었을 때 몸돌의 아랫부분까지 측면상 꺾이는 모습을 하고 있을 수도 있다(overshoot)(제8장 격지 및 데비타지 분석 참조).

몸돌에서는 이와 반대로 타격점 아래에 움푹 팬 흔적이 남기 마련이다. 몸돌에서 격지가 떨어져 나간 자리를 격지흔(박리면, 뗀면, flake scar)이라고 부른다. 몸돌 바깥을 둘러싼 원래의 면, 그러니까 격지에서 나타나는 등면(dorsal surface)은 돌이 바람이나 물에 닳은 자연면(natural cortex) 그대로인 경우도 있을 것이며 선행 격지떼기(박리)에 따라 한두 개 또는 다수의 격지흔이 있을 수 있다. 자갈돌을 처음 떼어 낸 격지(일차격지)라면 자연면으로 덮여 있을 것이고, 떼기가 진행될수록 점점 자연면의 비율이 낮아져(이차격지), 결국 등면에는 아무런 자연면도 남지 않을(삼차격지) 것이다. 격지흔 사이를 가로지르는 능선(ridge)도 보일 텐데, 돌의 재질과 풍화의 정도에 따라서 분명하지 않을 수도 있다. 격지흔이 많을수록, 자연면이 적거나 없을수록 더 집중적인 떼기가 있었음을 말해 준다.

몸돌에서도 타면(때림면, striking platform)과 타격점의 흔적은 남아 있기 마련이며, 이 타면을 어떻게 준비하느냐에 따라서 석기기술의 정교함과 같은 중요한 속성이 나타난다(제7장 참조). 우리나라 이른 시기 구석기시대의

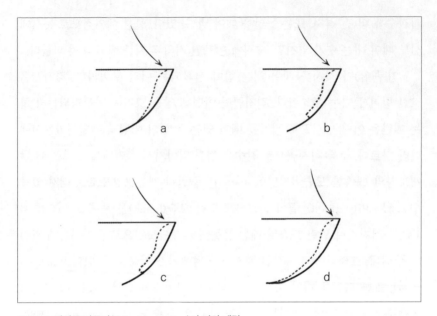

그림 4.4 격지끝 마무리(flake termination)의 여러 패턴

a: 보통의 날개모양(featehred), b: 계단상(step), c: 힌지(hinge), d: 오버슛(overshoot)(제8장 격지 분석 참조).

규암이나 맥석영으로 만든 몸돌이나 격지에는 타면이 자연면이나 단일 면(single facet)으로 되어 있는 경우가 대부분이지만, 늦은 시기로 갈수록, 그리고 정질의 암석에서 정교한 격지나 돌날을 떼어 낼수록 타면을 준비하고 조정하는 빈도도 높아진다. 이 경우 타면에는 다수의 조정면(multifacetted)을 가질 수도 있으며(특히 잔몸돌[세석핵]의 경우), 미끄러지지 않도록 마찰된 흔적을 가지고 있을 수도 있다.

　　보통 격지만을 그림으로 표현할 때 기부(굽)를 아래로 격지끝을 위로 향한다(그림 4.3, 4.5). 격지의 배면에서는 타격점을 기준으로 마치 잔잔한 호수에 돌을 던졌을 때처럼 힘이 파동처럼 퍼져 나가는 동심원문(ripples)이나 힘의 방향대로 조그맣게 갈라진 틈(fissures) 같은 속성도 보인다. 정질의 암석이라면 타격혹 주변에서 격지가 떨어지면서 생기는 조그만 타격흔(bulb scar, eraillure)도 관찰할 수 있다. 물론 이러한 세부 속성은 흑요석 같은 아주 정질의 암석에서 두드러지며, 거친 돌감에서는 보이지 않는다.

그런데 몸돌에서 격지를 떼어 내는 석기 제작의 가장 기본적이고 단순한 방법에서도 늘 격지만이 떨어져 나오는 것은 아니다. 격지와 함께 돌조각들과 부스러기(debris, chips, shatters), 잘못된 타격이나 절리면(켜면)을 따라 부서지거나 깨지고만 조각(chunk)도 생산된다. 아주 작은 부스러기까지 포함하면 한 번의 타격으로 많은 돌조각이 만들어진다. 만약 석기를 만들었던 제작장(workplace) 유구라면(유적 형성과 보존과 관련한 다양한 요인에 따라 원래의 모습은 변형될 수 있겠지만) 이런 작은 부스러기와 돌조각이 몇 번을 사용하여 소진된 몸돌, 그리고 쓰지 않고 버린 격지들과 함께 흩어져서 나올 것이다. 그리하여 타격으로 떼어져 나온 격지의 형태와 크기를 결정하는 데는 몸돌의 크기와 정밀도 말고도 몸돌 자체의 미세결정 구조 여부, 망치로 사용되는 물체(돌, 뿔), 무게, 생김새, 밀도, 강도, 타격의 각도와 타격 위치, 대고 때리는 물체의 성격 등 여러 요인이 작용한다. 덧붙여 불을 맞은 돌은 쉽게 깨지는 성질이 있기 때문에 돌을 불에 달군 다음 떼기를 하기도 하였다.

4.3. 떼기 방법

격지를 떼어 내는 데는 아주 많은 방식이 있으며, 이것을 분류하는 것도 연구자에 따라 다양하다. 일반적으로 직접떼기와 간접떼기로 나눌 수 있는데, 직접떼기(직접타격)란 말 그대로 직접 힘을 가하는 방법이며, 간접떼기(간접타격)란 뿔 같은 단단한 물체를 대고 때리는 방법을 말한다. 간접떼기는 직접떼기에 비해 정확한 지점에 힘을 집중시킬 수 있기 때문에 후기 구석기시대 돌날과 같은 정형화한 격지를 떼어 내는 데 쓰였던 방법이지만, 직접떼기가 더 일반적인 떼기의 방법이라 할 수 있다.

직접떼기는 다시 돌망치떼기(hard-hammer percussion)와 연망치(soft-hammer)떼기로 나눌 수 있으며, 엄밀히 말하면 직접떼기의 일종이지만 눌러떼기(가압박리, pressure flaking)도 있다.

돌망치를 이용한 직접떼기는 석기 제작에서 가장 기본이 되는 방법이다. 보통 둥그런 자갈돌(망칫돌)을 한 손에 쥐고 다른 한 손에 붙잡은 몸돌의 가장자리를 내리치는 방식을 말한다. 이때 내리치는 각도, 곧 망칫돌과 몸돌의 표면이 만나는 각도는 예각이 일반적이다. 여러 번 사용한 망칫돌에는 찍히거나 뭉개진 흔적(battered mark)이 남으며, 고고학 유적에서도 비교적 흔하게 볼 수 있다. 망칫돌의 크기는 보통 어른의 주먹만 하지만 작은 격지를 떼어 낼 때, 그리고 손질을 할 때 더 작은 망칫돌을 사용하기도 한다. 큰 격지를 떼어 내려면 더 무거운 망칫돌을 썼을 것이며, 손에 쥘 수만 있다면 깨진 돌조각도 쓰일 수 있다. 떼기 도중에 망칫돌은 깨질 수도 있고, 몸돌에서 보이는 격지흔이 나타날 수도 있다. 한국 구석기 유적에서도 몸돌과 격지와 함께 망칫돌이 나오고 있다. 장용준(2016: 95-98)에 따르면, 맥석영제 석기들이 나온 거창 정장리 출토 망칫돌은 비교적 큰 반면, 잔석기(세석기) 유적에서 나온 것은 크기가 작다고 한다.

큰 자갈돌을 깨거나 대형격지를 떼어 내기 쉬운 방법으로는 던져떼기(throwing method)나 모루떼기(대고때리기, direct anvil method)를 들 수 있다. 던져떼기는 깨고자 하는 돌을 정지되어 있는 돌(보통 모룻돌이나 대석으로 불린다)에 던져서 깨치는 방법을 일컫는다. 실제 이런 방식으로 대형의 자갈돌에서 원하는 모양의 격지를 얻을 수는 없어 실효성에 의문이 있는 것도 사실이다. 하지만, 던져떼기로 비교적 큰 자갈돌이나 돌덩어리를 깨뜨릴 수는 있다. 이 방법으로 날카로운 날을 가진 격지를 떼어 낼 수는 없지만, 자갈돌을 쪼개어 원하는 타면(때림면)을 얻을 수 있다. 자갈돌이나 큰 돌덩어리를 모룻돌에 던져 깸으로써 몸돌로 사용할 타면을 확보한 뒤 다시 돌망치를 사용하여 격지를 떼어 낼 수 있는 것이다.

모루떼기는 지상에 고정되어 있는 커다란 돌(모룻돌)에 깨고자 하는 돌을(두 손으로 잡고) 내리치는 방법이다. 이 방법으로 비교적 큰 격지를 떼어 낼 수 있으며, 이로부터 떨어진 격지는 대체로 옆으로 넓은 생김새를 가시고 있다.[1] 이 때문에 강한 힘이 방사상으로 전달될 경우 격지가 반으로 쪼개지는 일이 자주 일어나는데, 실제 유적에서 이런 유물들이 확인되기도 한다. 모루떼기로 생산된 큰 격지는 길고 날카로운 날을 가졌을 경우 바로 사용되었을 수도 있으며, 간단한 손질을 거쳐 도구로 쓰일 수도 있다. 크고 적당한 생김새를 가진 격지를 양면으로 손질한다면 주먹도끼나 가로날도끼를 만들 수도 있다. 이렇게 만들어진 주먹도끼가 임진한탄강 유역에서 적지 않게 수습되었다(제9장 참조).

모루떼기 가운데 간접모루떼기(indirect anvil technique) 방식은 특히 손질이나 잔손질 할 때 효과적인데, 대상 격지나 소재(blank) 가운데 작업 날이나 잔손질할 부위를 모루에 대고(비교적 작은) 망칫돌을 가볍게 내리치는 방식이다. 그렇게 하면 단단한 모루에 닿는 부분을 비교적 정교하게 손질할 수 있다. 직접떼기 방식으로 잔손질하는 방법도 널리 쓰였지만, 이 방법보다 대상 부위를 고정하기 때문에 더 실패를 줄이고 정교하게 마무리할 수 있는 방법이다.

모루를 이용하는 떼기 방법 가운데는 양극떼기(bipolar flaking)도 있다. 이것은 비교적 작은 몸돌에서 격지를 떼어 낼 때 효과적인 방법이다. 몸돌을 모룻돌과 같은 단단한 물체 위에 올려놓고 위에서 내리치면 타격의 힘이 위에서, 그리고 반작용으로 아래에서도 힘이 올라오는 방법이다. 그리하여 몸돌이나 격지에서 이런 양극떼기로 만들어진 유물을 볼 수 있는데, 타격혹이 위와 아래 이중으로 생긴다. 한국 구석기 유적에서는 크기 20cm 정도의 반반한 돌에 찍히고 파인 흔적을 지닌 모룻돌이 가끔 발견되고 있다. 아마도 양극떼기나 간접모루떼기에 쓰인 유물일 것이다.[2]

....

1   덧붙여 스윙타격(Swing method)으로 큰 격지를 떼어 내기도 하는데, 이는 고정되어 있는 타격 대상에 비교적 커다란 망칫돌을 두 손으로 잡고 위에서 아래로 스윙을 하듯이 내리쳐 깨는 방법이다 (Schick and Toth 1993).
2   점판암같이 층리가 발달한 암석을 모루 위에 놓고 망칫돌로 수직으로 내리치면 판상으로 쪼개지는데, 이를 이용하여 여러 잔석기의 소재를 다듬을 수 있다(제6장 참조).

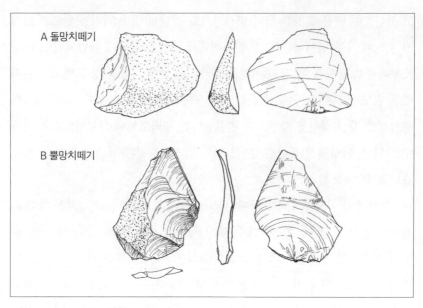

그림 4.5 돌망치와 뿔망치로 떼어 낸 격지

돌망치떼기로 떨어진 격지(위)가 더 두껍고, 넓은 경향이 있으며, 뿔망치로 떼어 낸 격지(아래)의 타면은 훨씬 좁고 격지는 더 얇고 길다.

연망치떼기는 직접떼기 방법의 하나이지만, 돌망치를 사용하는 대신 주로 뿔 혹은 단단한 나무나 뼈를 사용하여 격지를 떼어 내는 방법을 일컫는다. 돌망치보다 무른 뿔망치를 사용하면 더 부드럽기 때문에 타격점을 감싸는 효과로 격지를 얇게 떼어 낼 수 있다. 또한 망치 자체가 돌망치에 비해 훨씬 길기 때문에 지렛대의 원리와도 같이 더 긴 격지를 만들 수 있다. 타면 역시 입술 모양으로 좁으면서도 옆으로 길쭉하고 부드럽게 휜 생김새를 띠기도 한다. 이런 특징 덕분에 뿔망치떼기와 돌망치떼기로 떨어진 격지는 생김새가 달라 구분할 수 있다(그림 4.5).

뿔망치떼기가 언제부터 등장했는지는 불확실하지만, 아마도 유럽과 아프리카에서는 르발루아기법이 발달한 중기 구석기시대에 쓰였을 것으로 보인다. 그렇지만 전기 구석기시대에도 잘 만들어진 주먹도끼를 손질하는 데 뿔망치를 썼을 수도 있다. 후기 구석기시대에 뿔망치떼기가 더욱 보편화하였음은 물론이다. 아마도 돌감(석재)을 골라 대체적인 형태를 다듬거나 큰 격지를 떼어 낼 때는 돌망치떼기를 사용하고, 석기 제작의 후반부에 손질을 하거나 긴 격지, 돌날을 떼어 낼 때는 뿔망치떼기를 사용하는 식이었을 것이다.

간접떼기는 뿔이나 단단한 나무와 같은 것을 격지를 떼고자 하는 데 대고 망칫돌을 사용하여 내리쳐 떼어 내는 방법이다. 떼어 내고자 하는 부위에 힘을 전달하는 단단한 물체를 고정하기 때문에 정확한 타격을 할 수 있다. 주로 후기 구석기시대 돌날과 같이 정교하고도 생김새와 크기가 규칙적인 격지를 떼어 내는 방식으로 사용되었다. 다만 몸돌을 고정하는 일이 쉽지 않아 얼마나 효율적이었는지 의문이 없지 않았다. 프랑수아 보르드는 몸돌을 두 발 사이에 단단히 고정하고, 뿔을 이용하여 간접떼기하는 모습을 재현하기도 했다. 또한 모루 위에 몸돌을 올려놓고 뿔을 몸돌의 타면에 대고 돌이나 뿔망치로 가격하는 방법도 썼을 것이다(그림 4.6).

후기 구석기시대의 돌날, 특히 아주 작은 잔돌날(세석인)을 떼어 내는 데 널리 이용된 방법이 눌러떼기(pressure flaking)이다. 돌날몸돌을 두 발 사이에 고정시키고 긴 뿔 같은 것을 이용하여 가슴으로 눌러 떼는 방법이 자주 소개된다. 간접떼기와 마찬가지로 눌러떼기에서도 중요한 것은 몸돌을 고정시키는 일이다. 그리하여 실험에 따르면 나무를 반으로 쪼갠 다음 그 사이에 측면과 타면을 다듬고 준비한 작은 몸돌을 넣고 줄로 단단히 묶는 방법이 쓰인 것으로 보인다. 몸돌을 단단히 고정한 다음 뾰족한 뿔로 타면에서 힘껏 눌러 돌날을 떼는 것이다.

눌러뜯기라 불리는 방법도 후기 구석기시대 정교한 도구의 잔손질 방법으로 유용했을 것이다. 특히 흑요석과 처트처럼 정질의 암석을 소재로 할 때 눌러뜯기 잔손질을 이용하여 효과적으로 도구 제작을 마무리할 수 있다. 이런 잔손질로 떨어진 격지는 아주 작고 긴 것이 특징이다. 그리하여 정교한 양면찌르개(bifacial point)에서는 아주 작고 긴 능선이 중심 방향으로 나란하게 줄지어 있는 모습이 관찰되기도 한다(그림 4.6).

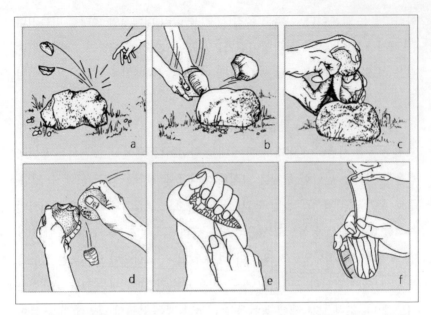

그림 4.6 뗀석기를 만드는 여러 방법

왼쪽 위에서 시계방향으로 던져떼기(a), 모루떼기(b, 대고때리기, 내리쳐떼기), 양극떼기, 망칫돌로 직접떼기, 눌러떼기, 간접떼기. 실제 석기를 만들 때는 여러 방법이 같이 쓰이기도 하는데, 직접떼기로 소재를 만들고 눌러떼기로 잔손질을 할 수도 있다. 생산된 격지의 크기와 생김새로 떼기 방법을 추정할 수도 있다. 모루떼기(b)로는 크고 두툼하며, 대체로 넓은(side-struck) 격지가 나오며, 직접떼기 역시 격지의 크기가 크고 타면의 폭이 넓고 타격혹도 두꺼운 편이다. 반면 뿔이나 나무를 망치로 이용한 떼기에서는 얇고 긴(longitudinal) 격지가 떨어지는 것이 보통이다. 간접떼기(f)는 오른쪽 아래 그림과 같이 뿔을 타면에 대고 돌이나 뿔로 내리치는 방법이다. 돌날을 만들 때 사용되었을 것으로 보이지만, 다른 사람의 도움을 받든지, 두 발 사이에 끼우든지 어떻게든 몸돌을 단단히 고정해야 한다. 눌러떼기는 잔돌날을 떼어 내거나 그림과 같이 정교한 잔손질에 쓰인다. 눌러떼기(e, 눌러뜯기)로 아주 작고 긴 격지가 떨어지고, 그렇게 잔손질된 도구에는 눌러 뗀 격지흔이 나란하게 줄지어 보일 것이다(민경인 그림).

석기를 만드는 일은 감쇄과정으로서, 원석에서 몸돌, 격지, 도구에 이르기까지 지속적으로 작아지는 과정을 밟는다(그림 2.5 참조). 작고 정형화한 석기 제작일수록 더 정교한 제작 연쇄가 필요하다. 그리하여 후기 구석기시대 돌날을 떼어 낼 때도 실제 석기 제작에는 돌망치와 뿔망치떼기, 그리고 눌러떼기까지 감쇄과정에 따라 연쇄적으로 쓰였을 가능성이 높다. 물론 여전히 돌망치떼기가 가장 기본이며, 전기 구석기시대 거칠고 큰 석기를 만들 때는 전적으로 돌망치떼기가 사용되었을 가능성이 높다.

4.4. 소재와 몸돌 준비

석기 제작의 목적은 도구를 만드는 것이다. 도구는 주먹도끼와 긁개, 밀개와 같이 손질이나 잔손질이 필요한 것도 있지만, 사실 가공되지 않은 자갈돌이나 돌덩어리, 몸돌, 격지 등도 도구의 역할을 할 수 있다. 가령 동물의 뼈나 견과류 같은 것을 깬다고 할 때 정교한 석기가 필요하지는 않을 것이다. 때문에 도구로 쓰였느냐, 그렇지 않은 것이냐 하는 것은 사용된 흔적을 가지고 판단을 하여야 옳다. 다만 사용되어 닳거나 잔파손흔을 판정하는 것도 쉬운 일은 아니다(제12장 참조).

사람이 만든 석기에는 패턴이 있고, 손질과 잔손질을 더해 도구를 만드는 과정은 석기기술을 이해하는 토대이다. 대다수 성형도구(shaped tool) 석기는 어떤 일정한 과정이나 연쇄를 거쳐 만들어진다. 그리하여 원석에서 무엇인가를 떼어 내는 것은 그 자체로 도구를 만드는 과정이기보다는 마지막 결과물을 향한 첫 단계인 경우가 많다. 예를 들어 던져떼기는 가장 초보적 형태의 돌을 깨는 방식으로서 원하는 형태와 크기의 도구를 만드는 것은 불가능하다. 던져떼기란 도구 제작이 목적이 아니라 큰 자갈돌이나 돌덩어리를 깨는(opening cobbles) 방법이다. 그리하여 커다란 자갈돌이 석기를 만드는 데 적당한 재질이라 할지라도 흔히 적당한 타격각을 확보하기 어려운 경우가 많음을 고려할 때 던져떼기는 그런 자갈돌을 깸으로써 타격각을 확보하여 몸돌로 사용하기에 적합한 소재(blank)가 되도록 하는 것이다.

모루떼기 역시 대체로 크고 넓적한 모양(side-struck)의 격지를 떼어 내기에 알맞은 방법이다. 이로부터 나온 격지는 길고 날카로운 날을 지녔다면 그 자체로 자르는 날을 가진 도구로 쓰일 수 있다. 큰 격지는 다시 손질되어 주먹도끼나 가로날도끼, 긁개 같은 것이 되기도 한다. 어떤 몸돌을 모루 위에 올려놓고 지속적으로 격지를 뗄 수 있지만, 이 역시 한쪽 방향으로 대고 때림으로써 다른 쪽 방향으로도 격지가 떨어져 나오기도 한다(양극떼기). 그리하여 돌망치를 이용하여 양극떼기로 더 작으면서도 원하는 형태를 갖춘 격지를 떼어 낼 수 있다. 나아가 몸돌은 양쪽 방향으로 떼어짐으로써 쉽게 지그재그날을 갖춘 찍개의 모습을 띨 수도 있다.

이처럼 여러 떼기 방법은 그 자체로 배타적으로 사용되는 방식이라기보다는 더 넓은 제작, 또는 감쇄과정의 일부일 수도 있다. 이것은 아프리카와 유럽의 중기 구석기시대의 르발루아기법을 비롯해서, 후기 구석기시대에 일반적으로 사용되어 정교하면서도 비슷한 생김새와 크기의 돌날을 떼는 데 쓰였던 간접떼기나 눌러떼기에서 두드러진다. 이를 위해서는 선행 준비과정이 필수적이며, 대체로 돌망치떼기와 뿔망치떼기와 같은 방법으로 몸돌을 조정하여야 한다. 몸돌 조정에는 전체 형태를 다듬는 것은 물론 마지막 돌날이나 잔돌날을 떼어 낼 때 가격 부위에 정확하게 힘을 집중시키기 위해서 타면을 준비하고 조정하는 것이 중요한 과정이다.

잔몸돌(세석핵, 좀돌날몸돌)을 예로 든다면 아주 작은 돌날을 떼어 내기 전에 많은 과정을 거쳐 몸돌을 준비해야 한다. 여러 방식이 있지만, 전형적으로는 적당한 크기의 소재를 선택하여 보통 양면에 작은 격지를 떼어 내어 조정함으로써 선형(preform)을 만들고, 윗부분에서 스키모양격지(ski-spall)라 알려진 긴 격지를 떼어 냄으로써 타면을 준비하고, 모서리에서 각진 격지나 돌날(crested blade)을 떼어 냄으로써 몸돌을 완성하는 것이다. 잔돌날(세석인, microbaldes)을 떼어 내고도 다시 타면을 조정할 수도 있다(제7장 참조). 그렇기에 마지막으로 버려진 몸돌은 아주 작을 수밖에 없다(성춘택 1998; 장용준 2002).

감쇄의 과정은 도구 제작과 사용에서도 널리 나타난다. 다시 말하면 긁개라는 도구가 사용되어 날이 닳는다면, 다시 잔손질을 하여 다른 형태의 긁개가 되고 또다시 손질한다면 톱니날이나 찌르개와 같은 모습을 띨 수도 있다(Dibble 1987, 그림 2.5 참조). 방사형 몸돌로 쓰이다가 찍개로 전이될 수도, 그 뒤 다시 날을 날카롭게 손질하여 자르개나 긁개의 용도로 쓰일 수도 있다. 심지어 더 작은 찌르개나 뚜르개와 같은 석기 형식으로도 전이될 수 있다. 감쇄과정의 각 단계에서 수많은 부산물이 나오고 버려짐도 물론이다. 고고 유적에서 나온 유물은 유물 감쇄과정의 아주 초기 단계의 산물일 수도, 복잡한 제작과 사용, 재가공, 재사용의 과정을 거친 유물일 수도 있고, 다수는 그저 부산물로 버리는 석재(폐기물)일 것이다.

이렇듯 석기는 제작하는 과정에서도 제작자의 의도와 상황적 변수가 복합적으로 얽힌 과정을 거치고, 재사용과 재활용, 재가공이 반복될 수 있음을 유념해야 한다. 마지막으로 고고학자의 손에 들어온 석기는 이런 많은 과정과 더불어 폐기된 이후 사람과 동물의 발에 밟히기도 하고, 자연과정에서 침식되고 운반되어 퇴적되면서, 땅속에서도 많은 세월 동안 후퇴적변형(post-depositional alteration)을 받은 뒤의 것이라 할 수 있다(Schiffer 1972, 1987; 제13장 참조).

4.5. 뗀석기 기록과 기술의 기초

현재 고고학자의 손에 있는 석기는 감쇄기술, 또는 복잡한 작업연쇄의 한 과정만을 대표할 것이다. 따라서 석기를 기록하고 기술(記述)하는 일도 이를 염두에 두어야 한다. 그리하여 망칫돌과 반입 석재나 모룻돌 등을 제외하고는 몸돌인지 격지인지, 아니면 부정형으로 떨어져 나온 조각인지, 그 소재를 주목해야 한다. 큰 격지는 다시 몸돌이나 망칫돌로도 사용될 수 있다.

석기 기록의 첫 단계는 사실 동정(identification)이다. 먼저 해당 석기를 명명하고 분류해야 한다. 그렇기에 석기를 동정하고 기록하기 위해서는 어느 정도 지식과 경험이 필요하다. 몸돌이라면 몸돌이 가진 중요한 특성, 곧 타면이 어떠한지, 어떤 방향으로 격지떼기가 이루어졌는지를 얘기해 주어야 한다. 만약 그 석기를 몸돌이 아니고 성형도구의 하나로 인식한다면, 어떤 부분에 작업날이 있는지, 어떤 잔손질이 베풀어졌는지를 집중적으로 표현하고 기록해야 한다. 특히 연구자에 따라서는 석기를 찍개나 대형긁개 같은 성형도구로 분류하기도, 몸돌로 부르기도 하기 때문에 문제가 일어날 수도 있다.

먼저 몸돌이라고 하면 원석은 무엇이고, 어떻게 생겼는지, 어떻게 준비되었는지, 아니면 준비되지 않고 그냥 격지떼기가 이루어졌는지를 분명히 기록해야 한다. 타면의 크기뿐 아니라 어디에 있는지, 어떤 방식으로 조정이 이루어졌는지, 그리고 격지흔(flake scar)의 위치와 크기, 그리고 숫자도 자세히 기록해야 한다. 덧붙여 자연면(natural cortex)이 얼마나 남아 있는지, 타면에 자연면이 있는지, 아니면 다른 부위에 있는지 역시 중요한 몸돌의 속성이다(제7장 참조). 흔히 찍개나 다른 큰 성형도구는 그 자체로 몸돌이기도 하기에, 몸돌과 도구로서의 역할을 잘 기술해야 한다. 만약 도구로 사용되었다면, 당연한 말이지만, 작업날(working edge)이 반드시 있어야 할 것이며, 그 작업날이 특정한 기능을 수행할 만큼 형태를 갖추고, 사용되었다면 닳거나 으깨진 흔적을 가지고 있어야 한다. 그렇지 않다면 그냥 몸돌로 기술하는 것이 옳을 것이다. 몸돌이나 성형도구로서 양립 가능하다면 이것 역시 반영하여 기록하고 표현하는 것이 바람직하다(제9장 참조).

격지 또는 격지를 소재로 한 성형도구를 막론하고, 어디에서 타격을 받아 떨어진 것인지 확인하고 기술하여야 한다. 기부, 등면과 배면 정도를 구분할 수 있다면 격지가 될 것이다. 이 가운데 격지끝은 흔히 부러지거나 추가 잔손질로 원래의 모습을 잃었을 수도 있다(그 과정에서 많은 부스러기가 나올 것이다). 격지의 측면은 잔손질되어 긁개나 톱니날과 같은 석기가 될 수도 있다. 이런 상황에서도 격지를 소재로 하였다면 기부와 등면, 배면의 구분은 가능할 것이고, 기록하고 표현해야 한다(제8장, 9장 참조).

정치(正置, 또는 定置)란 올바른 방향으로 석기를 두는 방법을 말한다. 정치는 석기를 관찰하고 기술하는 데 기본이 되며, 특히 도면과 사진 작업에서 중요한 역할을 한다. 석기란 구연부와 저부 등이 분명한 토기와는 달리 위와 아래, 오른쪽과 왼쪽의 구분이 "저절로" 되지 않는다. 그런데 그 어떤 석기이든지 석기를 똑바로 세워서 보고 그리고 사진을 찍는 방식이 있는데, 이것이 바로 정치의 기본이다. 똑같은 주먹도끼를 거꾸로, 아니면 옆으로 그리거나 사진을 찍는다면, 아주 부자연스러운 일이다. 따라서 몸돌이든 격지나 도구이든 정치하는 방법을 표준화시켜야 할 필요가 있다. 석기 형식에 따라 관습적으로 이루어지는 방식을 존중하고 따를 필요가 있다.

몸돌의 경우 격지를 떼어 내며 생긴 격지흔이 가장 잘 남아 있는 부분을 정면도에서 표현한다. 또한 타면이 위로 가게 하여 그림도 그리고 사진도 찍는다. 정면도를 기준으로 평면도, 측면도를 그린다. 다만 격지의 경우 기부를 아래에 놓고 끝을 위로 향하게 놓는 것이 관행적인 방법이다. 물론 유럽의 경우 이런 방식을 취하지만 미국에서는 격지의 기부를 위에 놓고 표현하기도 하기 때문에(Andrefsky 1998: 20), 반드시 따라야 할 일반 규칙은 없다. 그러나 우리나라에서도 대체로 기부를 아래로, 격지끝을 위로 배치하는 것이 보통이다. 이는 상당수 격지는 그 자체로 날카로운 날을 가지고 있기 때문이다. 고고학 도면에서는 돌살촉이든 간돌검이든 날 부분을 위로 놓고 표현하는 것이 관례이다.

도구의 경우 예상되는 작업 방향을 기준으로 정치한다. 대형의 석기에서 주먹도끼와 가로날도끼, 주먹찌르개 등은 손잡이 부분이 아래로 놓으면 뾰족한 날 부분이 위로 향할 것이다. 그러나 찍개의 경우 석기의 생김새에 따라 둥그런 형태의 것은 날을 위로 향하게 놓을 수도, 아니면 길쭉한 형태의 도구는 측면으로 향하게 할 수도 있다. 소형의 석기는 대체로 작업날을 위로 놓고 그리는데, 새기개, 밀개, 뚜르개와 같은 것이 이에 해당한다. 그러나 긁개의 경우 측면에 날을 두고 사용한다고 가정하기 때문에 날을 옆에 배치하는 것이 더 어울린다.

석기의 정치는 길이와 너비, 두께를 측정하는 데도 가장 기본 원칙으로 작용한다. 사실 똑같은 석기일지라도 제대로 정치를 하지 않으며, 길이와 너비는 결코 똑같은 결과가 나오지 않을 것이다. 이 때문에 위에서 말한 가장 널리 쓰이는 방법으로 석기를 정치한 뒤에서야 길이와 너비와 같은 기본 계측을 할 수 있다. 계측의 방법에는 여러 가지가 있지만, 가장 널리 쓰이는 방법은 사각형 방법이다. 다시 말해 그림 4.7과 같이 길이를 잴 때 석

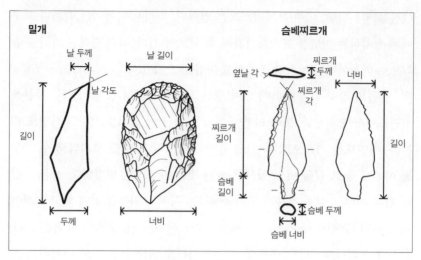

그림 4.7 곡성 옥과(송전리)에서 수습한 밀개와 가상의 슴베찌르개의 크기 측정 방법
측면에 날이 있는 긁개와 같은 석기를 제외하고는 대부분 작업날을 위로 하여 그린다. 석기의 길이와 너비
와 두께는 석기를 직사각형을 감싸면서 측면의 길이를 재는 것이 원칙이다. 이것은 격지나 몸돌의 타격면
크기를 측정할 때도 같다(김민경·성춘택 그림).

기의 아랫끝에서 윗끝까지 그대로 재는 것이 아니라 정치한 상태에서 평행
선을 그려 그 간격을 길이로 삼는다. 너비와 두께 역시 마찬가지 방법으로
잰다.

4.6. 뗀석기 도면과 사진

뗀석기의 도면과 사진 역시 뗀석기 기록과 같은 맥락에서 표현한다. 먼
저 실측, 곧 도면을 그린다는 것은 사실 유물이나 유구 등 고고학 자료가 지
닌 정보를 가장 정형화한 방식으로 다른 연구자와 관심을 가진 사람과 공유
하는 일이다. 따라서 도면을 그리는 사람이 석기에 대해 잘 이해하고 있어야
다른 이에게도 정확한 정보를 줄 수 있다. 몸돌이라면 몸돌로서 타면이나 격
지흔 등을 그려야 하며, 성형도구라면 정면도와 함께 작업날이 어떻게 만들
어졌는지를, 그리고 격지라면 등면과 배면, 측면, 그리고 타면 등 격지가 가

진 여러 속성을 도면에 표현해야 한다.

고고학 도면을 지나치게 기술적인 것으로 치부하면 안 된다. 특히 토기나 유구 실측에서는 그런 생각이 없지만, 석기 도면을 그리는 데는 예술 재능이 필요하다는 생각이 있는 것 같다. 고고학 도면은 그 자체로 유물이나 유구를 기록하고 설명하는 장치일 뿐이다. 석기에 대해 정확한 이해를 갖지 못한 사람이 그림을 그린다면 그저 다른 잘못된 도면을 흉내만 내는 일이다. 석기 도면은 단순한 스케치와 달라야 한다. 해당 석기가 가진 형태, 제작 관련 속성을 다른 사람이 이해할 수 있는 약속된 방식으로 표현해야 한다. 석기 제작은 감쇄과정이기 때문에 특정한 도면에서는 될 수 있는 대로 석기기술이 잘 드러나도록 표현해야 한다. 도면을 보는 이가 그런 정보를 읽을 수 있어야 한다. 이를 위해서 몇 가지 정형화한 석기 표현의 원칙을 따른다.

먼저 정치, 곧 석기를 올바로 놓는 것이 중요하다. 어떤 석기를 제대로 묘사하기 위해서는 정면도를 정하고 제대로 정치해야 한다. 이로부터 측면도와 배면도, 타면 같은 도면이 나오기 마련이다. 측면도와 배면도는 각각 90°를 돌린 것으로 그것에 맞추어 표현한다. 어떤 격지흔이나 자연면이 정면도에서 나타난다면 그것 역시 측면도에서도 보일 수 있는데, 그 위치나 형태, 높이와 길이 같은 것에서 정확히 일치해야 한다. 이는 간돌검 같은 간석기에서도, 비파형동검 같은 유물 실측에서도 마찬가지이다. 배면도는 정면도와 겹쳤을 때 외형선이 일치해야 한다. 만약 격지의 타격각 때문에 정면도에서 타면이 보이지 않았다면, 배면에서는 어느 정도 드러날 것이다.

먼저 가장 기본이라 할 몸돌과 격지에 대해 살펴보자. 대체로 사면체에 가까운 몸돌일수록 정치가 더욱 중요하다. 주로 타면을 위로 놓고 가장 정형적이거나 가장 많은 수의 격지흔이 떨어진 모습을 정면도로 삼는다. 석기를 올바로 놓는 것이야말로 좋은 도면의 가장 기본이 되기 때문에 여러 방향에서 제대로 정치되었는지, 측면도와 배면도, 타면의 위치까지도 염두에 두면서 확인한다.

격지는 대체로 기부를 아래로 놓고 그리는 원칙을 따른다. 물론 몸돌에서 떼어져 나올 때는 이와 거꾸로 기부를 위로 놓고 그리기도 하지만, 대체로 도구로 사용할 경우 격지끝이 날이 되기 때문에 날을 위로 향하는 고고학 도면의 원칙에 따르는 것이 낫다. 대체로 등면이 정면도가 되는 경우가 많은데, 그 이유는 등면에는 흔히 선행박리에 따라서 형성된 격지흔(박리면), 혹은 자연면이 남아 있어 석기 제작기술을 비추어 주기 때문이다. 이것을 90°로 돌리면 측면도가 되고, 180° 회전하면 배면이 될 것이다. 경우에 따라서는 단면도를 그릴 필요가 있을 수도 있고, 타면 역시 정면도 아래에 표현을 해 주는 것도 좋다. 잔손질 부위를 더 강조하여 그리기도 하고, 잔손질되지 않고 사용된 것이라면 그 부분도 표현해 주어야 한다.

도구의 경우 역시 날을 위로 향하는 것이 관행이다. 주먹도끼나 가로날도끼, 밀개나 새기개 등의 성형도구는 날이 위로 향하도록 정치하여 그리는 것이 자연스럽다. 밀개, 새기개, 뚜르개 등도 마찬가지이다. 그러나 긁개(scraper 또는 side-scraper), 그리고 긁개날이 톱니처럼 형성된 톱니날의 경우 측면에 날을 그리는 것이 더 어울린다. 그렇게 할 경우 자연스럽게 90° 돌려 측면도를 그림으로써 날의 생김새를 더 정밀하게 묘사할 수 있다. 날을 강조하기 위하여 외형이나 능선 음영선보다 더 굵은 선으로 표현하기도 한다. 다시 말해 단면이나 날, 외형선, 주요 능선, 음영선으로 갈수록 얇은 선을 사용하여 그리는 것이 보통이다.

뗀석기를 그릴 때 초심자의 입장에서 가장 어렵게 생각하는 것이 음영(shading)이다. 먼저 격지흔이 아니라 자연면의 경우 점으로 표현하는 것이 보통이다. 면의 굴곡이 달라지는 부분에는 더 많은 점을 찍으면 수월하게 판독 가능한 삼차원을 표현하는 효과를 낼 수 있다. 사실 이 음영을 넣는 방식은 연구자에 따라서, 또는 연구 전통에 따라 조금 다르다. 일본에서는 독특한 방식으로 그리는데, 그것을 우리나라의 일부 연구자도 따라 하고 있다. 그러나 다른 나라에서는 일본의 방식을 쓰지 않기 때문에 오히려 석기가 가진 정보를 읽기에 혼란스러울 수 있다. 따라서 널리 쓰이는 국제 관례와 원칙을 따르는 것이 바람직하다.

국제적으로 통용되는 방법에서 음영의 원칙은 왼쪽 위에 등불이 있다고 생각하여 그림자를 가정하는 것이다. 그리하여 왼쪽 위에 있는 격지흔은 더 밝기 때문에 음영선이 몇 개 들어가지 않지만, 오른쪽 아래의 격지흔은 짙은 그림자가 질 것이기에 더 많은 음영선을 넣어야 한다(Addington 1986). 또한 어떤 격지흔에서 음영선의 시작 역시 왼쪽 위에 등불이 있음을 가정하고 왼쪽에서 시작하여 오른쪽으로 끝나거나 위에서 아래 방향으로 그리며, 다른 격지흔의 능선(ridge)에 닿지 않아야 한다. 너무 당연한 말이지만 음영선의 각도, 곧 동그랗게 돌리는 각도는 격지를 떼어 낸 부분의 심도가 깊을수록 예리할 것이며, 얕을수록 직선에 가깝도록 표현한다.

흑요석 같은 정질의 암석에서는 사실 힘의 파동이 눈에 보이기 때문에 그것을 따라서 음영선을 그리는 것으로 충분하다. 그러나 우리나라 구석기시대 맥석영이나 규암으로 만들어진 석기에서는 그런 음영선이 보이지 않는다. 그래서 지나치게 기계적으로 음영을 표현하면 안 된다. 이런 암석은 비교적 거친 돌감이기 때문에 정질의 암석의 사례와 같이 음영선을 너무 많이 넣는 것은 좋지 않다. 그리고 거친 돌감일수록 음영선의 표현 역시 중간에 점선이나 끊어진 선 효과를 넣는 것이 도움이 된다. 그리고 격지흔에서 보이는 손상흔 같은 것도 적절히 표현하는 것이 낫다. 격지흔의 능선 등이 보이지 않는다면 정연한 선으로 굳이 표현할 필요는 없으며, 오히려 음영선을 이용할 경우 수월하게 표현할 수 있다.

음영에서 한 가지 주의할 것은 왼쪽 위에 등불이 있기 때문에 모든 음영선은 한 방향으로 흐르도록 배치하여야 하여야 한다는 사실이다. 그리고 음영선이 시작되는 능선에서 반대쪽 능선 방향으로 향하되, 그 능선에 닿지 않아야 한다. 다만 이런 원칙을 따르면서도 배면을 그릴 때는 음영에서 대조되는 표현을 한다. 다시 말해 배면의 경우 타격점을 중심으로 힘의 파동을 가정하여 음영선을 넣어야 하는데, 음영선이 한쪽 끝에서만 시작되는 것이 아니라 양쪽 모두에서 이루어진다. 그렇게 함으로써 자연스럽게 타격혹을 비롯한 볼록한 배면을 표현할 수 있는 것이다. 등면의 격지흔이 이와 대조로 한쪽에서만 음영이 시작하고 능선에 닿지 않음으로써 움푹 팬 면을 표현한다. 이처럼 등면과 배면의 음영선의 길이나 패턴을 다르게 표현하는데, 이것을 지키지 않은 도면이 상당히 많다.

고고학 도면은 개성이 있다고 좋은 것이 아니다. 그리고 스케치나 예술로 치부되어서도 안 된다. 도면은 유물에 대한 정보를 다른 사람과 공유하는 수단이다. 이 원칙은 구석기시대 뗀석기나 조선시대 자기편이나 마찬가지이다. 이 때문에 모든 사람들이 알 수 있는 방식대로, 연구자 사이에 통용되고 합의된 원칙에 따라 그려야 한다. 이런 기본 원칙을 지키지 않았을 때 그 도면은 도면을 그린 사람 말고는 판독할 수 없는 수수께끼가 되어 버린다.

최근 기술이 발달하면서 기계를 사용한 도면도 늘고 있다. 3D스캔 같은 장치를 사용하여 외형을 그대로 표현할 경우 많은 노력과 시간을 줄일 수도 있다. 그러나 글쓴이의 경험에 따르면 아직까지는 세부 표현에서는 도움이 되는 것 같지 않다. 기본적으로 도면은 유물에 대해 도면을 그리는 사람이 알고 있는 정보를 정형화한 방식으로 표현하는 것이기 때문에 제작자가 유물에 대해 이해하지 못한다면 그 어떤 기술과 기계의 도움을 받아도 도면은 나아지지 않을 것이다.

기본적으로 연필을 이용하여 모눈종이에 석기 도면을 그리고 다시 트레이싱 펜을 이용하여 그리는 것이 전통 방식이지만(그림 4.9), 최근 일러스트레이터와 같은 전자 도면도 널리 쓰이고 있다. 다만, 이 역시 아직까진 아날로그가 표현하는 섬세함에 미치지는 못하고 있는 것 같다. 특히 규암이나 맥석영 같은 대체로 거친 재질 석기의 격지흔과 음영을 표현할 때 전자도면의 경우 약점이 많은 것이 사실이다. 지나치게 굵기나 크기, 형태가 정형화한 도면은 사실과 다를 뿐 아니라 석기기술을 이해하는 데도 도움이 되지 못한다. 앞으로는 더욱 기계나 컴퓨터의 사용이 늘고, 결국에는 대세가 되겠지

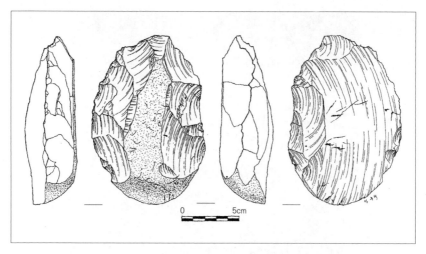

그림 4.8 파주 주월·가월리에서 수습된 대형격지긁개

대형격지의 등면을 정면도로 삼았는데, 긁개날을 준비하는 잔손질이 왼쪽에 베풀어져 있으며, 오른쪽에도 양면에서 조정되어 있다. 가장 오른쪽에 있는 배면에서는 몇 차례 격지를 떼어 내어 두꺼운 타격혹을 없애고, 다시 등면 쪽으로 격지를 떼어 내어 손질하였음을 알 수 있다. 자갈돌의 자연면은 점으로 표현하는데, 굴곡이 있는 곳에 더 진하게 점을 찍는다. 음영은 등면에서는 격지흔의 윗 능선에서 시작하여 반대쪽 능선에 닿지 않게 한다. 반면 배면에서는 양쪽에서 음영선을 시작하도록 돌리면 볼록한 배면을 표현할 수 있다 (이선복·이교동 1993: 35, 서울대 고고미술사학과, 지은이 그림).

만, 위에서 지적한 기본 원칙을 이해하여야 함은 변함없을 것이다.[3]

　덧붙여 석기에 따라서는 정면도 하나만으로 족한 것도 있지만, 측면도와 배면도, 몸돌에서는 타면까지 모두 그려 주는 것이 좋다. 파주 주월·가월리에서 채집한 커다란 격지로 만든 유물은 한쪽에 긁개 날을 가지고 있지만, 반대 방향의 날은 배면 방향으로 타격혹을 없애는, 다시 말하면 타격혹을 얇게 만들고(bulb thinning) 다시 등면 방향으로 날을 세워 측면에서 보았을 때 어느 정도 지그재그날을 갖춘 형태를 갖추고 있다. 그리하여 도면 역시 두 가지 측면 모두를 표현할 필요가 있는 것이다(그림 4.8). 이처럼 석기를 포함하여 유물을 그리는 고고학 도면이라는 것은 대부분의 경우 관례에 따라야 할 것이지만, 그런 원칙을 지키면서도 도면을 그리는 사람이 특정한 석기에

....

3　유물에서 표현해야 할 정보는 사람이 결정해야 하겠지만, 현재 기술개발의 속도로 보아 결국 기계장치와 컴퓨터 프로그램으로 도면을 그리는 시기가 올 것이다.

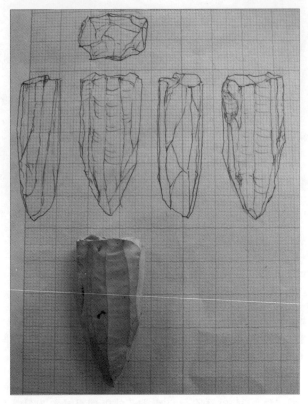

그림 4.9 천안 청당동에서 출토된 잔몸돌과 그것을 그린 일차 도면
최근 전자기계를 사용하기도 하지만, 전통적인 석기의 도면은 이렇게 모눈종이 위에서 실측하는 것으로 시작하여, 여러 굵기의 펜을 사용하여 트레이싱하는 방법을 쓴다(지은이 그림).

대해 가진 정보를 최대한으로, 그리고 효율적으로 표현한다.

　지은이는 사진에 대해 전문 지식을 가지고 있지는 않지만, 뗀석기 사진 역시 도면과 마찬가지로 석기가 지닌 정보를 최대한 표현하도록 찍어야 한다. 중요한 것은 역시 도면과 마찬가지로 정치, 곧 유물을 올바른 위치에 놓는 것이다. 그리하여 도면이 추구하는 것, 곧 유물이 가진 정보의 공유라는 원칙을 잘 수행하도록 하는 것이다. 이 때문에 사진을 찍는 사람 역시 석기에 대해 어느 정도 지식을 가진 사람이어야 한다. 또한 석기는 삼차원적인 유물이기 때문에 음영과 함께 석기가 떨어진 격지흔의 능선이 잘 살아나도록 밝기를 조절해야 한다는 것이다. 그렇게 할 때 여러 격지흔이 지닌 심도

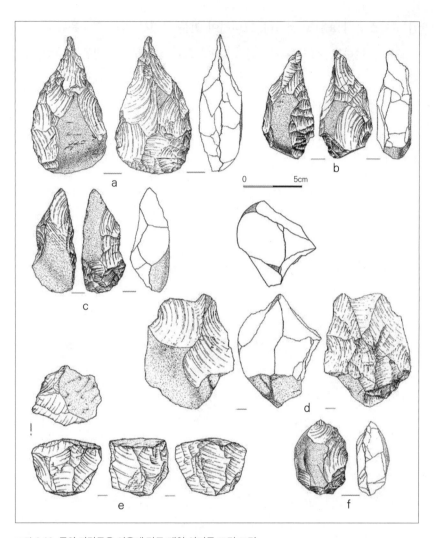

그림 4.10 규암 자갈돌을 이용해 만든 대형 석기를 그린 도면

a: 주월리 수습 주먹도끼, b: 주월리 수습 뾰족끝의 주먹도끼, c: 주월리 수습 뾰족끝도끼, d: 가월리 출토 대형 몸돌, e: 장산리 출토 몸돌, f: 주월리 수습 찍개. 자갈돌 원면이 나타난 면을 정면도로 삼고 오른쪽 방향으로 90° 돌아가며 측면도와 배면도를 배치하는 것이 보통이다. 다만 주먹도끼류 석기인 a, b, c의 경우 정면도와 배면도를 나란히 놓았으며, 그 옆에 측면도를 배치하였다. 이때 석기의 크기는 물론 격지흔이 정면도와 측면도, 배면도에서 서로 일치하도록 하여야 한다. 가월리 몸돌(d)처럼 크고 두꺼운 석기일수록 이런 일치가 쉽지 않기 때문에 주의하여야 한다. 자연면은 점으로 표현하며, 밀도로 표면의 굴곡을 표현한다. 석기의 왼쪽 위에 불빛이 있는 것으로 가정하여 음영을 넣는데, 왼쪽 위는 상대적으로 밝으며, 오른쪽 아래는 어둡게 처리한다. 또한 음영은 왼쪽 격지흔의 능선에서 시작하여 격지흔의 심도에 따라 곡률을 달리 표현한다(a·b·c·d·f: 이선복·이교동 1993, 서울대 고고미술사학과, e: 이선복 외 1994: 41, 서울대 박물관, 모두 지은이 그림).

가 자연스럽게 표현될 것이다. 그리하여 전문 사진사 가운데는 유물이 가진 심도를 표현하고, 격지흔과 능선이 더 잘 드러나도록 반사경을 사용하기도 한다.

제5장
뗀석기의 분류

5.1. 분류체계

제2장에서 논의하였듯이 분류는 고고학 연구의 출발이자 중요한 부분이다. 고고학은 물질 자료를 분류함으로써 자료를 정리할 뿐 아니라 질서를 찾고 그로부터 패턴을 설정하여 그 패턴을 과거 인간행위와 문화와 관련하여 이해한다. 석기를 기록하는 일은 분류에서 시작하며, 분류 자체가 설명이기도, 설명이나 해석의 토대가 되기도 한다.

뗀석기 분류는 쉽지 않다. 뗀석기 제작은 원석에서 하나하나 돌조각을 떼어 내는 감쇄기술의 과정이고 돌을 떼어 내는 것은 생각처럼 수월하지 않기 때문에 수많은 변이에서 형식을 설정하고 유물을 나누는 일은 어렵다. 그래서인지 지역 연구 전통에 따라 여러 분류체계가 발달하였다.

여기에서는 석기를 동정(identification)하고, 기록하는 기본 매뉴얼로서 석기 분류에 충실하고자 한다. 이를 바탕으로 연구 목적에 따라 더 세밀한 분류나 분석이 가능함도 열어 두자. 이미 논의하였듯이 구석기시대 뗀석기 분류에서는 크게 프랑스에서 널리 쓰이는 전통과 아프리카 구석기 연구에서 발달한 분류체계 사이에 어느 정도 차이가 있다(제2장 참조). 어느 것을 선택하든지 그것은 연구자의 몫이겠지만, 여기에서는 더 체계적인 분류를 따르고자 한다.

분류에서는 될 수 있는 대로 유물 형식의 역동성을 담기 위해 애써야 한다. 석기 제작은 감쇄과정의 산물이기 때문에 특정 석기의 생김새는 제작자의 의도나 행위의 맥락에서는 고정되어 있지 않다. 어떤 한 석기는 그림 2.4에서와 같은 복잡한 과정에서 한 단계만을 의미할 뿐이다. 그러니 우리가 다루어야 할 석기군에는 원석부터 시작하여 소재와 함께 성형도구, 그리고 크고 작은 다양한 부스러기 등 여러 단계의 제작과정에서 생산된 돌조각들이 포함되어 있다. 이 역동적 과정을 분류에서 완벽하게 담기는 불가능하다. 석기 형식이란 고정된 실체가 아니고 변이로 가득 찬 자료를 이해하는 수단이라는 점을 인식할 필요가 있다.

성형도구 역시 그 생김새와 크기에서 역동적일 수 있다. 그리하여 어떤 석기 형식을 수십만, 수만 년 동안 과거 인류가 머릿속에서 인지하고 있었을 것이라는 생각은 위험하다. 주먹도끼로 만들어 사용하다가 측면을 다시 손질하여 뾰족끝도끼(주먹찌르개, pick)가 되고, 끝날이 부러지면 재가공하여 찍개로 사용할 수도 있다(제12장 참조). 사면체의 몸돌은 더 많은 격지떼기(박리)과정을 거쳐 다면구(여러면석기, polyhedron)가 될 수도 있다.

이처럼 우리가 분류 대상으로 하는 석기가 모두 그 자체로 목적을 지니고 의도된 생산물이라 볼 수는 없다. 정적이고 고정된 형식명이나 분류만을 강조한다면, 그런 역동적인 석기 제작이나 행위의 맥락을 담아내기 힘든 것이다. 될 수 있는 대로 위계적이고 폭넓은 분류가 좁으면서도 지나치게 세부 형식명보다 고고학 연구에 어울린다는 것은 바로 이 때문이다. 다만 긴 연구 전통 아래 현재 널리 받아들여진 분류와 형식명칭을 버리는 것은 혼란만을 일으킬 뿐 현실적이지도 바람직하지도 않다. 따라서 기존 용어를 살리면서도 역동적인 분류체계의 틀 속에 포괄하는 지혜가 필요하다.

결과적으로 어떤 형식, 곧 긁개나 새기개 같은 형식명을 사용하겠지만, 될 수 있는 대로 체계적인 틀, 곧 위계적 분류체계에서 형식을 이해하고, 형식명을 제시하고자 한다. 위계의 틀이 더 질서정연하면서도 이해하기에 쉽다.

　위계 분류를 사용한 것은 아프리카 구석기 연구에서 발달하였다. 20세기 중반부터 메리 리키(Mary Leakey)가 고안하고, 클라크와 클라인딘스트(Clark and Kleindienst 1974)와 글린 아이삭(Glyn Isaac 1977)이 발전시킨 틀은 오랜 연구 전통에서 자연스럽게 형식명이 굳어져 사용되고 있는 프랑스의 분류보다 위계적이라는 면에서 더 체계적이다. 한국 구석기고고학에서도, 특히 이른 구석기시대 연구에서 아프리카 구석기 형식체계가 적극 이용되고 있다(이선복 1989; Bae 1988). 이 체계에서는 유적에서 나온 모든 석기를 크게 폐기물(버리는 석재, unmodified waste, debitage), 사용/변형 석재(utilized, modified), 성형도구(shaped tool)라는 그룹으로 나눈다. 폐기물에는 몸돌을 비롯하여 격지, 격지조각, 부스러기와 부정형조각 등이 있다. 성형도구는 다시 대형자르는도구(Large cutting tools, LCT), 거친작업도구(Heavy duty tools, HDT), 가벼운작업도구(Light duty tools, LDT)로 나누고, 그 아래 주먹도끼와 가로날도끼와 같은 구체적인 유물 형식을 설정한다. 이렇듯 이 분류체계는 위계적이기 때문에 초심자도 이해하기 쉽다.

　어떤 석기를 한 분류군에 놓는 일은 다른 분류군과 차이가 있음을 인지하는 일이다. 그리하여 분류는 그 자체로 특정 형식을 정의하는 방법이기도 하다. 먼저 위계의 틀에서 1차 분류를 생각해 보자. 예를 들어 모든 뗀석기를 몸돌과 돌조각이라는 이분법의 틀로 나눌 수도 있다. 격지를 생산하는 몸돌과 그로부터 나오는 격지를 포함한 모든 돌조각을 두 범주로 분류하는 것이다. 하지만 이런 분류는 단순한 것만큼 현실적 문제도 있다. 사실 큼직한 격지는 다시 몸돌로 쓰인다. 주먹도끼 같은 형식의 석기는 반반한 자갈돌, 그러니까 몸돌에서 격지를 떼어 내는 방식으로 만들어지기도 하지만, 큼직한 격지를 소재로 성형되기도 한다. 마지막 성형도구의 모습에서 이 두 소재, 곧 자갈돌과 대형격지 소재를 구분하기 어려울 때도 있다. 이처럼 이분법의 틀은 생각처럼 간단하지 않다.

현실적인 어려움을 고려하여 여기에서는 모든 뗀석기를 격지/부스러기, 몸돌, 성형도구, 변형/사용/기타 석재의 네 범주로 1차 분류해 보자. 굳이 이분법의 구분을 하자면, 격지와 부스러기, 그리고 몸돌은 폐기물로, 성형도구와 변형/사용 석재는 도구 또는 사용된 석기로 나눌 수도 있다. 어쨌든 격지와 부스러기, 조각 등은 일반적으로 하나의 범주에 포괄되고 있으며, 몸돌은 그 자체로 다른 석기와는 달리 분류, 분석되는 것이 일반적이고, 성형석기는 도구로서 많은 관심을 받은 범주이며, 변형/사용/기타 석재는 나머지 석기를 포괄할 것이다. 이렇게 하면, 기존에 사용되고 있는 석기 형식을 사용하면서도 더 체계적 분류의 틀을 얻을 수 있다.[1]

좀 더 깊이 들어가 2차 분류 역시 기존에 널리 쓰이는 형식명을 체계적 분류틀 안에서 포괄해 보자. 먼저 격지와 부스러기 범주에는 격지조각(flake fragment)과 격지(flake)를 설정할 수 있다. 격지란 기부와 격지끝 등 격지로서 속성을 온전히 지니고 있는 것을 말하며, 격지조각이란 부러진 것을 말한다. 부스러기나 조각은 의도적인 가격으로 떼어진 것이 아니기 때문에 타면을 가지지 않은 돌조각을 가리킨다. 돌날(blade)은 길이가 너비에 비해 두 배 이상의 긴 격지로 정의되기에 격지의 한 범주이다. 하지만 석기기술에서 돌날기술이 가지고 있는 중요성과 세부 형식을 감안하여 2차 분류에 넣었다.

몸돌이야말로 연구 목적과 방향에 따라 수없이 많은 분류 방법이 있을 수 있다. 르발루아몸돌이나 돌날몸돌, 원반형몸돌 등 세부 형식은 3차 분류의 대상이라고 할 때 2차 분류는 이것을 포괄할 범주가 필요하다. 그리하여 몸돌은 준비된 몸돌(prepared core)과 준비되지 않은 몸돌(unprepared core)의 두 범주로 나누는 것이 현실적이며, 석기기술의 진화를 연구할 때도 효과적이다. 이것을 각각 정형몸돌(formalized 또는 specialized core)과 비정형몸

....

1 뗀석기의 분류 부분에 대해서는 다음 글을 수정 보완하였다. 성춘택 외, 2011, 「경희대 소장 전곡리 석기자료의 특징」, 『돌의 시대: 인류의 옛 흔적』, 122-129쪽, 경희대학교 중앙박물관.

표 5.1 뗀석기의 위계적 분류 시안(성춘택 2006; 성춘택 외 2011의 표를 수정)

1차 분류	2차 분류	3차 분류		비고
격지, 부스러기	격지 조각	부스러기(flake shatter, chip)		
		부정형조각(angular shatter, chunk)		
	격지	부러진 격지(broken flake)		
		온전한 격지(complete flake)		
	돌날(blade)	돌날(blade), 잔돌날(microblade) / 부러진 돌날, 온전한 돌날		
몸돌	정형 (준비된) 몸돌(specialized, prepared core)	르발루아몸돌, 돌날몸돌, 잔(돌날)몸돌 등 특정한 형태의 격지를 떼어내기 위해 정형화한 준비된(prepared) 몸돌		
	비정형 몸돌 (generalized, unprepared core)	막몸돌(casual), 단방향(unidirectional), 다방향(multidirectional), 유사프리즘형, 방사형(radial), 원추형, 주산알모양, 양극몸돌 다면체몸돌 (육면체, 단면오각형)		
성형도구	대형 (크기 10cm 이상)	찍개-대형긁개류 (heavy duty tool)	다면구(polyhedral), 석구	다면체몸돌과 형태, 떼기 과정의 연장선
			찍개(외날, 안팎날)	지그재그의 작업날을 가진 두툼하고 무거운 석기
			대형긁개	세부형식으로 몸돌긁개(주먹대패), 부정형긁개
		주먹도끼류 (large cutting tool)	뾰족끝도끼(주먹찌르개, pick)*	
			가로날도끼(주먹자르개, cleaver)	
			칼형도끼(knife)	
			주먹도끼(hand-axe)	
			대형격지긁개(large flake scraper)	
	소형	긁는 날	긁개, 밀개, 홈날, 톱니날 등	
		뾰족한 날	새기개, 찌르개, 슴베찌르개, 뚜르개 등	
		자르는 날	등손질칼, 소형사다리꼴, 긁개 등	
		기타	소형찍개, 부분마제석기, 소형다면구 등	
변형 또는 사용 석재, 기타	사용 관련	(잔손질되지 않고) 사용된 격지 등		
	제작 관련	망칫돌, 모룻돌, 운반된 석재 등		
	기타	뗀석기 속성이 뚜렷하지 않아 판별하기 힘든 것 등		

*뗀석기의 분류에 대해서는 많은 사례가 있어 통일된 안을 찾기 어렵다. 석기분류는 기본적으로 연구자가 연구 목적에 맞게 선택하고 고안하여야 하지만, 의사소통을 위해 기존의 관행과 형식명도 존중해야 한다. 위 표는 현실적으로 이용할 수 있는 분류표를 시안으로 제시한 것에 불과하다. 또한 실제 유물을 어떻게 분류할 것인지 불명확한 사례도 있을 텐데, 가령 다면구(여러면석기)의 경우 몸돌로 분류될 수도, 뾰족끝도끼의 경우는 거친작업도구(heavy duty tool) 범주에 넣을 수도 있다.

돌(informalized, opportunistic core)로도 부를 수 있다.

성형도구를 나누는 현실적이면서도 관례적으로 쓰이는 범주로는 대형과 소형이라는 범주가 있다. 대형과 소형을 나누는 기준은 완전히 객관적일 수는 없지만, 대체로 크기 10cm를 기준으로 하는 것이 보통이며, 이러한 관계는 널리 적용되어 왔다(Isaac 1977, 1981; Sharon 2009). 이밖에도 성형도구의 분류는 가장 많은 연구와 세분된 형식들이 사용되고 있기 때문에 2차 분류 아래 몇 가지 하부 단위가 있을 수 있다. 더 구체적으로 살펴보자.

5.2. 대형 성형도구의 분류

성형도구(shaped tool) 또는 성형석기란 말 그대로 의도적 성형으로 모양을 갖춘 석기를 뜻한다. 어떤 석기가 성형되어 있는지, 또는 도구로서 모양을 갖추고 있는지를 판단하는 것은 그리 간단하지 않다. 가장 중요한 속성은 역시 작업날의 유무이다. 작업날에 의도적 잔손질 흔적이 있다면 성형도구로 판단할 수 있다. 이 때문에 성형도구를 잔손질도구(retouched tool)라는 말로도 부른다. 그러나 대형석기 가운데는 잔손질이 아니라 성형과정에서 도구로서 생김새를 갖추기도 한다.

성형도구는 작업날의 생김새와 성격에 따라 여러 형식이 있다. 작업날에 의도적 잔손질이 보이지 않더라도 형태와 작업날을 갖추고 사용된 흔적이 있다면 도구로 판단하기도 한다(물론 이 경우 '사용 석재'와 구분이 쉽지 않다). 따라서 성형도구를 분류하는 기준은 전체 형태와 작업날의 성격이라는 두 가지이다. 이 두 기준은 위계적으로 적용되기도 하는데, 첫째, 전체 생김새와 성형의 성격에 따라서 대형석기, 소형석기, 그리고 주먹도끼류, 찍개류와 같은 상위의 분류 기준을 설정하고, 둘째, 작업날의 형태와 성격에 따라 가로날도끼니 주먹도끼, 긁개, 밀개, 뚜르개와 같은 구체적 석기 기종으로 나눈다.

클라크와 클라인딘스트(Clark and Kleindienst 1974)와 글린 아이삭(Isaac

1977)으로 이어지는 아프리카 구석기고고학 연구의 전통에서는 성형도구를 대형자르는도구, 거친작업도구, 가벼운작업도구(또는 소형 도구)로 나누고, 이것을 다시 작업날의 성격에 따라 구체적 석기 기종으로 세분한다. 그런데 한국 구석기 자료에서 대형자르는도구와 거친작업도구를 획일적으로 구분하는 일도 쉽지 않다.

뗀석기 제작은 감쇄기술의 과정을 보여 주기에 제작과 작업과정에 따라 생김새와 크기가 역동적이다. 그리하여 몸돌에서 격지에 이르기까지 유기적 흐름과 다양한 변이를 강조하여, 개별 석기 형식을 고정된 틀이 아닌 포괄적인 묶음에서 분류, 분석하는 것이 중요하다. 그림 5.1은 이러한 석기의 성격을 고려하여 개별 석기 기종의 상대적인 특징을 일목요연하게 보여 주고 있다. 우선 대형석기와 소형석기는 비교적 쉽게 구분할 수 있기 때문에 이 그림은 대형석기(대형자르는도구와 거친작업도구)만을 대상으로 하고 있다. 몸돌에서 대형격지에 이르기까지 석기들이 얼마나 다면적이고 역동적인지를 도식적으로 표현하고 있다.

그림에서 가로축은 두께를 나타내며 왼쪽으로 갈수록 두껍고, 오른쪽으로 갈수록 얇아진다. 세로축은 얼마나 손질이 되어 있는지를 기준으로 삼은 것으로 위로 갈수록 집중적으로 손질과 잔손질을 베푼 것이다. 그리하여 가장 왼쪽 위의 경우 다면구와 공모양석기(spheroid)가 자리하는 데 반해, 가장 오른쪽 아래에는 손질되지 않은 크고 얇은 격지가 배치되어 있다. 중간에는 편의상 어느 정도 손질된 주먹도끼를 놓았다. 찍개는 두껍고 주먹도끼보다 상대적으로 손질의 정도가 낮기에 왼쪽 아래에, 대부분 몸돌은 왼쪽에 자리잡는다. 다만 몸돌의 손질 정도에 따라서는 위와 아래의 차이가 있다. 찍개와 주먹도끼의 중간 정도의 위치에 뾰족끝도끼가 놓이는데, 흔히 주먹도끼보다는 두껍고 손질이 약하다. 대형격지로 만든 가로날도끼의 경우 주먹도끼보다 얇지만, 손질의 정도는 낮은 것이 보통이다.

그림 5.1은 소재에 따라 크기와 손질의 정도가 달라짐을 표현하고 있기도 하다. 자갈돌을 그대로 사용한 것인지, 아니면 대형격지를 떼어 손질한

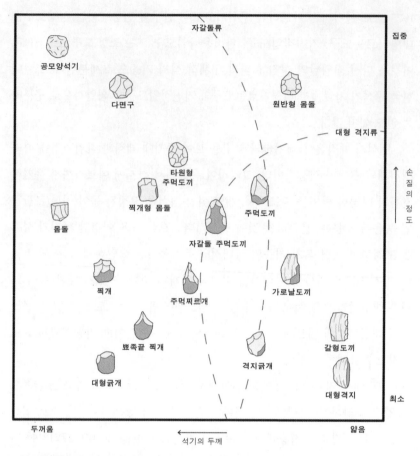

그림 5.1 대형석기 제작과 형태, 손질에서 나타나는 역동성을 보여 주는 그림
설명은 본문 참조(성춘택 외 2011: 120에서, 민경인·성춘택 그림).

것인지, 곧 소재에 따라 유물의 두께는 자연스럽게 달라진다. 대형격지를 소재로 할 경우 쉽게 날카롭고 긴 날을 얻을 수 있기 때문에 전체 손질의 정도는 자갈돌 소재의 석기보다 낮은 경향이 있다. 이렇듯 개별 석기 형식, 또는 기종은 형태와 작업날의 속성에서 상호 중첩되어 있고, 우리가 부르는 형식은 사실 단절적이지 않고 연속적이다. 그림에서와 같이 주먹도끼를 중심으로 오른쪽 아래에는 대형의 격지를 간단하게 손질하여 만든 주먹도끼 및 가로날도끼를 가까이 놓을 수 있다. 자갈돌의 한쪽 끝을 뾰족하게 손질하여 만든 뾰족끝도끼는 주먹도끼의 왼쪽 아래에, 왼쪽의 두툼한 범주는 각종 찍개류가 놓일 자리이다. 가장 많은 가공이 베풀어진 석기로 얇은 범주에 해당하는 석기는 원반형석기(discoid)이지만, 이는 주로 몸돌로서 다루어진다. 원반형석기의 왼쪽에는 더 두툼한 다면구(polyhedral, polyhedron)가 자리한다.

개별 성형도구 기종을 더 구체적으로 들어가서 살펴보자. 대형자르는도구와 거친작업도구, 가벼운작업도구라는 세 상위 분류군은 널리 쓰이는 개념이다. 먼저 길이 10cm를 기준으로 대형석기와 소형석기를 나누는 일은 널리 쓰이는 구분이다(Isaac 1977; Schick and Toth 1993; Sharon 2009). 편의적이고도 한국 구석기시대 석기 분류에서도 유용하게 쓸 수 있다고 생각한다. 하지만 대형자르는도구와 거친작업도구를 현실적으로 작업이나 쓰임새를 바탕으로 구분하기 어렵다. 특히 한국 구석기시대 주먹도끼의 다수가 긴 자르는 날보다는 뾰족한 끝을 가지고 있음을 유념할 필요가 있다. 그리하여 이 두 분류군을 굳이 나눌 필요가 없다고도 생각할 수 있다. 다만 현실적으로, 또 분류의 편의를 위해서 주먹도끼를 대표로 하는 그룹과 두툼한 찍개를 표지로 하는 분류군을 상정할 수는 있을 것이다. 다시 말해 주먹도끼류라는 용어로 상위의 분류군을 삼고, 이와 대비하여 찍개-대형긁개류를 다른 상위 분류군으로 설정해 보자. 이는 어디까지나 형태에 입각한 분류체계일 뿐이다.

5.3. 주먹도끼류 성형도구

주먹도끼류라는 용어는 클라크와 클라인딘스트(Clark and Kleindienst 1974)의 대형자르는도구(LCT)의 범주와 상통한다. 주먹도끼, 가로날도끼, 칼형도끼와 함께 뾰족끝도끼까지 포함한다. 주먹도끼류 석기의 특징은 성형된 긴 날을 가진다는 것이다. 주먹도끼는 양면으로 가공된 것이 특징이며, 가로날도끼와 칼형도끼의 날은 주로 잔손질되어 있지는 않으며, 주변이 성형되어 있다. 다만 뾰족끝도끼는 뾰족하게 성형된 끝이 작업날이다.

그런데, 뾰족끝도끼는 클라크와 클라인딘스트의 분류군에서 거친작업도구(HDT)에 포함된 것이지만, 한국의 구석기시대, 특히 규암제 석기의 양상에서 찍개보다는 오히려 주먹도끼와 더 유사하기에 주먹도끼류 범주에 넣고자 한다. 전체 형태와 암질에서 주먹도끼와 별반 차이를 보이지 않는 사례가 많다. 한국의 주먹도끼가 끝이 뾰족한 것이 많다는 점도 둘의 경계를 모호하게 만드는 요인이기도 하다. 그리고 거친작업도구의 범주에는 찍개, 대형긁개, 다면구(다각면원구)에 이르기까지 많은 석기 기종이 포괄되어 있어, 뾰족끝도끼를 이 범주에 넣는 것은 한국의 구석기시대 석기를 분류하는 데 그리 현실적이지 않은 듯하다.

주먹도끼(handaxe)

주먹도끼는 구석기시대 뗀석기 가운데 가장 많은 관심과 연구의 대상이었지만, 아직도 명칭이나 정의를 포함하여 해결되지 않은 이슈가 있다. 실제 연구자 가운데도 주먹도끼라는 용어보다는 양면에 손질이 되어 있는 성형도구라는 뜻의 양면석기(biface)라는 말을 선호하는 사람도 있다. 그런데 이는 그저 석기가 양면으로 가공되어 있다는 뜻을 가지고 있을 뿐이다. 특히 영어 문헌에서 양면석기란 양면으로 손질된 창끝이나 화살촉을 가리킨다. 이처럼 양면석기라는 말은 또 다른 혼란을 불러올 수 있고, 이미 주먹도끼라는 말이 널리 쓰이고 있으니 그대로 따르는 것이 좋겠다.

성형도구의 분석은 제9장에서 자세히 다룬다. 다만 주먹도끼는 형태와 크기, 제작기법에서 너무도 다양한 범주를 포괄하고 있음을 지적하고 싶다. 대형격지를 소재로 한 것에서 자갈돌을 다듬은 것으로 대별할 수도, 거칠고 정형도가 낮은 것과 세련된 모양을 갖춘 균형도가 높은 것으로 나눌 수 있다. 형태상으로는 뾰족끝을 갖춘 것과 타원형에 이르기까지 다양하다. 임진한탄강 유역에서는 거의 대부분이 규암제 자갈돌이나 대형격지를 소재로 하여 만들어졌으며, 다른 지역에서도 규암이나 응회암, 안산암 등을 소재로 만들고 있다.

그리고 한국의 주먹도끼는 대체로 세련도나 떼기의 집중도가 낮고, 뾰족끝 모양이 많다(이선복 2009). 뾰족끝을 가진 주먹도끼는 거친 형태의 성형도구이면서, 뾰족끝도끼(pick)와 구분하기 어렵다. 그래서 한국 구석기시대의 주먹도끼와 뾰족끝도끼는 대분류에서는 같은 범주에 넣는 것이 현실적이다. 다만 주먹도끼는 끝이 뾰족하다고 하더라도 정의상 양면가공으로 옆날이 길쭉하게 발달한 것을 지칭하며, 뾰족끝도끼는 옆날이 거의 베풀어지지 않은 것이라는 데 차이가 있다. 주로 납작한 자갈돌이나 대형의 격지 주변을 몇 차례 가격하여 주먹도끼 모양을 만든 것으로 적은 노동, 심지어 4-5회 정도의 타격으로 날카롭고 뾰족한 날을 만든다.

이와는 달리 타원 또는 손바닥 모양의 주먹도끼는 흔히 양면가공으로 제작된다. 또한 그림 5.1에 도해한 바와 같이 집중적인 박리가 되어 있음에도 다른 주먹도끼에 비해 두꺼운 경향이 있다. 한국의 사례에서는 대다수가 자갈돌을 소재로 직접 떼어 만든 것으로 대형격지를 다듬은 사례는 거의 없는 것 같다. 집중적인 손질이 베풀어져 있기 때문에 날은 유물의 거의 전체 주위를 돌아가며 형성되어 있다.

가로날도끼(cleaver)

주먹도끼와 더불어 아슐리안석기공작의 대표 형식으로 주먹자르개라고도 불린다. 주먹도끼와 조합을 이루며 나오는 것이 보통이지만, 한국에서는 전형적인 가로날도끼가 흔하지 않다. 그리하여 전곡리 주먹도끼 발견을 계기로 아슐리안석기공작에 적극적으로 포함시키려는 시도도 있었지만, 정작 아슐리안의 핵심 석기 형식인 가로날도끼의 전형적인 모습은 별로 없었다(Corvinus 2004). 그런데도 한국에서는 많은 석기들이 손질되어 있지 않더라도 양면이고 자르는 날로 의심되는 넓은 날을 갖고 있으면 가로날도끼로 불린다. 다만 가로날도끼 자체가 긴 자르는 날을 가진 것으로 날 자체는 잔손질이 되어 있지 않은 석기임을 유념할 필요가 있다. 성형도구로서 가로날도끼의 범주는 우선 자르는 작업날을 갖추면서 그 형태를 뒷받침하는 손질이 있어야 한다. 이렇게 좁은 의미의 정의를 적용하면 가로날도끼의 수는 적어진다. 그럴지라도 한국의 구석기 유적에서도 대형격지와 칼형도끼와 함께 종종 발견되고 있다(제9장 참조).

칼형도끼(knife)

대형격지 제작은 대형자르는도구의 제작에 아주 유용한 기술이며, 한국의 구석기시대에도 널리 쓰였다. 이로부터 나오는 대형격지는 그 자체로 긴 자르는 날을 가지고 있는 것이 대부분이다. 이 가운데 최소한의 성형과 손질로 바로 칼형도끼로 쓸 수 있는 유물이 많다. 기존의 관습으로는 긁개라고 불리기도 하고 가로날도끼, 심지어 주먹도끼라고도 불리지만, 이런 형태의 성형도구는 칼형도끼라는 이름이 더 합리적이다. 대체로 측면에 긴 자르는 날이 있으며, 반대쪽에 최소한의 성형 흔적이 있다. 특히 타격혹 부분은 지나치게 두껍기 때문에 몇 차례 배면 방향으로 가격하여 얇게 만드는 기술, 곧 타격혹제거(bulb thinning)는 특기할 만한 성형 방법이다(그림 5.2의 a, d, e).

뾰족끝도끼(pick)

이미 논하였듯이 뾰족끝도끼(주먹찌르개, 뾰족끝찍개)는 원래 찍개와 같이 거친작업도구(HDT)에 넣어야 할 것이다(Clark and Kleindienst 1974). 그런데 한국의 사례에서는 주먹도끼 자체도 뾰족끝을 가지고 있는 것이 많고, 암질 역시 규암을 기본으로 하여 비슷하기 때문에 주먹도끼류라는 상위의 범주에 같이 포함시킨다. 아프리카의 아슐리안석기공작에서도 주먹도끼, 가로날도끼와 더불어 흔히 뾰족끝도끼가 들어 있기 때문에 굳이 상위의 분류에서 주먹도끼류가 아닌 다른 범주로 넣을 필요는 없을 것 같다. 주먹도끼와 가장 큰 차이는 성형이 뾰족끝이라는 작업날에 치중되어 있다는 것이다. 주먹도끼는 뾰족끝을 가지고 있다 해도 양면으로 가공된 긴 옆날을 가지고 있는 것이다.

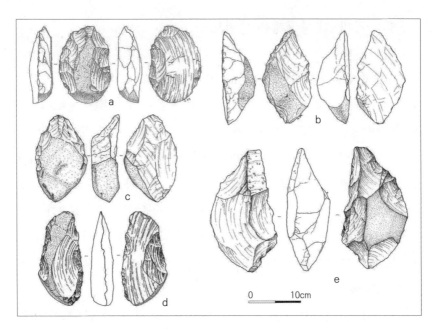

그림 5.2 대형격지로 만들어진 주먹도끼류 석기들
a: 주월·가월리 수습 대형 긁개, b: 전곡리에서 출토된 대형 긁개, c: 고덕동에서 나온 주먹도끼, d: 주월리 수습 칼형도끼, e: 전곡리 출토 주먹도끼(a·d: 이선복·이교동 1993, 서울대 고고미술사학과, b·c: 성춘택 외 2011, 경희대 중앙박물관, e: 배기동 외 2009: 137, 한양대 문화재연구소, e 제외 지은이 그림).

대형격지긁개(large flake scraper)

　　대형격지긁개라는 형식은 전체 모양에서 주먹도끼류와 아래에서 살펴볼 찍개-대형긁개류의 중간에 놓을 수 있다. 소재는 커다란 격지이며, 대체로 배면에서 등면쪽으로 잔손질을 베풀어 긁개날을 만든 석기이다(그림 5.2의 a; 그림 4.8). 한국의 구석기 유물에서 흔하게 보이는 사례라고는 할 수 없지만, 클라크와 클라인딘스트의 분류체계에서도 대형자르는날의 범주에 포괄되어 있다. 그만큼 작업날의 기준에서 긁개라는 명칭이 사용되지만 소재나 제작방법, 전체 형태 등에서는 대형자르는도구에 속할 수도 있다.

5.4. 찍개·대형긁개류 성형도구

대체로 얇으며 길쭉한 모양이고, 양면의 손질로 작업날을 만든 주먹도끼류 석기들에 비해 두툼하고 육중한 성형도구를 찍개·대형긁개류로 통합한 범주이다. 물론 찍개와 대형긁개는 작업날에서 서로 다른 것이 사실이지만, 전체 형태에서 유사한 점이 있다. 이처럼 현실적으로 상위의 분류에서만 같은 범주에 넣고, 하위 분류군에서는 상이한 기종이나 형식으로 분류한다. 찍개류와 대형긁개류 석기는 두껍고, 작업날 역시 날카롭거나 뾰족한 주먹도끼류 석기와는 달리 긁개의 날은 둔각이며, 외날찍개나 안팎날찍개나 날의 각도는 크다. 이런 석기는 클라크와 클라인딘스트의 분류체계에서는 거친작업도구에 포괄되어 있다.

긁개의 날은 단면가공이 특징이기 때문에 옆에서 볼 때 곧은날이고, 위에서 볼 때는 곧거나 볼록한 것이 보통이다. 물론 대형긁개 가운데에서도 굴곡이 있어 톱니날의 형태를 가진 것도 있다. 반면, 찍개의 날은 단면가공일지라도 더 깊은 격지떼기로 만들어지기 때문에 지그재그 형태가 보통이다. 평면상에서도 긁개날은 직선이나 볼록한 부채꼴을 그리는 것이 많지만, 외날찍개는 굴곡이 심한 것을 알 수 있다. 또한 사용의 양상에서도 찍는 날을 잘 들여다보면 보통 으스러지고 마모된 양상과 흔적을 보여 준다. 반면 긁개날을 가진 몸돌긁개는 옆에서 볼 때 곧은 선에 가깝다. 위에서 내려다볼 때도 찍개날은 굴곡이 심한데 비해, 몸돌긁개의 경우 거의 볼록한 부채꼴을 그린다.

몸돌긁개(주먹대패, core scraper)

몸돌긁개 형식은 연구자 사이에 유물 분류나 기록에서 이견이 있는 형식으로, 연구자에 따라 여러 명칭이 쓰이고 있다. 전체 모습이나 제작방법에서는 대체로 몸돌과 상통하기 때문에 몸돌이라고 분류하는 것이 무난하다. 대체로 단일한 타면을 가지고 있으며, 급한 각도에서 한쪽 방향으로 격지떼기가 이루어진 흔적이 잘 드러난다. 쓸 만한 격지를 떼어 내는 것이 목적이라면 단순한 몸돌일 것이며, 하나의 도구를 만들기 위한 손질로 격지떼기가 이루어졌다면 성형도구일 것이다. 전체 모습에서 작업날의 모양을 갖추고 있고, 비슷한 모습의 석기들이 여러 유적에서 일관되게 발견되고 있는 점을 적극적으로 해석한다면 성형도구의 한 형식으로 파악해도 무방할 것이다. 일부에서는 주먹대패라는 명칭을 사용하여 도구의 한 형식으로 파악하기도 한다. 주먹대패라는 아직 생소한 용어를 사용하기보다는 클라크와 클라인딘스트 분류체계에도 제시되어 있는 몸돌긁개(core scraper)라는 명칭을 사용하면, 몸돌과 긁개로서 석기의 이중적인 양상을 잘 표현할 수 있다.

부정형긁개(casual scraper)

전체 형태와 소재에서 뚜렷한 정형성을 찾을 수 없지만, 작업날의 가공에서 긁개류로 판단할 수 있는 석기를 이른다. 반쪽으로 갈라진 자갈돌이나 대형의 부정형조각(chunk) 등이 소재로 사용되며, 소재의 한쪽이나 양쪽에 간단한 손질로 긁개날을 베푼 석기를 말한다. 대형격지를 소재로 긁개날을 만든 것 역시 이 범주에 넣을 수도 있지만, 훨씬 얇기 때문에 대형격지긁개라 하여 대형자르는도구 상위 분류군 안에 넣었다.

외날찍개(chopper)

한쪽 방향으로 손질을 가해 만들어진 찍개를 말한다. 그런데 외날찍개 가운데는 위에 기술한 몸돌긁개와 구분하기 어려운 것도 많다. 두 형식의 유물은 모두 주로 두툼한 자갈돌을 소재로 한 것으로 한쪽 방향으로 날을 손질한 것에서 공통점이 있기 때문이다. 가장 큰 차이는 작업날의 성격이다. 긁개날은 대체로 날의 측면에서 보았을 때 직선에 가까우며, 찍개날은 측면상 지그재그이며 평면상에서도 굴곡이 심하다. 이는 격지떼기가 훨씬 더 깊이 이루어졌기 때문이다. 물론 찍개를 제작하면서 적당한 크기와 생김새의 격지를 얻을 수도 있어 몸돌로도 역할을 했을 수 있다.

안팎날찍개(chopper, chopping tool)

양날찍개, 혹은 쌍날찍개라고도 불려 온 찍개 형식으로, 안쪽과 바깥쪽의 양면에서 격지를 떼어 내어 찍개날을 만든 것이다. 날의 반대쪽에는 자갈돌의 원면이나 원석의 절리면을 손잡이로 이용하는 모습을 갖추고 있다. 길쭉한 것도 있으며, 둥그런 형태, 사각형의 각진 형태 등이 있다. 소재는 자갈돌을 그대로 몇 차례 떼어 내어 만든 격지도 있으며, 대형의 격지를 사용하기도 하며, 큼직한 부정형의 돌조각을 소재로 사용하기도 한다. 찍개날은 측면에서 보았을 때 양쪽으로 격지를 떼어 내었기 때문에 지그재그 모양이 잘 드러나며, 평면 형태 역시 굴곡이 심한 모습을 갖추고 있다.

다면구(여러면석기, polyhedral)

다면구는 성형도구의 하나로서 하위의 분류체계로는 거친작업도구의 일종으로 판단되기도 한다. 하지만 한국의 구석기시대 유물의 특징상 몸돌과 연관성이 강하다. 이 때문에 아래의 몸돌이라는 더 큰 범주의 분류와 분석에서 포괄하여 다루는 것이 더 현실적으로 생각된다.

5.5. 소형잔손질도구

중대형석기와 마찬가지로 소형의 석기 역시 형식을 결정하는 것은 전체 생김새와 작업날의 성격이다. 다만 위에서도 지적하였듯이 작업날이라고 하지만, 반드시 사용되었음을 전제하는 것은 아니다. 긁개라고 해서 배타적으로 긁는 데 쓰였다는 것도 아니다. 보통 석기를 사용한다면 측면이나 끝의 날카로운 부분이 날이 될 것이고, 긁거나 밀거나 뚫거나 째는 데 사용하기 위하여 그 부분을 잔손질한다. 석기는 흔히 등면을 정면도로 하여 정치시키는데, 이때 오른쪽과 왼쪽을 옆날(측면날, lateral edge), 그리고 격지끝을 끝날이라 부른다. 위에서 보았을 때, 곧 평면도 상에서 날의 모습은 직선, 볼록, 오목, 홈, 톱니, 부정형과 같은 다양한 형태가 있을 것이다. 또한 날은 날의 각도에 따라 날(30° 이하), 보통의 날(30°-60°), 둔한 날(60° 이상) 등으로 나누기도 한다(9.4.2. 잔손질 논의 참조).

잔손질한 곳이 작업날(working edge)인 것이 일반적이다. 하지만 후기 구석기시대에 오면서 석기를 나무나 뿔에 장착하는 양상이 두드러지면서 자루에 삽입되는 부분에도 손질을 베푼다. 이때의 잔손질은 등손질(backing)이라 하여 작업날의 잔손질과 구분한다. 대체로 등손질의 각도는 수직에 가깝도록 아주 급한 것이 특징이다. 그래서 흔히 등손질 부위의 반대쪽에 작업날을 가지고 있는데, 잔손질되어 만들어질 수도, 격지의 날카로운 옆날과 끝날이 그대로 쓰일 수도 있다.

잔손질된 작업날의 성격이야말로 소형의 잔손질도구의 형식을 결정하는 데 가장 중요한 속성이다. 작업날의 형태라는 것은 분명 용도와도 관련이 있을 것이다. 그러나 현실적으로 수만 년 전의 석기가 찍는 데 쓰였는지, 긁는 데 쓰였는지를 확실히 알 수는 없다. 그러니 석기의 명칭은 이름일 뿐 기능과 직결되지 않음을 유념해야 한다. 석기의 기능은 작업날의 형태뿐만 아니라 미세흔(사용흔) 분석 같은 면밀한 분석으로 다루어야 할 문제이다(제12장 참조).

소형석기 분류에서 작업날의 형태와 위치, 성격이 가장 중요한 속성으로 생각되고 있다. 이를 바탕으로 여러 소형석기 형식을 몇 개 범주로 나누는 것은 어려운 일이고, 연구자들 가운데는 상이한 기준으로 형식을 설정하는 사람도 있다. 어쨌든 논의의 편의를 위해서, 그리고 석기 형식분류를 체계적으로 이해하기 위한 개념장치라 생각해 보자. 관례대로 사용하는 용어 자체는 기능을 함축하지만, 날의 형태를 기준으로 먼저 찍는 날과 자르는 날, 긁는 날, 뾰족한 날, 두드림 날로 나누어 보자. 이는 석기의 쓰임새가 아니라 날의 생김새를 바탕으로 편의적으로 그룹을 짓는 것일 뿐 하위의 분류군이 실제 석기 형식이 된다.

긁는 날(scraping edge)

긁개, 밀개, 홈날이 해당한다. 긁개는 아주 다양한 범주의 석기를 포괄하는 형식이다. 대부분 소재는 격지이지만, 부정형의 조각이나 돌날에 잔손질되어 있기도 하다. 이 때문에 특히 이른 구석기시대 규암이나 맥석영으로 만들어진 긁개의 전체 모양에서 패턴을 찾아내기란 쉬운 일이 아니다. 특히 긁는 날로서 긁개는 날의 각도가 흔히 30-40°, 60° 이하의 사례가 많다(그림 9.10 참조). 거의 모든 긁는 날, 곧 긁개는 단면가공으로 되어 있으며, 이 가운데 대부분은 배면에서 등면으로 집중 잔손질로 긁개를 만든 것이다. 경우에 따라서는 역방향으로 잔손질되어 있기도 하다. 긁개와 함께 밀개와 홈날 역시 긁는 날을 가진 대표적인 석기 형식인데, 구체적인 긁개의 분석은 제9장 성형도구 분석 부분에서 살펴볼 것이다.

자르는 날(cutting edge)

날카로운 날을 가진 긁개나 등손질칼, 사다리꼴, 톱니날 석기가 있다. 톱니날을 제외한 자르는 날의 각도는 작은 편으로서 대체로 40° 이하로 날카로워 자르는 용도에 적합하다. 작업날이 자르는 날일 경우 잔손질되어 있을 수도, 잔손질되지 않은 상태의 격지의 옆날이나 끝날일 수도 있다. 잔손질도 단면가공일 수도 양면가공일 수도 있다. 자르는 날은 옆에서 볼 때 직선을 이루고 있는 것이 보통이다. 위에서 내려다볼 때는 곧을(직선일) 수도, 볼록할 수도, 굴곡이 있는 상태일 수도 있다. 날의 각도가 작아 자르는 날의 범주에 있다고 하더라도 자르개보다는 흔히 긁개라는 이름을 붙인다. 평면상 울퉁불퉁한 굴곡이 있다면 톱니날이라는 형식으로 부른다. 잔손질되어 있는 부분이 작업날이 아니고 등손질이라고 한다면, 등손질칼(backed knife)이 되고, 가로날을 가지고 있는 경우에는 사다리꼴(trapezoid)이라 부를 수 있다.

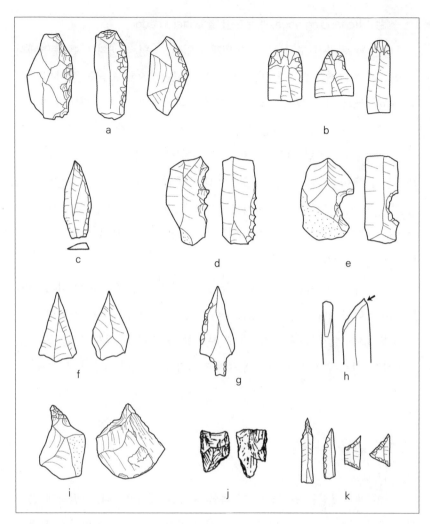

그림 5.3 여러 소형 잔손질도구의 종류

a: 긁개, b: 밀개, c: 등손질칼, d: 톱니날, e: 홈날, f: 찌르개, g: 슴베찌르개, h: 새기개, i: 뚜르개, j: 사다리꼴, k: 잔돌날에 잔손질한 석기(성춘택·김민경 그림).

뾰족끝 날(pointed edge)

찌르개, 뚜르개, 새기개가 있다. 뾰족한 끝을 작업날로 가진 찌르개나 뚜르개, 새기개까지도 포괄할 수 있다. 뾰족한 작업날은 의도적인 손질을 통해서 만들어진 것일 수도 있고, 제작과정에서 간단한 다듬기로 만들 수도 있다.

찍는 날(chopping edge)과 두드림 날(battered edge)

찍는 날을 가진 도구로는 소형찍개가 있다. 소형 찍개의 날은 측면에서 보았을 때 지그재그 모습을 지니고 있으며, 평면상으로도 굴곡을 이루고 있다. 흔히 작업날에는 찍히고 뭉개진 흔적이 나타난다. 손질은 단면의 외날일 수도 있고, 양면가공의 안팎날일 수도 있다. 찍는 날의 각도는 큰 편으로 $45°$ 이상, 대체로 $60°$가 넘는다. 두드림 날을 가진 석기에는 망칫돌, 소형다면구가 해당한다. 돌이나 다른 단단한 물체에 내리쳐 부딪쳐 으스러져 파손된 흔적을 가진 석기는 뭉개진 날을 가지고 있다. 망칫돌의 경우 자갈돌의 자연면이 그대로 으스러져 뭉개지며, 다면구의 경우 능선에 뭉개진 흔적을 가지고 있는 것이 전형적이다.

이런 긁는 날, 자르는 날, 뾰족끝 날, 기타(찍는 날, 두드림 날)의 상위의 분류는 어디까지나 소형 잔손질도구의 다양한 형태를 이해하기 위한 편의적 구분일 뿐, 실제 유물을 기록하고 분류할 때는 긁개, 밀개, 홈날, 톱니날, 등손질칼, 찌르개, 새기개, 뚜르개, 소형찍개와 같은 일반 범주가 쓰인다.

5.6. 몸돌-다면구의 분류

석기 제작과정을 연구하는 데 몸돌은 중요한 자료이다. 엄밀하게 말하면 몸돌과 격지는 도구를 만드는 과정에 나오는 부산물로서 버리는 석재이지만, 실제 석기 제작과 관련한 많은 정보를 담고 있다. 물론 몸돌과 격지는 그 자체로 망칫돌이나 칼, 긁개와 같은 도구로 쓰일 수도 있다. 한편 한국의 이른 구석기시대 유적에서 가장 흔한 유물 형식 가운데 하나인 다면구(여러면석기)에 대해서는 아직 적절한 분류와 분석이 이루어지지 못하고 있다. 형태와 제작과정에서 몸돌과 유사성이 크기 때문에 몸돌과 연장선상에서 살펴보자.

몸돌을 분류하는 기준은 일관되어 있지 않다. 연구 목적과 방향에 따라 많은 분류가 있어, 전체 형태에 따른 분류를 선호할 수도 있고, 떼어 낸 격지의 수, 방향, 타면의 상태(성형 방법, 크기 등) 등을 기준으로 할 수도 있다. 규암 및 맥석영제 석기를 대상으로 지나치게 자세한 분류는 석기기술을 잘못 이해하는 것일 수도 있다. 오히려 단순하고 포괄적인 범주가 석기군의 다양성을 파악하는 데 도움이 된다고 생각한다. 가장 큰 기준은 전체 형태이며, 어느 정도 몸돌을 준비하였는지, 격지를 떼는 데 계획성이 보이는지, 어떤 방향과 방식으로 격지를 떼어 내었는지를 폭넓게 고려한다.

몸돌은 흔히 준비된 몸돌과 준비되지 않은 몸돌로 나눈다. 각종 막몸돌과 편평한 몸돌이 준비되지 않은 몸돌의 사례가 되고, 돌날몸돌이나 잔몸돌이 대표적으로 준비된 몸돌이다. 그런데 이 구분도 쉽지 않다. 가령 전기 구석기시대에도 빅토리아웨스트(Victoria West)몸돌과 같이 대형의 격지를 떼어 내기 위하여 몸돌을 준비하는 사례가 종종 있다(Gamble 2007; Sharon 2009). 이 때문에 오히려 일반적인 격지를 떼어 내는 데 쓰였으며, 주로 준비되지 않은 일반 몸돌(generalized cores)과 돌날과 같은 특정한 격지를 떼어 내기 위해 준비된 몸돌(specialized cores)을 구분하는 것이 현실적일 수도 있다.

정형 몸돌(specialized, prepared cores)

정형(준비된) 몸돌이란 격지나 돌날을 떼어 내기 이전에 원석을 선택하고 선형(preform)을 만들고 타면을 준비하는 등의 과정을 거친 정형화한 패턴을 지닌 몸돌을 말한다. 르발루아몸돌이 잘 알려져 있지만, 한국에서는 주로 후기 구석기시대 돌날몸돌(blade core)과 잔몸돌(microblade core)이 대표적인 사례이다. 이른 구석기시대 규암 및 맥석영제 석기군에서는 유사프리즘형몸돌이나 원추형몸돌 등이 관찰되지만 체계적 준비과정을 거친 석기라고 하기는 어렵다.

위에 기술하였듯이 전기 구석기시대에도 대형의 격지를 떼어 내기 위해 몸돌을 준비하기도 하는데, 비슷한 사례를 한국 구석기 유적에서 찾을 수는 없다. 적절한 생김새와 크기의 자갈돌 원석을 선택하여 직접떼기나 모루떼기의 방법으로 격지를 떼어 내는 방법이 일반적이었다.

(1) 르발루아몸돌은 대표적인 준비된 몸돌의 사례이다. 그 방법 역시 전기 구석기시대까지 소급되지만(Sharon 2009), 아프리카와 유럽의 중기 구석기시대에 들어와 널리 확산된다. 대체로 거북이 등 모양으로 주변에서 방사상의 격지를 떼어 내는 준비과정을 거친 다음 한쪽에서 강한 직접떼기로 원하는 르발루아격지를 얻는다(제7장, 그림 7.1, 7.2 참조). 떼어 낸 격지는 주변이 날카로우면서도 선행 박리에 따라 각진 모습일 것이며, 르발루아몸돌은 그런 격지떼기의 흔적을 간직하고 있다. 이런 식으로 르발루아격지와 르발루아찌르개, 그리고 르발루아돌날을 떼어 낸다. 다만 한국에서 르발루아몸돌의 존재는 회의적이다. 전곡리 발굴을 거치면서 긍정적인 의견도 있었지만, 중기 구석기시대를 대표하는 석기기술로 르발루아기법을 말할 수는 없다(성춘택 2002; Seong and Bae 2016). 물론 측면을 돌아가며 격지흔이 형성되어 있어 마치 르발루아기법을 연상시키는 격지 유물이 있는 것도 사실이다. 그렇지만 석기기술의 시각에서 어떤 체계적인 기법이 적용되었다고 할 수는 없으며, 방사형몸돌의 사례로 보는 것이 나을 것이다.

(2) 돌날몸돌이야말로 후기 구석기시대의 지표유물이기도 하면서 한국 구석기시대 정형, 또는 준비된 몸돌의 대표적인 사례이다. 한국에서도 후기 구석기시대에 들어오면서 밀양 고례리, 단양 수양개, 대전 용산동, 남양주 호평동, 포천 대회산리 등 많은 유적에서 돌날몸돌이 출토되고 있다. 밀양 고례리 출토품의 경우 돌날의 길이가 작게는 10cm, 큰 것은 20cm에 이르는 것도 있을 정도로 큰 돌날들을 떼어 내었다. 적절한 소재를 선택한 것은 물론 타면을 만들고 돌날을 떼어 내기 위해 모서리 조정과 같은 과정을 거쳤다(장용준 2004). 이 유적에서 나온 돌날몸돌은 슴베찌르개와 마찬가지로 이전 시기 규암이나 맥석영이 아니라 거의 모두 규질셰일(혼펠스)이나 규질응회암 등 정질의 암석을 돌감으로 쓴 것이다. 돌날이란 기술, 그리고 새로운 돌감의 이용 등에서 후기 구석기시대로의 석기기술의 전이를 잘 말해 준다(제

12장 참조; Seong 2009).

(3) 잔몸돌(세석핵)[2]은 후기 구석기 연구자들이 가장 주목하는 유물이다(성춘택 1998; 김은정 2002; 장용준 2002). 공주 석장리, 단양 수양개 유적에서 출토되었지만, 1980년대까지 배모양밀개라는 용어로 불리기도 하였다. 이 석기는 한반도를 포함하여 시베리아, 북중국, 일본 등 동북아시아, 그리고 알래스카의 후기 구석기시대 유물군에서 널리 보이는 지표유물과도 같은 것이다. 연구가 많이 이루어진 일본에서는 10여 가지의 잔돌날떼기기법이 복원된 바도 있다. 대부분 사례에서 옆면을 잘 다듬고, 정교하게 타면을 준비한 뒤 돌날을 떼어 낸 흔적이 드러난다(그림 7.8, 7.9 참조). 돌날몸돌과 잔몸돌에 대해서는 제7장 몸돌 분석에서 더 자세히 다룬다.

비정형(일반) 몸돌(generalized cores)

비정형의 일반 몸돌이라 함은 특별한 준비과정 없이 격지떼기가 이루어진 평범한 형태의 몸돌인데, 준비되지 않은 몸돌이라고도 부를 수 있을 것이다. 일반 몸돌에도 다양한 생김새와 크기, 그리고 어느 정도 패턴화한 격지떼기의 과정을 보여 주기도 한다. 따라서 많은 세부 형식이 있다.

(1) 막몸돌(casual cores)은 격지를 떼어 낸 흔적을 가지고 있지만, 소재의 선택이나 격지떼기의 양상에서 규칙을 찾기 힘든 것을 말한다. 다분히 임시방편적으로 필요에 따라 격지를 떼어 낸 양상이다. 격지흔으로 보이는 떼어진 격지의 수는 적으며, 타면의 대부분은 자연면으로 이루어져 있다. 단방향의 격지떼기가 일반적이지만, 그때그때 필요에 따라 적절한 타면과 타격각을 찾을 수 있다면 다방향의 격지떼기도 이루어진다. 규암이나 맥석영같이 거친 재질의 돌감을 사용한 이른 시기 유물군에서 많이 보이는 형식이다.

....

2   흔히 세석핵, 세석인핵, 좀돌날몸돌로 불린다. 우리말 용어가 편리하고 이 책에서도 적극적으로 쓰고 있지만, 좀돌날몸돌이란 용어는 너무 길고 유성음이 반복되어 발음에도 힘이 든다. 새로운 용어를 쓰는 부담이 있으나, 세석기를 우리말로 잔석기라고 부르고 있으니, 세석인은 잔돌날, 세석핵은 잔몸돌이라 하면 간단할 것이다.

막몸돌은 소재에 따라 각진 막몸돌과 편평 막몸돌을 구분할 수 있다. 각진 막몸돌이란 말 그대로 자갈돌이나 각진 조각을 찾아 적절한 타격각이 나오는 방향에서 무계획적으로 타격을 가해 격지를 떼어 낸 경우를 말한다.

편평 막몸돌 역시 격지떼기와 돌감 등에서 같은 양상이지만, 소재가 편평한 자갈돌이며 정해진 타면을 가지고 있다는 점이 특징이다. 편평한 자갈돌 소재로 격지를 떼어 내기 때문에 대부분 자연면을 그대로 타면으로 삼는다. 막몸돌과 함께 쉽고 간단한 격지떼기 방식의 사례라고 할 수 있다. 막몸돌의 범주에 포함시킬 수도 있지만, 편평몸돌을 따로 구분하여 이유는 격지떼기가 집중적으로 이루어질 경우 다면체 몸돌과 비슷해진다. 편평한 자갈돌을 원석으로 선택하여 대체로 하나의 타면에서 격지떼기가 이루어지지만, 타면 주위를 돌아가며 집중적으로 격지를 떼어 낸다면 몸돌은 편평하기보다는 다면체에 가까워진다.

(2) 방사형몸돌(radial, discoidal, conical, biconical cores)은 막몸돌과는 달리 소재의 바깥에서 중심을 향해 주변을 돌아가면서 격지떼기가 이루어진 몸돌을 말한다. 소재의 측면에서 가운데 방향으로 고르게 격지를 떼어 낸 것이다. 이른 시기 유적에서도 보이는데, 규암과 맥석영으로 만들어졌다고 해도 비교적 정질의 암석을 이용한 소형 몸돌이 대부분이다. 납작한 모양을 한 것을 원반형(discoid), 깔때기 모양으로 한쪽 방향으로 격지떼기가 이루어진 것을 원추형(conial), 양쪽 방향으로 격지를 떼어 낸 것을 주산알형(biconical) 몸돌이라 부른다.

(3) 유사각주형(프리즘형)몸돌(psuedo-prismatic core)은 원추형몸돌과 같이 흡사 후기 구석기시대 돌날몸돌과 닮았지만, 돌날을 떼어냈다고 할 수는 없으며, 그러한 준비도 이루어지지 않은 몸돌을 말한다. 비교적 소형이며 길쭉한 모양이고, 정해진 타면이 있다. 전곡리와 금파리 등의 유물군에서도 맥석영제의 유사각주형몸돌이 보인다(Seong 2001). 돌날몸돌과는 차이가 있으며, 특별히 정질의 돌감을 사용한 것도 아니다(제7장).

(4) 양극몸돌(bipolar core)은 주로 소형의 자갈돌에서 격지를 떼어 내는

흔적을 지닌 몸돌이다. 주된 타면이 있지만, 반대 방향에도 보조 타면이 관찰되어 모룻돌 같은 것에 대고 때려 양쪽에서 타격의 힘을 받은 것이다. 작은 원석에서 격지를 얻어내는 데 효과적인 방법이다.

(5) 다면체몸돌: 다면체 몸돌은 비정형 몸돌의 사례로서 한국의 구석기시대에 흔히 나타나는 유물 형식이다. 단면으로 보았을 때 사각형과 오각형 몸돌이 기본인데, 주된 타면이 있으며, 대체로 그로부터 격지떼기가 이루어진다. 주 타면은 단일 격지흔이 보통이지만, 자연면을 그대로 사용하기도 한다. 그 반대쪽에 모룻돌을 대고 때린 흔적이 있는 경우도 있는데, 이 경우 마치 양극떼기와도 비슷하게 석기의 아래로부터 타격의 흔적을 관찰할 수 있다. 이런 사례는 특히 단면 오각형 몸돌에서 흔하게 보인다. 그리하여 다면체몸돌은 크게 단면사각형, 곧 육면체와 단면오각형으로 나눌 수 있다.

육면체몸돌: 주 타면을 위로 놓았을 때 대체로 육면체, 그러니까 측면이 네 면으로 둘러싸인 모습의 몸돌이다. 일반적으로 정방형에 가까운 생김새를 띠고 있다. 측면의 일부에는 흔히 자연면이 그대로 있기도 하다. 주된 타면에서 격지를 떼어 내는 방식이기 때문에 타격각을 고려하면 측면상 역사다리꼴의 모습을 하는 유물이 많다.

단면오각형몸돌: 주 타면과 측면의 격지흔은 육면체 몸돌과 유사하지만, 더 집중적인 격지떼기의 흔적을 가지고 있다. 특히 주 타면과 반대쪽이 육면체 몸돌과 같이 편평한 면이 아니라 어느 정도 각진 격지흔으로 이루어져 있는 것이 특징이다. 측면의 한쪽은 여전히 자연면으로 덮여 있는 경우가 많다. 그리하여 측면에서 관찰할 때, 그리고 단면상 오각형을 이루고 있다. 연구자에 따라서는 이러한 몸돌부터 다면구(여러면석기)라 부르기도 하지만, 타면이 있고 예각(또는 거의 직각)의 격지떼기의 각을 유지하고 있기 때문에 몸돌로 파악하는 것이 합리적일 것이다. 형태상 몸돌과 다면구의 중간에 속한다고 할 수 있다.

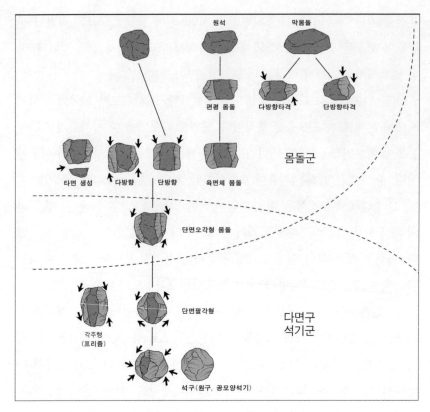

그림 5.4 몸돌과 다면구의 제작과 형성과정의 역동적인 성격을 보여 주는 그림

대형 성형도구의 다양한 형태변이와 마찬가지로 몸돌과 다면구 역시 소재와 떼기의 집중도 등에 따라 여러 형식으로 분류할 수 있다(성춘택 외 2011: 52에서, 성춘택·이흥주 그림).

다면구(여러면석기, 다각면원구, polyhedral, polyedron)[3]

육면체나 단면오각형의 몸돌과 연장선상에 있으면서도 격지흔의 능선이 대부분 둔각으로 이루어져 전체적으로 각진 공모양에 가까운 석기이다. 육면체 몸돌과 형태가 비슷하지만 더 이상 몸돌이라는 이름으로 부를 수 없을 정도로 측면 막리나 두드린 흔적으로 모서리가 둔화되어 있다. 격지떼기

....

3 최근에는 여러면석기라 불리는 사례가 더 많지만, 실제 여러면이 아닌 석기란 없고, 굳이 석기라는 말을 뒤에 붙일 필요도 없다고 생각한다. 원래 쓰였던 다각면원구(多角面圓球)라는 표현을 그대로 사용하고자 하며, 다만 격지흔의 각을 그대로 유지하고 있는 다면구와 공모양으로 다듬어진 원구로 구분할 것이다.

에서 전형적으로 나타나는 예각이 아니고, 일반적인 격지떼기로는 둔각의 격지흔이 나타나지는 않기 때문에 더 이상 생산적인 몸돌로 여길 수 없는 것이다. 몸돌로서 격지를 떼어 내는 역할을 했다기보다는 다른 행위, 곧 돌망치와 같이 돌이나 견과류 같은 다른 강한 물체에 내리쳐 찍거나 뭉개진 흔적, 또는 의도적으로 각을 죽인 흔적으로 생각되는 것이다.

(1) 다면구는 측면상, 또는 단면상 육각형을 이루고 있는 것이 흔한 형태이다. 몸돌로 생각하면 주 타면에서 둔각으로 꺾여 격지흔이 형성되어 있는 것이다. 자연면의 잔존은 몸돌의 범주보다 상대적으로 적지만, 여전히 어느 한쪽에 자연면을 그대로 이용한 사례가 많다.

(2) 석구(石球, 공모양석기, spheroid)는 다면구에서 더 나아가 격지흔의 능선을 거의 없애 전체적으로 공모양을 갖춘 석기를 말한다. 각의 둔화가 더욱 진전된 것으로 석구, 또는 사냥돌, 팔매돌(bola)이라 불리기도 한다.

이 밖에도 몸돌과 다면구 사이에는 원통형의 길쭉한 석기가 가끔 보인다. 단순히 예외적인 것인지, 아니면 어느 정도 정형성을 갖춘 것인지는 더 많은 사례를 가지고 판단할 필요가 있다.

5.7. 격지와 부스러기

격지와 부스러기 역시 몸돌과 같이 제7장에서 더 자세히 다룬다. 격지와 부스러기는 구석기시대 석기군의 대부분을 차지하는 유물형식이다. 실제 석기기술이란 성형도구를 만드는 과정이지만, 이로부터 수많은 부산물이 나온다.

이런 폐기물(버리는 석재)은 성형도구에 비해 많은 관심을 받지 못한 것이 사실이지만, 감쇄기술로서의 석기 제작과정에 관한 많은 정보를 담고 있다(제8장 참조). 석기 제작이 얼마나 집중적으로 이루어졌는지, 체계적 제작과정의 산물인지, 아니면 임시방편적인 석기기술이 대세였는지, 적절한 돌감을 풍부히 얻었는지, 그렇지 않은지, 그리고 나아가 유적을 점유한 수렵채집민의 이동성이 높았는지, 아니면 낮았는지 하는 문제까지도 격지와 부스러기 분석으로 연구할 수 있다.

먼저 격지에서는 일반 격지와 돌날을 나눌 수 있다. 돌날은 길이가 너비보다 두 배 이상인 격지를 말하는데, 체계적인 몸돌 준비과정을 거쳐 "대량" 생산된다. 몸돌 하나에서 크기와 생김새가 비슷한, 양변이 나란하고 길쭉한, 돌날을 많이 떼어 내는 것이다. 후기 구석기시대의 대표적인 유물이기 때문에 일반 격지와 어렵지 않게 구분할 수 있다. 양변이 평행하기 때문에 부러진 돌날이라도 격지와 구분할 수 있다.

격지 역시 온전한 격지와 부러진 격지를 구분한다. 엄밀하게 격지라고 하는 것은 온전한 격지와 함께 타격면이 있는 기부를 간직하고 있는 돌조각을 이름하는 것이다. 그리하여 격지는 온전한 격지(complete flake)와 부러진 격지(broken flake)로 구분할 수 있다. 만약 격지끝까지 보존되어 있다면 온전한 격지가 된다.

그러나 파손되어 격지끝만 남았다면 격지에서 관찰할 수 있는 많은 속성들, 예를 들면 등면과 배면, 기부, 타격혹 등을 찾을 수 없기 때문에 그런 돌조각은 부스러기(debris, fragments)나 부정형조각(chunk)이 된다. 부스러기는 상대적으로 작은 조각을 이름하는 것이고 부정형조각은 비교적 두꺼운 조각인데, 둘 모두 뗀석기 제작과정에서 의도하지 않게 발생하는 부산물이다.

5.8. 변형, 사용 석재

아무런 손질이나 잔손질의 흔적이 없는 격지일지라도 날카로운 날이 있다면 쉽게 사용될 수 있다. 그런 사용된 격지나 조각은 구석기시대 유적에서 빈번하게 보인다. 다만 의도적인 성형의 흔적을 찾기 어려운 상태에서 사용된 흔적을 객관적으로 판단하기는 수월하지 않다. 날이 닳아 있거나 이가 빠진 상태, 그리고 더 미세한 사용흔을 통해서 사용 여부를 판단할 수 있다.

이밖에도 구석기시대 유적에서는 변형되거나 사용된 석재들이 출토되고 있다. 모룻돌(대석, anvil)과 같은 것은 석기 제작과정에서 대고 때리거나 견과류 등을 가공할 때 받침돌로 쓰였던 것으로 보인다. 그런 대석의 경우 움푹 파이거나 뭉개진 흔적을 가지고 있을 수 있다.

뭉개진 흔적을 가진 석기로는 망칫돌을 들 수 있다. 대부분의 망칫돌은 손에 쥐기 편할 정도의 크기로서 한쪽, 또는 몇 군데 돌에 내리쳐 으스러진 흔적(battered marks)을 가지고 있다. 망칫돌의 존재를 통해 뗀석기 제작의 집중도를 추정할 수 있을 것이다. 망칫돌은, 다면구와 함께, 석기 제작뿐만 아니라 견과류를 깨고 껍질을 벗기거나 식물체 가공, 동물뼈를 깨는 데도 쓰였을 것이다.

제6장
신석기와 청동기시대 석기의 다양성

 뗀석기(타제석기, chipped stone artifacts)와 간석기(마제석기, ground stone artifacts) 구분은 관행적인 것이다. 둘은 기술적인 측면에서 서로 배타적이지 않다. 뗀석기나 간석기 모두 제작과정에서 떼고 가는 두 성형과정을 거칠 수 있다. 대부분의 간석기는 먼저 원석에서 돌감을 준비하고 소재를 다듬는 과정에서 떼어 내는, 곧 타제 기술을 이용한다. 뗀석기로 분류되는 석기에서도 제작이나 사용에서 일부 가는(마연) 과정이 포함되기도 한다.

 흔히 간석기는 일반인을 위한 문헌이나 역사교과서에서 신석기시대에 등장하여 마치 시대적인 특징이 있는 것처럼 이해되고 있지만, 이는 잘못이다. 한국의 후기 구석기시대 유물군에는 갈린 석기가 있고, 신석기시대의 석기 가운데 많은 유물은 뗀석기이거나 떼어 낸 흔적을 지니고 있다. 그럼에도 뗀석기와 간석기는 고고학에서 흔하게 쓰이는 용어이며, 이 책에서도 사용할 것이다. 다만 간석기든 뗀석기든 결국 모두 감쇄과정의 산물로서, 석기의 제작과 사용, 재사용, 재활용의 과정을 겪는다(Adams 2014; Rosen 1996; Rowan and Ebeling 2008). 이 장에서는, 간석기(마제석기)라는 관행적 범주를 제목으로 사용하였지만, 뗀석기를 포함하는 신석기시대와 청동기시대의 다양한 석기를 개괄적으로 살펴보자.

6.1. 간석기 제작

간석기, 곧 마제석기란 의도적이든, 그렇지 않든 사람의 제작과 사용에 따라 표면이 갈려 있는 유물을 말한다. 고고학에서는 뗀석기(타제석기)와 대비되는 개념으로 쓰이는 경우가 많지만, 일부에 떼어 낸 흔적을 그대로 간직하고 있는 간석기도 많다. 간석기의 재료는 석기의 생김새와 쓰임새에 따라 다르지만, 화강암, 편마암과 같은 거친 재질의 돌감에서 혈암(셰일)이나 점판암, 이암과 같이 비교적 정질에 이르기까지 다양하다.

구석기시대에도 날 부분이 돌도끼와 같은 모습으로 다듬고 갈려 있는 석기를 비롯하여 일부가 갈려서 편평하거나 움푹 들어간 석기가 드물지 않다. 진주 집현과 대전 용호동, 장흥 신북, 하남 미사리 등 후기 구석기시대의 갈린 석기의 분포는 전국적이다. 청동기시대의 돌도끼와 유사한 생김새를 가진 것에서 날 부분만을 갈아 만든 돌도끼(인부마제석부, 또는 국부마제석부)도 있다(그림 12.5 참조). 하지만 상당수는 전체 생김새에서 정형화한 형태를 보이지 않는다.

날 부분이 마연되어 있는 돌도끼, 곧 인부마제석부(刃部磨製石斧)는 일본의 후기 구석기시대에도 잘 알려진 석기이다. 한국 후기 구석기시대 유적에서 나온 날 부분만 갈린 석기 역시 두께가 얇은 경향이 있다(장용준 2016). 나무를 베기 위해서는 충격에 견디도록 디자인되어야 할 것인데, 청동기시대의 조갯날돌도끼(합인석부)에 비해 얇다. 그럼에도 여전히 작은 나무를 베거나 나무 가공, 사냥감 해체, 식물을 자르고 식량을 채집하는 작업에 적절하게 쓰였을 것이다. 구석기시대의 갈린 석기는 대체로 견과류와 같은 식물성 식량을 가공하는 데 사용하였던 것으로 짐작하지만, 그 쓰임새를 알기 위해서는 추가적인 연구가 필요하다.

돌을 가는 행위를 그리 특별하다고 보기도 힘들다. 후기 구석기시대에도 몸돌의 형태를 가다듬은 뒤 잔돌날(microblades)을 생산하기 위해 타면(때림면, striking platform) 주변을 망칫돌과 같은 도구를 이용하여 간단히 갈아서 마찰력과 정확도를 높이기도 하였다. 그런 마찰의 흔적은 잔몸돌의 타면에 남아 있다. 실험 분석에서도 돌날몸돌의 타면 주변을 망칫돌로 문지른 다음 돌날을 떼어 내기도 한다(Whittacker 1994).

의도적으로 돌을 갈아 성형한 석기가 아닌 사용 중 어떤 부위만 갈린 표면은 물리적 풍화로 마모된 자연면(natural cortex)과 구분하기 어려울 때도 있다. 하지만 대체로 의도적으로 갈린 면은 자연면과 부위의 위치와 패턴에서 다르다. 사용 중, 또는 의도적 행위에 갈린 면은 돌의 특정한 부위에만 보이는 것이 보통이지만, 자연면은 돌의 표면 전체에서 관찰된다는 점에서 구분할 수 있다.

자연면과 갈린 면은 외형상의 차이와 함께 촉감에서도 다르다. 돋보기나 현미경으로 관찰해 보면, 자연면의 경우 돌을 구성하는 석영이나 장석, 운모와 같은 광물이 고르게 빠져나가면서 부드러운 면을 이룸을 알 수 있다. 다시 말해 자연면은 파쇄나 물의 흐름, 바람 등의 영향으로 풍화되어 닳아서 만들어진다. 닳는 과정이란 사실 아주 작은 광물이 빠져나가면서 모나지 않게 부드러운 표면을 형성하는 것을 말한다. 그런데 이런 자연적 풍화의 과정, 특히 물에 의해 닳은 면은 사람이 의도적으로 갈아서 닳은 표면과는 다르다. 갈린 면은 자연면보다 훨씬 더 부드럽다. 의도적으로 갈린 면에서는 작은 광물알갱이도 수평으로 갈려 훨씬 매끄러운 것이다(그림 6.1). 다만 가는 과정에서 석영, 장석 같은 광물입지가 갈리기도, 빠져나가기도 하기에 현미경으로 단면을 관찰하면 마치 편평한 단과 파인 "골짜기"가 형성되어 있는 것을 확인할 수 있다(Schneider 2009).

나아가 갈린 면 역시 원본적으로 마제(磨製, grinding)와 마연광택(磨硏光澤, polishing)을 구분할 수 있다. 앞엣것은 숫돌에서와 같이 돌을 돌로 갈아

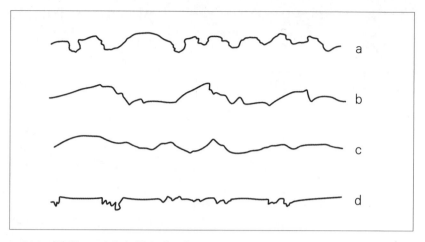

그림 6.1 자연면(a, b, c)과 마연한 돌의 표면(d)
현미경으로 보면 자연면에서는 광물입자가 떨어져 나간 흔적을 볼 수 있으며, 사람이 의도적으로 갈아 만든 돌의 표면은 훨씬 부드럽다((Schneider 2009: 77, Fig 5.1 참조, 성춘택 · 김민경 그림).

서 생긴 흔적을 말하며, 뒤엣것은 갈판 등에서 곡물 등 식물과 같이 아주 부드러운 물체가 갈린 탓에 표면에 윤이 나는 것을 가리킨다. 다만 이 둘의 차이는 연속적이어서 실제 구분하기 어려운 경우도 있다.

신석기시대와 청동기시대에 많은 간석기는 대개 여러 단계를 거쳐서 만들어진다. 먼저 셰일(혈암)이나 점판암, 또는 돌도끼의 경우 섬록암이나 화강편마암, 갈판은 편마암 같은 원석이 가장 널리 쓰였다.이런 암석은 자갈돌이라면 강변에서, 큰 덩어리라면 산사면 같은 곳에서 얻을 것이다. 그 다음 돌감을 쪼개거나 깨서 소재를 만든다. 방법으로는 망칫돌을 사용한 직접떼기가 가장 널리 쓰였을 것이다. 점판암 같이 층리가 발달한 암석은 내부 절리면(켜면)을 따라 쪼개는데, 양극떼기 같은 방법이 효과적이다(황창한 2009). 그 다음 주변을 다듬어 일차성형을 하고 선형(preform)을 만든다. 이 단계에서 직접떼기로 잔격지를 떼어 내어 모양을 갖출 수도 있으며, 찰절(잘라내기)이나 고타(두드림) 같은 기법을 쓰기도 한다. 마연에는 거칠게 갈기와 곱게 갈기가 있다. 먼저 선형을 사암과 같이 입자가 거친 재질의 숫돌을 이용하여 거칠게 갈아 화살촉 같은 모양에 가깝게 만든 다음, 고운 입자를 가

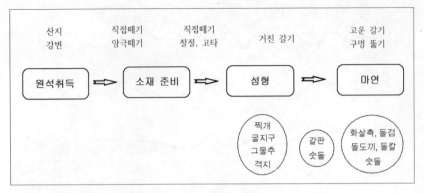

그림 6.2 다양한 간석기를 제작하는 과정에 대한 개략적 모식도
떼고 가는 과정에서 여러 기법이 쓰이고, 격지와 돌조각 등 부산물이 나온다(윤정국 2011: 70, 그림 10 참조).

진 숫돌을 사용하여 날 부분을 중심으로 정밀히 갈아(정마) 석기를 완성하는
것이다(그림 6.2).

돌을 돌로 가는 마연 행위를 제외하고도, 신석기 및 청동기시대 마제석
기(간석기) 제작에는 구석기시대 뗀석기에서는 볼 수 없는 다양한 기법도 확
인된다. 아래에 몇 가지 널리 쓰이는 방법을 소개한다.

(1) 고타(敲打, 두드림)기법

간석기를 만들기 위해 원석을 전체 형태를 만든 뒤 바로 마연하지 않고
직접떼기로 만들어진 요철 부분을 돌 위에 두드려 성형하는 것을 말한다(국
립대구박물관 2005). 고타기법은 엄밀하게 말하면 마연기법이라 말하기 어렵
지만, 간석기 제작에 널리 쓰이는 방법이다. 고타(pounding)라는 용어는 중
국과 일본에서 널리 쓰이는 말로, 특정 부위를 때리고 두드리거나 쪼는 행위
를 가리킨다. 직접떼기로 생성된 석기의 요철 부위를 고타방법으로 부드럽
게 두드리면 마연 시간을 절약할 수 있다. 그리하여 신석기와 청동기시대 간
석기, 특히 돌도끼 같은 석기를 만들 때 널리 쓰였을 것으로 보인다. 돌도끼
폐기품이나 반제품에는 그런 고타흔이 보이기도 하며, 완성품에서도 날 주
변에는 집중 마연하면서도 측면에 고타흔이 남아 있는 경우도 있다.

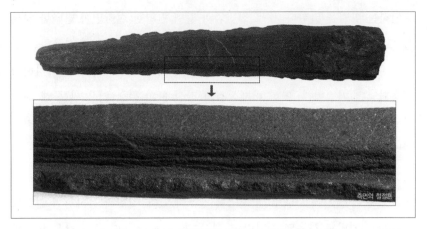

그림 6.3 고성 문암리에서 나온 신석기시대 찰절된 흔적을 가진 석기(국립대구박물관 2005: 31에서)

(2) 양극 또는 수직 떼기

양극떼기(bipolar technique)란 대상 원석을 모룻돌 위에 올려놓고 위에서 가격하여 쪼개고 떼어 내는 방법인데, 망칫돌로 내리치는 부위뿐만 아니라 반작용의 원리로 모룻돌 쪽에서도 격지가 떨어진다. 구석기시대 뗀석기 제작에도 비교적 작은 자갈돌을 깨는 효율적인 방법이었으며, 쐐기형석기(pièce esquillée) 같은 석기를 만들 때 사용되었다. 따라서 이것 자체로는 뗀석기기법이지만, 간석기의 소재를 준비하는 방법으로도 널리 쓰였다. 특히 신석기, 청동기시대 석기 제작에서는 셰일이나 점판암(또는 일부 혼펠스) 같이 층리가 발달한 모암을 이용하여, 효율적으로 소재를 만들 때 사용하는 방법이다. 석부류를 비롯하여 석검이나 돌살촉, 돌칼 등 주로 얇은 석기를 만들 때 양극떼기 방법으로 전체 모양을 만들고 다듬은 다음 마연에 들어간다고 한다. 암석을 받침돌에 수직으로 내리치거나 망칫돌을 위에서 아래로 가격하여 떼어 내는 방식이 사용되었다. 아래에 논의할 찰절기법보다 더 널리 사용되었을 것으로 추정하기도 한다(황창한 2009, 2014).

(3) 찰절(擦切, 잘라내기)기법

찰절이란 원재료가 되는 돌 소재를 날카로운 도구를 이용하여 편평하게 절단하는 방법을 말한다. 주로 점판암과 같이 편평한 절리면이 발달한 암석을 도려내어 돌살촉[石鏃]이나 돌창 등 얇은 간석기를 만들 때 사용하는 방법이지만, 돌도끼와 같이 비교적 두꺼운 석기 제작에도 쓰이는 등 다양하게 적용되었던 기법이다. 또한 마제석검의 검신에 피홈[血溝]을 만들 때 해당 부위를 도려내기도 하며, 이단병식(二段柄式) 석검의 자루를 만들 때도 찰절기법이 쓰였다. 또한 찰절 시에는 모래를 혼입하여 효과를 내기도 한다. 소재를 상하, 좌우에서 찰절한 뒤 가는 부분을 부러뜨려 떼어 내기도 하는데, 이런 흔적이 석기에 그대로 남아 있는 경우가 있다. 찰절과 유사한 방법으로 사절(絲切)기법도 사용되고 있다. 특히 옥 제품을 만들 때 활과 같은 도구와 옥사(玉砂)를 마찰용으로 이용하여 잘라내기도 한다.

신석기시대의 찰절된 석기의 사례로는 고성 문암리에서 나온 유물(그림 6.2)을 들 수 있다. 찰절기법은 청동기시대에 더욱 광범위하게 사용되는데, 흔적이 남아 있는 석기뿐 아니라 많은 석촉과 석검, 석창, 석부를 이런 기법을 동원하여 제작하였을 것으로 생각된다.

(4) 천공(穿孔, 구멍뚫기)기법

천공이란 돌에 구멍을 뚫는 것을 말하는데, 신석기시대와 청동기시대의 상당수 유물에서 확인할 수 있다. 특히 청동기시대에는 대체로 두 개의 구멍이 뚫려 있는 반달돌칼이나 각종 옥제품에 천공기법이 널리 사용되었으며, 끝이 뾰족한 길이 4-6cm 정도의 투공구(透孔具)도 출토되고 있다(국립대구박물관 2006: 35, 그림 6.3). 구멍을 뚫는 작업은 마치 발화석에서 불을 일으키듯이 활대를 이용하고, 찰절기법과 같이 마찰력을 높이기 위해 모래를 삽입하기도 하였으리라 생각된다.

다수의 간석기, 특히 신석기시대 유물은 뗀석기기법으로 다듬은 흔적을 지니고 있다. 간석기(마제석기)가 가장 성행한 때는 청동기시대로, 이때가 되면 몇 가지 실용적인 격지 같은 것을 제외하고는 전면이 마연되어 있는 석기

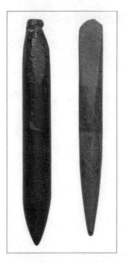

그림 6.4 그림 6.4 신석기시대(진주 상촌리)와 청동기시대(합천 봉계리)의 구멍 뚫는 도구(투공구) 왼쪽 투공구 길이 6.0cm(국립대구박물관 2005: 35에서).

가 대세이다. 아직 돌감과 제작기법 복원 연구가 깊이 있게 이루어지지 않고 있지만, 대체로 석기의 형식과 기능에 따라 다양한 원석을 이용하였던 것으로 보인다.

보통 신석기와 청동기시대 석기 제작에는 셰일과 점판암, 혼펠스, 응회암, 편마암 같은 다양한 돌이 사용된다. 또한 갈판은 화강편마암이나 화강암 원석이 사용된다. 대체로 신석기시대 석부류 석기 가운데 따비(돌보습)나 돌괭이 등 굴지구의 경우 주로 땅을 파는 도구이기 때문에 크기에 비해 얇게 만들기 때문에 층리가 발달한 점판암 계통의 암석을 소재로 하는 경우가 많다. 이런 석기는 날 부분만을 간 것도 있지만, 전면을 떼어 내서 만들기도 한다. 석부류 가운데 나무를 베는 데 쓰였다고 생각되는 합인석부의 경우 강한 충격에 견디도록 화강편마암이나 섬록암, 혼펠스 등의 암석으로 두껍게 만든다. 단면이 원형이나 타원형이 많은데, 방형이나 장방형도 확인되고 있다.

돌살촉의 경우 셰일(혈암), 점판암이나 혼펠스, 편마암, 편암을 주로 원석으로 사용하며, 자색의 혈암으로 만들기도 한다. 석검은 셰일과 함께 혼펠스를 원재료로 쓰는 경우가 많다(황창한 2007). 특히 석검의 경우 층리가 발달한 셰일이나 점판암, 혼펠스를 사용하여 시간이 지나면서 풍화한 상태에서 나무결과도 같은 무늬가 생기기도 한다. 숫돌의 경우 조립과 세립의 사암, 이암, 실트암이 가장 많이 보이는데, 석기의 제작과정에 거친 입자와 가는 입자의 숫돌이 단계별로 사용된 것으로 보인다.

6.2. 간석기 분류

전술하였듯이 간석기라 불리는 범주에는 실제 다양한 석기 제작과정의 뗀석기도 포함된다. 여기에서는 편의상 간석기라는 커다란 범주 안에 신석기시대와 청동기시대의 석기를 포괄적으로 다루고자 한다.

간석기란 제작이나 사용 중 어떤 과정을 겪었던지 갈린 흔적을 가진 석기를 말한다. 그리하여 간석기는 우선 제작의 과정에서 대체로 두 가지 부류로 나눌 수도 있을 것이다. 첫째는 무엇인가를 갈거나 으깨거나 빻아 가루로 만들거나, 긁어 매끄럽게 만드는 과정에서 갈린 도구이며, 둘째는 의도적으로 제작과정에서 원석의 특정 부분이나 전체를 갈아 만든 석기이다. 다시 말하면 사용과정에서 갈린 것(갈판이나 갈돌, 숫돌, 갈린석기 등)과 의도적으로 가는 과정을 거쳐 석기를 만든 것으로 나눌 수 있다. 그러나 현실적으로 이런 제작과정을 기준으로 한 분류는 잘 쓰이지 않으며, 의도성을 판별하는 것도 어려운 일이다.

석기의 분류는 날의 형태와 성격, 전체 생김새 등을 기준으로 하는 것이 보통이다. 그런데 신석기와 청동기시대 석기 연구에서는 기능에 입각한 분류가 대세이다(박근태 2011; 배신성 2005; 윤정국 2011; 임상택 2001; 하인수 2005, 2016). 석기의 기능이란 사실 추론되어야 하지만, 관행적으로 기능을 전제한 명칭이 쓰이고 있는 것이다. 주먹도끼나 긁개, 밀개와 같은 구석기시대 뗀석기의 명칭 역시 쓰임새의 함의가 있다. 나아가 기능의 함의가 있는 개별 형식의 석기가 어떻게 조합하여 나오는지, 곧 석기 조성(組成)을 바탕으로 유적을 점유한 집단의 생계경제에 접근하고 있다(이기성 2011; 최종혁 2005, 2016). 이런 식으로 어떤 형식의 석기가 등장하고 변천하는 과정과 함께 여러 형식의 석기가 어떻게 조합을 이루는지, 시간과 지역에 따라 어떠한 변화를 겪는지를 궁구하는 것이다.

그런데 제12장에서 살펴보겠지만, 수천 년 전 석기의 기능이라는 것은 고고학적으로, 또는 과학적 분석을 거쳐 파악하고 검증하기 쉬운 주제가 아니다. 따라서 이 같은 석기 기능 추정과 그에 따른 분류와 분석에 논리적 비약이 있다고 할 것이다. 다만 문제가 있음에도 기존의 관행에서 탈피하여 학문적으로 바람직한 명칭과 분류를 새로이 제시하는 것은 시간낭비이고 의사소통의 혼란만을 일으키는 일이다. 이미 굳어진 명칭과 분류체계를 더 분명하게 하고 잘못된 것은 수정하는 것이 옳다.

한국 고고학에서는 시대구분에 따라 전문분야가 나누어지는 것이 관행이다. 그리하여 사실 신석기시대와 청동기시대 석기에는 제작기법과 형식, 쓰임새 등에서 유사한 흐름이 있음에도 두 시대 석기 유물을 총체적으로 분류하고 논한 글은 거의 없는 실정이다. 석기기술의 다양성과 진화를 파악하기 위해서는 더 장기간의 시각을 가져야 할 것이다.

표 6.1은 현재 한국 고고학에서 관행으로 쓰이고 있는 석기의 명칭을 토대로 기능별 그룹을 지은 것이다. 예를 들어 수렵구라고 분류되어 있는 석촉은 신석기시대와 청동기시대 등 시대를 불문하고 널리 보이는데, 사냥이 아닌 다른 용도를 생각할 수 있다. 특히 청동기시대에는 반드시 수렵에 쓰이지 않고, 다른 석기와 청동유물과 함께 무덤에 부장되는 것으로 보아 의기로 사용되거나 집단 간 무력충돌에서 무기로 쓰였음이 분명하다. 유적에서 나오는 모든 석기를 쓰임새에 따라 나누는 것은 가능하지도 바람직하지도 않다. 이처럼 관행에 따르기는 하지만, 기능을 일차 분류의 기준으로 삼는 것은 사실 논리적으로 앞뒤가 바뀐 것이다.

상당수의 간석기가 신석기시대에 등장하여 청동기시대에 형태가 더욱 정형화하기도 하는데, 돌도끼와 돌살촉, 갈돌과 갈판 같은 석기가 그러하다.

표 6.1 한국 신석기시대와 청동기시대 석기의 분류[1]

기능 일차 분류	세부 기능 분류	신석기시대	청동기시대
생산용구	수렵구	돌살촉(석촉), 돌창(석창), 찌르개	돌살촉
	어로구	이음낚싯바늘(결합식조침), 작살(石銛), 찌르개, 그물추	그물추
	농구 (굴지구, 수확구)	석부류(따비, 괭이, 곰배괭이), 돌낫, 원반형석기	돌칼(반월형, 방형, 어형, 즐형..), 석부류
	채집구	격지	격지
가공구	식료가공	갈돌, 갈판, 홈돌, 대석, 격지(박편), 돌칼, 돌톱(石鋸)	격지, 갈돌, 갈판
	목재가공 (벌채, 목재가공)	돌도끼(석부), 돌끌(석착), 대팻날(편평편인석부)	돌도끼(합인석부, 편인석부, 주상석부, 유단석부, 유구석부), 돌끌
	석재가공	숫돌(지석), 석추(石錐)	숫돌, 투공구, 찰절구, 뚜르개, 망칫돌
의례, 무기, 장신구 및 기타	의례용구	이식(耳飾), 수식(垂飾), 각종 장신구	봉상석기(石棒), 환상석부, 성형석부, 옥(관옥, 곡옥)
	전쟁(권위)		돌살촉, 간돌검(마제석검), 돌창
	기타	몸돌, 조각, 시문구, 새기개 등	몸돌, 격지 등

따라서 표 6. 1의 석기 명칭과 기능에 입각한 분류는 신석기시대와 청동기시대 다양한 간석기를 이해하는 방편일 뿐 모든 석기를 일관되게 구분한 결과일 수는 없다. 제작과정에서 여러 격지와 조각이 나오기도 하고 이런 부산물은 바로 버려지기도 하지만, 취사선택되어 가공될 수도, 동식물을 다루는 데 효과적으로 쓰일 수도 있다. 현재 이처럼 기존 석기 분류틀에 포괄되지 않아

....

1   구석기시대 뗀석기는 일찍부터 한글 이름이 쓰였다. 이와 달리 간석기(마제석기)는 한자 용어가 널리 쓰인다. 석촉(돌화살, 돌살촉), 석검(간돌검), 석창(돌창), 석부(돌도끼), 합인석부(蛤刃石斧, 조갯날돌도끼), 유구석부(有溝石斧, 홈자귀), 석도(돌칼), 석착(石鑿, 돌끌), 석거(돌톱), 석초(石鍬, 따비), 지석(砥石, 숫돌), 어망추(그물추), 조침(釣針, 낚싯바늘), 이식(耳飾, 귀걸이), 고석(敲石, 공이), 대석(臺石, 모룻돌), 연석(碾石, 갈판), 유견석초(有肩石鍬, 곰배괭이), 성형석부(星形石斧, 다두석부, 별[모양]도끼), 환상석부(環狀石斧, 달[모양]도끼), 편평편인석부(대팻날) 등 많은 석기의 이름에 우리말과 한자어가 혼용되고 있다. 혈구(피홈)나 경부(슴베), 유경식, 무경식, 유병식, 유절병식 등 간석기의 일부를 지칭하는 용어도 있다. 한자 용어는 학생과 일반인을 위한 책이나 박물관 전시 등에서 혼란을 일으키고 있다. 이 글에서는 될 수 있는 대로 우리말 용어를 쓰겠지만, 관례적으로 쓰이는 한자말도 혼용할 것이다. 이단병식 같은 유물의 세부명칭이나 분류로 들어가면 한자말을 쓸 수밖에 없다.

용도와 정형성이 알려지지 않은 발견물이 유적 발굴과 보고서 작성 시 분석 대상에 누락되기도 한다(이기성 2015). 유적에서 있었던 인간행위를 복원하고 석기군 전체의 다양성을 고찰하기 위해서 반드시 석기군 전체를 고려해야 한다.

석기의 제작과 사용은 기본적으로 감쇄과정(reduction process)임을 유념해야 한다. 감쇄과정에서 의도한 형태의 완성된 석기도 있겠지만, 늘 재활용, 재가공의 가능성이 남아 있다. 돌끌(석착)로 사용되는 석기는 어렵지 않게 숫돌(지석)로 전환될 수도 있고, 숫돌로 지속적으로 사용되어 크기가 원래 의도한 것보다 훨씬 작아져 폐기될 수도 있다. 석촉의 끝 부분이 손상되었다면 다시 갈아 날카롭게 만들 수도 있고, 이 경우 크기는 더 작아질 것이다. 예컨대 굴지구로서 땅을 파는 용도에 초점이 있다면, 형태는 그리 중요하지 않을 수도 있다.

이처럼 추정되는 용도에 입각한 분류는 이같이 많은 문제를 가지고 있지만, 새로운 분류틀을 제안하는 일 역시 힘들고 위험한 일이다. 기존의 틀을 받아들이면서 문제점을 보완하는 방식이 더 현실적이다. 이 장에서는 생산용구부터 시작하여 개별 석기 형식의 제작과 형태에 대해 개략적인 내용을 살펴본다. 더불어 석촉이나 석검, 석부류 석기 등 몇몇 개별 형식의 석기의 제작과 분석에 대해서는 다음 장에서 더 구체적으로 논의할 것이다.

6.3. 생산용구

신석기시대와 청동기시대의 주 생활도구는 석기였다. 석기는 사냥이나 채집, 어로, 그리고 밭을 가는 등 생산 활동으로 다양한 식량을 얻고, 가공하는 일, 나무를 베고 다듬는 등 여러 용도로 만들어지고 사용되었다. 이처럼 생산 활동에 쓰인 석기는 다시 수렵구(사냥용)와 어로구, 농경구로 나눌 수 있다. 물론 채집 관련 도구도 이 항목에 넣어야 한다. 가령 날카로운 날을 가진 격지와 같은 도구가 채집, 그리고 식량을 가공하는 데 쓰였을 것이다. 실제 생활에는 뿔이나 뼈로 만들어진 굴지구를 비롯하여, 나무로 만든 많은 도구와 그물이나 바구니 같은 것도 토기와 함께 유용한 도구였을 것이다.

6.3.1. 수렵구

수렵구는 돌창이나 돌(화)살촉이 중심이다. 사슴과의 여러 종이나 멧돼지가 주된 사냥의 대상이었을 것이다. 신석기시대 후기의 경우 여기에 오소리나 수달, 여우, 각종 조류가 추가되는 양상이다(최종혁 2016). 청동기시대 돌살촉(석촉), 특히 후기의 길고 무거운 유물은 사냥과 함께 무기의 역할을 했을 것으로 보인다.

돌살촉

활과 화살은 후기 구석기시대에 등장하는 것으로 알려져 있다. 돌살촉은 화살에 장착되어 신석기시대와 청동기시대의 대표적인 수렵구 역할을 하였다. 청동기시대에 들어와 상당수의 화살촉은 단순한 수렵구가 아니라 무기로도 쓰였다(제10장 참조, 손준호 2006). 역사시대에도, 그리고 수많은 현존 수렵채집 집단이 널리 사용하고 있음을 보더라도, 활과 화살이야말로 사냥도구의 진화에서 가장 정점에 있다고 할 수 있다.

한국에서 가장 이른 시기 돌살촉은 구석기시대 최말기로 편년되는 동해 기곡과 월소 유적에서 나온 유물이다. 기곡에서 나온 10,200±60 BP라는 방사성탄소연대를 보정하면 11,870±250 cal BP가 된다. 이때는 추워졌던 영거드라이어스(Younger Dryas, 12,900-11,700년 전)의 끝자락이며, 그 뒤 급격한 지구온난화로 후빙기에 들어간다. 기곡에서는 석영을 성교하게 양면으로 떼어 내고 다듬어 만든 화살촉 세 점이 나왔다. 월소에서는 같은 재질의 암석을 사용하면서도 짧은 슴베를 가진 유경식(有莖式)이 출토되었다(그림 10.1과 10.2 참조). 구석기시대 화살촉의 사례는 석장리와 하화계리에서도 수습된 바 있지만, 출토 맥락이 불분명한 측면이 있다.

후빙기의 화살촉은 제주도 고산리와 삼양동, 강정동 유적에서 나온 유물이 대표적이다. 고산리 석촉은 슴베(경부)가 뾰족한 것도 있지만, 무경식의 삼각형, 기부가 둥글게 만입된 것, 나뭇잎모양 등 다양하다. 사냥 도구가 집중 출토된 것으로 보아 바닷가이지만, 육상동물에 의존한 수렵채집민이 남긴 유물로 판단된다.

신석기시대 화살촉의 상당수는 뗀석기이다. 특히 부산 동삼동, 통영 연대도, 욕지도, 여수 송도 등 남부 해안과 도서의 조개더미 유적에서는 일본 규슈에서 온 흑요석을 이용하여 화살촉을 만든 유물이 많이 나온다. 이 가운데는 흑요석 격지의 양면을 정교하게 떼어 내어 삼각촉, 또는 기부가 만입되고 미늘이 달린 형태의 화살촉이 많다.

석촉은 보통 슴베의 유무에 따라 유경식과 무경식으로 나눈다. 무경식의 경우 기부 주변에 아무런 손질도 하지 않은 일자형촉이 이른 경향이 있으며, 늦은 시기로 갈수록 기부(밑)가 사다리꼴이나 둥글고 각진 형태로 만입되어 청동기시대 전기 유적에서 자주 보이는 삼각만입촉으로 변모한다. 기부에 깊게 홈이 파인 석기(양 끝에 미늘이 달린 것)를 역자식(逆刺式)이라 일컫기도 한다. 중부지방에서는 이러한 기부 조정이 두드러진 것을 쌍각식(雙脚式)석촉, 또는 좌우 끝이 미늘처럼 되어 있다고 하여 양익(兩翼)촉, 나래촉이라는 이름으로도 부른다.

청동기시대 화살촉 역시 혈암(셰일) 계통의 암석과 이것이 변성된 점판암이나 혼펠스, 천매암 등 층리가 있는 암석을 직접떼기나 양극떼기로 떼어 내거나 찰절기법 등으로 소재를 만든 다음 다듬고 갈아 석기를 완성하였다. 청동기시대 전기의 유적에서는 무경식 화살촉이 많으며, 유경식 가운데에서도 이단경식이 많다. 이후 무경식은 감소하며, 일단경식의 긴 돌살촉이 널리 보인다(배진성 2005; 손준호 2006). 이밖에도 버들잎모양으로 촉신과 슴베가 연결되어 있거나 촉신이 마름모꼴로 이루어져 있으며 슴베가 긴 일체형의 형식도 출토되고 있다.

돌살촉의 종류, 분류, 분석과 관련해서는 제10장에서 더 자세하게 살펴본다.

돌창

한국에서 돌창[石槍]의 등장은 사실 후기 구석기시대 슴베찌르개부터
라고 해야 할 것이다. 포천 화대리와 충주 송암리, 그리고 대전 용호동에서
이른 시기 슴베찌르개가 나온 바 있는데, 현재 방사성탄소연대를 보정한 자
료에 따르면 약 3만 5,000년 전, 이르면 4만 년 전이면 돌로 만든 창끝의 제
작과 사용을 볼 수 있는 것이다. 이런 이른 시기 유물은 규질셰일(혼펠스) 같
은 정질의 암석을 사용하여 격지를 소재로 만든 것이다. 이후 후기 구석기시
대에는 호평동, 고례리, 수양개, 용산동, 진그늘 등 다수의 유적에서 돌날을
소재로 한 슴베찌르개가 나오고 있다(제9장 참조).

후기 구석기시대 후반에는 슴베찌르개가 아닌 양면조정의 버들잎모양
찌르개(bifacial points)도 석장리를 비롯하여, 장흥 신북, 순천 월평, 대전 대
정동 등지에서 나온 바 있다. 크기로 보아 아마도 대형의 동물을 사냥하는
데 쓰였을 것이다(Seong 2008). 이런 양면찌르개 형태는 고산리 출토품에서
도 많이 보이지만, 시공간 공백이 있어 이런 유물이 어떻게 변화하였는지는
불분명하다.

신석기시대와 청동기시대의 돌창의 상당수는 뗀석기이며, 부분적으로
갈린 흔적이 있는 석기가 많다. 사냥용이라 하지만, 신석기시대 유물은 큰
물고기나 바다 포유류를 잡는 어로행위에 쓰였을 가능성이 높다. 형태만으
로 수렵구와 어로구를 구분하기는 어렵다.

서포항, 궁산이나 지탑리, 암사동, 상촌리 등지에서 돌창이 확인된 바 있
으며, 고산리에서는 뗀석기로 만든 돌창이 다수 수습되었다. 고성 문암리 출
토품과 같이 혈암의 전면을 갈고 중간에 구멍을 뚫은 유물도 나왔다(그림
6.3). 신석기시대 돌창의 다수는 창신과 슴베 부분을 별도로 만들지 않은 이
른바 일체형이다. 타제석창은 욕지도나 가도에서 나온 바 있는데, 슴베가 달
린 유경식이다. 마제석창은 나뭇잎모양(유엽형)과 길쭉한 삼각형(평기와 만입

그림 6.5 고성 문암리에서 출토된 구멍 뚫린 간석기
돌창으로 사용되었을 것으로 보인다(국립대구박물관 2005: 187에서).

형)이 있다(하인수 2011).

　반면 청동기시대 돌창의 다수는 자루에 끼워지는 슴베(경부)가 분명하게 만들어져 있다. 유물의 생김새와 크기에서 돌창은 돌살촉과 간돌검(마제석검)의 중간 정도로 볼 수 있다. 유경식석검과 석창을 구분하기 어렵기도 하다. 유경식 석검 가운데 경부가 긴 장경식은 석검보다는 창으로서 용도가 더 어울린다.

　길이는 작은 것은 10cm 정도, 큰 것은 20cm 정도의 것이 많다. 뗀석기로서 그대로 출토되는 돌창도 있는데 대구 동천동, 서변동 유물을 사례로 들 수 있다(국립대구박물관 2005: 246). 청동기시대 유물은 수렵도구로 발전하였을 것이지만, 석검이나 석촉 등 자른 유물을 생각할 때 무기로서 더 큰 역할을 했을지도 모른다.

6.2.2. 어로구

강이나 바다에서 물고기잡이, 곧 어로는 많은 신석기시대 사람들의 생업이었다. 물론 조개더미에서 나오는 생선뼈나 조개껍데기로 당시의 생업을 추론할 수 있지만, 어로 관련 석기도 많이 나온다. 관련 석기로는 이음낚싯바늘[結合式釣針], 작살, 그물추 등이 있다(김건수 1999). 청동기시대에 들어서면 그물추를 제외하고는 어로를 직접 시사하는 도구가 별로 없다.

이음낚싯바늘

신석기시대의 동해안과 남해안에서 어로구 석기로 확인되는 낚싯바늘은 이음식(결합식, 조합식)이다. 일반적으로 낚싯바늘 자체는 뿔이나 뼈 같은 것으로 만들어지기 때문에 고고학 자료로 남아 있는 것이 별로 없다. 그런데 이음낚싯바늘은 무거운 석기가 몸(축부)의 역할을 하고, 거기에 사슴뿔이나 멧돼지 이빨, 뼈로 만들어진 바늘 부위가 연결된 것이다. 축부의 결합면에 홈이 있어 낚싯바늘과 연결되기도 하고, 서로 겹쳐 묶는 방법도 있다(최득준 2014). 이런 유물은 특히 신석기시대 동해안의 고성 문암리와 양양 오산리, 지경리, 울산 세죽리 등과 남해안의 부산 동삼동, 범방, 통영 연대도, 여수 송도, 안도, 대경도, 완도 여서도 패총, 서해안에서는 군산 노래섬, 그리고 일본 규슈에서도 널리 나오고 있다. 돌로 만들어진 축부가 길쭉한 영어 알파벳 I자형의 일자형은 남해안에서 많이 나오고(범방형), J자 모양으로 휘어 있는 것은 동해안 유적에서 많다(오산리형, 하인수 2011).

동삼동, 연대도에서는 몸에 해당하는 부분이 뼈나 동물의 이빨, 조가비로 만들어진 사례도 있다. 이음낚싯바늘의 몸이 되는 석기의 소재는 혈암이나 사암으로 만든다. 작은 것은 길이 5cm 미만의 것도 있지만, 문암리와 오산리의 유물은 길이가 13cm에서 긴 것은 20cm에 이른다. 이 정도 크기의 낚싯바늘은 아마도 먼 바다에서 대구, 삼치와 참치 같은 비교적 큰 물고기를

그림 6.6 울산 세죽리에서 나온 이음낚싯바늘
이음낚싯바늘의 몸은 혈암을 갈아서 만들고 거기에 뼈나 뿔로 만든 바늘을 연결시킨 도구이다. 왼쪽 길이 5.3cm(국립대구박물관 2005: 169에서).

낚을 때 사용했을 것으로 보인다. 창녕 비봉리에서는 신석기시대 이른 시기의 통나무배가 확인되어 당시의 항해와 어로를 짐작해 볼 수 있다.

작살

현재까지의 자료에 따르면 작살은 신석기시대에 처음 보인다. 육상동물을 사냥할 때 돌창을 사용하는 것과 마찬가지로, 작살은 물고기와 바다 포유동물을 잡을 때 사용하는 도구이다. 그러나 유물 형태만으로 수렵구와 어로구를 구분하기 어려운데, 전술한 신석기시대의 돌창은 대부분 바다 포유류나 물고기를 잡는 데 쓰였을 것으로 보인다.

뼈나 뿔, 그리고 나무로 만들어진 작살도 있는데, 보통 크기와 무게가 있는 것으로 보아 먼 바다에서 상어 같은 큰 물고기와 고래 같은 대형 포유동물을 잡는 도구로 생각된다. 그리하여 신석기시대 작살은 대체로 조개더미[貝塚]에서 출토되는데, 동북지방의 서포항이나 농포동, 그리고 남해안의 동삼동, 연대도, 욕지도, 안도 등지에서 확인되고 있다. 사실 오산리에서 나온 기부에 구멍이 뚫린 석기는 돌창(가령 문암리 출토품, 그림 6.5)과 별반 차이가 없고, 욕지도 등지에서 나온 돌로 만든 작살 역시 돌창과 형태상 구분하기 어렵다.

고성 문암리와 여수 안도, 통영 연대도, 상노대도, 부산 동삼동 등지에서는 톱니날이 달린 결합식작살이 출토되기도 하였다. 현재까지 복원한 바에 따르면, 가장 끝에 뾰족한 석기를, 양쪽에 톱니날을 가진 석기를 나무와 뼈 자루에 끼워 단단히 고정하는 방식의 작살도구의 일부라고 생각된다(국립대구박물관 2005: 174). 이음낚싯바늘과 함께 이런 결합식작살은 일본 서북 규슈의 조몬시대 유적에서도 비교적 흔하게 출토되고 있어 어로 행위에 공통점이 있음을 짐작할 수 있다.

한국의 동남해안 신석기 유적에서는 뼈로 만들어진 작살이 많이 나온다(이상규 2014). 고성 문암리, 울산 죽변, 세죽, 부산 범방, 통영 연대도, 상노대도, 여수 안도, 완도 여서도, 신안 가거도 패총 등 신석기시대 조기와 전기의 패총 유적에서 출토량이 적지 않다.

이밖에도 흔히 찔개살이라 불리는 석기는 길쭉하고 납작한 모양의 도구이다. 작살의 일종이라고도 생각되기도 하고 돌살촉이 길어진 모양으로 보기도 한다(10장 참조). 물고기 사냥뿐 아니라 조개를 따고 까는 과정에도 쓰였을 것으로 생각된다.

그물추

그물추[漁網錘]는 선사시대에 발견되는 어구 가운데 가장 많은 수를 차지할 것이다. 그물은 물고기를 잡는 도구—민족지에 따르면 육상동물의 사냥에 쓰이기도 한다—인데, 크고 작은 강이나 바다에서도 많은 물고기를 한꺼번에 잡을 때 사용한다. 현재까지 구석기시대 자료는 발견된 바 없으며, 신석기시대에 들어서면서 그물추를 근거로 널리 쓰였음을 알 수 있다. 신석기시대 말 평양의 남경 주거지에서는 3,000점이 나오기도 했으며, 양양 지경리에서는 300점 이상이 확인되었다. 이처럼 많은 유물은 그물을 이용한 공동 어로가 있었음을 시사하고 있다.

그물추의 생김새는 다양하지만, 이 가운데 대체로 납작한 자갈돌의 양 끝에 간단한 타격으로 홈을 내 그물에 묶어 쓰는 방식이 가장 평범하다(김경규 2003; 하인수 2016). 많은 유적에서 나온 유물을 보면 타격은 대개 한 번에 이루어져 있다. 이런 단순 그물추가 많이 발견되지만, 경우에 따라서는 고성 문암리, 양양 오산리와 부산 범방 유적에서와 같이 혈암을 곱게 갈아 추 모양을 만들고 한쪽 끝을 돌아가며 둥그렇게 홈을 파서 그물에 결구하는 형태도 있다.

이처럼 여러 형태가 있지만, 예비적인 분석에 따르면 대동강유역의 출토품이 크기도 작고 정형화되어 있으며, 반면 고남리, 노래섬, 가도패총에서 출토된 남부 해안의 유물은 주로 대형의 것이 많다고 한다(윤혜나 2011).

그물추와 유사한 석기로는 석추를 들 수 있다. 석추는 고성 문암리, 양양 오산리, 부산 범방패총 등에서 나온 바 있는데, 실로 결박하기 위한 홈이 파여 있고, 추와 같은 모양을 하고 있다. 전체적으로 이음낚싯바늘이 출토되고 있는 동해안에서 어로와 관계되는 도구로 생각된다(하인수 2011).

6.2.3. 농경구

신석기시대와 청동기시대의 석기는 대부분 생업과 관련되어 있는 도구로 이루어져 있다. 특히 신석기시대 이후 농경이 식량생산 방식으로 등장하고 점차 정착하면서 이와 관련된 유물도 많이 보인다. 신석기시대의 많은 지역에서는 농사가 주된 생계 수단은 아니었지만, 청동기시대가 되면서 농경은 생계의 토대가 되며 청동기시대 후기 송국리유형 단계에서는 벼농사가 근간이 되었다고 한다(한국고고학강의 2010).

농사와 관련된 도구는 크게 땅을 파는 데 쓰이는 돌이나 뿔로 만들어진 굴지구(괭이와 따비)와 조나 기장, 벼의 이삭을 따는 수확구, 낟알의 껍질을 벗기고 가는 제분구 등으로 나눌 수 있겠지만, 여기에서 제분구는 식료 가공구로 구분하여 살펴볼 것이다.[2] 굴지구에는 뿔로 만든 뒤지개와 함께 괭이와 따비, 곰배괭이 등이 있으며, 수확구에는 돌낫과 각종 돌칼을 예로 들 수 있다.

굴지구와 괭이

굴지구란 농사를 위해 땅을 파는 도구를 말하며, 기경구라고도 불린다. 선사시대 굴지구는 돌이나 나무, 뿔로 만들어진다. 석제 굴지구는 흔히 점판암이나 안산암, 화강암과 같은 암석으로 만들어지는 것이 보통이다. 상당수의 굴지구는 타제이고, 부분적으로만 마연되어 있을 뿐이다. 굴지구는 대개 괭이와 따비(보습)로 나눌 수 있다.

흔히 석부(石斧)로 통칭되고 있다. 그런데, 실제 땅을 파는 데 쓰이는 괭이와 나무를 베거나 가공하는 데 쓰는 도끼는, 현재도 그렇지만, 선사시대에도 구분되어 사용되었을 것이다. 돌괭이 가운데는 전면을 뗀석기기법으로 만들었기 때문에 타제석부라고 불리는 경우도 있다. 석부류 석기 가운데 괭이와 도끼는 언뜻 외형은 비슷하지만, 괭이가 도끼에 비해 더 얇으며, 크기도 더 큰 경향이 있다. 또한 자루에 끼워지는 어깨부위가 날보다 좁으며, 대체로 수평의 날을 가지고 있다. 현실적으로 신석기시대 유물의 경우 어깨가 날보다 좁은 것을 돌괭이로, 그렇지 않은 유물을 돌도끼로 나누기도 한다.

초창기에는 뼈나 뿔을 괭이로 이용하여 흙을 파고 뒤집어 씨앗을 심었을 것으로 생각된다. 돌괭이는 신석기시대 이른 시기부터 서포항이나 궁산, 오산리, 암사동 유적에서 나왔다. 대체로 크기가 작은 것에서 시간이 흐르면서 가늘고 길어지는 변화를 보인다. 안산암, 화강암 등 대체로 거칠지만 충격에 오래 견디는 암석이 소재로 이용되었다.

청동기시대 유적에서는 많은 석기가 확인되지만 농경구의 빈도는 아주 낮은데, 이는 농경에 목기가 적극적으로 사용되었기 때문으로 보인다(김도헌

....

2   갈돌과 갈판 등은 탈곡과 제분을 위해 쓰인 것으로 보이며, 곡물 외에도 도토리나 기타 견과류를 가는 데 썼을 수 있다. 또한 외국의 사례와 같이 안료나 다른 비식용 물질을 빻고 가는 용도에도 쓰였을 가능성도 배제하기 어렵다(Dubreuil 2004; Schneider 2009).

2016). 출토 사례는 많지 않지만, 돌괭이는 자루에 장착되는 부위가 좁고 날이 넓은 형태가 그대로 유지된다. 특히 자루 장착 부위가 어깨의 단을 이루고 있기도 하다.

따비

따비는 현재의 삽처럼 흙을 파고 뒤엎는 데 쓰였던 도구로서, 돌보습(석리[石犁])이라고도 부른다. 큰 굴지구로서 길이 30-60cm의 대형과 그보다 작은 15-20cm 정도의 돌괭이와 비슷한 소형도 있다. 전체적으로 어깨부위가 좁고 날이 넓어지는 것과 함께 중간 부위가 넓어지다가 좁아지는 타원형이 있다.

따비는 암사동, 지탑리 등 중서부지방의 신석기 유적에서 비교적 많이 나온다. 한편, 청동기시대 따비는 진주 대평리 옥방지구의 출토 사례에서 보듯이 아주 긴 타원형을 하고 있지만, 청동기시대에 대형 굴지구 출토는 현저히 줄어든다. 그러나 고고학 자료에서 굴지구의 사례가 부족하다는 것은 역으로 밭을 갈고 씨를 심는 일은 아마도 나무를 이용한 농기구가 일반적이었음을 비추어 주고 있다. 전 대전 출토 농경문청동기에도 괭이와 따비를 이용하여 농사를 짓는 모습이 표현되어 있기도 하다.

곰배괭이

곰배괭이(유견석부)란 자루에 장착되는 부위보다 날을 넓적하게 만들어 더 많은 흙을 뜰 수 있게 한 석기를 말한다. 대체로 편평하고 수평으로 쪼개지는 성질이 있는 점판암이나 혈암, 혼펠스로 만들어진다. 신석기시대 후기, 특히 중북부지방에서 많이 출토되는 유물이다. 신석기시대 서포항 유적의 사례를 보면 괭이는 이른 시기에 길쭉한 타원형의 형태에서 후기에 들어서면서 날 부위의 폭이 넓어진 곰배괭이로 발전한다고 한다(국립대구박물관 2005: 139의 사례 참조). 곰배괭이의 크기 역시 이전 시기의 괭이보다 커서 20-30cm 정도이다.

곰배괭이는 한반도 동북지방의 서포항, 범의구석, 회령 오동, 검은개봉 유적 등 신석기시대 후기와 청동기시대의 호곡동, 오동, 초도 유적 등지에서 많이 나오는 유물이다. 또한 중국 동북지방의 길림성과 흑룡강성 일대의 유적에서도 보이고 있다. 그런데 진주 상촌리와 합천 봉계리, 김해 수가리, 부산 동삼동, 범방, 통영 상노대도, 무안 장학리 등 한반도 남부에서도 비슷한 유물이 출토되고 있는데, 장방형돌칼(석도)과 함께 동북지방과 영남지방의 관련을 잘 보여 준다. 또한 암사동에서도 어깨에 단이 진 형태의 곰배괭이가 수습된 바 있다.

돌낫

돌낫(석겸[石鎌])은 주로 곡식을 수확하고, 풀을 베고 자르는 쓰임새를 가진 도구이다. 후기 구석기시대 잔돌날[細石刃]을 뼈나 뿔, 나무에 박은 도구가 창뿐 아니라 칼이나 낫과 같은 기능을 했을 수는 있다. 하지만 곡식을 수확하는 것은 신석기시대에 들어서야 자료로 확인되는데, 곡물은 주로 조와 기장이었을 것이다. 신석기시대에 낫과 같은 용도의 도구는 돌뿐만 아니라 멧돼지의 이빨이나 뼈, 조가비를 이용하여 만든 것도 있다. 또한 상당수 신석기시대의 돌낫은 뗀석기, 곧 타제로 만든 것인데, 지탑리와 암사동, 초당동 유적에서 출토된 바 있으며, 남부지방에서는 거의 나오지 않고 있다.

돌낫은 청동기시대 유적에서 본격적으로 출토되고 있다. 돌낫의 중요한 특징으로는 편평한 유물의 한쪽에만 날이 있음을 들 수 있는데, 그렇지 않고 양쪽에 날을 가진 유물도 있다. 돌칼(석도)이 흔히 편인, 곧 한쪽에서 갈아 만든 날을 가지고 있는데 비해 돌낫은 양인인 경우가 대부분이다. 치밀하게 갈아 날을 세웠으며, 대부분 약간 둥그런 모양을 갖추도록 하여 현대의 낫과 비슷한 모습이다. 유물 전체를 갈아 만든 석기도 있지만, 날 부분만을 마연한 것도 있다. 전면 타제로 출토되는 유물은 아마도 완성된 것이 아니라 반제품으로 판단된다. 돌낫은 끝 부분으로 가면서 뾰족한 모양을 이루며, 자루에 장착되는 부위는 비교적 두껍게 되어 있다.

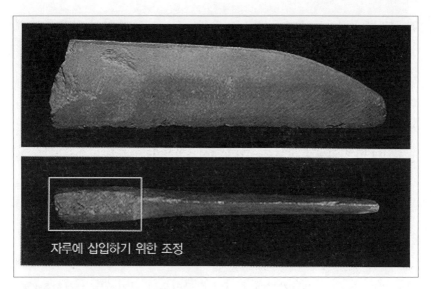

자루에 삽입하기 위한 조정

그림 6.7 곡성 현정리 출토 돌낫(국립대구박물관 2005: 207에서)

낫이나 칼로 쓰였을 것으로 생각되는 유물에는 청동기시대의 이형돌칼 (이형돌낫)이 있다. ㄱ자형돌칼(동북형석도)이라 불리기도 하며, 한반도의 동부와 남부의 유적에서 발견되고 있다. 돌낫과 비슷한 모습이지만, 특이한 점은 낫의 경우 날이 안쪽에 있는 데 반해 이형돌칼의 날은 바깥쪽에 있다는 것이다. 농경보다는 식료 가공이나 조리용으로 쓰였을 가능성도 있다.

돌칼

돌칼[石刀]은 무엇을 베고 자르는 도구이다. 신석기시대 돌칼은 정형화한 형태를 찾기 어렵지만, 청동기시대에는 반달돌칼처럼 농작물의 수확에 특화된 도구로 발전한다. 신석기시대 돌칼 가운데 눈에 띄는 것으로는 고성 문암리에서 나온 구멍 뚫린 혈암제 유물을 들 수 있다. 이밖에도 반달 또는 삼각형으로 생긴 돌칼에 석도형석기라는 범주도 쓰이고 있는데, 대부분이 타제로 만들어진 유물이다.

이른바 반달돌칼[半月形石刀]은 중국 동북지방에서 신석기시대 말부터 보이는데, 우리나라 청동기시대에는 전국적으로 분포하고 있으며, 일본에까지 전파된 석기이다. 돌칼은 점판암, 혈암(셰일), 이암, 편암, 사암 등을 소재로 뗀석기기법으로 대략 형태를 만든 다음 거칠게 다듬고 갈아서 표면을 준비한 뒤, 투공구를 사용하여 구멍을 뚫고, 정밀한 마연으로 날을 완성하였다. 돌칼은 한쪽에 날을 가지고 있으며, 대체로 날과 반대쪽, 그러니까 등 가까이 구멍 두 개, 또는 세 개가 뚫려 있다. 이 구멍에 줄을 꿰어 손에 쥐고 사용하거나 나무 자루에 연결하여 사용하였으리라 생각된다.

돌칼은 반달 모양이 많아 반달돌칼이라 불리기도 하지만, 지역적으로 다양한 형태를 가지고 있다. 곰배괭이가 많이 출토되는 동북지방에서는 신석기시대 후기부터 장방형이 많으며, 청동기시대 전기에는 물고기모양[魚形]과 빗모양[櫛形], 그리고 배모양[舟形, 장주형과 단주형] 등 다양한 형태의 돌칼이 쓰였다. 청동기시대 후기의 송국리유형 시기에는 삼각형돌칼이 유행한다. 날 부위가 둥근 반달모양(주형)에서 각진 삼각형으로 변화한 것인데, 흔히 양쪽의 날이 엇갈려 있어 교대로 사용된 것으로 추정된다.

청동기시대 돌칼에 대해서는 제11장에서 더 자세히 살펴본다.

격지

칼처럼 사용되었을 것으로 추정되는 유물에는 일반 격지도 있다. 신석기시대와 청동기시대 유적에서 격지의 출토는 빈번하지만, 상당수가 다른 유물을 만들고 남은 폐기품으로 여겨졌다. 그러나 일상생활에서 동식물을 가공하고, 채집하는 데 날카로운 격지가 유용함을 고려할 때 널리 쓰였으리라 생각된다(이기성 2015). 형태가 정형화하지는 않지만, 간단한 타격으로 유용한 도구를 만들 수 있다. 이에 대해서는 아직 연구가 별로 이루어져 있지 않은데, 앞으로 유적에서 나온 석기군의 구성(조성)을 종합적으로 검토해야 할 것이다.

큰 격지나 자갈돌, 또는 활석을 둥그런 모양으로 떼어 내어 만든 원반형 석기 역시 신석기시대 유적에서 적지 않게 나온다. 쓰임새는 불분명하지만, 채집이나 식료 가공, 그리고 동식물을 자르는 데 쓸 수 있다.

이밖에도 부리형석기라 불리는 것 역시 이삭을 훑고 베는 데 쓰였으리라 여겨지기도 하지만, 의례용품일 가능성도 있다.

6.4. 가공구

가공이란 획득한 원재료를 다듬거나 처리하여 새로운 제품이나 물건을 만드는 행위를 말한다. 동식물 식량자원을 준비할 수도, 석기를 만들고 재사용하기 위해 날을 갈 수도 있으며, 나무를 다듬는 행위도 포괄한다. 이런 가공 행위에는 여러 도구가 사용되는데, 신석기시대와 청동기시대의 유적에서는 각종 식료가공, 목재가공, 석재가공 관련 도구가 출토되고 있다.

6.4.1. 식료가공구

수렵과 채집, 그리고 사육과 재배로 얻어진 동물과 식물 자원을 음식으로 이용하기 위해서는 준비과정이 필요하다. 식료가공과 관련되는 선사시대 석기로는 갈돌과 갈판, 모룻돌, 홈돌, 격지, 돌칼, 돌톱 등을 들 수 있다.

갈돌과 갈판

갈돌과 갈판은 주로 열매나 곡식의 껍질을 까고 가는 도구이다. 대상 열매나 곡식을 갈판(연석[碾石], 마반) 위에 올려놓고 갈돌로 찧거나 밀고 당기는 방식으로 사용한다. 신석기시대에는 안료나 조가비 같은 것도 가는 데 사용했을 수 있지만, 주로 도토리를 비롯한 열매의 껍질을 까고 음식으로 준비하기 위해 제분하는 데 쓰였을 것으로 보인다. 민족지 사례를 보아 유추해 보면 선사시대에는 곡식이나 기타 채집으로 획득한 식물성 식량을 제분하여 섭취하는 것이 중요하였을 것으로 추측된다.

갈판은 사암이나 화강암, 화강편마암, 편암, 현무암 등 입자가 비교적 거칠지만 오래 견디고 강한 편평한 암석을 사용하여 타원형이나 장방형으로 다듬어 사용하는 것이 보통이다. 특히 구멍이 있는 돌을 사용하는데, 요즘도 화강암이나 현무암 같은 원석으로 만들어진 맷돌이 쓰이고 있는 것과 쓰임 새는 비슷할 것이다. 지탑리 출토품처럼 말안장모양으로 정형화하기도 하는 데, 이런 갈판은 옥천 대천리, 진안 진그늘, 창녕 비봉리 등 널리 보인다. 비봉리 유물은 길이가 69.9cm, 너비 31.4, 두께 5.8cm로 아주 크다.

갈돌은 용도에 따라 여러 생김새와 크기를 가지고 있다. 주먹 크기의 자 갈돌을 이용하기도 하며, 길쭉한 몽둥이 모양의 것이 이용되기도 한다. 이것을 각각 마석과 마봉이라 세분하기도 하고(손준호·上條信彦 2011), 단면형에 따라 원형, 타원형, 볼록렌즈형, 장방형, 반원형, 사다리꼴 등으로 나눌 수 있다(임상택 2001). 갈돌을 한쪽만 집중적으로 쓴다면 갈판과 접촉한 면만 부드럽게 마모될 것이다.

최근 제주 고산리의 초창기 신석기시대 유적에서는 접시 모양의 갈판이 나온 바 있으며, 서포항, 서울 암사동, 부산 동삼동, 창녕 비봉리, 제주 북촌리 등 전국적으로 내륙이든 해안의 패총이든, 수많은 신석기시대 유적에서 출토되고 있다. 특히 조를 재배하는 농경이 확산되는 중기에 출토 사례가 늘어나며, 본격적으로 농경사회에 접어든 청동기시대 들어 더욱 빈번해지다가, 청동기시대 후기부터 줄어드는 것으로 알려져 있다. 갈판은 대체로 둥근 모양이나 괴상에서 말안장형으로 변화하며, 갈돌은 공모양이 많지만, 길쭉한 봉상의 것이 시간적으로 늦다고 한다.

공이와 홈돌

공이란 고석(敲石)이라고도 불리는데, 망칫돌과도 같이 절구 또는 홈돌 (또는 요석[凹石])에 대상 물질(안료, 식물)을 놓고 찧고 빻는 데 쓰이는 도구이다. 공이는 갈돌과도 같이 여러 생김새와 크기의 유물이 있다. 갈돌이 주로 갈판 위의 물질을 부드럽게 가공하는 데 쓰여 잘 갈린 표면을 갖는 반면, 공이는 주로 찧는 용도로 쓰였기에 홈돌이나 절구에 닿는 부분이 찍히거나 마모된 흔적을 가지고 있다.

남해안의 신석기 패총 유적(연대도, 안도 등)에서는 석시(石匙)라 불리는 유물도 나오는데, 일본의 조몬 유적에서 보이는 것으로 교류의 산물로 생각되고 있다. 또한 유적에서는 발화석이나 모룻돌도 나온다. 이밖에 식료 가공에는 일반 격지 등 다양한 도구가 쓰일 수 있다.

6.4.2. 목재가공구

나무를 다루는 일은 의식주의 필요를 충족하기 위해서 중요한 일이다. 움집을 짓기 위해서 나무를 베고 다듬어야 하며, 화전이나 밭을 일구기 위해서도 나무를 베는 일은 필수적이다. 나무를 베고 다듬는 데 쓰인 석기는 선사시대 유적에서 빈번하게 보인다. 석부류를 들 수 있는데, 두꺼운 돌도끼는 주로 벌목에 쓰였을 것이고, 자귀는 더 작은 나무를 다듬는 데 쓰였을 것이다. 뿐만 아니라 대팻날(편평편인석부)이나 돌끌(석착[石鑿])도 고고 유적에서 자주 볼 수 있는 유물이다.

돌도끼

석부는 자루에 끼웠을 때 흔히 ㄱ자 모양을 이루며, 나무를 베고 가공하는 도구이다. 날의 방향에 따라 크게 도끼와 자귀로 나눌 수 있다. 도끼의 날은 자루와 평행하게(정확히는 운동방향과 나란하게) 장착되지만, 자귀(adze)의 경우 날의 방향과 직교한다. 특히 신석기시대 석부 가운데 이 둘을 형태상 구분하기란 쉽지 않은데, 날 부분에 남아 있는 사용흔의 방향을 추론해 보면 어느 정도 구분이 가능하다(윤지연 2006).

대구 서변동과 논산 마전리 청동기시대 유적에서는 길이 54cm 정도의 나무로 만든 도끼자루가 출토되었다. 두 유적 출토품 모두 돌도끼를 끼우는 부분에 홈이 파이고, 그 아래 자루의 중간 부분에 두 개의 단을 돌린 유물이다(국립대구박물관 2005: 219; 그림 6.8).

돌도끼는 주로 나무를 베고 다듬는 데 쓰인 석기이다. 도끼의 날은 양인과 단인(편인, 외날)으로 나눈다. 양인이라 함은 도끼를 측면에서 볼 때 양쪽

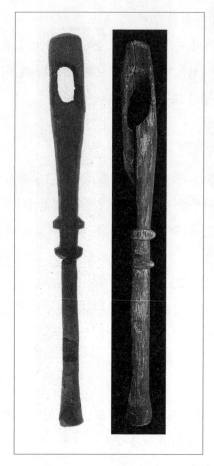

그림 6.8 청동기시대의 나무도끼자루
논산 마전리(왼쪽, 38.4cm)와 대구 서변동(오른쪽, 길이 54.0cm)에서 출토되었다(국립대구박물관 2007: 218-219에서 편집, 축척부동).

을 좌우대칭으로 똑같이 갈아 날카로운 날을 만든 것을 말한다. 날의 평면형에 따라 다시 곧은 날(직인석부)과 조개가 입을 다문 모양의 합인으로 나누기도 하며, 비스듬하게 날을 세운 돌도끼를 사인(斜刃)석부라 부르기도 한다 (김경칠 2004). 합인석부는 흔히 나무를 베는 도구로 생각되어 벌채부라는 용어도 쓰이며, 몸의 단면에 따라 장방형, 타원형, 원형, 렌즈형 등으로 세분하기도 한다. 편인의 경우 크기가 작은 도구는 돌끌, 그리고 더 얇고 편평한 것은 대패와 같은 쓰임새를 가졌을 것이다.

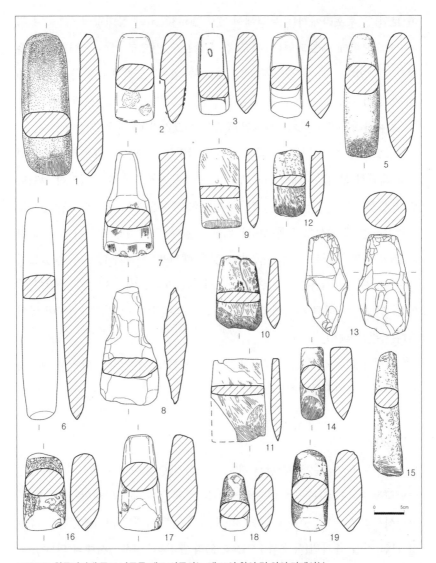

그림 6.9 청동기시대 주로 나무를 베고 가공하는 데 쓰인 합인 및 양인 마제석부

1·5: 공귀리, 2: 원북리, 3: 백석동, 4: 관산리, 6: 석탄리, 7·8: 오곡리, 9: 송련리, 10·11: 심귀리, 12·15: 범의구석, 13: 국산, 14: 토성리, 16: 검단리, 17: 휴암리, 18: 계수동, 19: 율전동(손준호 2006: 69에서).

신석기시대에는 비교적 길이가 짧은 소형 돌도끼와 길고 큰 돌도끼로 나눌 수 있다. 특히 장대형석부라 불리는 길쭉하고 큰 돌도끼는 고성 문암리, 춘천 교동, 울질 후포리, 통영 연대도와 욕지도 등 한반도의 동부에서 많이 보인다. 후포리에서는 무덤에서 길이 20-30cm의 장대형석부 130여 점이 관옥과 함께 출토되었다. 서로 겹쳐 출토된 것으로 보아 한꺼번에 묻은 것으로 보인다(국립대구박물관 2005: 152 사진 참조). 토기가 나오지 않아 연대를 알기 힘들지만, 최근 춘천 교동유적과 마찬가지로 신석기시대 이른 시기로 보는 견해가 많다. 늦은 시기의 돌도끼는 크기가 더 작은 경향이 있다.

돌도끼는 청동기시대 유적에서 더욱 빈번하게 나온다. 대체로 장대형석부를 제외한 신석기시대의 돌도끼보다 커지며, 형태적으로도 상당히 정형화한다. 벌목구로 생각되는 돌도끼, 곧 합인석부는 섬록암, 화강편마암 등으로 만들어지며, 상대적으로 돌괭이에 비해 두껍다. 그렇지만 크기와 무게에 따라 크고 무거운 석부는 벌목용, 중간 것은 쐐기용, 두께가 얇고 작은 돌도끼는 절단 또는 절개용으로 판단하기도 한다(김경칠 2004: 157-58). 단면이 각이 진 장방형이 이른 시기에 많으며, 시간이 흐를수록 타원형과 원형이 많아진다(손준호 2006).

이밖에도 유견석부, 유공석부와 같은 유물도 있다. 돌도끼에 대해서는 제11장에서 좀 더 자세히 살펴본다.

돌자귀

자귀는 도끼와는 달리 날과 자루가 수직 방향을 이루는 것으로, 외날, 곧 편인석부(片刃石斧)를 말한다. 이 가운데 긴 몽둥이 모양의 것을 주상(柱狀)편인석부라 부르며, 중간에 단이 져 있는 것을 턱자귀[有段石斧], 단이 홈처럼 파인 것을 홈자귀[유구석부(有溝石斧)]라 부른다. 신석기시대의 외날도끼, 곧 단인석부는 날 부위만을 마연한 국부마제석부가 많지만, 청동기시대에 들어서며 전면을 마연한 것이 대다수가 된다.

유단석부는 턱이 져 있는 유물인데, 평안도와 황해도 등 한반도 서북부 지방을 중심으로 하는 팽이형토기와 같이 나오고 있다. 단면 장방형이 많으며, 사다리꼴 유물도 있다. 턱이 진 유단석부와 달리 길쭉하지만, 턱이 없는 외날의 돌자귀를 주상편인석부라 일컫는다. 한반도 전역에서 나오며, 대체

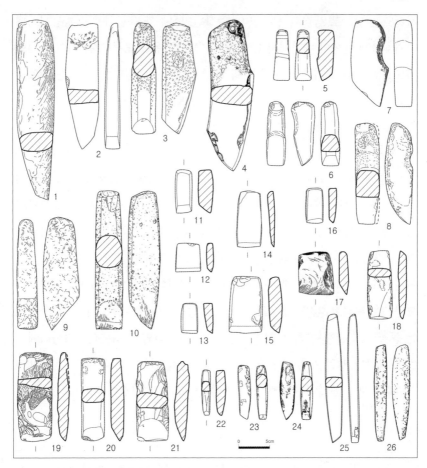

그림 6.10 청동기시대 각종 편인석부류 석기

1: 금탄리, 2: 고연리, 3·16·21·22: 관창리, 4: 장천리, 5·6: 송국리, 7: 금야, 8: 대청, 9: 세죽리, 10: 진라리, 11-13 당정리, 14: 지리, 15: 나복리, 17: 심귀리, 18·25: 중도, 19: 검단리, 20: 구곡, 23: 죽내리, 24: 황토전, 26 원암리(손준호 2006: 71에서).

로 청동기시대 전기의 유물이다.

홈자귀(유구석부)는 유단석부의 턱(단)이 홈처럼 각이 지거나 둥글게 파인 것을 일컫는다. 홈을 제외하고는 전체적인 형태에서 주상편인석부와 유단석부와 큰 차이가 없지만, 크기가 좀 더 작은 것이 대부분이다. 홈은 자루에 장착하고, 사용 중 강한 충격에도 견고함을 유지하기 위한 이유에서 만들어진 것으로 보인다. 이 때문에 주상편인석부와 유단석부에서 홈자귀로 발전하였을 것으로 생각되기도 한다. 주상편인석부와 유단석부가 청동기시대 전기 역삼동유형의 유적에서 많이 보이지만, 두 유물 모두 늦은 시기 유적에서도 확인되고 있기에 단순한 변화를 상정하기는 어렵다. 홈자귀는 대체로 청동기시대 후기 송국리유형의 유적에서 출토되고 있다.

편평편인석부

편평편인석부(扁平片刃石斧)는 목공구로서 지금의 대패와 비슷한 쓰임새를 가졌을 것이다. 돌대패라는 용어는 잘 쓰이지 않아 생소하지만, 대팻날이라는 말이 쓰이기도 한다. 나무를 깎고 다듬는 데, 그리고 돌도끼와 자귀보다 더 정밀한 목공에 사용되었을 것이며, 장착 방식은 편인의 자귀, 곧 홈자귀나 유단석부와 비슷하였을 것이다. 편평편인이라는 말에서 알 수 있듯이 모양은 편평하고 얇다. 대체로 넓적한 모양을 하고 있는데, 가늘고 긴 형태는 돌끌(석착)로 분류하는 것이 보통이다. 편평편인석부는 신석기시대에는 소량 확인되고 있으며, 청동기시대 유적에는 빈번히 출토된다(국립대구박물관 2005). 보통 셰일이나 혼펠스, 편마암 등으로 만들어진다.

돌끌

돌끌, 곧 석착(石鑿)은 현재의 끌과 같이 합인석부로 벤 나무에 구멍을 뚫는 등 정밀한 목공에 쓰였으리라 생각된다. 편평편인석부나 주상편인석부와 비슷하기도 하지만, 더 길쭉하여 길이가 5-10cm 정도가 많다.

문암리, 동삼동, 봉계리 등 신석기시대 유적에서도 출토되는데, 이암과 층리가 발달한 셰일(혈암)이나 점판암 등으로 만들어졌다. 돌끌은 청동기시대에 들어서 출토량이 늘어나고, 흔히 합인석부, 편인석부, 편평편인석부와 함께 목공구의 조합을 이루며 나오는 석기이다. 신석기시대의 고성 문암리와 진주 상촌리 등지에서도 확인되고 있는데, 돌도끼와 비슷하지만, 더 작은 간석기를 가리키기도 한다. 정밀한 목공에 쓰인 석기로 아주 작은 유물도 있다.

그림 6.11 편평편인석부 사례
떼어 내 만든 두 유물 중 왼쪽은 서변동(길이 12.4cm), 오른쪽은 송죽리(길이 9.6cm) 출토(국립대구박물관 2005: 228-230에서 편집).

6.4.3. 석재가공구

숫돌

숫돌(지석[砥石])은 돌을 갈아 다듬는 석재가공구의 대표적 기종이다. 청동기시대 유적에서 흔하게 출토되고 있지만, 신석기시대 유적에서도 자주 출토된다. 경우에 따라서는 한 면이나 일부가 마연된 석기를 폭넓게 지칭하기도 하는데, 생김새가 다양하다. 선사시대 간석기로서 흔하게 보이는 유물이지만, 형식분류나 편년 연구는 별로 없다. 사암이나 이암이 많지만, 응회암이나 편마암 같은 암석을 이용한 사례도 있다.

간석기 제작과정에서는 우선 소재를 떼어 내 주변을 손질하여 모양을 만든 다음 거칠게 마연한 뒤 다시 날 부위 등을 정밀하게 마연하여 완성하는 것이 보통이다. 이때 거친 재질의 마연에는 사암과 같이 입자가 비교적 큰 암석이 숫돌로 쓰이며, 정밀한 마연에는 고운 입자의 이암 등으로 만들어진 숫돌이 사용된다. 나아가 지금도 칼이나 낫을 가는 데 숫돌이 쓰이는 것처럼 반달돌칼이나 돌날 같은 도구의 날을 다시 세우는 데도 널리 쓰였을 것이다.

또한 전체나 일부가 고르게 마연되어 있는 숫돌도 있지만, 옥과 같은 특수한 유물을 제작할 때 사용되는 경우 평행한 홈이 파여 있기도 한다(국립대구박물관 2005: 276).

기타 가공구에는 일반적인 격지도 중요했을 것이다. 채집뿐 아니라, 각종 동식물 식료 자원을 해체하고, 베고, 자르는 가공에 쓰였을 것이며, 의복을 만들고 수선하는 등 다양한 용도에 쓰였을 것으로 추정된다.

6.5. 의례, 무기, 장신구 및 기타 석기

울진 후포리에서 나온 신석기시대 장대형석부의 상당수는 사용된 흔적이 없다. 따라서 의례용으로 제작, 사용되었고, 무덤에 매납된 것으로 보인다. 하지만 실제로 의례용과 실생활용 석기를 구분하기란 쉽지 않다. 돌살촉이나 간돌검은 실생활용구로 쓰이다가 시간이 흐르면서 장대화하거나 특정 부위가 강조되면서 의례용으로 발전한 것으로 보인다. 다만 각종 옥제품이나 치레걸이처럼 원래부터 장신구로 만들어진 석기도 있다.

간돌검

간돌검(마제석검)은 우리나라 청동기시대를 대표하는 간석기이다. 집자리에서도 출토되고 있어 분명 실생활에서도 사용되었지만, 고인돌이나 석관묘 등 매장유적에서 부장용으로 많이 발견되고 있다. 대체로 이암, 혼펠스, 점판암, 편암, 천매암 등 퇴적암, 또는 변성암 종류를 이용하여 양쪽에 날을 가지도록 갈아 만든 검이다. 날은 비교적 곧게 뻗어 있지만, 검끝으로 갈수록 좁아지면서 뾰족해진다. 작은 것도 있지만, 대체로 전체 길이 30cm 정도가 많다. 하지만, 장대화한 것은 그 두 배가 넘어 청도 진라리 고인돌에서 나온 이단병식의 간돌검은 길이가 무려 67cm에 이른다(국립대구박물관 2005: 264).

돌검은 보통 손잡이(병부[柄部])의 유무와 형태를 중심으로 유경식과 유병식, 그리고 유병식은 다시 일단병식과 이단병식으로 구분하는 것이 보통이며, 손잡이에 띠(절대)만을 돌린 유절병식(有節柄式)이라는 형식도 있다(제11장 참조). 유경식은 손잡이가 없고 짧은 슴베만이 있는 것인데, 경부가 긴 장경식의 경우 돌창(석창)으로 분류되기도 한다. 장경식을 뺀 유경식은 검으로 쓰였을 것으로 보인다. 왜냐하면 유경식 가운데 경부의 양변에 홈이 있는 것(유구식)이 있는데, 부여 송국리에서는 나무 손잡이가 결합된 검의 모습이 그대로 출토된 바 있기 때문이다.

이단병식 석검 가운데 검신의 양쪽에 피홈(혈구)을 가진 것도 있으며, 대체로 청동기시대 전기의 유적에서 많이 나온다. 이단병식석검 가운데는 손잡이 부분과 검신 부분의 길이가 거의 비슷할 정도로 검신이 닳은 것도 있다. 이는 아마도 실생활에서 무엇인가를 자르거나 찌르는 용도로 사용된 것으로 보인다. 특히 중서부지방 집자리 유적에서 파손되어 나온 사례가 많다.

유절병식은 이단병식이 변형된 형태로 병부에 마디가 표현되어 있으며, 검신이 길쭉해지면서 끝이 뾰족해지는 등 의기로서의 특징이 뚜렷해진다(장용준·平君達哉 2009; 국립대구박물관 2005: 261). 간돌검 가운데 가장 많은 수는 일단병식이다. 상당수 경기와 충청지방의 이단병식석검이 집자리에서 출토되는데 반해, 일단병식석검은 고인돌이나 석관묘 등 무덤에서 많이 나온다. 무덤 출토 석검 가운데는 일부러 깨뜨린 것이 있는데, 아마도 죽음과 관계된 의식과 연관되어 있을 것이다. 또한 검신이 길어지며, 손잡이 부분도 강조되는 유물이 있는 것으로 보아 시간이 흐르면서 의기화하는 것으로 보인다.

돌검(마제석검)의 분류와 변화 등 관련 이슈에 대해서는 제11장에서 더 자세히 살펴본다.

돌살촉과 돌창

청동기시대 상당수의 돌살촉과 돌창은 무기로 사용되었던 것으로 보인다. 특히 돌살촉 가운데는 단면이 능형인 것이 많고, 시간이 흐름에 따라 더 크고 무거워지는 경향이 있어 수렵구보다는 무기의 역할을 하였던 것으로 생각된다(손준호 2006). 또한 일단병식석검과 함께 고인돌이나 석관묘에 매납되는 양상도 이를 뒷받침한다.

달도끼와 별도끼

의례용구의 대표적인 석기로는 별모양의 돌기를 가진 별도끼(성형석부, 다두석부)와 둥근 모양의 달도끼(환상석부)를 들 수 있다. 별도끼는 뾰족한 돌기를 둥글게 배치하고 가운데 자루에 끼울 수 있는 구멍을 만든 것으로 전투에 쓰이는 무기이거나 아니면 의례용구로 보는 것이 보통이다. 북한지방을 비롯하여 암사동, 울산 신정동, 대구 서변동 등 한반도 전역에서 나온다. 돌기는 중심에서 끝으로 갈수록 얇아지며, 날카롭고 뾰족한 모양을 하는 것과 날의 평면이 사각형도 있어 별도끼라는 범주 안에서도 다양한 형식의 유물이 있음을 알 수 있다.

달(모양)도끼[環狀石斧]는 바퀴날도끼라고도 불리며 별도끼와 함께 청동기시대의 대표적인 의례용 석기로 생각되고 있지만, 상당수가 집자리에서 출토되고 있기 때문에 반드시 의례용으로 한정되지 않은 것 같다. 둥그런 날을 가지도록 돌을 갈아 가운데 자루에 장착되는 구멍을 뚫은 모양이다. 대동강유역의 한반도 서북지방과 중부지방에서 주로 나온다. 크기 또는 날에 따라 편인, 합인, 원인 등으로 구분할 수 있다(김권중 외 2008). 유사한 의례용 석기로는 긴 막대기 모양의 봉상석기를 들 수 있다. 이밖에도 독특한 모양의 석기들이 의기로서의 기능을 가진 것으로 볼 수 있는데, 흔히 이형(異形)석기라고 불린다.

장신구

장신구는 세계적으로 현생인류와 더불어 후기 구석기시대부터 등장하였지만, 현재 한국에서 이 시기까지 올라가는 확실한 자료는 없다. 다만 신석기시대에 들어서면서 분명한 유물들이 나타나고 있다. 조개나 동물이빨, 뼈에 구멍을 뚫는 등 가공하여 패용하기도 한다.

돌로 만든 대표적인 유물로는 귀걸이[耳飾]를 들 수 있다. 특히 최근 고성 문암리에서 출토된 결상이식(玦狀耳飾)은 옥석을 납작하게 갈아서 다듬고 한쪽에 패용을 위해 길게 홈을 낸 형태이다. 이런 유물은 부산 동삼동과 울산 처용리, 사천 선진리, 청도 사촌리, 여수 안도, 제주 고산리에서도 알려진 바 있으며, 중국 동북지방이나 일본 조몬 유적에서도 드물지 않다(국립대구박물관 2005: 160-161).

귀걸이(이식)와 함께 길게 늘어뜨리는 수식(垂飾)도 널리 확인되고 있다. 수식은 연옥이나 활석을 갈아 만든 것인데, 신석기시대에는 서포항, 지탑리, 암사동, 궁산, 범방, 연대도 등지에서 나왔다. 울진 후포리에서는 옥석을 편평하게 마연하고 작은 구멍을 뚫어 패용하도록 만든 유물이 출토되기도 했다.

옥은 천하석이나 벽옥, 연옥, 경옥을 숫돌에 갈아 곱게 다듬은 것으로 몸이나 옷에 패용하는 장식품의 일종이다. 중국을 비롯한 동아시아의 신석기 유적에서 다양한 옥 출토품이 알려져 있다. 한국에서 신석기시대 유적에서 옥의 출토사례는 적지만, 연대도, 춘천 교동 등지에서 관옥이 나온 바 있으며, 가덕도에서는 봉상의 수식이 발견되었다.

옥은 청동기시대 유적에서 비교적 흔하다. 옥은 구멍이 뚫린 대롱옥[管玉]과 곱은옥[曲玉], 그리고 둥근옥[環玉]으로 나눌 수 있는데, 대롱옥은 주로 목걸이로 곱은옥은 귀걸이나 목걸이로 쓰였을 것으로 보인다. 부여 송국리 석관묘를 비롯하여 전국적으로 출토되고 있으며, 창원 덕천리 고인돌에서는 대롱옥이 165점이나 나왔다.

진주 대평 옥방유적에서는 옥을 만들고 가공하는 유구와 제작과정이 다양한 유물이 확인되어 옥 제작과 가공 및 유통까지 추측할 수 있는 자료가 되고 있다. 한 집자리에서 모든 공정이 이루어지다가 시간이 흐르면서, 마을, 또는 공동체 사이에 작업공정에서 분업체제가 확립되어 있었던 것으로 보인다(쇼다 신야 2009).

그림 6.12 옥과 옥을 가공하는 데 쓰였을 것으로 생각되는 숫돌 등 각종 도구(국립대구박물관 2005: 276에서)

가락바퀴

가락바퀴(방추차[紡錘車])는 실을 뽑을 때 쓰는 방적구이다. 한국 선사시대에 흔하게 볼 수 있으며, 돌로 만들기도 하고 토제품도 있다. 원반모양과 주산알모양, 공모양 등이 있다. 석기로는 원반모양의 간석기에 구멍이 뚫린 것이 가장 많다.

이밖에도 한국의 선사시대 유적에서는 돌에 홈이 파여 있어 발화석으로 추정되는 유물이나 토기 시문구로 생각되는 석기도 나오고 있다. 또한 석추 가운데는 구멍을 뚫는 용도로 쓰인 유물도 있고, 석구나 팔매돌이라 일컬어지는 둥그런 자갈돌 모양의 석기도 있다. 신석기시대 연대도 등 남해안 패총 유적에서는 일본 조몬 유적에서 자주 보이며 석시(石匙)라 불리는, 아마도 숟가락 같은 역할을 했으리라 생각되는 석기가 수습되기도 했다. 둥그런 원반형석기는 돌칼과 같이 이삭을 따는 데 쓰였을 것으로 추정하기도 한다. 장식품은 아니지만 구멍이 뚫려 있는 석기도 있고, 구석기시대의 찍개나 다면구, 그리고 긁개와 유사한 유물이 집자리에서 드물지 않게 나온다.

한 가지 주의할 점은 뗀석기와 간석기는 모두 제작과 사용, 재활용에서 감쇄과정의 산물이라는 것이다. 따라서 신석기시대와 청동기시대 집자리와 같은 유적에서 나온 유물에는 위에서 포괄되지 못한 다양한 형태와 크기의 석기가 있을 수 있다. 다른 석기를 제작하다가 나온 부산물일 수도 있으며, 제작과정에서 폐기된 반제품일 수도 있다. 또한 아직 용도를 추정하지 못한 새로운 석기일 수 있다. 이런 석기는 흔히 이형석기(異形石器)라 불린다.

제3부 석기 분석

제7장

몸돌 분석

엄밀하게 말하면 몸돌(석핵, core) 자체는 격지(박편, flake)를 떼어 내고 버리는 석재의 하나이다. 그러나 석기 제작기술이란 복합적인 것이어서 격지를 떼어 내고 남은 몸돌을 그대로, 혹은 더 다듬어 도구로 쓰기도 한다. 다수의 찍개가 그러하고, 주먹도끼 가운데서도 상당수가 자갈돌에서 격지를 떼어 내어 만든 몸돌석기이다. 이렇게 만들어진 찍개나 주먹도끼는 몸돌이면서 그 자체로 버리는 석재가 아니라 성형도구가 된다. 그러나 고고학에서 몸돌은 격지떼기 기법과 석기기술을 연구하는 데 중요한 유물이다.

이 장에서는 몸돌의 종류와 분석 방법을 개괄하고, 사례를 제시함으로써 긴 구석기시대 동안 석기기술이 어떻게 진화해 왔는지 살펴본다. 몸돌 감쇄기법(core reduction technology)은 곧 격지떼기의 방법이다. 이처럼 다양한 형태와 크기의 몸돌은 격지나 돌날을 떼어 내는 기법을 복원하는 데 귀중한 정보를 담고 있는 자료이다. 몸돌 연구로 전술한 격지떼기 기술, 곧 돌망치떼기, 모루떼기, 양극떼기, 눌러떼기를 비롯하여 (잔)돌날떼기 등 다양한 방법을 복원하는 것이다. 나아가 몸돌에서 떨어진 격지와 돌날을 되맞춘

다면 석기 제작과 사용, 재가공 등 유적에서 일어난 역동적인 행위를 추정할
수도 있다.

7.1. 올도완, 아슐리안몸돌

구석기시대 석기기술은 자갈돌석기를 토대로 가장 거칠고 고졸한 형
태의 석기공작인 올도완(Oldowan)전통에서 시작하였으며, 약 165만-170
만 년 전 양면가공의 주먹도끼와 가로날도끼가 등장하면서 아슐리안
(Acheulian)전통으로 진화하였다. 지역에 따라 더 많은 명칭과 개념이 쓰이
지만, 올도완과 아슐리안이야말로 전기 구석기시대의 대표적 석기기술이다.
아프리카와 유럽에서는 약 30만 년 전 다양한 격지석기와 준비된 몸돌을 중
심으로 하는 무스테리안(Mousterian)석기전통이 등장하여 중기 구석기시대
의 석기기술로 자리 잡는다. 다만 동아시아에서는 이 시기 준비된 몸돌기술
의 존재가 불분명하다(제14장 참조). 하지만 후기 구석기시대로의 흐름은 구
대륙 전역에서 유사하다. 아마도 현생인류의 확산과 더불어 약 4만 년 전이
되면 구대륙의 많은 지역에서 돌날을 중심으로 하는 석기기술로 진전하며,
이후 잔돌날과 새기개 등 정교한 석기 제작기술이 널리 확산된다.

올도완석기공작은 뗀석기기술의 초보적인 형태이고, 돌날과 잔돌날 떼
기는 가장 발전된 기법이라 할 수 있지만, 실제 그 어느 것이든 뗀석기기술
의 근본은 같다. 다시 말해 적절한 암석을 고르고 망칫돌이나 다른 힘을 전
달할 물체를 사용하여 몸돌에서 격지를 떼어 내는 과정을 거친다.

돌망치를 이용한 직접떼기로 만든 올도완 유물은 아주 거칠고 비정형적
인 경향이 있다. 유물군은 대체로 몸돌찍개류(core forms), 격지조각류(flake
forms), 운반사용석재(manuports)로 나눌 수 있다.[1] 망칫돌이란 깨뜨릴 대상

....

1   글린 아이삭(G. Isaac 1977)은 망칫돌(pounded pieces), 몸돌(flaked pieces), 격지조각(detached

의 돌, 곧 몸돌에 내리치는 데 쓰인 돌로, 부딪히는 부위에 찍히고 뭉개진 흔적을 지니고 있다. 격지조각이란 주로 자갈돌이나 각진 돌덩어리 몸돌에서 떼어져 나오는 격지와 크고 작은 조각을 말한다. 몸돌은 다시 격지를 떼어 내는 용도로만 쓰인 것과 크고 작은 격지를 떼어 내어 유용한 날을 가진 찍개 같은 도구로 사용한 것으로 나눌 수 있다.

올도완자갈돌몸돌에는 격지흔(박리면)이 그리 많지 않고, 별다른 타면 준비가 보이지 않는 유물이 대다수다(Kimura 2002; Schick and Toth 2007). 주로 자연면을 그대로 타면으로 사용하든지, 아니면 적절한 타격각이 나오는 각진 돌이나 돌조각을 몸돌로 쓴다. 다만 올도완몸돌 가운데는 석기 전체 주위를 돌면서 집중적으로 격지를 떼어 내어 결과적으로 비교적 납작하고 둥그런 원반형석기도 포함되어 있다. 만약 공처럼 둥그런 모양이라면 석구(공모양석기), 각진 상태라면 다면구라 부를 수 있다.

특히 원반형석기는 비교적 얇고 주변에 집중적으로 한 면, 또는 양면에 박리흔이 있기 때문에 아슐리안전통의 주먹도끼를 만드는 기술의 토대라고 생각되기도 한다. 주먹도끼 제작은 첫째, 커다란 격지를 소재로 하는 방법, 둘째, 비교적 편평한 자갈돌을 골라 주변을 떼어 내는 크게 두 가지 기법이 이용되었다. 그런데 아프리카와 서아시아, 인도의 전기 구석기시대 아슐리안전통의 특징 가운데 하나는 큰 격지를 소재로 하여 양면을 손질하여 주먹도끼를 만든 유물이 많다는 점이다.

대형격지를 만들기 위해서는 우선 적절한 석재를 얻어야 하는데, 우리나라에서는 규암을 소재로 한 것이 많다. 먼저 커다란 소재 자갈돌을 모루에 내리쳐 크고 넓은 격지(횡장박편)를 얻을 수 있다. 돌망치를 이용하여 직접떼기하는 방법으로도 대형격지를 떼어 낼 수도 있으며, 두 손, 두 팔을 사용하여 스윙을 하는 방법도 쓰였을 것이다(Schick and Toth 1993).

아슐리안몸돌기술 가운데 더 발전된 준비된 몸돌기술로 대형자르는

....

pieces), 변형되지 않은 석재(unmodified pieces)로 나눈다.

도구(Large cutting tool)의 소재를 만드는 방법도 있다. 남아프리카의 전기 구석기시대의 빅토리아웨스트(Victoria West)몸돌은 보통 길이 15cm에서 25cm에 이르는데, 적절한 타격각을 갖고, 떼어 낸 격지 역시 적당한 크기와 생김새를 가지도록 몸돌을 선행 박리와 조정으로 미리 준비한다. 몸돌에서 떼어 낸 격지는 너비 방향인데, 이를 간단한 조정으로 주먹도끼로 만들 수 있다(Sharon 2009: 348, Fig. 9 참조).

빅토리아웨스트몸돌은 전기 구석기시대의 몸돌기법이지만, 격지를 떼어 내기 전에 준비된 몸돌기법이라고 할 수 있다. 때문에 중기 구석기시대의 르발루아기법의 원형(proto-Levallois)으로 생각되기도 한다. 다만 시간 격차가 있으며, 최근 진화이론에 토대를 둔 계통분지도 분석에 따르면 르발루아몸돌과 연결시키는 것은 무리라고 한다(Lycett 2009).

7.2. 무스테리안과 르발루아몸돌

구심성(centripedal) 또는 방사형(방사상, radial)몸돌은, 시대를 불문하고, 대체로 편평한 자갈돌의 주변을 돌아가며 격지를 떼어 내어 격지흔이 방사 모양으로 원주를 돌고 있는 몸돌을 말한다. 원반형몸돌이나 빅토리아웨스트 몸돌은 일종의 방사형몸돌이라 할 수 있다. 방사형몸돌은 대체로 원형이나 타원형을 이루는 것이 많은데, 기법에 따라 특별한 타면 준비 없이 자연면에 직접 베풀어진 것도 있으며, 타면을 준비한 것도 있다. 다면체 몸돌에 비하면 얇거나 납작한 경우가 많아 원반형석기와 구분하기 어려울 수도 있다. 이로써 방사형몸돌은 중기 구석기시대 무스테리안(Mousterian)전통에 유행한 준비된 몸돌과 연관지어 생각되기도 한다.

준비된 몸돌 감쇄기법의 대표 사례는 르발루아(Levallois)몸돌일 것이다. 르발루아몸돌에도 여러 종류가 있다(Boëda 1995; Inizan et al. 1992; Debénath and Dibble 1994[이선복 역 2012]; Hahn[이재경 역] 2012; Mellars 1996).

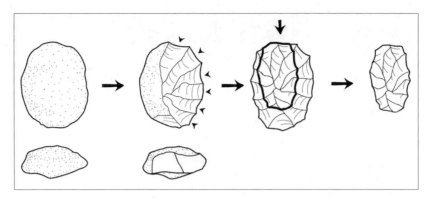

그림 7.1 거북등 모양으로 몸돌을 준비하는 고전적인 르발루아기법을 도해한 그림(김민경·성춘택 그림)

르발루아기법에서 석기 제작자는 마지막 격지를 떼어 내기 위해 미리 준비한 계획대로 몸돌 주변을 돌아가며 일련의 격지를 떼어 낸다. 이 선행박리는 돌망치 또는 다른 연망치로 이루어지기도 하는데, 아마도 대부분 돌망치를 사용하였던 것으로 보인다.[2] 석기 제작자가 여러 격지를 떼어 내면 몸돌 주위에 오목하게 파인 격지흔(flake scar)이 있을 것이다. 무스테리안석기 제작자들은 이런 격지떼기과정으로 타면을 준비함으로써 원하는 크기와 생김새에 가까운 격지를 떼어 낸 것으로 보인다. 격지는 잘 준비된 타면에서 한 번의 가격으로 얻는다(그림 7.1). 이는 돌감의 낭비를 최소한으로 줄이면서도 날카로운 자르는 날을 최대로 얻으려는 전략으로 생각된다(Lycett 2010; Lycett and Eren 2013).

이처럼 미리 정해진 계획에 따라 집중 박리로 모양을 갖춘 유물을 르발루아몸돌(Levallois core)이라 부르며, 그로부터 르발루아격지가 떨어져 나온다. 르발루아격지는 등면에 주변을 돌아가며 선행 박리의 흔적, 곧 격지흔이 선명할 것이다. 반대로 르발루아몸돌에도 거북등처럼 이전 격지떼기의 흔적이 잘 드러나 있을 것이며, 마지막 르발루아격지를 떼어 낸 움푹 팬 흔적도

....

2   전기 구석기시대라고 해서 돌망치만 쓰고, 후기 구석기시대에는 뿔망치만을 써서 뗀석기를 만드는 것은 아니다. 주먹도끼를 손질하는 데 뿔망치를 쓰기도 하며, 돌망치는 후기 구석기시대 돌날을 떼어 내는 데도 유용한 도구이다.

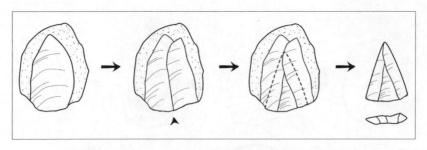

그림 7.2 삼각형의 르발루아찌르개(Levallois point)를 만드는 과정을 네 단계로 도해한 그림(Inizan *et al*. 1992: 69, Fig. 25를 참조하여 김민경·성춘택 그림)

가지고 있을 것이다.

르발루아기법으로는 비교적 둥그런 모양의 격지뿐만 아니라 뾰족한 삼각형, 그리고 아주 긴 격지(돌날)도 떼어 낸다. 마지막 떨어지는 격지가 대체로 삼각형 모양을 하는 것을 르발루아찌르개(첨두기, Levallois point)라 부른다. 르발루아찌르개를 만들기 위해서는 먼저 정질의 소재몸돌에서 격지를 떼고, 다시 양쪽에서 크기가 비슷한 격지를 떼어 낸 다음, 타면을 조정하여, 마지막으로 삼각형의 격지를 얻는다(Boëda 1995; 그림 7.2). 긴 격지는 길이가 너비보다 두 배 이상일 경우 돌날(blade)의 범주에 들어가는데, 경우에 따라서는 격지돌날(flake blade)이라 불리기도 한다. 이처럼 돌날은 르발루아기법으로도 만들어진다. 이처럼 돌날기법의 토대는 르발루아기법이라 할 수 있다. 격지돌날을 만들기 위해서는 먼저 몸돌의 주변에 일련의 격지를 떼어 내어 준비한다. 이후 타면을 조정하여 격지돌날을 떼어 내고 다시 조정하여 더 돌날을 떼어 낼 수 있다(Klein 2009: 488, Fig. 6.33 참조). 유럽에서도 중기 구석기시대 동안 르발루아기법이 아닌 다른 기법도 쓰였다. 가령 프랑스의 키나(Quina) 무스테리안유물군에서는 마치 무의 한쪽 끝을 베는 것처럼 긴 몸돌을 감쇄시켜 길쭉하게(tabular 형태로) 다듬은 다음, 비교적 정형화한 형태의 격지를 얻는 기법도 나타난다(Klein 2009: 489-90).

르발루아기법이 모든 중기 구석기시대 유물군에서 나타나는 것은 아니다(Klein 2009: 489). 아프리카와 서아시아, 유럽의 중기 구석기 유물군에서도 르발루아기법만이 보이는 유물군이 있는 반면, 드물게 나타나는 유물군도 있다. 특히 한국을 비롯한 동아시아에서는 르발루아기법의 몸돌이나 격지 사례가 거의 없다. 이 때문에 고고학적으로는 엄밀히 말해 중기 구석기시대 설정의 근거가 없다(성춘택 2002; Gao and Norton 2002; Seong and Bae 2016). 아프리카와 유럽과 같이 수십, 또는 수만 년 이상 준비된 몸돌기술이 주도하는 시간대를 설정할 수는 없는 것이다. 다만, 르발루아기법 자체는 상당히 정질의 돌감을 필요로 하기 때문에, 르발루아기법의 몸돌과 격지가 있고 없다는 것이 실제 어떤 문화적인 의미가 있는지는 더 분석과 논의가 있어야 하겠다.

올도완의 양면의 원반형몸돌기법이 아슐리안의 주먹도끼의 기원이 되었고, 아슐리안의 잘 다듬은 균형적인 타원형 주먹도끼가 르발루아몸돌의 시원이며, 르발루아기법에서 돌날이 떨어져 나온 것이 후기 구석기시대의 돌날기법의 초기 형태라고 할 수 있다. 이처럼 석기기술은 이전의 석기전통에서 후대의 발전된 석기전통으로 진화를 거듭했다. 후행하는 새로운 기술이란 선행 기술에서 기인하는 것인데, 다만 새로운 기술이 대세를 이루고 확산하는 것은 또 다른 문제이다.

7.3. 몸돌의 종류와 분류

몸돌은 석기기술을 분석하는 중요한 자료이다. 몸돌을 분류하는 기준은 일관되어 있지 않다. 이는 뗀석기라는 것이 언뜻 일정한 형태와 패턴을 찾기 힘들며, 격지 제작에 쓰이고 버려지는 몸돌과 성형도구로서 몸돌, 그리고 석기 제작의 중간과정에서 임의로 이용된 몸돌 등을 구분하기 어렵기 때문이기도 하다.

몸돌을 나누는 데는 대체로 형태를 중시한 분류, 그리고 기술 속성을 강조하여 타면 준비나 격지떼기의 방향 등을 중시한 접근이 있다. 이런 분류의 기준이나 방법 역시 서로 다층적으로 연결되어 있기도 하다. 몸돌의 형태는 기술을 반영하고, 단일한 방향의 격지떼기와 그렇지 않은 격지떼기 역시 석기기술과 긴밀한 관련을 맺고 있는 것이다.

7.3.1. 몸돌 분류와 분석의 이슈

몸돌 연구의 사례로 먼저 글린 아이삭(Glynn Isaac 1977)의 아프리카 전기 구석기시대 올로게세일리에(Olorgesailie) 유적 출토 유물 분석을 살펴보자. 아이삭은 이 고전적인 연구에서 몸돌을 크게 여섯 범주로 나누었다(그림 7.3 참조).

첫째, 준비된 몸돌(prepared cores)이란 계획된 과정에 따라 타면을 준비하고 격지의 생김새와 크기를 미리 계획하는 것을 말하며, 무스테리안원반형몸돌, 르발루아몸돌, 돌날몸돌을 사례로 들 수 있다. 돌날몸돌의 경우 정교한 조정으로 모양을 다듬고 타면을 준비하여 몸돌의 한 면이나 여러 면에서 크기와 생김새가 일정한 돌날을 대량으로 만들어 낸다.

둘째, 방사형몸돌(regular [radial] cores)에서는 몸돌 주변에서 중심 방향으로 구심성 격지를 떼어낸 반복적이고도 체계적인 패턴의 격지흔이 보인다. 이로써 몸돌은 전체적으로 반반한 모양이 되며, 그리하여 원반형몸돌과도 유사한 생김새를 보이기도 한다. 그러나 무스테리안원반형몸돌보다 두꺼워 대체로 깔때기 모양(원추형)이다. 나아가 흔히 양방향, 곧 양면으로 격지를 떼어 낸 것도 있는데, 이런 양방향의 방사형몸돌은 주산알모양(biconical)을 띠기도 한다.

셋째, 부정형몸돌(irregular polyfaceted cores)에는 다양한 범주의 몸돌이 포괄되어 있다. 아이삭은 격지흔이 적어도 5개 이상인 몸돌을 이 범주로 분류함으로써 아래의 막몸돌과 구분한다. 부정형몸돌에는 타면을 준비하는 과정이 보이지 않는다. 일정한 방향에서 체계적인 박리를 하는 것이 아니라 대체로 적절한 타격각이 나오는 곳에서 여러 방향으로 격지를 떼어 낸다.

넷째, 막몸돌(casual cores)은 5개 미만의 격지흔을 가지고 있다. 아무런 격지떼기의 준비도 없이 적절한 자갈돌 원석이나 암석 덩어리에서 격지를 떼어 낸 흔적이 있는 몸돌을 말한다.

클라크와 클라인딘스트(Clark and Kleindienst 1974)가 아프리카의 칼람보폴스(Kalambo Falls) 선사유적에서 나온 몸돌을 분류하면서 제시한 틀 역시 후행 연구에서 자주 인용되고 있다. 이 연구에서는 위계적인 틀을 사용하여 몸돌을 먼저 크게 비정형·각주형몸돌(unspecialized and prismatic cores)과 정형몸돌(specialized cores)이라는 두 범주로 나눈다. 비정형·각주형몸돌은 다시 단일타면(single platform)과 복수타면(two platforms) 몸돌로, 정형몸돌은 다시 르발루아몸돌과 원반형몸돌(discoid)로 나누는 식이다.

몸돌을 격지떼기의 방향에 따라 분류하는 방법도 널리 쓰이고 있다. 다시 말하면 단방향몸돌(unidirectional cores)은 단일한 방향으로 격지를 떼어내는 것이며, 다방향몸돌(multidirectional cores)의 표면에는 여러 방향에서 격지를 떼어 낸 흔적이 남아 있다. 우리나라에서도 박성진(2000)이 주로 격지떼기 방향에 입각하여 한방향떼기, 두방향떼기, 여러방향떼기로 구분한 뒤, 다시 두방향떼기를 엇갈린방향과 맞선방향 떼기로 나누어 전곡리, 금파리, 남계리, 원당리, 주월·가월리 등 임진한탄강유역에서 수습된 몸돌을 분류한 바 있다. 돌날몸돌이나 잔돌날떼기에서는 단방향몸돌이 일반적이고, 방사형몸돌 같은 경우 다방향몸돌이라 할 수 있다. 따라서 과연 단방향과 다방향이라는 구분이 석기기술의 다양성과 진화를 연구하는 데 얼마나 효과적인 기준인지 의문이다.

7.3.2. 몸돌의 기술 및 형태 속성

한국의 규암 및 맥석영제 몸돌에서 일반적으로 나타나는 육면체나 다면체 몸돌은 단방향몸돌이 많으며, 위와 아래 방향에서, 또는 옆에서 떼어 내기도 하기에 다방향의 것도 있다. 이렇게 방향에 따라 분류하면, 기본적으로 같은 원석과 떼기기법 등 동일한 기술의 범주에 속하는 몸돌을 일차분류에서 다른 범주로 취급할 수도 있는 것이다. 따라서 단방향과 다방향에 치우친

분류는 자칫 석기기술의 체계와 다양성을 고찰한다는 분류의 목적에 어긋날 수도 있다. 여기에서는 제5장에서도 논의한 바와 같이 형태에 입각한 형식분류에 초점을 맞추면서도 체계적이고 곧 위계적인 분류를 위한 틀을 고민해 보자.

표 7.1은 몸돌의 준비과정과 격지떼기의 패턴에서 볼 수 있는 여러 속성을 제시하고 각각의 속성상태, 또는 변이를 예시한 것이다. 여러 속성은 서로 다른 차원이지만, 서로 연관되어 있기도 하다. 먼저 암석이 규암이나 맥석영인지, 아니면 규질셰일이나 흑요석인지는 몸돌의 정형성을 결정하는 데 중요하다.

사용된 돌감이나 소재에는 (1) 둥근 자갈돌, (2) 편평한 자갈돌, (3) 각진 돌덩어리, (4) 격지가 있을 것이며, (5) 판단할 수 없는 경우도 있겠다. 전체 형태는 (1) 부정형의 각진 몸돌, (2) 편평한 몸돌, (3) 원추형이나 주산알 모양의 몸돌, (4) 원반형 몸돌, (5) 유사프리즘형 몸돌을, 그리고 여기에 후기 구석기시대의 (6) 돌날몸돌과 (7) 잔몸돌을 상정할 수 있다.

몸돌을 미리 조정했는지 여부도 중요하다. 타면 조정의 속성에는 (1) 조정 없이 자연면인 경우, (2) 편평한 뗀면인 경우, (3) 타면을 최소한으로 조정한 경우, (4) 집중적인 조정이라는 여러 변이 또는 속성상태를 상정할 수 있다.

몸돌에서 떨어져 나온 격지의 수는 정확히 알기 어렵다. 왜냐하면 후행 격지떼기로 상당수의 이전의 격지면이 사라지기 때문이다. 따라서 현실적으로 현존 몸돌에 남아 있는 격지흔의 수를 세는 방법밖에는 없다. 이때 단순히 현 몸돌에서 보이는 모든 격지흔의 수를 셀 것인지, 격지를 뗀 흔적, 곧 움푹 팬 격지흔의 수를 셀 것인지 분명히 밝혀야 한다.

격지떼기의 방향도 유의한 속성으로 생각되고 있다. 표 7.1에 정리되어 있듯이 (1) 한 방향 떼기와 (2) 엇갈린 두 방향 떼기, (3) 맞선 두 방향 떼기, (4) 방사형(구심성) 떼기, (5) 비정형의 여러 방향 떼기의 속성상태나 변이를 생각할 수 있다.

격지흔의 크기와 생김새 역시 몸돌기술을 분석하는 중요한 기준이다.

표 7.1 몸돌의 성형과 준비, 격지떼기에서 관찰되는 여러 속성과 속성상태 예시

암석	소재	전체 형태	타면 조정	격지흔의 수	떼기 방향	격지흔 패턴
a. 규암	a. 둥근	a. 부정형	a. 없음	a. 1-2	a. 한 방향	격지흔의
b. 맥석영	자갈돌	각진	(자연면)	b. 3-5	b. 엇갈린 두	형태와 크기
c. 규질세일	b. 납작	b. 편평	b. 없음(뗀면)	c. 6-9	방향	
d. 흑요석	자갈돌	c. 원추형,	c. 있음	d. 10 이상	c. 맞선 두	a. 정형
e. 화강암,	c. 각진	주산알형	(최소 조정)		방향	b. 비정형
현무암,	돌덩어리	d. 원반형	d. 있음		d. 방사형	
안산암,	d. 격지	e. 유사	(집중 조정)		e. 여러	
기타	e. 알 수 없음	프리즘형			방향	
		f. 돌날몸돌			(비정형)	
		g. 잔몸돌				

* 표는 몸돌 관련 속성과 속성상태를 예시한 것일 뿐 실제 유물군에서 몸돌을 분석할 때는 더 많은 속성과
속성상태를 설정할 수 있다. 또한 규암·맥석영의 몸돌과 돌날과 잔돌날몸돌을 구분하는 것이 현실적이다.
표에서는 돌날과 잔몸돌이 아닌 일반 몸돌 관련 속성에 치중했으며, 돌날몸돌과 잔몸돌은 더 세밀한 분석체
계가 필요할 것이다.

같은 생김새와 크기의 격지흔이 패턴을 이루고 있다면 정형성이 강한 격지
떼기일 것이며, 그렇지 않고 생김새와 크기가 제각각이라면 다분히 임시방
편적인 격지떼기가 이루어진 몸돌일 것이다.

　　표 7.1은 몸돌의 제작과정에 주목하여 여러 속성을 제시하고, 각 속성에
상이한 속성상태의 사례를 정리한 것이다. 이로써 각 속성상태를 조합하여
나열하면 몸돌 클래스를 만들어 낼 수 있다. 이는 고고학 형식분류 방법 가
운데 (다차원)변화표분류(paradigmatic classification, 오브라이언·라이맨 2009;
Dunnell 1971)에 해당한다. 예를 들어 표에 제시된 암석 – 소재 – 전체 형태
– 타면 조정 – 격지면의 수 – 떼기 방향 – 격지흔의 패턴의 속성상태가 순서
대로 abbabab라고 한다면, 이는 규암 소재이면서 납작한 자갈돌로 만들어
진 편평한 모양의 몸돌로서, 자연면을 그대로 타면으로 써서 3-5개 정도의
격지를 한 방향에서 비정형적으로 떼어 낸 몸돌이 된다. 이처럼 속성과 속성
상태를 변화표로 작성하여 교차시킴으로써 기록과 분석에 유용한 분류군을
만들 수 있다.[3]

....

3　　이 책에서는 이런 분류법을 선호하여 찍개, 주먹도끼, 슴베찌르개, 간돌검 등 여러 석기 기종에 대해

그런데 사례에서와 같이 속성과 설정된 속성상태의 수도 많을 때는 이론적으로 가능한 모든 클래스에 실제 유물이 있는 것은 아니다. 다시 말해 비어 있는 클래스가 있을 것이다. 예를 들어 규암제 편평 자갈돌을 소재로 하여 돌날이나 잔돌날을 떼어 낼 수 없는 것이다. 따라서 실제 유물을 분석할 때는 이 점을 고려하여 현실적으로 연구 목적에 맞는 중요한 속성을 취사선택해야 한다.

7.4. 규암과 맥석영 몸돌

7.4.1. 규암·맥석영 몸돌의 다양성

몸돌 분류는 연구 목적과 방향, 그리고 석기군의 성격에 따라 다를 수 있다. 다만 석기 분류, 그리고 그로부터 나오는 기종(器種)이나 형식명칭이라는 것이 연구자 간 의사소통의 기본 수단이기에 기존 분류를 받아들이며 다양성을 살펴보자. 한국의 이른 구석기시대 규암과 맥석을 중심으로 하는 석기군의 가장 큰 특징은 비정형성(informality), 또는 일회성(expediency)인 것으로 보인다. 과거 전곡리 발굴현장을 방문한 데스먼드 클라크(J. Desmond Clark 1983: 595)는 자신의 방문기에 비정형성을 가장 중요한 특징으로 꼽았다.[4] 물론 정교하게 가공된 석기도 있지만, 많은 석기들이 일정한 패턴이나 준비과정 없이 격지를 떼어 내는 양상을 보여 주고 있는 것이다.

그리하여 현실적으로 크게 정형(specialized, 또는 prepared)몸돌과 비정형(generalized 또는 unprepared)몸돌이라는 범주로 나눌 수 있다. 정형, 또는 준비된 몸돌에는 르발루아몸돌과 함께 돌날몸돌, 잔(돌날)몸돌 등 어떤 특정

....

속성과 속성상태 또는 변이를 제시한다.

4 클라크는 전곡리 유물군을 "Informality is the keynote of the industry."라 요약하였다(Clark 1983: 595). 이는 대부분 규암·맥석영 유물에 해당할 수 있겠지만, 소형석영석기를 중심으로 하는 석기군은 반드시 비정형적인 것만은 아니다(Seong 2004).

한 격지를 생산하기 위해 준비된 몸돌을 말한다. 반대로 일반 또는 비정형 몸돌이란 격지나 돌날을 떼기 위해 준비하지 않고, 격지를 떼어 낸 몸돌을 가리킨다(제5장 참조).

먼저 정형몸돌이란 돌날을 떼어 내기 전에 몸돌의 형태를 가다듬는 것을 말하는데, 르발루아몸돌이나 후기 구석기시대의 돌날몸돌, 잔몸돌(세석핵)이 이에 해당한다. 그러나 한국에서 늦은 시기 규암 및 맥석영제 석기군에서 가끔 보이는 깔때기모양몸돌(원추형몸돌)이나 유사각주형(pseudo-prismatic)몸돌은 체계적인 준비과정을 거친 것이라고 보기 어렵다.

비정형몸돌의 범주에는 격지를 떼어 내기 위한 특별한 준비과정이 보이지 않는 몸돌이 포괄된다. 생김새와 준비과정 등에서 비정형적인 것이 많기 때문에 다양한 형태와 크기의 유물이 망라될 것이다. 글린 아이삭의 분류에 방사형, 부정형, 막몸돌이 해당할 것이다. 한국 구석기시대에 많이 보이는 다면체몸돌과 유사프리즘형몸돌도 이 범주에 넣는다.

먼저 막몸돌이란 정형화한 격지흔의 패턴을 찾을 수 없고 격지떼기가 몸돌의 생김새와 상태에 따라 임기응변적으로 이루어진 몸돌을 말한다. 아이삭의 격지흔 5개 미만을 기준으로 제시했지만, 실제 한국의 구석기시대 규암과 맥석영제 몸돌에서는 분명히 격지를 떼어 냈다고 판단되는 격지흔이 3개 이하인 경우가 대다수이다. 나아가 몸돌의 생김새에 따라 '각진 막몸돌'과 '편평 막몸돌'로 구분할 수 있을 것인데, (1) 각진 막몸돌이란 타격각이 나오는 자갈돌이나 각진 부정형조각을 소재로 무계획적으로 격지를 떼어 낸 것을 말하며, (2) 편평 막몸돌이란 비교적 편평한 자갈돌을 소재로 타격각이 나오는 면을 타면으로 삼은 것이다.

방사형몸돌에는 원반형몸돌, 원추형(깔때기모양)몸돌이나 주산알모양(biconical)몸돌이 포함될 것인데, 막몸돌과는 달리 석기의 중심을 향하여 집중적으로 격지떼기를 한 몸돌을 말한다.

유사각주형몸돌은 일견 원추형몸돌과 비슷한 모습이기도 하지만, 훨씬 길쭉한 모습(각주형)을 하고 있다. 전체적인 몸돌의 모양과 크기가 후기 구석기시대 돌날몸돌과 닮았다. 물론 체계적인 돌날떼기가 이루어진 것은 아니다. 이밖에도 양극몸돌(bipolar core)을 일반 몸돌의 범주에 포함시킬 수 있다.

그런데 한국의 이른 구석기시대 자료에서 흔하게 볼 수 있는 몸돌 유물이 바로 다면체몸돌이다. 이 다면체몸돌은 다면구, 또는 여러면석기라고도 불리는 유물이다. 경우에 따라 몸돌로, 어떤 때는 다각면원구로 불리기도 한다. 그런데 이 유물은 격지떼기의 집중도에 따라서 육면체를 띠는 형태에서 점점 구형에 가까운 모양으로 변화를 겪는 것 같다. 따라서 육면체에 가까운 모양일 경우 격지를 떼어 내는 데 쓰인 몸돌로 분류하는 것이 합리적이지만, 더 이상 예각의 타격각을 갖추지 않게 될 경우 다면구(다각면원구)에 가깝게 될 것이다. 따라서 제5장의 논의와 같이 단면, 또는 측면에 따라 사각형, 곧 육면체의 몸돌과 단면 오각형의 몸돌로 구분할 수 있다.

7.4.2. 규암 · 맥석영 몸돌 사례

사례를 보면서 규암 · 맥석영제 몸돌의 다양성을 살펴보자.

그림 7.3은 임진한탄강유역 구석기 유적에서 수습된 대형 몸돌의 사례를 제시한 것이다. 그림에서 a는 연천 전곡리에서 수습된 것으로 전체적으로 육면체 형태를 띠고 있는 몸돌이다. 두 면 정도에서 자연면이 그대로 남아 있는데, 이런 양상은 한국 이른(전 · 중기) 구석기시대 규암 및 맥석영제 몸돌에서 흔히 볼 수 있다. 그런데 생김새가 육면체인 몸돌은 많지만, 이처럼 15cm 이상으로 큰 몸돌은 아주 드물다. 몸돌에는 격지흔이 남아 있어 10cm 이상의 대형격지가 어떻게 만들어졌는지를 유추해 볼 수 있다. 주 타면은 아무런 조정도 없이 자연면 그대로이다. 측면도를 보면 그로부터 큼직한 격지가 떨어졌음을 알 수 있다.

그림의 b는 파주 가월리 발굴에서 수습된 것이다. 지표 아래 2m 정도의 깊은 퇴적층에서 나왔는데, 전체적으로 찍개와 비슷한 생김새이다. 그러나 찍개라고 부르기에는 날이 무뎌지거나 사용된 흔적이 없고, 한 손에 쥘 수

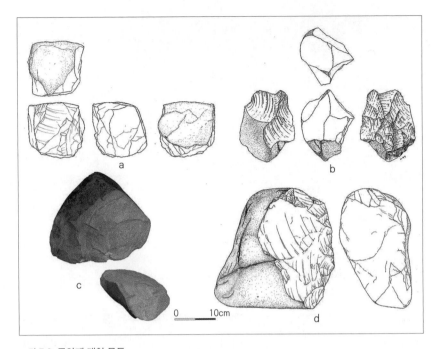

그림 7.3 규암제 대형 몸돌
대형격지를 만드는 데 쓰였던 몸돌은 아마도 이런 종류였을 것이다. a: 전곡리, b: 가월리, d: 주월리 지표, c:
복제 실험에 쓰인 몸돌과 생산된 대형격지(b: 이선복·이교동 1993: 58, 서울대 고고미술사학과, a·c·d: 성
춘택 외 2011, 경희대 중앙박물관).

없을 만큼 크고 무겁기 때문에, 몸돌로 분류하는 것이 나을 것이다. 형태는
한 면에는 자연면이 많이 남아 있고, 큼직한 격지를 세 개 정도 떼어 낸 격지
흔이 있다. 격지는 비교적 둥그런 형태였을 것으로 보인다. 반대쪽에는 자연
면이 없이 길쭉한 격지를 방사상으로 최소 7개 돌아가며 떼어 냈음을 알 수
있다. 그리하여 형태는 찍개와 유사하지만, 몸돌로 분류하여 방사형몸돌의
사례라 볼 수 있다. 그림 a, b 모두 돌망치로 직접떼기를 하였을 것인데, 크
고 육중한 점을 감안하면 떼기 기술이 상당히 높았음을 알 수 있다.

그림 c와 d는 모루떼기의 사례를 잘 보여 준다. 왼쪽의 것은 복제 실험
을 통해 커다란 격지를 만든 것인데, 모룻돌 위에 대상 규암 자갈돌을 내리
쳐 얻는 격지는 이처럼 옆으로 넓은(side-struck) 격지이다. 이런 방법으로는
육중한 몸돌을 두 손으로 잡고 직접 떼는 것보다 더 수월하고도 강한 힘으로

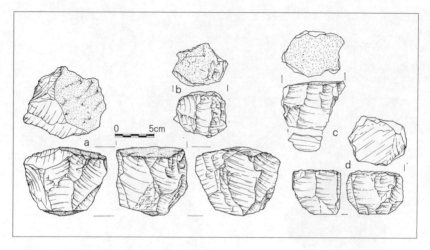

그림 7.4 한국의 일반적인 다면체몸돌의 사례
a: 장산리 출토품(이선복 외 1994: 41), b·c·d: 전곡리 출토품(서울대 박물관)(모두 지은이 그림).

내리칠 수 있지만, 격지의 크기와 생김새를 조절하는 데는 불리한 것으로 보인다. 특히 타면을 중심으로 넓은 격지를 얻는데, 복제 실험 결과 충격이 가운데로 쏠리기 때문에 격지가 그냥 반으로 쪼개지는 경향이 있다. 오른쪽은 유사한 실물 자료로서 파주 주월리 지표에서 수습된 것이다. 복제 실험 자료보다 더 크며, 몇 차례에 걸쳐 대형격지를 떼어 낸 것으로 보인다.

그림 7.4는 한국의 구석기시대 유적에서 가장 흔한 규암 및 맥석영제 다면체몸돌이다. 장산리에서 수습된 유물은 비교적 큼직한 육면체몸돌로서, 주 타면에 규암자갈돌의 자연면이 남아 있다. 그러나 이 타면에도 격지흔이 두 개 보이는데, 이를 생각하면 여러 방향에서 격지떼기가 이루어진 다방향몸돌이라고 할 수 있다. 타면 반대쪽에는 비교적 좁은 면이 있는데, 자연면으로 덮여 있다.

선곡에서 수습된 유물 b는 일반적인 육면체몸돌보다 둥그런 모양인데, 역시 주 타면은 자연면으로 이루어져 있다. 그 옆의 c는 훨씬 각진 모양의 맥석영제 유물인데, 역시 자연면이 타면이다. 장산리 출토품을 제외하고는 대체로 타면은 단일하며, 같은 방향으로 격지떼기가 이루어진 몸돌들이다. 따라서 단방향으로 격지를 떼어 낸 몸돌이다. 다만 이 그림에 제시된 육면체몸

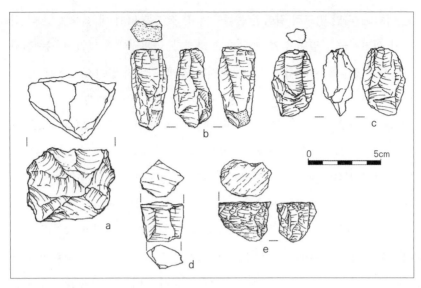

그림 7.5 맥석영제 원추형(깔데기)몸돌과 프리즘형몸돌의 사례
a·b·c: 전곡리, d: 주월리, e: 금파리(a·b·c·d: 서울대학교, e: 한양대 문화재연구소, 모두 지은이 그림).

돌은 대체로 주 타면이 자연면으로 이루어져 있으며, 비교적 넓고, 반대쪽에 좁은 면이 자리 잡고 있다. 또한 모룻돌 같은 데 대고 때린 탓인지, 반대쪽 방향에서도 비교적 작은 격지흔이 관찰된다. 이렇게 격지떼기가 진전되고, 모루에 올려놓고 더 집중적인 떼기가 이루진다면 몸돌은 더욱 공모양에 가까워져 이제 다면구라 불릴 것이다.

한편 한국의 소형석영석기전통의 유물군은 구석기시대 늦은 시기까지도 이어진다(성춘택 2006). 유물군에는 그림 7.5와 같이 흔히 소형의 원추형 몸돌이나 유사각주형몸돌이 있다. 주월리에서 출토된 원추형몸돌은 비교적 좋은 재질의 맥석영으로 제작된 것으로 옆에서 보면 깔때기모양이며, 아래에서 볼 때는 방사상으로 격지를 9개에서 10개 정도 떼어 낸 모습이 선명하게 남아 있다.

전곡리에서 수습된 유사프리즘형 석기(a, b, c)는 자연면(a)이나 아주 좁은 타면(c)에서 한 방향으로 긴 격지를 떼어 낸 몸돌이다. 타면을 준비하는 데 특별한 조정이 없는 것으로 판단되기 때문에 준비된 몸돌의 범주로 보기는 어렵다. 다만 비교적 길쭉한 몸돌에서 긴 격지를 떼어 낸 것을 보면 더 진전된 석기기술의 일면을 보여 준다고 하겠다. 금파리에서 발굴된 e는 전체 생김새는 잔몸돌(세석핵)과도 유사하지만, 실제 돌날이 떨어져 나온 것은 아니다.[5] 이런 유물은 우리나라의 많은 구석기시대 유적에서 퇴적층의 상부, 그러니까 늦은 시기, 후기 구석기시대까지도 존속된 것으로 생각되고 있으며, 소형석영석기군으로 통칭되고 있다(성춘택 2006b). 이른 시기의 일반적인 돌감인 맥석영을 그대로 사용하면서도 시간의 흐름에 따라 진전된 방식으로 격지를 떼어 내려는 시도를 하였던 것으로 판단된다(Seong 2004).

그러나 이런 몸돌 감쇄가 석기기술의 근본 변화나 전이를 말한다고 생각되지는 않는다. 우선 특정한 형태의 격지를 생산하기 위해 선형과 타면을 예정된 순서대로 준비했다고 볼 수 없다. 오히려 주어진 돌감과 소재를 적절하게 선택하면서 가장 효율적인 격지떼기 방법을 찾았다고 할 것이다. 근본 전이는 후기 구석기시대 돌날을 떼어 내는 석기기술에서 볼 수 있는데, 몸돌 감쇄뿐만 아니라 돌감에서도 기존의 규암·맥석영과는 다른 정질의 암석을 사용하고 있다.

7.5. 돌날몸돌

후기 구석기시대 석기기술의 가장 큰 특징은 체계적인 돌날의 제작과 사용이라 할 수 있다. 후기 구석기시대에 들어와서 돌날을 체계적으로 생산하고 사용하는 행위가 널리 확산된 것이다. 그리하여 많은 연구자들은 돌날기술이야말로 현생인류가 지녔던 발전된 석기기술의 단면을 보여 준다고 여긴다. 다만, 길이가 너비보다 두 배 이상인 격지를 돌날이라 부르는데, 엄밀하게 말해 이런 돌날은 후기 구석기시대의 전유물이라 할 수는 없다. 돌날

....

5   물론 맥석영을 돌감으로 잔돌날을 떼어 낸 사례가 없지는 않다(그림 7.11)

기술과 현생인류의 등장 역시 반드시 일치하는 것도 아니다(성춘택 2010). 돌날기술이 무엇인지 더 분명하게 정의하고 접근할 필요가 있다.

실제 바르요셉과 쿤(Bar-Yosef and Kuhn 1999)에 따르면, 상당수 중기 구석기시대 유적에서는 돌날이 그저 드물게 나오는 것이 아니다. 아프리카와 서아시아에서는 약 30만 년 전으로 올라가는 중기 플라이스토세의 여러 유적에서 상당히 많은 돌날이 나온다. 현재로서 유럽에서는 이보다 늦지만 12만 년 전 정도에 돌날기법이 보인다. 다만 이처럼 중기 구석기시대에도 돌날이 나타나지만, 이것이 체계적으로 후기 구석기시대의 전형적 돌날기술로까지 이어지지는 것 같지는 않다. 이처럼 돌날이라는 새로운 기술은 이전의 기술 전통 안에서 "드나드는 패턴"을 보이다가 후기 구석기시대가 되면서 널리 확산되는 것 같다(성춘택 2017).

돌날의 긴 날은 프리즘형의 길쭉한 몸돌의 옆면에서 떨어져 나온다. 돌날을 떼어 내기 위해서는 우선 적절한 소재의 돌감을 선택한 뒤 몸돌의 타면과 옆면에 손질하는 준비과정이 필요하다. 그런 다음 모서리돌날(crested blade)을 먼저 떼어 낸다. 그 뒤 일련의 돌날을 몸돌의 타면 주변을 돌아가면서, 또는 길쭉한 타면이라면 일렬로 떼어 내는데, 그 생김새와 크기가 아주 일정하다. 여기서 돌날몸돌의 타면은 편평하게 준비하는데, 경우에 따라서는 망칫돌 같은 것으로 문질러 마찰력을 높이기도 한다. 이처럼 몸돌을 예정된 과정을 거쳐 다듬고 준비한 다음 체계적으로 크기와 생김새가 일정한 돌날을 "대량" 생산하는 것이다. 실제 돌날을 떼어 낼 때는 여러 떼기 방법이 쓰이는데, 망칫돌 사용 역시 유용한 방법이고, 뿔 같은 연망치를 이용하거나, 대고 때리는 간접떼기 방법, 그리고 가슴으로 누르거나 몸돌을 고정시켜 눌러서 돌날을 떼는 눌러떼기 방법도 사용된다(Inizan et al. 1992: 40-41, Fig. 9, 10; Hahn[이재경 역] 2012: 126, 도면 36 참조).

이 같은 각주(프리즘)형 돌날몸돌은 르발루아몸돌이나 이전 시기 몸돌에 비해 많은 장점을 가지고 있다. 가장 중요한 것으로는 돌감을 선택하고, 소재를 다듬고 타면을 준비하는 정형화한 돌날몸돌기술 자체가 크기와 형

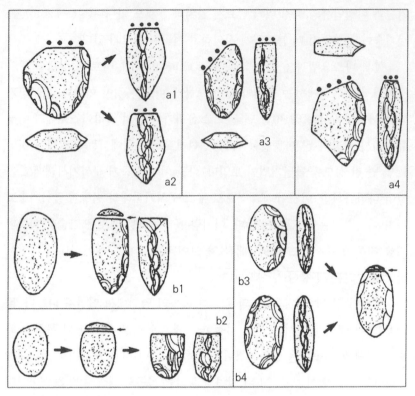

그림 7.6 밀양 고례리 돌날몸돌의 준비과정을 도해한 그림
자갈돌의 옆면과 한쪽 모서리를 조정하여 모서리돌날을 만들어 내기 전까지 과정을 그렸다(장용준 2001: 54, 그림 15에서).

태를 조절하여 표준화한 석기를 제작하는 데 유용하다는 것이다. 떼어 낸 돌날은 그 자체로 도구로 쓰일 수도 있고, 주변이나 끝에 미세한 잔손질을 베풀어 밀개나 뚜르개, 새기개 등의 다양한 도구를 만들기도 한다. 또한 돌날의 다수는 나무나 뼈, 뿔 등 자루에 끼워져 복합도구의 일부로 쓰인다. 이 경우 날이 낡거나 깨진 돌날을 갈아 끼우는 식으로 유지관리하기도 편리하다(제13장 참조).

　돌날기술이 갖는 원석 이용의 경제성을 중시하는 연구자들도 있다. 미리 정해진 제작 단계, 곧 원석을 선택하여 몸돌의 선형(preform)을 다듬고 타면을 준비하여 생김새와 크기가 일정한 돌날을 최대한으로 떼어 냄으로써 돌감의 낭비를 줄일 수 있다는 것이다. 또한 각주형 몸돌에서 나오는 아주 긴 돌날은 사실 사용한 원석에 비해 날의 길이를 비율로 표현할 때, 이전 시기 주먹도끼나 르발루아기법과 비교해 경제적이라 할 수 있다(Bar-Yosef and Kuhn 1999; Ambrose 2001; Chazan 2010; Klein 2002, 2009). 또한 양질의 원석을 쉽게 얻을 수 없는 곳에 살면서 높은 이동성을 가진 석기 제작자들에게도 커다란 원석이 아닌 돌날을 지니고 다닌다면 운반비용이 비교적 낮을 것이다(Kuhn 1994: 13장 참조).

이처럼 돌날 제작은 뗀석기기술이 정점에 이르렀음을 보여 준다. 하지만 효과적인 측면이나 장점만이 있는 것은 아니다. 먼저 석기 제작자가 정교한 작업을 할 수 있는 숙련된 기술을 가지고 있어야 하는데, 이는 집단의 구성원 모두가 습득하고 있었을 것 같지는 않다. 아마도 몇몇 사람들만이 그런 재능을 지니고 있었고, 어린 아이들에게 기술을 전수하였을 것이다. 또한 미리 정해진 과정을 따른다는 것은 어떤 특정 단계에서 실수가 허용되지 않음을 뜻한다. 타면을 준비하거나 돌날을 떼어 내면서 잘못된 타격으로 몸돌이 쓸모없어지는 위험부담도 있다. 여러 돌날의 크기와 생김새가 일정해야 하기 때문에 몸돌을 조심스럽게 다루어야 한다. 그리하여 돌날 제작 같은 정형화한 기술이 반드시 돌감을 경제적으로 쓰는 전략이라 할 수 없으며, 마지막 돌날을 떼어 내기까지 많은 작업이 필요하고 그 과정에서 떨어져 나오는 수많은 돌조각이나 부스러기를 생각하면 오히려 낭비적이라는 시각도 가질 수 있다(Hayden *et al.* 1996: 18).

돌날을 떼어 내기 위해서는 숙련된 기술만이 필요한 것이 아니다. 아마도 가장 중요한 변수는 날카롭고 길고 정교한 돌날을 만들기 위해서는 그만큼 좋은 재질의 암석이 필요하다는 사실일 것이다. 이런 치밀한 내부 조직을 가진 정질의 암석은 먼 곳에서 얻어야 하는 경우가 많아 그만큼 큰 비용이 든다. 한국에서도 후기 구석기시대 전이가 석기기술체계의 근본 변화라는 데는 바로 이 돌감 이용 양상이 크게 바뀌었음에 근거한 것이다(Seong 2009). 석기 제작에 이용된 돌감의 원산지 분석에 따르면, 유럽의 후기 구석기시대에는 200km, 또는 그 이상의 먼 거리에서 원석을 획득하는 사례가 드물지 않다(Gamble 1986).

그런데 후기 구석기시대 수렵채집 집단은 지금보다 추운 환경에서 높은 이동성을 바탕으로 주변 집단과 인적, 물적 교류네트워크를 발전시켰을 것으로 보인다(성춘택 2009; Whallon 2006). 실제 한국 후기 구석기시대 원석의 이용 양상에서는 이보다 훨씬 넓은 광역의 교류네트워크가 있었음을 알 수 있다. 수렵채집민이 직접 산지까지 이동하여 돌감을 가져온 것이 아니라 주변 집단과, 그리고 더 넓은 광역 집단과 직간접 교류를 바탕으로 먼 곳에서 돌감을 얻었던 것이다. 특히 지금까지의 연구에 따라 한반도 중부지방(장흥 신북 같은 남부지방의 유적까지도)의 후기 구석기 유적에서 비교적 자주 나타나는 흑요석이 백두산에서 온 것이라면 이는 직선으로만 500km에 이르는 거리이다. 직접 획득이나 직접 교류도 거의 불가능하며, 광역의 교류네트워크에서 간접 교류로 돌감을 얻었을 것이다.

한국의 후기 구석기시대 유물군은 슴베찌르개석기군, 돌날-슴베찌르개석기군, 슴베찌르개-잔돌날석기군, 잔돌날석기군으로 나누어 볼 수 있으며, 각각에 '유형'이라는 이름을 붙일 수도 있다(성춘택 2006c; Seong 2015). 최근 한국에서도 돌날과 돌날몸돌이 중심이 되는 유물군의 수가 늘고 있다. 이미 밀양 고례리와 대전 용산동, 남양주 호평동, 포천 대회산리 등지에서 보통 크기 돌날과 돌날몸돌이 나온 바 있다. 특히 밀양 고례리에서는 대형의 돌날과 돌날몸돌이 알려져 있는데, 대구 월성동과 대전 용산동에서도 대형 돌날이, 그리고 임실 하가에서는 대형 돌날을 소재로 만든 슴베석기가 확인된 바 있다.

장용준(2001, 2007)은 고례리 출토 돌날몸돌을 형태와 소재 등에 따라 각주형, 크레스트형, 원추형, 병행교차형, 박편소재형, 측면이용, 넓은면 몸돌이라는 일곱 범주로 구분한다. 또한 타면을 아무런 조정 없이 자연면을 그대로 사용한 것(A)과 간단히 한두 차례 작은 조정으로 타면을 만든 것(B), 마치 잔몸돌에서처럼 별도의 타격으로 타면을 만든 것(C)으로 나눈다.

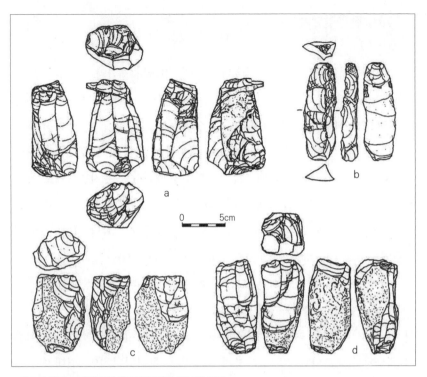

그림 7.7 밀양 고례리에서 출토된 다양한 돌날과 몸돌

왼쪽 위 돌날몸돌은 타면이 접합되어 어떻게 몸돌을 준비했는지 잘 알 수 있다. 타격각도 직각을 넘어 더 이상 뗄 수 없을 만큼 길이 10cm 정도의 돌날을 떼어 냈음을 알 수 있다. 오른쪽 위 유물은 돌날몸돌을 준비하여 맨 처음 떼어 낸 능이 조정된 모서리돌날이다. 왼쪽 아래 유물은 모서리 조정을 했지만, 돌날을 떼어내지 않은 모습이다. 고례리에서는 이처럼 길이 15-20cm 정도의 큰 돌날과 몸돌이 많이 나왔다(a·b는 장용준 2007: 187의 그림 37, c·d는 2001의 그림 4, 5에서 편집).

연구에 따르면 돌날몸돌은 20여 점 출토되었는데, 자연면의 능(모서리)을 마치 찍개날을 만들 듯이 양쪽으로 타격하여 능 조정을 거친 몸돌이다. 높이가 20cm에 이르는 것도 있으며, 10cm 내외의 것이 소형일 만큼 고례리 몸돌은 전체적으로 크다. 그런데 이런 유적에서 나온 모서리몸돌의 사례는 아마도 대부분 제작과정에서 실제 돌날을 떼어 내지 못한 상태에서 폐기된 것이다. 모서리돌날 역시 15cm 정도의 큼직한 유물들이 상당수 출토되었는데, 이 정도 길이는 이른 시기 규암제 대형격지나 칼형도끼만큼 크다고 할 수 있다(그림 7.7, 7.8).

7.6. 잔몸돌기술

후기 구석기시대 뗀석기기술의 발전은 잔돌날(세석인, 좀돌날, micro-blade)떼기 기술에 와서 절정에 이른다. 보통 크기의 돌날과는 확연히 다른 아주 작은, 흔히 너비 1cm 이하의 아주 작은 돌날은 나무나 뿔, 뼈에 홈을 파고 끼워서 찌르개나 칼과 같은 복합도구의 일부가 된다. 어떤 돌날이 닳거나 훼손되면 그것만 갈아 끼우면 되는 아주 유용하면서도 유지관리에도 효율적인 도구이다. 또한 정교하게 디자인하여 창이나 칼 같은 복합도구를 만든 것으로 주어진 작업뿐 아니라 여러 기능에도 적합한 신뢰할 만한(reliable) 도구였다(Bleed 1986; Elston and Brantingham 2002).

이 작은 돌날을 떼어 내는 기술은 특히 한국을 비롯하여, 시베리아, 북중국, 몽골, 일본 등 동북아시아와 알래스카에 이르기까지 넓은 지역의 후기 구석기시대 말을 대표하는 석기기술이다. 한국에서는 일찍이 공주 석장리 유적에서 출토되었지만 그다지 주목을 받지 못하였다. 1980년대 수양개 발굴에 이르러서도 몸돌은 배모양밀개라는 이름으로 불려, 잔돌날떼기 기술 연구가 늦게 시작되었다.[6]

단양 수양개 유적에서는 이런 몸돌이 무려 200여 점에 가까울 만큼 많이 나왔고, 되맞춤으로 상당수 몸돌의 타면에서 떨어진 격지가 붙음을 알 수 있었다. 나아가 몸돌 가운데는 마지막 잔돌날을 떼어 내는 데 쓰이지 못하고 옆면이나 타면을 준비하는 과정에서 폐기된 것도 많아 잔몸돌기술을 복원할 수 있게 되었다.

1980년대 말 전남 주암댐 수몰지구에서도 상당수 유물들이 알려지면서 주목을 받았다. 북으로는 철원 장흥리, 양구 상무룡리, 포천 중리, 의정부 민락동, 하남 미사리, 홍천 하화계리, 동해 기곡, 남양주 호평동, 대전 노은동,

....

6   실제 밀개 가운데는 깊고 나란하게 마치 잔돌날을 떼듯이 잔손질한 유물도 있다. 이런 유물은 잔돌날을 떼어 낸 몸돌과 구분하기 쉽지 않다(Hahn[이재경 역] 2012: 247). 또한 돌날을 소재로 잔돌날을 떼어 낼 때도 새기개기법으로 떨어진 아주 작은 격지(burin spall)와 구분하기 어렵다.

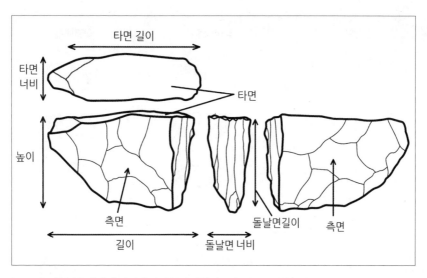

그림 7.8 잔돌날을 떼어 낸 몸돌의 여러 부위 명칭(성춘택 1998: 56에서 수정)

대구 월성동, 임실 하가, 곡성 옥과 주산리, 송전리, 순천 죽산, 월평, 장흥 신북, 해운대 중동, 거창 임불리 등 후기 구석기시대 중후엽의 대부분 유적에서 잔몸돌과 잔돌날이 알려져 있을 만큼 특징적인 유물이다. 과거 중석기시대의 유물로 여겨지기도 하였지만, 이제 몇몇 유적의 방사성탄소연대로는 최후빙하극성기 이전까지 올라간다.

일본에서는 이미 1960년대부터 잔돌날제작과 관련된 유물이 알려지면서 세부 형식분류와 제작기법을 복원하는 연구가 시작되었다. 우리나라 역시 일본 연구의 영향으로 유베츠기법이나 야데가와기법, 히로사토기법과 같은 특정한 잔돌날제작기법에 대해 개별 기법을 복원하는 등 자세한 연구가 있었다(김은정 2005; 성춘택 1998). 이러한 제작기법은 형태 속성과도 무관하지 않은데, 쐐기형몸돌이나 배모양몸돌, (원)추형몸돌, 원주(원통)형몸돌 같은 형태적인 명칭과 제작기법 관련 용어가 혼용되어 쓰이기도 한다.

그런데 특정 기법을 복원하여 지나치게 정해진 제작연쇄만을 강조하면 잔몸돌의 성형과정과 돌날떼기에서 오는 다양한 변수를 효과적으로 담지 못할 수 있다. 이런 문제를 넘어서기 위해 글쓴이는 제작단계별 분류를 시도

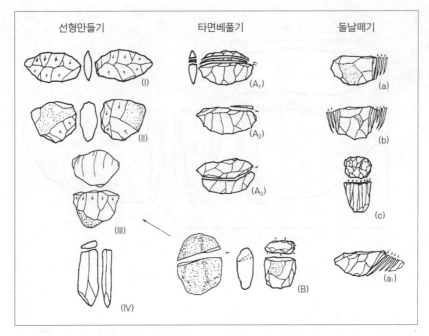

그림 7.9 잔몸돌을 제작단계별로 형식을 설정하여 분류한 사례(성춘택 1998: 57, 그림 4에서)

한 바 있다(성춘택 1998).[7] 거의 모든 잔몸돌에는 선형만들기, 타면베풀기, 돌날떼기라는 세 단계의 과정이 담겨 있다. 각 단계는 속성이라고도 부를 수 있으며, 각각 3-4가지의 속성상태를 설정하였다(그림 7.10). 이처럼 각 단계의 속성상태를 순열조합과도 같이 서로 교차시키면, 기존의 복잡한 명칭으로 불렸던 잔돌날떼기기법을 포괄할 수 있다. 분류를 통해 유베츠기법 같은 개별 기법을 복원보다 더 포괄적인 잔돌날기술의 다양성을 파악할 수 있다.

먼저 (1) 선형(preform)만들기란 돌날을 생산하기 전 몸돌로서 형태를 갖추기 위한 조정을 말한다. 여기에는 각각 양면조정, 단면 또는 부정형, 원추형(각주형), 돌날 또는 격지라는 네 가지 변이 또는 속성상태를 설정한다. 그 다음 단계로 (2) 타면베풀기인데, 긴방향떼기, 너비방향떼기, 다듬기 없음이라는 세 속성상태를 구분한다. 마지막으로 (3) 돌날떼기는 위치에 따라

....

7　성춘택 1998의 글은 1991년 초 글쓴이가 제출한 학부(서울대학교) 졸업논문을 모태로 한 것이다.

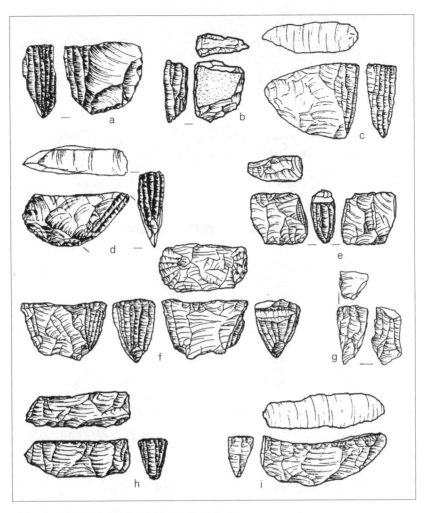

그림 7.10 한반도의 구석기 유적에서 나온 잔몸돌의 사례

a: 평양 만달리, b · h: 공주 석장리, c: 화순 대전, d · i: 단양 수양개, e: 거창 임불리, f: 양구 상무룡리, g: 용인 평창리(원도를 바탕으로 다시 그림).

한 쪽에서 이루어졌는지, 양쪽에서 떼어냈는지, 주변을 돌아가면서 떼어냈는지를 구분할 수 있다(그림 7.9). 이로써 (다차원)변화표 분류의 맥락에서 각 제작 단계는 하나의 차원(dimension)이나 속성이 될 것이며, 설정된 속성상태를 서로 교차시키면 수십 개 집합을 얻을 수 있다. 그 안에 유베츠, 히로사토기법 등 기존에 복원된 잔돌날 제작과정을 포괄할 수 있는 것이다.

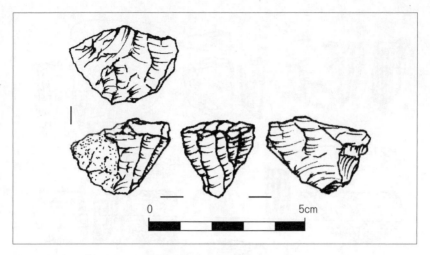

그림 7.11 하화계리에서 수습된 보기 드문 맥석영제 잔몸돌
맥석영으로 돌날이나 잔돌날을 만드는 것은 불가능하지는 않지만 아주 어렵다. 기술이 있더라도 암석의 재질을 생각하면 오히려 멀더라도 정질의 암석을 찾는 것이 비용과 효과의 측면에 더 나을 것이다. 그래서 대부분 잔돌날은 규질셰일이나 흑요석 같은 정질의 암석으로 만든다. 장흥 신북이나 순천 월평 같은 곳에서는 수정으로 만든 잔몸돌도 수습된 바 있다(지은이 그림).

이후 이런 분류는 김은정(2005)의 연구에서도 이어진다. 장용준(2007)은 이를 조금 변형하여 소재형태를 타원형과 반달형으로, 타면을 스폴떼기, 미세조정, 박리면, 자연면 등으로 나누고 다시 방향과 모양에 따라 세분하였다.

한국에서 잔돌날은 다양한 돌감을 이용하여 만들어졌다. 그림 7.11과 같이 기존에 널리 쓰였던 맥석영을 그대로 이용하여 잔돌날을 떼어 낸 몸돌의 사례도 있다. 맥석영으로 잔돌날을 떼는 것이 불가능하지는 않는 것이다. 그런데 이는 맥석영이라는 암석의 특성을 생각하면 그리 효과적인 방법이 아니었을 것이다. 맥성영으로는 강하고 날카로운 날을 만들 수는 있지만, 내부 절리면 등으로 정교한 작업에는 부적합하다. 오히려 더 먼 곳일지라도 정질의 암석을 들여와서 작업하는 것이 더 효율적이었을 것이다.

한국에서 돌날이나 잔돌날을 만든 암석은 흔히 혼펠스나 이암, 유문암, 규질셰일(응회암)이라 불린다. 여러 용어가 쓰이지만, 실은 거의 같은 특징을

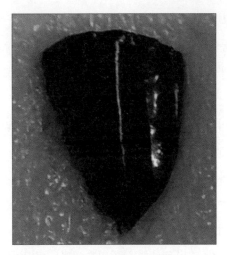

그림 7.12 하남 미사지구에서 출토된 흑요석제 소형 잔몸돌(높이 16mm)

공유하고 있어 동일한 재질의 암석을 지역에 따라 달리 부르고 있을 가능성
이 크다(성춘택 2003; 제3장 참조). 이 암석은 한반도 남부지방의 대부분 유적
에서 잔돌날을 비롯하여 밀개, 새기개 등 후기 구석기시대의 작은 석기를 만
드는 데 집중 이용되었다. 또한 포천 중리와 늘거리, 의정부 민락동, 홍천 하
화계리, 남양주 호평동, 하남 미사리, 단양 수양개, 대구 월성동 등지, 주로
한반도 중부지방에서는 규질셰일과 함께 흑요석을 적극 이용하여 잔몸돌을
만들었다. 특히 흑요석은 한반도 중부지방에서는 거의 원석을 구하기 어렵
기 때문에,[8] 몇몇 사례(예컨대 인제 부평리 유물)를 제외하고 흑요석제 몸돌은
극히 작은 경향이 있다(그림 7.12). 더 이상 돌날을 떼어 낼 수 없을 정도로
소모된 상태에서 폐기된 것으로 보인다.

주지하듯이 이와 같은 잔석기기술은 한국을 비롯하여 시베리아, 몽골,

....

8   다만 우리가 아직 모르는 원산지가 중부지방에 있을 수 있다. 그럴지라도 흑요석 덩어리가 석기를 만
    들 만큼 충분히 크지 않을 가능성이 크기 때문에 현재로선 백두산과 같은 외부의 원석을 이용하였다
    고 해야 옳을 것이다. 덧붙여 흑요석과 같은 정질의 암석을 얻고 이용하는 양상으로 미루어 볼 때, 잔
    돌날기술의 전파경로를 구체적으로 추정하기보다는 전술하였듯이 당시 수렵채집민이 가진 높은 거
    주(본거지)이동성과 조달이동성, 그리고 이를 바탕으로 하는 광역 교류네트워크를 고려하여 더 역동
    적인 문화변화를 고려할 필요가 있는 것이다(성춘택 2009; Seong 2007).

북중국, 일본, 그리고 알래스카까지 동북아시아 후기 구석기시대에 폭넓게 보이는 기술전통이다. 연구자들은 이를 통해 기원지를 설정하고 그로부터 잔석기기술의 확산을 설명하고자 한다. 현재까지의 자료에 따르면 알타이 지방에서 가장 이른 시기 잔석기 유물이 나오는데, 방사성탄소연대로 3만 5,000 BP 정도이다(Kuzmin 2007: 116-118). 그런데 우리나라의 자료 역시 철원 장흥리와 장흥 신북 등지에서 2만 5,000 BP까지 올라가며, 보정하면 거의 3만 년 전에 이른다. 이미 최후빙하극성기(LGM) 이전에 현재의 한반도에 널리 확산되는 것이다. 이처럼 비교적 빠르게 잔석기기술이 자리 잡은 배경에는 후기 구석기시대 수렵채집민의 높은 이동성이 있었던 것 같다. 제13장에서 논의하겠지만, 이동성은 석기기술체계를 결정하는 중요한 요인 가운데 하나이다. 더불어 높은 이동성과 인적, 물적 교류네트워크는 정질의 암석을 먼 곳에서 획득하는 데 드는 비용도 감소시킨다. 따라서 단순한 기원지 설정과 그로부터 전파와 이동의 경로를 설정하기보다는 석기기술체계가 어떠한 기술, 환경, 행위적 맥락 위에서 자리 잡게 되었는지를 고려하는 것이 바람직할 것이다.

제8장
격지와 데비타지 분석

데비타지(debitage)란 석기 제작의 감쇄과정에서 생산되는 부산물을 뜻한다. 따라서 격지를 제작하고 남은 몸돌도 데비타지의 일종이며, 사용되지 않은 격지들 역시 마찬가지고, 격지를 떼어 내거나 도구를 잔손질과정에서 생기는 부스러기나 부정형조각도 데비타지이다. 결국 뗀석기는 쓰임새에 따라 도구와 데비타지로 양분할 수도 있다. 망칫돌이나 사용석재를 포함하여 그 어떤 목적에서든 도구로 이용된 것과 사용되지 않고 버려진 석재를 구분할 수 있는 것이다. 그러나 이는 어디까지나 이론적인 것이고 실제 자료에서는 사용된 석기인지, 그렇지 않고 버려진 것인지 구분하는 일이 그리 간단하지 않다.

석기 연구에서 많은 관심이 성형도구에 쏠려 있지만, 그 어떤 구석기시대 유적에서든 가장 많은 수의 유물은 데비타지이다. 최근 데비타지 분석은 계량화할 수 있는 자료를 준다는 점에서 주목받고 있다. 데비타지는 뗀석기 감쇄과정의 부산물로서 버려지는 것에 불과하지만, 그 구성과 특징은 석기기술의 변이와 집중도, 유적에서 일어난 행위복원 등 다양한 분석과 연구에 귀중한 자료이다. 연구에 따라서는 데비타지 분석으로 석기 제작의 단계, 그리고 주먹도끼나 양면찌르개, 밀개 같은 도구의 제작을 판별할 수도 있다. 이로써 데비타지는 몸돌 감쇄, 곧 격지떼기기법 연구를 넘어 석재이용의 양상, 유적의 기능과 유적의 형성과정, 인간행위 복원, 이동성 등 다양한 고고학적 관심사에 귀중한 실마리를 찾는다. 쓸모없이 버려졌다고 하지만, 고고학에서는 쓸모가 많은 자료이다(Andrefsky 2008; Odell 2000, 2004; Steffer *et al.* 1998). 이 장에서는 격지와 격지조각의 판정과 기록, 분류, 분석 방법에 초점을 맞춘다.

8.1. 격지 속성과 측정

제4장과 5장에서 살펴보았듯이, 격지(박편, flake)를 기록하는 데도 여러 시각과 방법이 있다. 몸돌에서 떨어져 나온 모든 조각을 격지라고 부르지는 않는다. 엄밀하게 말하면 의도적인 가격으로 떼어져 나온 돌조각, 그러니까 타면을 판별할 수 있는 독립된 떼기의 생산물만이 격지이다. 뗀석기 제작이나 사용과정에서 의도하지 않게 떨어져 나온 부스러기나 부정형조각과 격지는 서로 다른 범주의 데비타지이다. 격지의 범주 안에서도 타면을 가지고 있으면서도 끝날과 옆날 등 다른 부위가 깨지거나 부러진 것도 있으며, 전체가 온전한 격지도 있을 것이다. 이처럼 선사유적에서 가장 많이 나오는 데비타지는 다양하다.

먼저 격지를 기록하고 분류하는 방법을 알아보고 이와 관련한 이슈를 살펴보자. 격지 하나를 기술하고 측정하는 데도 많은 이슈가 있음을 짚고 넘어갈 필요가 있다. 그 어느 격지일지라도 두께가 일정하지는 않을 텐데, 그것을 측정하는 데 원칙이 같을지라도 늘 고정된 일정한 값을 얻을 수는 없다. 제4장에서 석기의 길이와 너비를 측정하는 여러 방법을 소개했지만, 같은 방법을 사용한다고 해도 언제나 똑같은 측정값을 얻는 것은 아니다. 심지

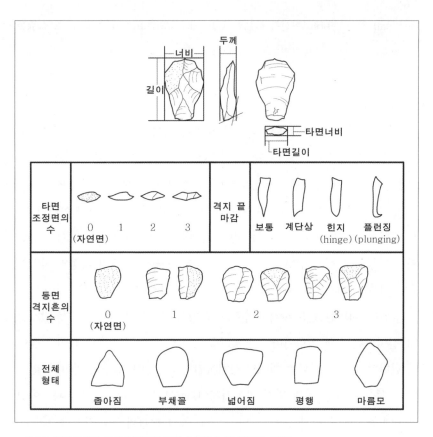

그림 8.1 격지 분류와 분석과 관련한 여러 속성과 속성상태 또는 변이
자세한 논의는 본문 참조(Isaac 1977: 180, Fig. 57을 참고하여 성춘택·김민경이 다시 그림).

어 등면의 격지흔의 수(dorsal scar count)를 세는 데도 불분명함이나 연구자에 따라 불일치함이 있어 다른 결과가 나오기도 한다. 때문에 될 수 있는 대로 일관된 측정값을 내기 위해서는 경험과 함께 석기에 대한 지식, 그리고 객관적 절차와 방법을 고안해야 한다. 나아가 더 세밀하고 정확한 측정값을 얻기 위해서는 반복된 계측과 평균값을 사용할 수도 있다.

  격지의 생김새와 크기는 석기기술의 변이를 고찰하는 데 중요한 속성이다. 먼저 격지의 크기에 대한 측정부터 알아보자. 격지의 다양한 분석적 차원이 석기 제작의 집중도(reduction intensity)를 비롯한 석기기술의 다양성과 관련되어 있기 때문에 여기에 초점을 맞추어 보자(Hahn[이재경 역] 2012;

Debénath and Dibble[이선복 역] 2012; Bordes 1961; Inizan *et al.* 1992; 加藤晋平·鶴丸俊明, 1980; 竹岡俊樹 1989, 2003 참조).

길이와 너비

길이는 흔히 타격점에서 격지의 끝까지 거리를 말하지만, 구체적이고 일관된 측정 방법이 있지는 않다. 때문에 사실 도구 형식이나 격지형식의 판정뿐 아니라 보고서에 기술된 격지의 측정값 역시 신뢰성에 문제가 있을 수 있다. 격지의 길이는 단순히 유물의 처음에서 끝까지 거리가 아니다. 보통 길이와 너비를 재기 위해서는 먼저 격지를 타격점에서 힘의 방향이 전달되는 방향으로 정치시켜야 한다. 그 뒤 격지를 둘러싼 크기 측정의 사각형을 그리고, 타면의 끝에서 수직으로 선을 내려 격지끝까지 이르는 거리가 길이가 된다. 너비는 같은 사각형의 왼쪽 끝에서 오른쪽 끝까지 거리를 말하는데, 길이와는 수직 방향이다(그림 8.1의 위). 따라서 격지의 타격 축이 기울어져 있다면 길이와 너비는 제대로 정치시키지 않는다면 상당히 차이가 날 수 있다. 두께를 재는 방법 역시 마찬가지이다. 석기 제작은 감쇄의 과정이기 때문에 격지의 무게와 길이, 너비는 모두 석기 제작의 단계가 진전될수록, 감쇄의 집중도가 높을수록 작아지는 경향이 있다(Stahle and Dunn 1982). 이밖에도 타격점에서 수직으로 선을 내려 끝에 이르는 거리를 재는 방법도 있다(그림 8.2). 부정확하지만 여전히 유물의 한쪽 끝에서 다른 쪽 끝까지 거리를 재는 방법도 쓰이고 있다.

길이와 너비의 비율

위와 같은 방법으로 격지의 길이와 너비를 재 그 비율을 계산한다. 격지에는 너비가 길이보다 큰 넓은 격지(너비격지, 횡장박편)와 길이가 더 큰 긴 격지(종장박편)가 있다. 모루떼기 같은 방법으로는 보통 넓은 격지가 떨어지며, 돌망치를 이용하여 직접 떼는 방법으로도 보통 넓은 격지가 많이 나온다. 뿔망치를 이용하면 좀 더 긴 격지를 얻을 수 있다. 타격각이 수직에 가

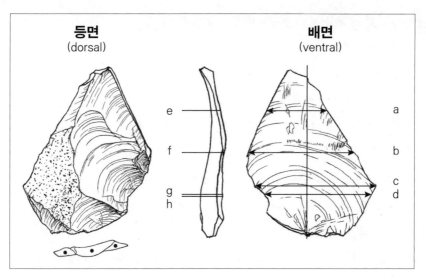

그림 8.2 격지의 크기를 측정하는 여러 방법

사각형 방법(그림 8.1)이 가장 널리 쓰인다. 다만 격지의 형태를 더 세밀하게 분석하기 위해서는 이밖에도 여러 방법을 쓸 수도 있다. 타격점에서 수직으로 선을 늘어뜨려 거리를, 그리고 타격점에서 1/4, 1/2, 3/4지점의 거리를 재기도 한다. 두께 역시 마찬가지이다. 이는 복잡하고 주관적일 수 있지만, 온전한 격지의 크기와 형태를 자세히 비교할 필요가 있을 때 사용하는 방법이다(성춘택·김태경 그림).

까울수록 더 긴 격지가 떨어지는 경향이 있으며(Whittaker 1994), 간접떼기(punch struck)나 눌러떼기로는 긴 격지를 얻을 수 있다.[1] 흔히 길이가 너비보다 두 배 이상인 격지를 돌날이라 부르는데, 돌날 가운데는 부러진 것도 많이 있다. 또한 돌날은 체계적인 돌날기술의 산물로서, 긴 방향으로 양 측면이 나란하고, 가운데 능이 있다. 그렇지 않고 길이가 너비의 두 배 이상인 경우라면 유사돌날, 또는 돌날격지라 부르기도 한다. 막대그래프 같은 방법으로 석기군에서 격지의 길이와 너비 비율의 분포를 파악할 수도 있을 것이다. 예컨대 길이/너비가 2.0 이상, 1.5에서 1.99, 1.0에서 1.49, 0.5에서 0.99, 0.49 이하 등으로 나눌 수 있다. 이로써 다른 여러 지표와 결부하여 유적에서 어떤 방식의 떼기가 중심이었는지를 파악하거나 유적별(유물군별)로 어

....

1   격지의 길이를 결정하는 것은 사용된 망치의 종류, 떼기의 방법, 타면 조정, 돌감의 질, 타격각 등 여러 변수가 있다.

떻게 다른 분포를 보이는지를 비교할 수 있다.

격지의 무게

격지에서 관찰하고 측정할 수 있는 속성은 많지만, 사실 연구자 사이에, 그리고 같은 연구자라 할지라도 측정시점에 따라 어느 정도 다른 결과가 나온다. 연구에 따르면 이런 문제는 클 수도 있으며(Shott 1996), 숙련된 연구자에게는 지엽적일 수도 있다. 어쨌든 많은 속성 가운데 무게가 가장 신뢰할 만한 것임은 물론이다(Odell 2000, 2004). 몸돌은 격지를 떼어 낼수록 작아질 것이고, 격지의 크기도 줄어든다. 무게는 길이나 너비, 등면 자연면의 비율 등과 함께 석기 제작의 단계가 진전됨에 따라 감소할 것이기 때문에 데비타지 연구에서 중요한 속성이다.

등면 자연면의 비율(Dorsal cortex)

등면에 자연면이 얼마나 남아 있는지를 가리키는 지표는 석기 제작기술을 판단할 때 중요한 자료이다. 자연면의 비율 역시 석기 제작의 단계 및 집중도와 반비례한다. 다시 말해 자연 자갈돌을 선택하여 처음 격지를 떼어 낼 때 등면은 자연면으로 덮여 있을 것이며, 제작이 진전되어 암석의 겉면이 줄어들수록 자연면의 비율은 감소하여 끝내 사라질 것이다(Sullivan and Rozen 1985). 자연면의 존부에 따라 일차, 이차, 삼차 격지를 나누는 방법도 널리 쓰인다. 일차격지(primary flake)란 맨 처음 떼어 낸 격지로, 등면 전체가 자연면으로 이루어진 것을 말하며, 이차격지(secondary flake)란 등면의 일부에 자연면이 있는 것, 그리고 삼차격지(tertiary [interior] flake)란 자연면이 없어 몸돌의 내부면에서 떨어져 나온 격지를 일컫는다. 또한 분석의 사례에 따라 자연면의 비율을 측정하는 다양한 범주가 이용될 수 있는데, 예컨대 0=0%, 1=1-25%, 2=26-50%, 3=51-75%, 4=76-99%, 5=100%와 같이 계량화시키는 방법을 많이 사용한다. 다만 몇몇 사례에서 석기 제작의 집중도와 자연면의 비율 사이의 관계가 그리 간단하지 않을 수도 있다는 지적이 있

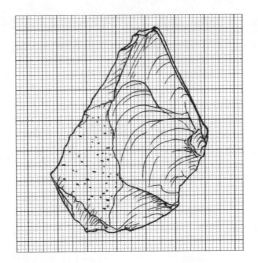

그림 8.3 격지의 등면 자연면 비율을 측정할 때 모눈종이에 표시하는 방법

이 흑요석 격지의 사례는 이차격지로서 자연면이 등면의 대략 27% 정도를 덮고 있다. 컴퓨터 프로그램을 개발하여 더 정확하게 측정할 수 있겠지만, 현재로선 이 방법이 효과적이다. 등면에서 보이는 격지흔은 모두 6개이며, 그림 8.2와 같이 타면 조정면의 수는 3개이다(Andrefsky 2005: 107, Fig. 5.12 참조하여 성춘택·김태경 그림).

기 때문에 유념할 필요가 있다(Shott 1994). 가령 가장 이른 시기의 올도완석 기기술의 유물은 거칠게 만들어진 석기들이 많다고 생각되지만, 석기군에는 돌감을 집중적으로 이용하여 자연면이 별로 남아 있지 않은 유물이 있을 수 있다(Braun *et al.* 2008).

등면의 격지흔 수(Dorsal flake scar count)

격지의 등면에 나타난 격지흔(박리면)의 수를 말한다(그림 8.1). 분석 사례에 따라 여러 범주를 쓸 수 있는데, 가령 0, 1, 2, 3, 4(이상)와 같은 계량화한 척도를 적용시키는 것이 보통이다. 그런데, 아주 작은 격지흔, 의도적인 격지흔인지 불문명한 것까지 포함시켜야 할지 여부에 따라 연구자마다 작은 차이가 날 수도 있다. 격지흔이 많은 사례에서는 지나치게 세분하지 않는 것이 좋다. 격지흔의 수는 흔히 석기 제작의 집중도와 비례하기 때문에 석기 기술의 변이를 연구하는 데 중요하다고 생각되는 속성이다. 그러나 돌날과 같은 정형화한 석기를 생산하는 경우 반드시 그렇지 않을 수 있다. 또한 사용한 몸돌의 크기가 작았을 경우, 석기 제작의 집중도와 무관하게 격지의 크기가 작아 격지흔의 수도 적어질 수 있음도 유념해야 한다(Braun *et al.* 2008; 그림 8.2, 8.3 참조).

등면 격지흔의 방향(Dorsal scar directions)

등면에서 보이는 선행 박리의 방향 역시 격지떼기의 집중도와 체계성을 연구하는 데 중요한 속성이다. 또한 격지떼기에서 어떠한 준비과정이 있었는지를 잘 보여 준다. 돌날 같은 사례에서는 (1) 격지떼기 방향이 실제 돌날의 떼기 방향과 같고 일정할 것이며, (2) 맞선 방향일 수도 있다. 막몸돌의 경우 (3) 다양한 방향의 격지흔이 보일 것이다. 또한 (4) 방사상의 격지떼기가 이루어졌다면 등면에서도 그런 흔적이 나타날 것이다. 나아가 이를 근거로 등면에서 이루어진 격지떼기의 순서를 기록할 수도 있다. 격지흔이 서로 겹쳐 있다면 가장 늦게 떼어 낸 면이 이전의 면 위에 놓여 있을 것이다. 이는 주로 몸돌에서 어떻게 격지를 떼어 냈는지를 세밀하게 파악할 때 쓰는 방법이며, 도구를 성형하는 방향이나 잔손질의 순서를 알고 싶을 때도 이용할 수 있다.

전체(평면) 형태(plan form)/ 가장자리 형태

격지의 모습은 가장자리, 곧 변이 어떤 형태인지와 직결되어 있다. 격지의 등면, 그리고 기부를 아래로 향한 정면도를 왼쪽 변(좌변)과 오른쪽 변(우변), 그리고 기부의 변(기변)과 격지끝의 변(선단변)을 설정할 수 있다(竹岡俊樹 1989: 37-38). 그리하여 좌변과 우변이 나란한 격지도 있을 것이며, 서로 만나거나(수렴하거나) 벌어지는 형태도, 넓은 격지라면 긴 선단변이 있을 것이다. 이로써 격지의 평면 형태는 돌감의 재질이나 떼기 방법(돌망치, 뿔망치 등), 타면 조정 여부에 따라 여러 형태가 나올 수 있다. 대체로 좁아짐(수렴), 부채꼴, 평행, 넓어짐, 마름모 등으로 구분할 수 있다. 또한 이른 구석기시대 규암 및 맥석영 유물의 경우 옆으로 넓은 격지가 많고, 비교적 둥그런 모양, 그리고 격지끝으로 갈수록 넓어져 사다리꼴을 이루는 사례도 있다. 다만 평면 형태는 객관적인 기준을 적용하기 어려운 속성이기도 하다. 그리하여 좁아짐, 평행, 넓어짐과 같이 더 간단한 범주로 나눌 수도 있을 것이다(그림 8.1).

격지끝의 마감(Terminal release, termination)

격지끝이 어떻게 마감되었는지 하는 속성은 격지를 떼는 힘의 전달이 어떻게 이루어졌는지, 그리고 석재의 상태와 밀접한 관련이 있다. 먼저 흑요석이나 규질셰일 같은 정질의 암석에서 떨어져 나온 격지의 경우 깃털 모양으로 부드럽게 휘어지면서 두께가 점점 얇아지는 것이 보통인데, 이것을 깃털모양(feathered, normal)이라고 하며(a), 중간에 부러진 것은 계단상(step, b), 격지끝이 둥그렇게 끝나는 것은 힌지(hinge, c), 힘의 전달이 과하여 격지끝이 크게 휘어져 있는 경우를 플런징(plunging, d)이라 부른다(그림 8.1; 그림 4.4 참조). 그러나 이 속성 역시 정질의 암석을 사용하여 만든 격지에서 관찰할 수 있지만, 규암이나 맥석영 같은 암석으로 만든 격지에는 적용하기 쉽지 않다. 계단 모양으로 깨진 것은 사후 부러진 것과 구분하기 어렵고, 힌지나 플런징의 사례도 거의 보기 힘들다.

타면의 크기, 형태

타면의 크기는 격지의 크기와 마찬가지로 크기 측정을 위한 사각형을 만들고 거기에서 길이와 너비를 재는 것이 보통이다(그림 8.1). 또한 돌망치를 사용하여 직접떼기로 떼어 낸 격지의 경우 타면은 비교적 두툼하고, 단순한 생김새를 가진다. 뿔망치로 떼어 낸 격지는 더 길기도 하지만, 타면은 역시 훨씬 좁으며, 경우에 따라서는 입술처럼 휘어 있기도 하다(그림 4.5; 8.2 참조). 눌러떼기로 떨어진 격지는 작고 길지만, 타면은 보통 더 좁다. 그리하여 타면이 거의 점과 같이 좁을 수도 있는데, 이것을 가리켜 점타면이라는 말을, 반면 거의 선과 같이 좁고 긴 타면에는 선타면이라는 용어도 쓸 수 있다. 타면이 아주 작은 이유는 (1) 직각에 가까운 각도에서 눌러떼기를 했을 때, (2) 반대로 지나치게 낮은 각도에서 가벼운 타격으로 격지가 떨어질 때, 그리고 (3) 간접모루떼기나 양극떼기로 모루에서 간접적인 힘으로 떼어 낼 때를 생각할 수 있다(竹岡俊樹 1989: 58, 2003). 부정확하지만, 타면의 형태를 분류할 수도 있는데, 전체적으로 삼각형일 수도, 마름모나 볼록렌즈모양일 수도, 위에 지적했듯이 길쭉한 선모양일 수도, 입술처럼 휜 모양일 수도, 점처럼 좁을 수도, 부정형일 수도 있다.

타면 조정면의 수(Platform facets)

타면에서 관찰할 수 있는 조정면의 수를 가리킨다(그림 8.1, 8.2). 타면에는 조정면이 확인되지 않고 단순 자연면으로 이루어지기도 하고, 비교적 많은 조정면이 있는 것도 있다. 대체로 석기 제작의 집중도가 높을수록, 그리고 격지떼기를 위해 몸돌의 타면의 준비 정도가 높을수록 더 많은 조정면을 갖고 있다. 이 역시 숫자에 따라 계량화시키는 방법을 사용하는데, 1부터 2, 3, 4의 순으로 숫자를 기록할 수 있으며, 이 경우 0은 자연면을 그대로 타면으로 사용한 것이 된다. 석기기술의 집중도가 진전될수록 타면 조정면의 수도 많아지는 경향이 있다. 다만 집중 손질을 거쳤다면 조정면의 수를 정확히 판단하기 어려운 일이다. 타면에 있는 아주 작은 격지흔이 의도적인 조정인지, 그렇지 않은지를 판단하기도 어렵다. 돌날을 떼어 낼 때 조정된 타면을 돌망치로 몇 번 긁거나 문질러 마찰력을 높이기도 하는데, 이 경우 조정면의 수를 정확히 세기 더 힘들어진다. 또한 위에 지적한 바와 같이 타면이 점타면이나 선타면으로 아주 좁을 때도 조정면의 수를 세기 어렵다(竹岡俊樹 1989: 58). 그리하여 연구자에 따라서는 수를 세는 것보다 형식을 나누는 것이 더 분명하다고 생각하기도 하는데, 안드레프스키(Andrefsky 1998: 93-96, 2005: 94-98)는 자연면(cortical), 편평(flat), 복합(complex), 마모(abraded)라는 단순한 분류를 선호한다고 한다.

격지각(platform angle)

격지각은 타면과 배면을 연결하는 선이 교차하며 이루는 각도를 말한다(그림 8.1). 직접떼기 시 타격하는 각도가 예각이어야 적절한 힘을 가하여 격지를 떼어 낼 수 있는데, 이 경우 타면과 배면이 이루는 각도는 둔각이 된다. 다시 말해 격지에서는 둔각이지만, 격지가 떨어져 나온 몸돌에서 타격각은 예각일 것이다. 격지의 배면에 타격혹이 발달해 있을 때 그대로 (1) 타격혹 위의 각도를 측정할 수도, (2) 타격혹이 끝나는 지점과 이루는 각도를, 또는 (3) 측면도에 표현되는 격지의 방향과 이루는 각도를 잴 수도 있다(竹岡俊樹 1989: 62). 현실적으로 타면이 아주 좁거나 휘어 있고, 조정면이 많은 경우 각도를 정확히 측정하기 어려울 수 있다. 또한 타격의 각도가 지나치게 예각일 때는 비교적 짧은 격지만을 떼어 낼 수 있다. 다시 말해 직각에 가까울수록 더 길게 힘을 전달하여 긴 격지를 떼어 낼 수 있는데, 돌날몸돌에서 타격각은 대체로 70-90° 정도이다.

이밖에도 격지의 횡단면형을 기록할 수도 있는데, 만약 등면 전체가 자연면으로 이루어져 있다면 비교적 둥글거나 볼록렌즈 모양일 것이고, 가운데 능선 하나가 있다면 삼각형, (보통의 돌날이나 돌날격지와 같이) 능선이 두 개가 있다면 사다리꼴일 것이다. 반대로 종단면형은 격지의 측면도에서 드러날 것이며, 격지끝의 마감 속성과도 결부되어 있다. 휘어 있는 정도를 정밀하게 측정할 수도 있다.

격지의 생김새와 여러 속성은 사실 쓰인 원석에 따라 측정할 수 있는 내용이 다르다. 한국의 이른 구석기시대 규암과 맥석영제 격지에서는 지나치게 세밀한 분류는 가능하지도 바람직하지도 않을 수 있다. 타면이 거의 조정되지 않은 사례가 많아 세부적으로 나누는 것이 가능하지도 않고, 격지 측면의 생김새나 끝 마무리도 의도적인 것인지, 나중에 부러지거나 훼손된 것인지 파악하기도 어렵다. 다만 후기 구석기시대 흑요석이나 규질셰일 같은 정질의 암석으로 만들어진 정형화한 석기에서는 세밀하게 관찰하고 분류할 수 있을 것이다.

8.2. 격지 형식과 석기기술

올도완전통에서 후기 구석기시대 돌날석기전통에 이르기까지 길이 20cm가 넘는 대형격지를 큰 돌망치를 두 손으로 잡고 고정된 몸돌에 내리치고 스윙하듯이 떼거나(Schick and Toth 1993) 길이 1cm도 안 되는 길고 얇은 격지를 눌러떼기로 떼어 내든, 이용된 방식은 다르지만, 떨어진 격지를 분석하는 방법은 일관되어 있다. 현재 뗀석기 연구에서는 격지의 범주를 바탕으로 석기기술을 파악하는 연구가 많이 이루어지고 있다.

이처럼 특정 형식의 격지의 존재가 어떤 행위적인 함의를 담고 있을 수 있기 때문에 격지의 형태를 형식학적으로 분류하고 분석하는 일이 중요하다. 예를 들어 격지의 생김새와 크기를 분류하여 어떠한 떼기 방법이 사용되었는지, 석기 제작과정의 어떤 단계인지(Mauldin and Amick 1989), 주먹도끼나 양면찌르개, 아니면 밀개나 새기개 같은 특정 성형도구를 제작하는 과정의 부산물인지, 다양한 석기기술의 면모를 파악하는 연구가 이루어지고 있다. 양면가공의 주먹도끼를 만드는 감쇄과정의 부산물로 판단되는 비슷한 크기와 모양의 격지들이 있다면 설사 주먹도끼가 없을지라도 그 장소에서 도구를 제작하는 행위가 있었다고 할 수 있다. 또한 미국의 선사시대 유적에서 널리 나오는 양면찌르개 제작과 관련된 눌러떼기로 떼어 낸 아주 작은 격지들을 찾아 유적에서 이루어진 행위를 복원할 수도 있다.

형식학적 접근 가운데 널리 알려진 방법은 격지의 형태 속성이 돌망치떼기의 결과인지, 연망치떼기나 눌러떼기의 산물인지를 판단하는 것이다(Cotterell and Kamminga 1987, 1990). 뿔을 이용하여 떼어 낸 격지라면 돌망치로 떼어 낸 격지보다 더 얇고 길며, 배면에 타격혹이 그리 크지 않고, 타면도 더 좁고 얇은 입술처럼 휘어 있다는 것이다. 또한 눌러떼기로 만들어진 격지는 우선 아주 작으며 얇다. 거꾸로 말하면 돌망치떼기는 비교적 두껍고 크며 타면이 넓고 타격혹이 잘 발달된 격지를 만들어 낸다(제4장 참조, 그림 4.4). 하지만 이 역시 경향성만을 나타내 줄 뿐, 특정 격지를 판단하는 데는 모호함이 있을 수 있다. 예컨대 연망치떼기로도 타격혹이 어느 정도 발달한 격지가 나오기도 하고, 숙련된 뗀석기 제작자라면 돌망치로도 돌날처럼 얇고 정형화한 격지를 떼어 낼 수 있다.

어떤 형식의 격지는 특정 석기기술을 가리켜 주기도 한다. 가령 양극떼기는 기본적으로 몸돌을 모루 위에 놓고 내리쳐 떼기 때문에 몸돌에 전달되는 힘이 위와 아래 두 방향에서 온다. 따라서 양극떼기의 결과 타면이 양쪽에 있는 격지를 얻어낼 수 있으며, 그런 격지가 포함되어 있다면 양극떼기 방법이 쓰였음을 추론할 수 있다. 이런 양극떼기의 특징은 쐐기형석기(pièce esquillée)에서도 볼 수 있으며, 우리나라에서도 이런 유물이 드물게 보인다. 그런데 연구에 따르면 몸돌의 크기가 작을 경우 모루에 놓고 내리치는 양극떼기가 널리 쓰였다고 하며, 이로써 양질의 석재가 부족한 상황에서 효율적으로 날카로운 자르는 날을 얻을 수 있다고 한다(Jeske 1992; Parry and Kelly 1987). 잔손질로 떨어진 격지는 크기도 작고, 등면에 자연면이 없으며, 격지 끝 마무리는 깃털모양인 것이 많다(그림 8.4의 d; Andrefsky 2005: 126, Fig. 6.4 참조). 나아가 잔손질은 반복적으로 이루어지기 때문에 비슷한 크기와 생김새의 작은 격지가 여럿 있을 것이다.

격지의 종류는 여러 속성에 따라 나눈다. 먼저 크기에 따라 대형과 소형으로 나눌 수 있는데, 둘의 차이는 석기기술의 다양성과 진화를 연구하는 데 중요하다. 또한 격지가 긴 것인지, 넓은 것인지도 석기기술의 변화를 파악하는 데 필요한 속성이다. 그리하여 긴(elongated) 격지와 넓은(side-struck) 격지가 있을 것이며, 긴 격지 가운데 너비가 두 배 이상인 것은 돌날이라 불린다. 돌날 가운데는 아주 작은, 흔히 너비 1.2cm 이하의 돌날을 잔돌날로 분류한다. 이와 다른 맥락에서 르발루아기법에 따라 떨어진 르발루아격지와 삼각형의 르발루아찌르개 같은 것을 생각할 수 있다. 또한 돌날몸돌을 만들며 떨어져 나오는 모서리돌날, 잔돌날을 떼내려 준비한 몸돌의 타면에서 떼어 낸 스키형 격지(ski-spall), 그리고 타면을 다시 재생시키면서 떼어 낸 격지도 독특한 생김새를 지니고 있다.

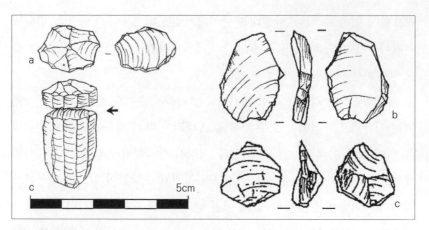

그림 8.4 여러 형태의 격지

타면재생격지가 만들어지는 과정(a, Inizan *et al.* 1992: 153, Fig. 77을 참고하여 지은이 다시 그림)과 용인 평창리 유적에서 출토된 타면재생격지의 사례(b). 마지막 c는 측면의 아주 작은 격지흔으로 보아 a와 같은 타 면재생격지로 생각되지만, 도구의 잔손과정에서 떨어져 나온 격지일 가능성도 있다(이선복 외 2000: 54에서, 모두 지은이 그림).

모서리돌날은 돌날몸돌을 준비하면서 돌날산출면을 만들 때 맨 처음 떨어져 나오는 격지이다. 따라서 모서리돌날이 나오면 돌날제작 행위를 추론할 수 있다(그림 7.8의 오른쪽 위 두 유물). 마찬가지로 흔히 스키스폴이라 불리는 작고 긴 격지는 잔몸돌의 타면을 만들기 위한 격지라고 생각된다(그림 8.7의 왼쪽 유물). 잔몸돌이 발견되지 않았더라도 스키스폴이 있다면 잔돌날을 떼어 내기 위해 몸돌을 준비하고 타면까지 만들었던 행위가 있었음을 가리켜 주는 것이다. 또한 잔돌날을 포함하여 돌날몸돌을 준비하고 돌날을 생산하는 과정에서 일정한 모양을 갖춘 타면이 중요한데, 석기 제작자는 흔히 타면을 재생하기도 한다. 이때 이런 격지의 등면은 원래의 타면일 것이며, 측면에는 돌날을 떼어 낸 흔적이 있을 것인데, 이런 독특한 모양의 격지를 타면재생격지(platform rejuvenating flake)라 부른다(그림 8.4).

연구자에 따라서는 격지의 크기와 생김새를 바탕으로 석기 제작과정의 단계와 집중도, 그리고 양면찌르개와 같은 특정 석기 제작의 행위 여부를 판정할 수 있다고 본다. 석기 제작의 단계가 진전될수록 격지의 크기는 작아지는 경향이 있으며, 뿔, 혹은 뼈 같은 연망치를 사용하여 양면에서 고르게 격

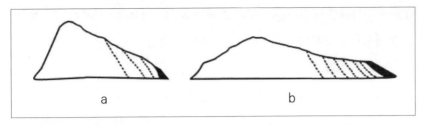

그림 8.5 격지의 두께와 잔손질 및 재가공의 유용성에 대한 상반된 사례
왼쪽(a)의 경우 두께에 대한 제약이 있는 반면, 오른쪽(b)과 같은 얇은 격지는 상대적으로 재가공의 유용성
과 효율성이 높다(Kuhn 1990; Hiscok and Clarkson 2005를 참고하여 지은이 그림).

지를 떼어 내는 경우 크기와 생김새가 상당히 일정하다고 한다(Stahle and Dunn 1982). 특히 미국에서 양면찌르개 제작과정의 격지에 대해서는 많은 연구가 있었으며, 격지를 토대로 특정 도구형식의 제작을 판단하는 방법도 제안되고 있다(Andrefsky 1998; Odell 2004). 하지만 격지의 형태만을 근거로 석기 제작의 단계를 판별하기 어렵다고 하면서 이런 연구에 반대하는 연구자도 있다(Patterson 1982).

격지는 다양한 잔손질도구의 소재이다. 도구는 날이 무디어져도 다시 재가공하여 쓸 수도 있다. 격지를 재가공하는 데는 두께가 가장 중요한 속성이다. 같은 격지에서도 두꺼운 부위는 더 이상 재가공하기 어렵지만, 상대적으로 날카롭다면 더 생명이 길 것이다.

스티븐 쿤(Kuhn 1990)에 따르면 실제 석기 제작의 집중도, 곧 격지를 잔손질 또는 재가공할 수 있는 정도는 격지의 두께에 따라 한계가 있다. 쿤은 이런 가정을 바탕으로 격지의 최대두께와 잔손질 부위의 두께(t)의 상대 비율을 계산한 바 있다. 이로써 0부터 1(잔손질흔의 두께가 최대두께와 같은 것)의 척도로 측정한 바 있다. 이것을 단면가공지수(Geometric Index of Unifacial Reduction), 곧 GIUR이라 부르며 이후 많은 연구자들의 실험과 논쟁이 있었다. 쿤의 논의는 긁개나 밀개 같은 주로 단면가공의 잔손질석기에 해당하는 것이다.[2] 두께를 바탕으로 하는 지수와 집중도가 가지는 문제에 대한 논의는

....

2   다만 주먹도끼 같은 대형 석기의 경우 양면가공일 경우 감쇄에 더 많은 여지가 있는 것이 보통이다

많은 연구자들도 공감하는 바이다(Eren *et al.* 2005). 다만 격지가 비교적 얇고 전체적으로 편평하다면, 실제 잔손질이나 재가공의 유용성은 지속될 수도 있다는 문제가 있다.

최근 라이셋과 에런(Lycett and Eren 2013)은 르발루아격지의 효용성을 계량 방법으로 검증한 바 있다. 복제실험을 통해 르발루아격지를 75개 만들었는데, 제작과정에서 제작단계가 진전될수록 더 많은 격지가 떨어져 나왔는데, 모두 3,957개였다고 한다. 라이셋과 에런은 부산물로서 격지와 르발루아 격지를 비교하여, 후자의 두께가 격지 전체에 더 고르게 분포하였고, 이는 잠재적인 잔손질의 효용성을 높이는 중요한 요인임을 가리켜 준다고 주장하였다. 이처럼 르발루아몸돌기술은 긴 날을 가진 유용성 높은 격지를 생산하는 데 경제적이고 효과적인 전략이었던 것이다.

8.3. 격지 분류와 석기기술의 집중도

석기 제작의 단계, 폐기의 집중도와 관련한 이슈는 격지와 데비타지 분석에서 중요하다. 많은 연구자들은 격지에서 드러나는 몇몇 중요 속성을 바탕으로 석기기술을 파악할 수 있다고 믿는다. 격지 형식을 설정하여 석기기술의 변이와 석기 제작의 집중도를 연구하는 것이다. 몸돌은 그 자체로 석기 제작과정의 마지막 폐기물이기 때문에 최종 형태만으로 석기 제작의 집중도를 파악하기 어렵다는 단점을 지니고 있다. 이 점에서 격지의 형식은 유물군이 나타내는 석기 제작의 집중도와 돌감 이용 등을 고찰하는 데 귀중한 자료이다. 격지 형식을 바탕으로 석기기술의 변이와 집중도를 고찰하는 방법 가운데 가장 널리 알려진 것으로는 격지 자연면에 따른 삼분류(triple cortex typology)를 들 수 있다(Andrefsky 1998).

....

(그림 9.6 참조).

가장 거칠고 고졸한 석기라 할 올도완자갈돌 소재 몸돌과 격지 연구에서도 기술에 따른 격지 범주가 널리 쓰인다(Braun *et al.* 2008). 니콜라스 토스(Toth 1985)는 이런 방법을 적용하여 올도완석기전통의 유적에서 단면과 양면과 같은 몸돌 감쇄전략을 효과적으로 복원한 바 있다. 좀 더 상술하면, 격지 가운데 타면에 자연면을 포함하고 있는 것과 자연면이 없는 격지의 비율은 석기 제작의 집중도를 비추어 준다고 한다. 단순하게 말하자면 자연면을 타면으로 이용한 격지에 비해 자연면이 아닌 격지의 비율이 높은 것은 석기 제작, 격지폐기가 집중적으로 이루어졌음을 가리킨다. 이런 분석을 아프리카의 전기 구석기시대 유물군에 적용한 결과 올도완전통에서 발전올도완(Developed Oldowan)전통, 아슐리안전통으로 가면서 자연면을 가진 격지의 비율이 줄어드는 패턴이 잘 드러난다고 한다(Schick and Toth 1993).

리클리스와 콕스(Ricklis and Cox 1993)는 (등면 자연면의 비율에 따라) 일차격지와 이차격지, 삼차격지를 나눈 다음, 양면찌르개 제작과정에서 나오는 특징적인 생김새와 크기의 격지를 찾아 각 부류의 격지가 석기군에서 차지하는 비율과 돌감 원산지로부터의 거리를 비교하였다. 그런데 연구에 따르면 돌감 원산지로부터 거리와 일차, 이차, 삼차격지의 비율은 큰 관계가 없다고 한다. 다만 양면찌르개를 만들며 나오는 특징적인 격지의 비율은 대체로 산지로부터 멀어질수록 늘어나는 경향이 있었다. 잔손질하면서 나오는 격지는 거의 모두 삼차격지인 점을 감안한다면, 대체로 산지로부터 거리가 멀수록, 그러니까 양질의 돌감을 가까이서 얻을 수 없다면, 석기 제작의 집중도는 더 높아진다고 할 수 있는 것이다.

이처럼 격지 형식분류를 바탕으로 올도완전통의 몸돌기술과 양면찌르개 감쇄과정의 단계와 집중도를 연구하는 데 귀중한 패턴을 얻을 수 있었다. 하지만 유적에 따라서 이용할 수 있는 원석의 크기가 다를 경우, 또는 채석한 각진 돌덩어리인지 하는 변수에 따라 몸돌을 떼어 내는 방법에서 다를 수도 있고, 이에 따라 다양한 격지 형식이 나올 수 있다는 문제도 있다(Braun *et al.* 2008). 특히 연구자 사이에 일차격지와 이차격지를 판단하는 기준을 상

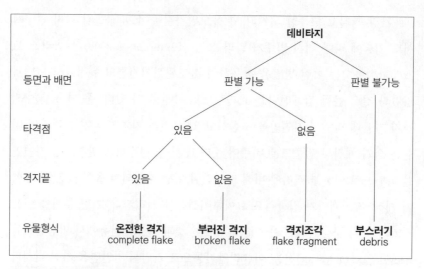

그림 8.6 설리번과 로즌이 제시한 위계적 데비타지 분류 방법

이 체계에 따르면 모든 데비타지는 첫째, 등면과 배면을 구분할 수 있는지, 둘째, 타격점을 확인할 수 있는지, 셋째, 격지끝이 있는지 여부를 기준으로 온전한 격지, 부러진 격지, 격지조각, 부스러기로 구분할 수 있다 (Sullivan and Rozen 1985: 759, Figure 2에서).

이하게 적용시키는 것이 문제이다(Sullivan and Rozen 1985).

설리반과 로즌은 이를 단계별 형식분류(stage typology)라 부른다. 형식분류에는 일차격지, 이차격지, 삼차격지라는 세 범주가 사용된다. 더 분명히 정의하면, 일차격지란 격지의 등면 전체가 자연면으로 덮인 것으로 자갈돌을 맨처음 깼을 때 떨어진 격지를 말한다. 이차격지란 등면에 적어도 어느 정도의 자연면이 남아 있는 것으로, 일차격지를 떼어 낸 다음 주변에서 지속적으로 격지떼기를 진전시키며 떼어 낸 것을 말한다. 삼차격지란 격지의 등면에 전혀 자연면이 남아 있지 않는 것으로 이 격지는 순전히 자갈돌 소재 원석의 내면에서 떨어져 나온 것이다. 물론 그 어떤 석기 제작과정에서든 작은 조각이나 부스러기가 같이 생산될 것이지만, 일차격지와 이차격지는 몸돌 떼기의 초반부에 떼어 낸 격지이며, 삼차격지는 집중 박리와 잔손질이 결합되어 떨어진 격지로 생각되기 때문에 그 구성은 석기 제작단계를 복원하는 데 중요하다.

삼차격지는 일차 및 이차격지가 떨어진 다음에 생산될 수밖에 없는데, 이처럼 석기 제작이 진전되면서 자연면의 비율은 감소한다. 이것을 형식에 따라 분류하면 일차격지와 이차격지는 줄어들고 삼차격지의 수는 늘어날 것이다. 등면 자연면 비율은 석기 제작기술의 단계가 진전될수록 낮아질 것이다. 이런 경향성은 언뜻 분명해 보여 여러 분석이나 실험, 사례 연구로 긍정적인 검증이 이루어지기도 했지만, 실험 분석에서 일관된 결과가 얻어지지 못하기도 한다(Andrefsky 1998: 116-18).

설리번과 로즌(Sullivan and Rozen 1985)은 격지의 형태를 근거로 석기기술을 판단하는 데 반대한다. 이들에 따르면 단계별 형식분류는 실제 적용할 경우 연구자 사이에 일치된 분류 결과가 나오지 않는다는 단점이 있다. 다시 말하면 어느 연구자는 이차격지라 분류하는데, 다른 연구자는 삼차격지라 분류할 수도 있다. 등면 전체가 자연면으로 이루어졌을 때 일차격지라고 판단하는 것이 보통이지만, 등면에 자연면이 50% 이상일 때 일차격지라고 분류하는 경우도 있다. 때문에 전술하였듯이 등면 자연면의 비율을 더 분명하고도 객관적으로 기록할 필요가 있다. 컴퓨터 프로그램으로 더 정확한 측정을 할 수도 있지만, 현재로선 모눈종이 눈금을 이용하는 방법(그림 8.3) 이 효과적이다.

나아가 설리번과 로즌(Sullivan and Rozen 1985)은 연구자의 자의를 배제할 수 있는 위계적인 데비타지 분류법을 제시한다. 설리번과 로즌은 모든 데비타지를 상호배타적이고도 이분법적인 분류 기준으로 네 가지 형식으로 분류한다. 이 체계에 따르면 모든 데비타지는 배면과 등면을 구분할 수 없으면 부스러기나 부정형조각이 될 것이며, 구분할 수 있는 것 가운데 타면을 판별할 수 없으면 격지조각(flake fragment)으로 분류되고, 격지끝까지 존속되어 있다면 온전한 격지(complete flake), 격지끝이 결실되었다면 부러진 격지(broken flake)가 된다. 이는 위계적 틀을 지닌 택사노미(taxonomy)분류의 일종이라 할 수 있다(Dunnell 1971; 오브라이언·라이맨 2009).

연구자들은 설리번과 로즌의 방법이 유효한지 검토한 바 있다. 가령 프렌티스(Prentiss 1998)는 흑요석을 돌망치와 뿔망치, 그리고 눌러떼기를 이용하여 떼어 낸 다음 설리번과 로즌이 제시한 범주와 유사한지를 검토하였는데, 신빙성이 있다고 결론을 내렸다. 설리번과 로즌의 접근을 토대로 유용한 데비타지 분석 결과도 제시되고 있다. 오스틴(Austin 1997)의 실험 연구에 따르면 설리번과 로즌의 형식분류를 이용하여 도구 감쇄와 몸돌 감쇄를 90% 이상의 정확도로 판별하였다고 한다.

하지만 이런 식의 검증에도 비판이 없는 것은 아니다(Odell 2000). 실제 설리번과 로즌은 이런 분류법이 연구자의 자의적 해석에서 자유로울 수 있는 객관적인 방법이라 주장하지만, 사실 이에 대해서 비판과 논쟁이 있었다(Amick and Mauldin 1989; Ensor and Roemer 1989; Prentiss and Romanski 1989).

설리번과 로즌에 따르면, 도구 제작 시에는 부러진 격지가 많이 나오고, 몸돌에서 격지를 떼어 낼 때 더 많은 온전한 격지가 나온다고 한다. 하지만 도구를 만드는 과정, 특히 양면찌르개 제작과정에서 그런 패턴이 불분명하다. 아믹과 몰든(Amick and Maulden 1997)은 실험분석으로 몸돌과 양면찌르개 제작과정에서 나오는 격지의 파손 패턴을 연구하였는데, 실제 사용하는 돌감(석재)에 따라서 많은 차이가 난다고 결론을 내렸다. 정질의 암석일수록 더 많은 온전한 격지가 나온다는 비판이 있는 것이다(Andrefsky 1998). 부러진 격지는 다양한 석기의 제작과 사용, 재가공, 그리고 심지어 폐기과정과 퇴적 및 후퇴적과정에서도 생길 수 있기 때문에 다양한 과정을 고려해야 한다.

설리번과 로즌(Sullivan and Rozen 1985)이 제시한 단계별 형식분류는 초심자도 어렵지 않게 격지를 판별하고 분류할 수 있는 길을 주었다. 하지만, 여기서 더 나아가 각 데비타지 형식의 구성이 고고학적으로 어떤 의미를 담고 있는지를 궁구해야 한다. 온전한 격지와 부러진 격지가 석기기술, 제작과정의 단계, 집중도, 돌감의 이용 가능성 등 다른 변수와 어떤 관련이 있는지 또 다른 분석과 설명이 필요하다. 따라서 데비타지 분석을 포함한 석기의 제작 관련 논의가 이루어지기 위해서는 반드시 유적에서 어떤 행위가 있었는지, 유적의 형성과정에 대한 포괄적인 이해가 선행되어야 한다(Binford 1983; Schiffer 1987).

8.4. 데비타지의 구성 양상

형식학적 연구는 특정한 형식의 격지가 특정한 석기기술을 가리킨다는 가정에서 출발한다. 그런데 형식학과는 대조적인 계량 연구 방법도 있다. 몸돌에서 격지를 떼어 내거나 성형도구를 만드는 것은 모두 감쇄과정이기 때문에 제작의 과정이 진전될수록 몸돌이든 도구든 크기는 감소한다. 마찬가지로 몸돌이나 도구에서 떨어져 나오는 격지나 부스러기, 조각 역시 점점 작아진다. 그렇다면 데비타지의 크기를 계량화하면 석기 제작의 단계와 집중도를 파악할 수 있을 것이다.

8.4.1. 격지 길이 분포

먼저 가장 널리 쓰이는 속성은 격지의 길이이다. 대부분 보고서에서 격지의 크기를 제시하고 있는데, 물론 길이를 재는 방법에서 미묘한 차이가 있더라도 전체 유물군을 계량화시킨다면 그런 오차가 가져오는 효과를 줄일수 있다. 특히 복제 실험으로 몸돌 감쇄와 특정 석기 제작과정의 부산물의 크기를 선형분포(linear size distribution)로 표현하여 비교할 수 있다.

데비타지 크기 분포를 토대로 주거 전략을 분석한 랍 등(Raab *et al.* 1979; Andrefsky 1998)의 연구는 계량 연구의 사례이다. 이들은 데비타지 크기를 센티미터 단위로 1cm 미만에서 4cm 이상의 다섯 그룹으로 나누어 구성을 비교하였다. 랍 등이 제시한 복제 실험의 석기군에서는 데비타지 구성이 타격각과 길이가 관련되어 있었으며, 석기 제작단계에 따라 크기가 큰 것에서 작은 것으로 일관된 구성을 보였다. 이런 결과를 실제 석기군을 비교하여 복제 실험의 석기군과 유사한 것은 유적 점유의 시간이 길었음을 가리키고, 그렇지 않고 작은 격지만이 있는 석기군은 점유가 일시적이었다고 판단하였다.

한편 스탈과 던(Stahle and Dunn 1982)은 실험분석으로 양면찌르개 제작단계와 데비타지를 비교하였다. 먼저 양면찌르개 제작을 4단계로 나눈 다음

각 단계에서 나오는 데비타지 크기를 9개로 나누어 빈도 분포를 고찰하였다. 결과는 예상대로 석기 제작이 진전될수록 크기가 작아지는 경향이 잘 드러났다. 이처럼 데비타지 크기 분포를 계량 분석함으로써 유적에서 어떤 석기 제작 행위가 있었는지 효과적으로 파악할 수 있다(Andrefsky 1998: 134).

하지만 이는 몸돌 감쇄나 특정 성형도구 제작 등이 비교적 일관되게 이루어진 사례에만 적용할 수 있다. 바꾸어 말하면 유적에서 복합적인 행위, 가령 먼저 몸돌에서 격지를 떼어 내다가 양면찌르개를 가공하고, 다시 다른 형식의 유물로 재가공하는 등 여러 행위가 복합되어 있다면, 사실 그 패턴을 찾아내기란 거의 불가능한 일이다. 실제 유적에서 나오는 유물군은 복수의 제작과 사용, 그리고 재가공의 산물일 가능성이 높다. 또한 석기는 폐기와 퇴적, 그리고 후퇴적변형을 겪기 때문에 그 과정에서 행위가 일어났던 장소에서 치워질 수도 있고, 깨지고 부러지는 등 변형될 수 있음도 문제를 복잡하게 만든다.

8.4.2 매스분석

알러(Ahler 1989)는 매스분석(mass analysis)이라는 방법을 개척하였다. 이 분석법은 유물군에서 모든 데비타지를 크기별로 나누어 그 구성을 파악함으로써 석기 제작의 단계를 판단하는 방법이다. 연구에서는 데비타지를 스크린사이즈를 이용하여 1/16, 1/8, 1/4, 1/2 인치 크기로 분류하고, 무게와 크기별 데비타지 분포를 변수로 22개 유물군의 석기기술의 다양성을 분석하였다. 알러는 이를 다시 실험으로 얻은 돌망치 이용 몸돌 감쇄, 돌망치 이용 양면찌르개 제작, 뿔망치 이용 양면찌르개 가공 등의 자료와 비교하여 패턴을 찾고자 하였다(Andrefsky 1998: 134-36).

설리번과 로즌의 데비타지 형식분류와는 달리 스크린사이즈를 이용한 방법은 장점도 있다. 연구자 사이에 개별 격지를 측정하는 데서 오는 오류를 줄일 수 있으며, 데비타지의 완전성이나 생김새도 고려하지 않기 때문에 객관적일 수 있다. 또한 많은 양의 데비타지를 채질과 같은 방법으로 크기별 그룹으로 나눌 수 있다는 장점도 있다. 그리하여 각 그룹의 평균 크기와 무게를 측정하고, 등면 자연면의 비율을 판단한다. 이것을 특정 도구 제작과 몸돌 감쇄와 관련된 복제실험 석기군의 데비타지 구성과 비교함으로써 어떤 석기 제작이 이루어졌는지를 판단하는 것이다. 알러(Ahler 1989)의 주장과도 같이 이런 방법이 많은 양의 데비타지를 다룰 때 계량적이고 객관적인 방법일 수 있는 것이다.

그러나 이 방법 역시 자연면의 비율이나 크기 등의 항목에서 개별 연구자의 뗀석기기술과 방식에 따라 서로 다른 결과를 냄은 어쩔 수 없는 일이다. 또한 몸돌이나 양면찌르개 감쇄에서 같은 재질의 돌감을 사용한다고 할지라도 원석의 크기와 생김새에 따라 떨어져 나오는 격지의 구성에도 차이가 있을 것이다(Andrefsky 2007). 퇴적 및 후퇴적변형에 따라 유물군의 크기와 내용이 바뀔 수 있기 때문에 늘 정확하고 객관적인 결과를 준다고 할 수는 없다.

도구를 잔손질하는 일에는 도구의 재사용과 재활용을 위한 손질까지 포함되어 있다. 석기란 감쇄과정의 일부로서 석기 제작자가 상이한 이유에서 소재 격지나 기존 도구에 잔손질을 할 수 있기 때문에, 결코 단일한 과정과 단계만을 밟는다고 생각해서는 안 된다(Andrefsky 2009: 69).

위에서 논의하였듯이 미국 고고학에서는 양면찌르개와 같은 석기에 대해서는 많은 연구가 있었으며, 상당히 신빙성 있게 제작의 단계와 부산물에 대한 연구가 진척되어 있다. 그러나 다른 몸돌이나 성형도구에 대해서는 연구가 제한적인 듯하다. 사실 긁개와 같은 간단한 도구에서 분명한 감쇄과정의 단계를 파악하는 것은 아주 어려운 일이다. 더구나 긁개에는 다양한 크기와 형태가 포괄되어 있고(Bordes 1961; Dibble and Debénath 1994), 상당수 긁개는 의도적인 성형뿐 아니라 적절한 크기와 생김새의 격지를 소재로 취사선택하는 양상도 고려할 필요가 있다.

디블(Dibble 1987)의 고전적인 연구에서도 확인되었듯이 긁개의 여러 형식은 사실 유적 점유 시간이나 돌감의 희소성에 따른 석기기술의 집중도의 차이와 연관되어 있을 수 있다(Brumma and McLaren 2011). 히스콕과 애턴브로(Hiscock and Attenbrow 2003)에 따르면, 긁개의 잔손질과 형태는 형식별로 분명하게 나뉘는 것이 아니라 연속적이라고 한다. 긁개 형태에서 보이는 변이는 잔손질이 어느 부위에, 그리고 얼마나 집중적으로 이루어졌느냐의 문제인 것이다.

이러한 맥락에서 석기 연구는 유물의 생애사(life history)를 염두에 두어야 한다. 다시 강조하지만, 석기기술은 감쇄과정의 산물이기 때문에 역동적인 맥락을 고려해야 한다. 석기는 원석의 획득에서 소재 준비와 성형, 잔손질, 그리고 재가공과 폐기에 이르기까지 감쇄의 과정을 거친 뒤, 다시 퇴적, 후퇴적변형을 거쳐 고고학의 물질 자료가 되는 것이다. 최근 석기 연구에서는 작업연쇄(chaîne opératorie 또는 operational sequence)라는 개념을 사용하여 사회적인 변수와 인지과정까지를 고려한 포괄적인 접근을 강조하고 있다.

8.5. 되맞춤

유적에서 나온 여러 석기를 되맞추는 일은 석기 제작과 유적의 형성과정, 행위 복원 등 많은 연구에 도움이 된다. 석기 되맞춤(접합)은 유적에서 나온 뗀석기를 되맞추면 석기 제작과정의 원래 모습을 복원할 수 있다는 단순한 가정에서 출발한다. 되맞춤(접합) 연구는 오랜 역사를 가지고 있어, 유럽에서 이미 19세기 말부터 시작되었다(Cooper and Qiu 2006). 다만 1960년대 이후 석기의 기능과 유적 내 행위복원에 대한 관심이 커지면서 일상적인 작업이 되었다. 일찍이 석장리에서 나온 몸돌과 격지들이 접합되기도 했다(손보기 1967).

석기 되맞춤은 석기 제작과 인간행위에 많은 정보를 주지만, 시간과 노동이 많이 들어가는 작업이기도 하다. 이 작업을 위해서는 먼저 유적에서 나오는 석기들의 수가 많아야 효과적이다. 다시 말하면 유적 위에서 이루어진 인간행위의 흔적이 잘 보존되어 있어야 한다. 재퇴적되고 이동되어 쌓인 유물이라면 되맞출 수 있는 유물은 거의 없을 것이다.

되맞춤 작업은 먼저 유물을 같은 재질의 암석, 같은 빛깔, 같은 조직을 가진 조각끼리 분류한 다음 실제 맞추어 보는 방식으로 이루어진다. 더 빠른 작업을 위해서는 먼저 유물을 되맞춤될 가능성이 높은 그룹으로 나누어야 하는데, 예컨대 온전한 격지, 온전한 돌날, 부러진 격지와 돌날끼리, 기부끼리, 격지끝끼리 분류한다. 이때 참고할 요소로는 (1) 돌감, (2) 등면의 자연면 비율과 격지흔의 수, (3) 유물의 크기, (4) 온전 또는 파손 상태, (5) 부위 (기부, 끝 등), (6) 거리 등을 들 수 있다. 이런 요소에서 서로 공통성이 많을수록 되맞춤될 가능성도 높다. 다시 말해 자연면이 있는 격지는 그것대로 그룹을 만들어 맞추어 보는 것이다.

이런 식으로 되맞춘 석기는 석기의 제작과 사용과 관련하여 귀중한 정보를 준다. 물론 몸돌과 격지, 격지조각이 모두 들어맞지는 않을 것이며, 어느 정도 결실된 부위도 있을 것이다. 그렇다면 결실된 부위는 다른 곳으로 반출되었을 텐데, 추가로 잔손질되어 도구로 사용되었을 가능성도 그만큼 높다. 거꾸로 말하면 되맞춘 석기 대부분은 유적에서 부산물로 버려진 데비타지일 것이다.

석기 제작장에서는 몸돌과 격지가 접합되는 사례가 많다.[3] 또한 찌르개, 긁개, 밀개를 잔손질할 때 아주 작은 격지가 떨어지는데, 그 크기가 1 cm 미만인 경우가 많다. 후퇴적변형까지 고려할 때 이런 유물을 실제 발굴과정에서 복원하기란 쉬운 일이 아닌데, 채질과 같은 방법을 사용하여 조심스럽게 수습하는 것이 바람직하다(배기동 2000). 격지떼기과정의 부산물인 부스러기와 부정형조각에는 격지 속성인 타면과 타격혹을 찾을 수 없지만, 잔손질

....

3   다만 거꾸로 되맞춘 석기가 있다고 해서 석기제작장이라고 판단하는 것은 잘못이다. 퇴적, 후퇴적변형을 포함하여 석기는 여러 의도하지 않은 행위와 과정으로도 깨지고 부러질 수 있다.

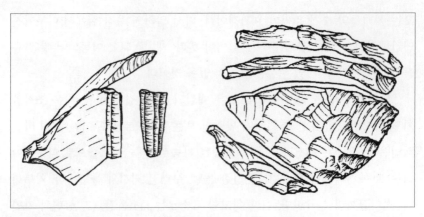

그림 8.7 단양 수양개와 곡성 옥과(송전리)에서 수습된 잔몸돌과 타면을 준비하기 위해 떼어 낸 스키형 격지가 접합되는 사례(보고서 원도를 바탕으로 다시 그림)

과정에서 떨어져 나온 격지는 크기만 작을 뿐 격지 속성을 간직하고 있을 것이기 때문에 면밀한 접근이 필요하다. 물론 맥석영제 유물에서 그런 작은 잔손질과정의 산물로서 격지를 확인하는 것은 어렵지만, 흑요석이나 일부 규질혈암제 유물에서는 가능하다. 비슷한 크기와 생김새의 아주 작은 격지가 특정 위치에서 대량으로 수습되었다면 그런 잔손질석기의 성형 행위가 있었다고 판단할 수 있다.

우리나라 구석기 유적에서도 석장리를 비롯하여, 단양 수양개, 순천 죽내리, 거창 정장리, 밀양 고례리, 남양주 호평동 등 많은 유적에서 상당수 석기들이 되맞춤되었다. 단양 수양개에서는 200점에 가까운 잔몸돌이 나왔는데, 타면을 만들기 위해 떼어 낸 격지에 몸돌에 되맞는 사례도 있었다. 이로써 잔몸돌의 타면을 어떻게 준비했는지를 알 수 있었다(그림 8.7). 이에 따르면 먼저 옆면을 준비한 다음 한쪽에서 긴 스키형 격지를 떼어 내어 타면을 준비한다. 타면은 몇 번에 걸쳐 만들어질 수도 있다.

순천 죽내리에서는 접합되는 20점이 넘은 석기를 되맞춘 바 있다. 거창 정장리에서는 석기 제작장으로 소개된 지점에서는 가까이에 있는 유물들이 되맞춤되었는데, 무려 59m, 92m 떨어진 곳에서 나온 격지와 격지가 서로 접합되기도 했다(경남발전연구원 2004). 이 정도의 거리는 유적의 후퇴적변형으로 설명할 수 없으며, 아마도 의도적으로 석기를 옮겼을 것으로 보인다(이헌종·장대훈 2010). 정장리나 죽내리, 진그늘 등에서 석기 제작장에서 나온 유물의 되맞춤 사례를 보면 대부분 석기들이 가까운 거리에서 몸돌을 중심으로 한쪽 방향으로 흩어져 있음을 알 수 있다. 이는 아마도 석기 제작자 앞으로 격지나 격지조각이 튀었기 때문으로 생각된다. 이처럼 석기 제작자가 뗀석기를 접합석기를 바탕으로 석기 제작의 작업공간에 대한 연구도 진행되고 있다(장용준 2016).

그림 8.8은 남양주 호평동 유적에서 나온 흑요석제 잔몸돌과 격지, 돌날이 서로 되맞춤된 사례이다. 접합된 모습은 그림 9.16에 제시되어 있다. 잔몸돌의 옆면을 손질하면서 ④번 격지가 떨어져 나왔음을 알 수 있다. 또한 타면 또는 인접한 부위에서 ①, ②, ③번 격지가 붙는데, 이로써 타면을 여러 방향에서 정교하게 조정하였음을 알 수 있다. ⑤번과 ⑥번 격지는 실제 떨어져 나온 돌날로 부러진 상태이다. 그런데 몸돌과 가장 멀리서 접합된 ④번 격지는 5m 조금 넘는 거리에서 발견되었고, 나머지는 3m 이내에서 수습되었다. 비교적 가까운 거리라 할 수 있다.

이 몸돌과 붙는 격지들은 모두 동쪽으로 흩어진 것을 볼 수 있다. 이것이 떼는 과정에서 비산된 것을 나타내는지, 아니면 어떤 다른 행위 및 후퇴적변형의 결과인지는 더 분석이 필요하다. 호평동에서는 많은 유물이 되맞춤되었는데, 이처럼 다른 몸돌과 동쪽으로 격지들이 퍼져 있는 다른 사례도 있다. 호평동에서 추가 발굴된 지점에서는 혼펠스제 몸돌의 서북쪽에서 격지와 돌날 무려 10점이 되맞춤되기도 했다(경기문화재연구원 2010: 203, 그림 V-88 참조). 방향은 다르지만, 몸돌과 비교적 가까운 거리에서 여러 격지가 한쪽 방향으로 분포하고 있는 것으로 보아 석기를 만들면서 떨어져 나간 거리를 비추어 주고 있다고 생각된다.

석기 되맞춤 연구와 사용흔 분석 같은 연구를 결합하면 유적 내에서 이루어진 석기 제작과 사용 등 인간행위를 복원하는 데 귀중한 자료를 얻을 수 있다. 벨기에의 중석기시대 미어(Meer) 유적에서 분석 사례와 마찬가지로

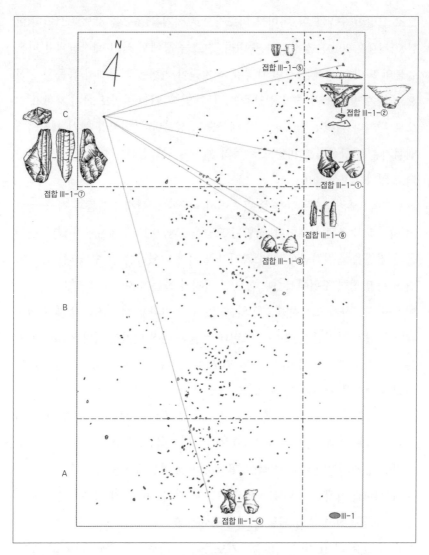

그림 8.8 남양주 호평동 A구역 2문화층에서 나온 되맞춤되는 흑요석 잔몸돌과 격지와 돌날의 분포도
(홍미영·김종현 2008: 371, 그림 Ⅵ-60에서, 경기문화재연구원, 접합 모습은 그림 9.17의 1 참조)

어떤 석기 제작이 이루어진 곳과 사용된 지점, 재가공 지점 복원을 역동적으로 추적할 수 있다(Cahen *et al.* 1979, 제12장 참조).

제9장
도구 분석 1: 구석기시대 뗀석기

뗀석기 제작은 궁극적으로 도구를 만드는 과정이다. 그 과정의 산물 가운데 사용되지 않고 버려진 것을 데비타지라고 하며, 보통 몸돌과 격지, 부스러기, 조각이 이에 속한다. 그리고 망칫돌이나 아무런 손질도 없을지라도 사용된 석재라면 도구의 범주에 들어갈 것이다. 이렇게 보면 뗀석기 도구는 범위가 아주 넓다. 도구는 다시 의도적으로 다듬과 손질한 성형도구(shaped tools)와 그렇지 않고 사용되거나 변형된 석재(used and modified pieces)로 나눌 수 있다.

이 장에서는 주로 의도적 성형으로 만들어진 도구, 특히 구석기시대 성형도구의 분류 및 분석과 관련된 이슈를 살펴본다. 모든 석기 기종(器種)을 논하는 것은 현실적이지 않기에 많은 연구가 이루어진 몇몇 형식에 집중해 보자. 이른 시기의 유물에 대해서는 찍개와 주먹도끼에, 그리고 후기 구석기시대에는 긁개와 찌르개에 초점을 맞추어 관련 연구 방법과 성과를 개괄한다. 특히 개별 석기 형식의 분류와 분석을 제작과정에 주목한 기술 속성과 형태 속성을 제시하면서 논한다. 또한 주된 뗀석기 성형도구는 잔손질 석기이기 때문에 소재, 잔손질의 형식과 방법, 잔손질 도구의 분류 등을 다룬다.

9.1. 자갈돌석기와 찍개

300만 년의 석기 역사에서 가장 거친 형태의 석기는 흔히 올도완(Old-owan)이라 부른다. 유명한 초기인류 유적인 탄자니아의 올두바이 고지(Old-uvai Gorge) 이름을 딴 것인데, 주먹도끼류 석기를 근간으로 하는 아슐리안 전통이 등장하기까지(대략 165만 년 전) 석기기술의 대세였다. 올도완은 주로 아프리카의 아주 이른 시기의 구석기시대 석기기술이나 제작전통을 일컫는 개념이다. 유럽에서 주먹도끼가 없는 자갈돌석기군은 흔히 영국의 전기 구 석기시대 유적을 따서 클락토니안(Clactonian)이라 부른다. 그런데 유럽에서 클락토니안석기군은 아슐리안과 동시대에 존속하였다.

올도완석기전통의 유물군은 비교적 단순한 형태의 석기들로 이루어졌 다. 하지만 분류가 기존에 쓰이고 있는 다양한 명칭을 혼란스럽게 나열하는 것이 아니라 체계적이어야 하는데, 이것이 그리 쉬운 일이 아니다. 연구는 메리 리키(Mary Leakey 1971)가 개척하였고, 아이삭 등이 발전시켰다. 아이 삭은 석기군을 몸돌류(flaked pieces, 몸돌, 찍개), 격지류(detached pieces, 격 지와 격지조각), 돌망치류(pounded pieces)와 운반석재(unmodified pieces)의 범주로 나누었다(Schick and Toth 1993). 그 안에 성형도구는 몸돌류에서는 찍개와 다면구가, 격지조각류에서는 긁개 등이 속한다.

올도완전통의 도구는 흔히 자갈돌을 소재로 돌망치를 사용하여 비정형 임시방편의 방식으로 격지를 떼어 내어 만든 석기와 격지를 도구로 사용했 다. 나무를 찍고 다듬고, 흙을 파고, 동물을 도살하고 뼈를 깨 골수를 얻는 등 비교적 거칠고 무거운 작업에 쓰였을 것이다. 상당수 격지는 사용되지 않고 버려지며, 격지는 손질도 되지 않은 채 동식물을 자르거나 해체하고, 나무껍 질과 가죽을 벗기고, 살을 발라내는 데 쓰이기도 한다. 의도적인 손질이 있는 것은 대부분 긁개의 범주인데, 이 가운데 대형의 긁개는 아마도 거칠고 무거운 작업에 쓰였을 것이다.

먼저 몸돌류는 격지를 제작하는 과정에서 버려지기도 하지만, 한쪽에서 격지를 연속하여 떼어 내면 외날찍개가 된다. 이런 유물 상당수의 날 부위엔 사용되어 찍히고 으스러진 흔적이 있다. 이것을 다시 반대쪽을 향하여 몇 차례 격지를 떼어 내면 안팎날찍개의 모습을 갖출 것이다. 찍개는 올도완유물군, 그리고 자갈돌로 만든 석기가 중심인 유물군에서 가장 평범하다고 할 수 있다. 그리하여 찍개는 흔히 한쪽에 가공되어 있는지, 아니면 양쪽으로 격지를 떼어 날을 세웠는지에 따라 외날찍개와 안팎날찍개로 나눈다.

제작과정을 중시한다면, 먼저 소재의 크기와 형태에 따라 나눈다(표 9.1). 예를 들자면, (1) 둥근 자갈돌로 만들어진 것과 (2) 납작한 자갈돌의 한쪽에 떼기를 베풀어 성형한 것, 그리고 (3) 각진 돌덩어리를 소재로 한 것, (4) 비교적 크고 두꺼운 격지를 소재로 한 것, 그리고 (5) 소형의 찍개로 나눌 수 있다.

그 다음 속성으로는 대체로 날의 위치와 길이를 들 수 있다. 먼저 ① 소재의 한쪽에만 몇 번의 떼기로 찍개날을 만들 수 있으며, ② 소재의 길이 방향의 측면에 날을 만들기도 할 것이고, ③ 가로와 세로에 모두 떼기를 베풀어 찍개를 성형할 수도, ④ 손으로 쥐는 부분을 빼고 대부분의 측면을 가공할 수도 있다(한창균·김기태 2000: 69, 그림 B 참조). 또한 날의 생김새에 따라 (a) 뾰족한 날, (b) 곧은 날, (c) 볼록한(둥그런) 날로 나눌 수도 있다. 여기에 덧붙여 성형의 정도와 날을 세우는 데 손질의 깊이 같은 속성으로 세분할 수도 있다.

표 9.1은 찍개를 제작과정과 관련된 속성을 기준으로 형식분류를 예시한 것이다. 소재의 형태와 크기, 작업날의 위치와 길이, 작업날의 생김새, 격지떼기의 방향, 손질의 정도와 같이 다섯 개의 속성(차원)을, 그리고 그 안에서 각각 다섯 가지, 네 가지, 세 가지, 두 가지의 속성상태(attribute state) 또는 변이를 설정하였다(손질의 정도와 같은 추가 속성에서 더 세분된 속성상태를

표 9.1 제작과정에 주목하여 찍개를 분류하는 방법 예시

소재 형태, 크기	작업날 위치, 길이	작업날 생김새	격지떼기 방향	손질의 정도
a. 둥근 자갈돌 b. 납작한 자갈돌 c. 각진 돌덩어리 d. 격지 e. 소형	a. 소재의 한쪽 b. 길이 방향 c. 가로와 세로 d. 가로, 세로, 가로	a. 뾰족 날 b. 곧은 날 c. 볼록 날	a. 외날 b. 안팎날	격지흔의 수 자연면의 비율

* 각 속성상태를 서로 순열조합하면 찍개의 제작과 형태를 포괄적으로 분류할 수 있다. 여기에 격지흔의 수와 자연면의 비율 같은 속성을 더할 수 있다.

제시할 수도 있다). 이를 기준으로 순열조합하면 수십 개의 형식(클래스)을 구분할 수 있다. 예컨대 네 속성에서 순서대로 abcb라는 속성상태를 가진 클래스를 생각할 수 있을 텐데, 이 클래스의 찍개는 둥근 자갈돌 소재로 길이 방향에 볼록한 모양이면서 안팎날의 작업날을 가진 찍개를 뜻한다. 이런 형식분류로 찍개의 제작과정과 형태를 포괄적으로 연구할 수 있다.

찍개는 구석기시대 유물에서 흔하게 보이는 형식이다. 이른 시기 규암으로 만들어진 찍개 가운데는 한손으로 쥐기 힘들 만큼 크고 무거운 석기도 있다. 반면 후기 구석기시대 유물군에는 크기 10cm 미만의 소형 찍개도 드물지 않다. 아마도 무겁고 거친 작업뿐 아니라 가벼운 작업에도 이용되었던 것으로 보인다. 그리하여 후기 구석기시대의 찍개를 염두에 둔다면, 크기를 고려하여 대형과 소형이라는 찍개의 큰 범주를 생각할 수 있을 것이다. 이렇게 연구의 목적에 합당한 분류와 분석 방법을 고민해야 한다.

또한 석기 가운데 찍개와 몸돌, 대형긁개(주먹대패)는 연구자에 따라 다른 동정을 할 수도 있다. 찍개를 만드는 과정에서 쓸 만한 크기와 생김새를 지닌 격지를 얻기도 한다. 몸돌의 역할도 하는 것이다. 과연 찍개로서 작업날이 갖추어져 있는지 여부를 판단하기 어려운 사례도 있는데, 이때는 대체로 몸돌로 판정하는 것이 옳을 것이다. 다면구(여러면석기) 역시 연구자 사이에 분류의 혼란이 없지 않다. 찍개로서 작업날이 갖추어진 것 가운데도 막상 거친 작업에 쓰였던 흔적이 없는 경우도 있다.

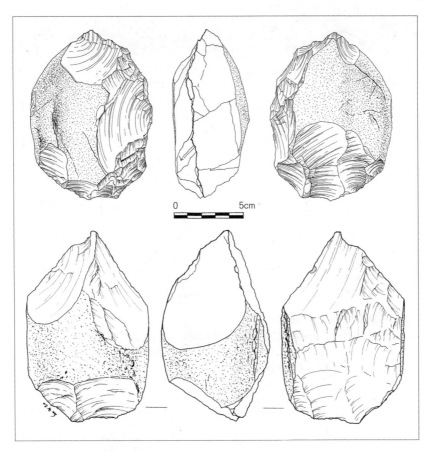

그림 9.1 파주 주월·가월리(위)와 영월 문개실(아래)에서 수습된 찍개

주월·가월리 찍개는 비교적 치밀한 재질의 규암 자갈돌을 비교적 집중적인 떼기로 손질하여 긴 찍개날을 갖도록 만든 것이다. 문개실 유물은 끝이 뾰족하여 뾰족끝도끼와 비슷한 모습이지만, 성형의 정도로 보아 찍개로 판단하는 것이 더 합당한 것 같다. 이 유물의 아래쪽에서도 양면으로 격지가 떨어진 흔적이 있음도 주목할 필요가 있다(위: 이선복·이교동 1993: 44, 서울대 고고미술사학과, 아래: 노혁진 외 2001: 77, 한림대 박물관, 모두 지은이 그림).

9.2. 대형격지와 아슐리안

올도완몸돌 형태, 특히 끝이 뾰족하고 긴 찍개나 양면으로 가공된 찍개, 그리고 제7장에서 논의하였듯이 올도완의 원반형몸돌은 비교적 얇고 주변

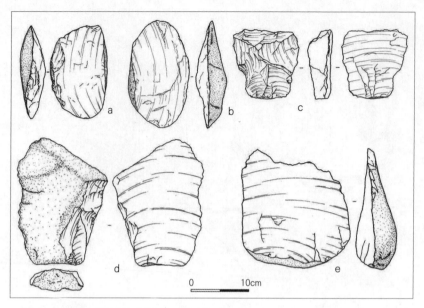

그림 9.2 중부지방 유적에서 수습된 각종 대형격지

a와 c·d에는 손상흔이 특정 부위에 집중되어 있어 사용되었을 가능성이 크며, b·e·f·g에서는 그런 흔적을 찾을 수 없다. a는 고덕동, b·c·d·g는 전곡리, e는 장파리에서 출토되었다(a·b·c: 성춘택 외 2011, 경희대 중앙박물관, d: 한양대 박물관, 지은이 그림).

을 돌아가며 격지를 떼어 낸 흔적을 가지고 있기 때문에 넓은 시각에서 주먹도끼의 초기 형태라고도 할 수 있다. 아프리카에서 아슐리안석기전통의 전반부에 양면석기(biface)는 두꺼운 경향이 있고, 간단한 성형이나 손질로 만들어져 균형도도 떨어진다. 바꾸어 말하면 약 70만 년 전 이후 후기 아슐리안(Late Acheulian) 주먹도끼의 다수는 훨씬 얇고, 집중적인 떼기로 좌우, 측면상 균형을 이루고 있다. 아마도 상당수는 돌망치 직접떼기로 어느 정도 성형을 한 다음 돌망치, 또는 뿔망치를 사용하여 손질과 잔손질을 베푼 것으로 보인다. 이런 양면석기 제작의 전통은 사실 무스테리안으로 이어져 르발루아 몸돌기술의 토대가 된 것으로 알려져 있다.

오래전 할램 모비우스(Hallam Movius 1944, 1948)는 동아시아의 구석기시대 자료를 가리켜 찍개문화(Chopping tool culture)라는 개념을 사용한 바 있다. 이는 아프리카와 서아시아, 유럽, 인도, 곧 이른바 모비우스라인(Movius Line) 서쪽의 아슐리안의 주먹도끼문화와 대비하여 찍개가 중심인 이른 시기 구석기시대 문화를 일컫는 용어이다. 그러나 잘 알려져 있듯이 1978년 동두천에서 근무하던 미군 병사 그렉 보웬(Greg Bowen)은 연천 전곡에서 석기를 찾았고, 이어진 지표조사와 발굴로 상당히 많은 주먹도끼류 석기가 수습되었다. 이후 한국의 다른 유적, 그리고 중국 등지에서도 주먹도끼가 있음이 알려졌던 것이다(이선복 1989; 최승엽 2006, 2010; Norton et al. 2006).

한국의 이른 구석기시대의 규암·맥석영석기군에서 찍개문화와 주먹도끼문화를 구분하는 것은 불필요한 듯하다. 많은 석기군에는 규암제 몸돌과 다면구, 찍개와 함께 주먹도끼류 석기가 적게나마 포함되어 있는 것이다. 또한 이런 주먹도끼-찍개-다면구 중심의 석기군은 후기 구석기시대 석기기술이 확산되는 4만-3만 5,000년 전까지도 지속되는 것으로 보인다(성춘택 2006b; 그림 14.1 참조).

아슐리안석기전통의 가장 큰 특징은 양면으로 가공한 주먹도끼와 가로날도끼이다. 그런데 이 두 석기의 상당수는 대형격지를 소재로 만들어진다. 다시 말하면 커다란 암석덩어리에서 어른 손바닥보다 큰 격지를 떼어 내고, 그것을 소재로 간단한 손질을 더해 양면가공의 대형자르는도구(Large cutting tool)를 완성하는 것이다. 이렇듯 단순한 방법으로 보이지만, 석기기술의 진화에서는 주목할 만한 진전이다. 대형격지 제작은 올도완전통에서는 나타나지 않으며, 아슐리안석기기술에 와서야 찾아볼 수 있다(Schick and Toth 1993, 1999; Sharon 2009).

따라서 이 대형격지야말로 아슐리안석기기술의 다양성을 판단하는 데 귀중한 자료가 될 수 있다. 물론 주먹도끼의 존부도 중요하지만, 대형격지는 석기기술의 면모, 그리고 석기 제작의 다양한 단계를 보여 주는 유물인 것이다. 대형격지 제작 자체가 대형자르는도구를 염두에 둔 소재를 만드는 것으로 보기도 한다(Sharon 2009, 2010). 다만 이 대형격지는 타면이 있는 부위를 제외하고는 비교적 날카로운 날을 가지고 있기에 아무런 손질 없이 그대로 사용될 수도 있다. 사용 흔적 없이 버려진 대형격지가 있을 수도 있고, 사용

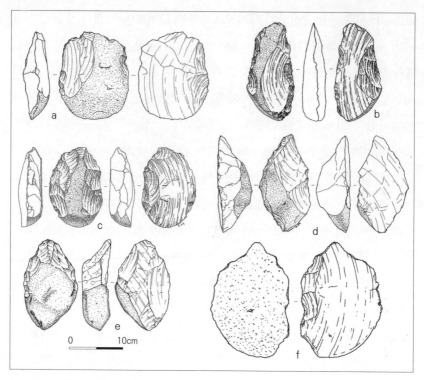

그림 9.3 대형격지(a · f)와 대형격지 소재의 성형도구 사례

a · d: 전곡리, b · c: 주월가월리, e: 고덕동, f: 횡산리. 타격혹제거(a · b · c · f)는 대형격지에서 가장 널리 보이는 성형 방법이다(b · c: 이선복 · 이교동 1993, 서울대 고고미술사학과, d · e: 성춘택 외 2011, 경희대 중앙박물관, 모두 지은이 그림).

으로 날에 잔파손이 있는 유물도, 최소한의 변형으로 사용된 경우도, 패턴을 이루며 대형자르는도구로 성형된 사례도 있을 것이다(Seong 2014).

　　한국의 주먹도끼 가운데는 대형격지를 소재로 한 사례가 상당수 있음은 이미 알려진 바와 같다(박종현 2011; 유용욱 1997; 유용욱 · 김동완 2010; 이정은 2012). 이전 장에서 살펴보았듯이 복제 실험에 따르면 모루떼기와 같은 방법으로 만들어진 규암제 대형격지는 아주 길고 날카로운 날을 가지고 있다. 날은 측면에서 보아 타격혹 부위는 두껍고 점점 얇아지면서 끝으로 갈수록 아주 얇아 날이 서 있다. 석기의 무게를 생각하면 날은 조그만 충격에도 쉽게 마모되거나 손상될 수 있을 정도이다. 실제 유적에서 출토되는 대형격지의 대다수는 날 부분이 마모되어 있다. 이 마모흔과 사용으로 손상된 흔적을 구분하는 것은 쉽지 않다. 다만 동물 가죽을 벗기든지, 아니면 도살이나 나무를 베는 데, 혹은 땅을 파는 데 쓰였든지, 사용되어 손상된 흔적이라면, 대체로 특정 부위에 집중될 것이며, 자연스런 마모보다 더 깊이 파손될 것이다. 이 점을 생각하면 사용된 뒤 버려진 대형격지와 그렇지 않고 자연 폐기된 것을 대략적이나마 구분할 수 있는 것이다. 대형격지는 대형자르는도구의 소재이기도 하지만, 이처럼 그 자체로 날카로운 자르는 날을 가진 도구가 되기도 한다(Seong 2014). 물론 많은 대형격지는 더 가공되어 주먹도끼와 칼형도끼, 대형긁개, 가로날도끼가 된다(박종현 2011; 그림 9.3).

대형격지를 성형하는 방법 가운데 가장 눈에 띄는 것이 타격혹제거(bulb thinning)이다(유용욱·김동완 2010; Seong 2014). 대형격지는 돌망치떼기나 모루떼기 등 강한 힘을 받아 떨어진 것이기 때문에 타면이 넓고, 타격혹 역시 두껍다. 지나치게 두껍다는 뜻인데, 이 점에서 많은 대형격지들에서 타격혹제거를 위한 떼기로 보인다. 타격혹제거는 대체로 격지의 등면에서 배면을 향하여 대체로 너비 3-5cm 정도 중간 크기의 격지를 몇 개 떼어 내는 방식으로 이루어진다.

그림 9.3에 예시한 바와 같이 타격혹 부위를 얇게 만드는 떼기는 대형격지를 소재로 한 여러 형식의 성형도구에서 널리 보인다. 그림의 a와 f처럼 거의 타격혹제거만을 통해 어느 정도 사용을 위한 손질을 끝내기도 하지만, 집중적인 손질을 통해 주먹도끼와 같은 석기를 만들기도 한다. 이로부터 대형격지를 뗀 뒤 손질의 정도에 따라 단계를 정리해 보면 다음과 같다.

1. 먼저 대형격지 그 자체로 폐기될 수도, 아무런 손질 없이 사용될 수도 있다.
2. 대형격지의 상당수는 너무 두꺼운 타격혹을 가지고 있기에 타면에서 배면 방향으로 몇 차례 가격하여 얇게 만든다.
3. 타격혹을 제거하여 얇게 한 대형격지는 그대로 사용하든지, 다시 등

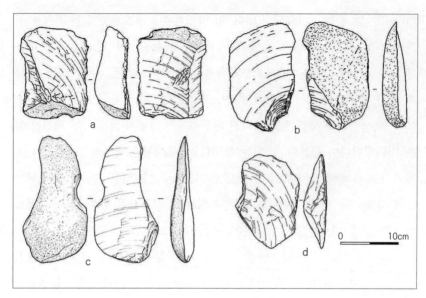

그림 9.4 대형격지 사례

각종(a: 진상리, b·c: 전곡리, d: 고덕동) 보고서에 가로날도끼라 기록된 유물 가운데는 이처럼 거의 손질되지 않은 것들이 많다(a: 이선복 외 1994: 35, 서울대 박물관, b·c·d: 성춘택 외 2011, 경희대 중앙박물관, 지은이 그림).

면 방향으로 손질한다. 날 부위만을 가볍게 손질한 것은 대체로 칼형도끼라 부를 수 있고(그림 9.3의 b, 그림 9.4의 c), 그리고 네모날 모양으로 가로날도끼와 형태가 비슷한 모습의 유물도 있다(그림 9.4).

4. 등면 방향으로 비교적 급한 각도로 손질된 것은 대체로 대형긁개라 부를 수 있다(그림 9.3의 c, d)

5. 등면과 배면 쪽으로 더 많은 손질을 가하여 주먹도끼나 가로날도끼를 만들기도 한다.

9.3. 주먹도끼

9.3.1. 석기기술과 주먹도끼

주먹도끼[1]에 대한 연구는 한국과 다른 나라 모두 많은 편이다(유용욱 1997; 유용욱·김동완 2010; 이정은 2012; 이형우 2001, 2003). 주먹도끼는 이른 구석기시대의 대표 형식이고, 아프리카에서 100만 년 넘게 지속했으며, 구대륙 전역에 걸쳐 넓게 분포하고, 공들인 성형 등이 인지능력의 진화를 가리켜 주기 때문이다(Gamble, Gowlett, and Dunbar 2014; Machin *et al.* 2007; Wynn 1995, 2002; Nowell and Davidson 2011). 특히 후기 아슐리안시기에는 균형을 갖추고 많은 공을 들여 더 얇게 만든 유물이 많은데, 이는 동물 사체 해체 같은 주된 기능을 생각할 때 과잉디자인이라고 보기도 한다. 게다가 아프리카의 이시밀라(Isimila), 칼람보폴스(Kalambo Falls), 가뎁(Gadeb), 올로게세일리(Olorgesailie) 등지에서는 잘 만들어졌으면서도 정작 사용된 흔적이 없는 주먹도끼가 널려 있는 수수께끼와 같은 현상도 알려져 있다.

이것을 진화이론의 시각에서 값비싼 신호(costly signaling)와 낭비행위(waste)의 측면에서 설명할 수도 있다(Seong in preparation). 값비싼 신호 학설에 따르면, 사자나 표범 앞에서 사냥감인 톰슨가젤이 껑충 뛰는 행동은 언뜻 이해하기 힘들지만, 실상 포식자에게 스스로 젊고 건강함을 과시하는 신호이다. 이 같은 역설적인 행동은 특히 짝짓기 경쟁이 치열할 때 널리 보인다. 비슷한 맥락에서 낭비행위 역시 평상시 에너지를 비생산적 영역에 투여하기에 낭비처럼 보이지만, 실상 위기를 맞으면 어렵지 않게 에너지를 다시 생산적인 데 쏟을 수 있음을 주목한 것이다. 이처럼 결국 값비싼 신호와 낭비행위는 모두 오랜 시간 진화한 행위라 할 수 있다.

....

1   주먹도끼는 양면에서 격지를 떼어 내어 자르는 날을 만든 것이기 때문에 양면석기(biface) 범주에 포함될 수 있을 것이며, biface라는 용어도 널리 쓰고 있다. 그러나 영어에서 biface는 단순히 양면가공의 석기를 뜻하기 때문에, 가령 고인디언시대(PaleoIndian)와 아케익시대(Archaic)의 다양한 양면찌르개를 가리키기도 하기 때문에 주먹도끼라는 말이 더 적합한 것으로 보인다.

그런 행위가 동물의 세계에서 널리 보인다면, 사람에서도 진화하지 않았을 리 없다. 공들여 만든 주먹도끼가 쓰이지도 않고 버려지는 것 역시 이런 맥락에서 설명할 수 있을 것이다. 잘 만들어진 주먹도끼는 제작자가 그만큼 숙련된 재주를 가지고 있음을 정직하게 드러내는, 또는 과시하는 매개물이며, 다 쓰지도 못할 석기를 만드는 행위 역시 기술 습득과 에너지 축적의 효과가 있는 것이다(Seong in preparation). 성선택(sexual selection)의 맥락에서 사회 내부 경쟁이 강할 때 이런 물적인 현시는 이성에게 더 많은 호감을 주는 요인으로 평가하기도 한다(Kohn and Kuhn 1999). 고래 같은 대형 동물 사냥을 값비싼 신호의 개념으로 설명하기도 하는데(Bliege Bird and Smith 2005), 후기 구석기시대 매머드 사냥 역시 같은 맥락에서 설명할 수 있을 것이다.

대형격지를 소재로 한 주먹도끼는 아프리카와 서아시아, 그리고 아시아에서 널리 보인다. 대형격지 자체가 긴 자르는 날을 가지고 있기 때문에 간단한 손질만으로도 주먹도끼를 완성할 수 있는 장점이 있다. 주먹도끼는 반반한 자갈돌의 주변을 돌망치로 떼어 내어 만들기도 한다. 한국 구석기시대 유물에서는 이 두 소재를 이용한 주먹도끼가 대체로 비슷한 비율을 차지하고 있는 것으로 보인다(유용욱·김동완 2010; Seong 2014). 형태상 대형격지 소재의 주먹도끼가 더 얇은 경향이 있지만, 좌우 균형도는 자갈돌 소재의 주먹도끼가 더 높다. 특히 자갈돌 소재 주먹도끼 가운데는 평면 타원형으로 많은 격지를 떼어 내어 만들었지만, 두꺼운 것이 많다. 이처럼 주먹도끼의 성형에도 공을 많이 들여 만든 것이 있는 반면 양면에 최소한 손질만을 더해 날을 준비한 것도 있다. 물론 주먹도끼의 마지막 형태만으로 소재가 대형격지였는지, 아니면 편평한 자갈돌이었는지 판단하기 어려운 사례도 있다.

9.3.2. 주먹도끼 분류와 분석

기술과 형태라는 두 차원은 구석기시대 뗀석기 연구에서 서로 분리하기 어려운 복합적인 것일 수 있다. 어찌되었든지 주먹도끼 분석은 주로 제작과정과 형태 속성에 집중한다(Wymer 1968; 이형우 2001: 73). 그림 9.5는 글

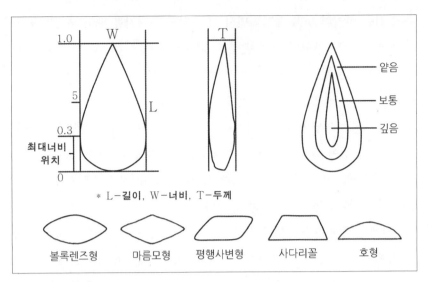

그림 9.5 주먹도끼류 석기의 다양한 속성을 계측하고 평가하는 방법
개별 속성은 본문 참조(Isaac 1977: 118, Fig. 39 참조하여 성춘택·김민경 그림).

린 아이삭(Isaac 1977)이 케냐의 올로게세일리에(Olorgesailie) 유적 출토 주먹도끼와 가로날도끼를 비롯한 양면가공 석기(biface)를 분석한 사례를 참고하여 여러 속성을 도해한 것이다. 먼저 왼쪽 위는 주먹도끼의 길이와 너비를 측정하는 방법이다. 주먹도끼는 완전히 좌우, 상하 균형을 이루는 유물이 아니기 때문에, 길이와 너비뿐 아니라 최대폭의 위치, 그리고 유물을 길이를 기준으로 등분할 때 2/10, 8/10 부위의 너비, 또는 1/4, 2/4, 3/4 부위의 너비를 측정하여 비교하기도 한다. 또한 주먹도끼의 두께도 부위별로 측정할 수 있으며, 이런 방식으로 대칭도를 계산하기도 한다.

아이삭은 이런 식으로 유적에서 수습한 양면석기의 기술적이고 형태적인 다양성을 고찰한다. 또한 고전적인 주먹도끼와 가로날도끼, 대형긁개, 칼형도끼, 뾰족끝주먹도끼, 비정형주먹도끼 같은 여러 형식을 설정하고 상호 비교하였다. 이에 따르면 양면석기 가운데 57%가 주먹도끼이며, 이 중 28%만이 고전적인 형태에 속하고, 나머지 72%는 다양한 아류에 포함시킬 수 있다고 한다(Isaac 1977).

기술 속성으로는 손질의 심도(invasiveness)를 들 수 있다. 그림의 오른쪽 위는 석기의 날을 성형하면서 어느 정도의 격지를 떼어 냈는지를 도해한 것으로, 날 주위만 얕게 손질한 것(marginal), 중간 정도의 손질(sub-invasive), 깊은 손질(invasive)의 세 형식으로 나눌 수 있다(그림 9.5; Isaac 1977: 118, Fig. 39 참조). 손질의 정도와 관련된 속성으로는 주먹도끼의 양면에서 관찰되는 자연면의 비율을 마치 격지의 그것과도 같은 방법으로 계량화시키는 방법이 있을 것이다(제8장 참조). 또한 격지 등면에서 보이는 격지흔의 수를 세듯이, 손질과 관련된 격지흔을 계량화시켜 양면석기를 얼마나 공을 들여 만들었는지를 측정할 수 있다.

전체 형태에 따라 주먹도끼는 여러 형식으로 나눈다. 타원형, 계란형, 삼각형, 원반형, 나뭇잎형 같은 여러 형태 분류명이 쓰인다. 이 가운데 가장 공을 들여 만든 형태는 나뭇잎, 또는 눈물방울모양의 주먹도끼로서 후기 아슐리안시기에 잘 보인다. 단면은 얇은 볼록렌즈모양이고, 손잡이 부분인 기부는 둥글며, 주변에 아주 날카로운 날을 가지고 있다. 정련도가 높아서 얇고, 길쭉하며, 평면 및 측면상 대칭적이고, 날도 직선으로 잘 만들어져 있다. 그러나 위 형태는 모두 잘 만들어진 대칭형 주먹도끼를 가정한 것인데, 우리나라의 주먹도끼는 그렇게 대칭적인 유물이 많지 않다.

주먹도끼의 기술과 형태를 분석하기 위하여 서로 배타적인 여러 속성(차원)을 선택하고, 그 안에 측정할 수 있는 속성상태를 설정하여 교차시켜 클래스를 만들어 내는 변화표분류(paradigmatic classification)를 사용할 수 있다(Dunnell 1971; 오브라이언·라이맨 2009). 찍개 분류에서 논하였듯이 주먹도끼 분류에서도 소재, 전체 형태, 대칭성, 횡단면형, 손질의 심도, 날의 손질 정도 등 여러 속성을 선택하여 각각 속성상태를 설정할 수 있을 것이다(표 9.2). 이로써 여러 속성상태를 조합하여 분석 단위, 곧 클래스를 만들어 낼 수 있다. 만약 소재 – 손질의 심도 – 날 손질 정도 – 대칭성 – 전체 형태 – 횡단면형이라는 속성의 순서대로 속성 상태가 babbdb라면 대형격지 소재이면서 가장자리에 얕은 손질을 가진 거친 격지떼기의 비대칭이면서 전체적으로 나뭇잎모양이고 횡단면은 마름모형인 주먹도끼가 될 것이다. 다만

표 9.2 주먹도끼를 여러 기술 및 형태 속성에 따라 분류하는 방법 예시

기술 속성			형태 속성		
소재	손질의 심도 (invasiveness)	날의 손질 정도	대칭성	전체 형태	횡단면형
a. 자갈돌 b. 대형격지 c. 알 수 없음	a. 얕음(가장자리) b. 보통 c. 깊음	a. 집중 손질 b. 거친 격지떼기	a. 좌우 대칭 b. 좌우 비대칭 (측면 대칭성 별도 설정 가능)	a. 타원형 b. 계란형 c. 삼각형 d. 나뭇잎형 e. 원반형 f. 기타	a. 볼록렌즈형 b. 마름모형 c. 평행사변형 d. 사다리꼴 e. 호형

* 찍개의 분류와 마찬가지로 각 속성상태, 또는 변이를 서로 순열조합하여 주먹도끼를 여러 클래스로 세분할 수 있다. 기술 속성으로는 암석을 먼저 고려해야 할 것이지만, 한국에서 연구가 이루어진 임진한탄강유역의 유적에서는 거의 모두가 규암으로 만들어졌다.

속성의 수와 속성상태가 많은 만큼 실제로 비어 있는(곧, 실물 자료가 없는) 클래스도 있을 것이다.

9.3.3. 주먹도끼류 석기의 다양성

아이삭은 다양한 주먹도끼류 석기를 형태에 바탕을 두고 다음과 같이 정리한다(Isaac 1977: 120).

1. 가로날도끼: 세부 손질 없이 날카로운 가로날이 특징이다.
2. 칼형도끼: 측면이 서로 비대칭이어서, 한쪽은 급하고 둔한 각도이며, 다른 쪽은 날카롭다.
3. 뾰족끝 형태(picklike forms): 단면이 두꺼운 것이 특징이며, 더욱 거칠게 만들어지면 진정한 뾰족끝도끼가 된다.
4. 삼각형(trièdres): 뾰족하게 잘 만들어진 끝부분과 단면 삼각형(뒷면은 판판하고 앞면은 볼록한)이 특징이다.
5. 원반형찍개(corelike discoidal choppers): 너비에 비해 길이가 작고 두께도 큰 것이 특징이다.
6. 대형긁개(large scrapers): 한 면에 급한 각도의 손질이 특징이다. 크기

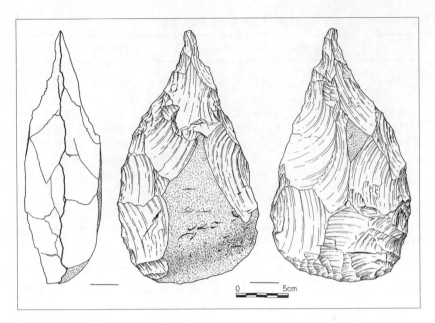

그림 9.6 파주 주월·가월리에서 수습된 주먹도끼

규암 자갈돌로 만들어진 석기로서 길이 23.7cm의 비교적 큰 석기이다. 한국에서는 이런 뾰족한 형태의 주먹도끼가 많다. 상당히 집중적인 손질로 길쭉한 측면날과 뾰족한 끝날을 만들었다. 좌우 대칭도는 그리 높지 않지만 측면 대칭도는 높은 편이다(이선복·이교동 1993: 25, 서울대 고고미술사학과, 지은이 그림).

에 점점 작아지면 소형긁개가 된다.

　　이처럼 아이삭의 주먹도끼류라는 넓은 범주의 석기에는 실제 여러 형식의 유물이 있다. 사실 유물의 형식에 어떤 주어진 본질적인 형태가 있는 것은 아니다. 우리가 형식 또는 기종이라 부른 것은 넓은 형태 변이에서 관습적으로 인지할 수 있는 봉우리에 불과하다. 다만, 아이삭에 따르면 주먹도끼와 가로날도끼는, 다른 형식과 마찬가지로 형태 변이가 연속적이지만, 어느 정도 인지할 수 있는 전형에 수렴하는 경향이 있고, 특히 주먹도끼는 다른 형식보다 비교적 높은 표준화를 보인다고 한다. 그리고 올로게세일리에 유적에서 주먹도끼와 가로날도끼는 다른 형식의 대형자르는도구에 비해 훨씬 많다(Isaac 1977: 123, Fig. 40 참조).

　　그러나 우리나라의 주먹도끼, 그리고 가로날도끼와 칼형도끼, 대형격지긁개, 뾰족끝도끼를 포함한 주먹도끼류 석기에서 각 형식별 전형을 찾는다는 것은 어렵고도 무모한 일인 듯하다. 돌감의 특성에 맞게 제작 방법을 선택하고, 소재를 취사선택하여 간단한 타격으로 성형을 마무리하는 사례가 많은 것이다. 그리하여 그림 5.1에 도해한 바와 같이 여러 형식의 석기가 형태상 유동적이고, 제작과정에서도 역동적으로 변모하였으리라 생각된다. 또한 한국 구석기시대 주먹도끼류 석기는 구대륙 서부의 유물보다 정련도가 낮은 것으로 보인다(Lycett and Bae 2010; Norton and Bae 2009).

주먹도끼를 포함한 양면석기 제작과 관련되어 정련도, 곧 얼마나 공을 들여 만들었는지는 중요한 속성이다. 위에 언급한 모비우스라인 서쪽, 곧 아프리카, 서아시아, 유럽, 인도의 주먹도끼는 한국을 비롯한 동아시아의 유물보다 수도 많지만, 더 얇고 많은 공을 들여 만들어 대칭적이다. 따라서 넓은 의미의 모비우스라인은 아직도 유효하다고 보는 연구자도 있다(Norton and Bae 2009).

정련도는 뗀석기기술 분석에서 중요한 주제이며, 기술적으로 손질의 정도, 날의 성형방법 등에서 드러난다. 속성으로는 (1) 날이 전체 주변에서 차지하는 비율, 곧 자르는 날의 길이, (2) 손질의 정도, 곧 날 성형과 관련되어 관찰되는 격지흔의 수, (3) 격지떼기의 정도(얕음, 중간, 깊음), (4) 날의 직선화 정도, (5) 자연면의 비율 등이 있다. 각 속성은 서로 연관되기도 한데, 날의 길이가 길고, 많은 격지떼기를 베풀어 길고 곧은 날을 가졌으며, 깊은 격지떼기로 손질하여 자연면이 거의 남아 있지 않은 것이 더 정련도가 높다.

형태적으로 정련도는 두께 비교와 대칭성으로 측정할 수 있다. 정련도가 높은 주먹도끼는 더 얇을 것이고 대칭성도 높을 것이다. 유용욱과 김동완(2010)은 임진한탄강유역에서 출토된 주먹도끼를 프로그램(FlipTest v.09)을 사용하여 평면 및 측면의 대칭도를 분석하였다. 연구에 따르면 0.3 이상의 지수, 곧 대칭성의 정도가 비교적 높은 유물은 그리 많지 않다고 한다(그림 9.8). 다만 평면 대칭도가 측면 대칭도에 비해 높은 것으로 보아 석기 제작자가 평면형태에 더 치중하였을 것으로 판단하였다. 또한 이미 지적했지만, 자

그림 9.7 연천 횡산리, 삼화리, 원당리 호로고루에서 수습된 주먹도끼
규암 자갈돌로 만들어졌으며, 비교적 좌우 대칭도가 높은데, 측면 대칭도는 떨어지는 편이다(왼쪽 유물 19.6cm, 국립대구박물관 2008: 170, 192, 200에서).

갈돌을 사용한 유물(30점)이 대형격지를 사용한 것(21점)보다 대칭도가 높다. 이는 자갈돌 소재 자체가 상당히 대칭적이었던 데서 기인하는 것 같다.

연구에서는 전곡리에서 수습된 유물이 파주 금파리와 주월·가월리에서 수습된 유물보다 대칭도가 높은 결과가 나왔다고 한다. 금파리와 주월·가월리의 표본의 수가 적기 때문에 일반화하는 것은 무리라고 하지만, 유용욱·김동완(2010: 24)은 조심스럽게 시간의 흐름에 따라 대칭도가 떨어지고 주먹도끼의 형식적 속성만이 잔존하는 아프리카의 상고안(Sangoan)과 같은 과정을 밟았을 가능성을 논하고 있다. 이런 대칭도 분석은 격지흔이나 자연면 등 기술 속성보다는 형태에만 치중하고 있는데, 대칭도와 기술적 속성을 비교할 필요도 있다. 연구에 따르면, 측면 대칭지수가 높은 몇 개 유물은 집중적 떼기로 자연면이 거의 없어진 상태였다고 한다(유용욱·김동완 2010: 27). 여전히 표본의 크기가 작지만, 이처럼 가공의 정도와 대칭성은 어느 정도 상관관계를 갖는 것이다.

우리나라에서 나온 모든 주먹도끼의 대칭성이 떨어지는 것은 아니다.

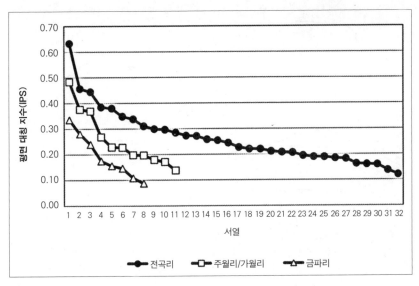

그림 9.8 임진한탄강유역 출토 주먹도끼의 유적별 대칭도 비교(유용욱 · 김동완 2010: 24, 그림 8에서)

그림 9.7에 예시되어 있듯이 임진한탄강 유역에서 나온 주먹도끼 가운데는 대칭성, 적어도 평면 대칭도가 높은 유물이 포함되어 있음을 주목할 필요가 있다. 또한 대칭성은 자갈돌 소재인지, 대형격지 소재인지에 따라 다르기도 하다. 반반한 자갈돌을 다듬어 만든 주먹도끼가 더 대칭적인 것이다. 대형격지를 소재로 하면 비교적 얇고 긴 자르는 날을 쉽게 얻을 수 있는 반면, 유물의 대칭도는 떨어진다. 이처럼 석기의 형태 속성은 기술과 불가분의 관계를 맺고 있기에 포괄적인 접근이 필요하다.

9.4. 성형과 잔손질

한국의 규암 및 맥석영 석기의 잔손질 패턴은 분석하기 쉽지 않다. 사실 잔손질도구인지 여부를 판단하는 것도 간단하지 않다. 그리하여 보고서의 기록을 그대로 신뢰하지 못하는 연구자도 있다. 당연한 말이지만, 성형도구, 또는 잔손질도구의 판단은 전체 형태보다는 의도적인 성형과 잔손질 여

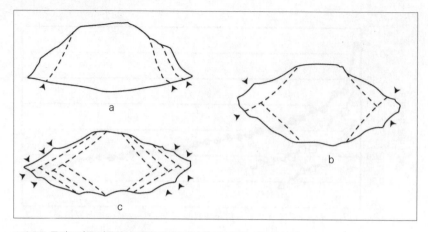

그림 9.9 주먹도끼를 비롯하여 성형도구의 가공과 재가공을 가정한 그림
단면가공 석기는 추가 손질의 여지가 별로 없으며(a), 돌망치로 손질하면 두꺼운 격지가 떨어지지만(b), 비교적
얇게 양면으로 가공한 주먹도끼를 뿔망치로 재가공하면 상당히 생명을 길게 할 수 있다(김민경·성춘택 그림).

부가 중요하다. 형태가 뾰족하다고 모든 석기를 찌르개나 뚜르개라 부를 수
는 없는 것이다. 사람이 의도적으로 잔손질하였다면 분명 패턴이 있을 것이
고 그것을 면밀히 관찰하고 기록해야 한다. 날 부위에 한두 번의 파손 흔적
이 있다고 해서 잔손질도구라 하는 것은 자칫 잘못된 판단일 수 있다. 제작
자가 의도한 잔손질이라면 어떤 부위에 두어 차례 이상 비슷한 크기와 생김
새를 가진 아주 작은 격지흔이 연달아 베풀어져 있어야 한다.[2]

9.4.1. 성형

성형(shaping)이란 뗀석기 제작에서 소재를 다듬어 어떤 형태로 만드는
과정을 뜻한다. 성형과정에서 자갈돌이나 암석덩어리, 또는 격지를 원하는
도구나 몸돌의 형태를 갖추도록 선형(preform)을 먼저 만들기도 한다. 신석
기, 청동기시대 돌화살촉의 경우 점판암과 같은 소재에서 직접떼기, 양극떼
기 같은 방법으로 반반한 격지를 떼어 내거나 잘라내기(찰절)기법으로 어느

....

2　예를 들어 슴베찌르개와 같은 석기의 판단에서 연구자 사이에 의견이 일치하지 않는 경우가 많다.
　　뾰족한 찌르개 모양을 갖추어야 함은 물론 반드시 슴베를 의도적으로 손질하여 만든 흔적이 있어야
　　한다.

정도 모양을 갖춘 장방형 선형을 만든 다음 본격 마연에 들어간다. 그리하여 1차성형, 2차성형이란 용어도 쓰이고 있다. 따라서 성형은 주먹도끼나 찍개와 같은 대형의 석기뿐만 아니라 작은 석기나 몸돌을 만드는 과정에서도 보인다. 물론 유적에서 나오는 도구나 몸돌은 성형의 흔적을 그대로 간직하고 있지 않는 것도 많지만, 대부분 유물은 복제실험이나 형태분석을 통해, 그리고 중도에 폐기된 유물로 성형과정과 선형을 추론할 수 있다.

다시 말하지만, 석기 제작이란 원석에서 마지막 도구, 그리고 재가공에 이르기까지 감쇄과정의 산물이다. 그리하여 석기 제작의 단계를 구분할 수도 있는데, 중요한 것은 선행 단계가 후행하는 단계의 내용을 상당 부분 결정한다는 점이다. 원석의 속성과 풍부도에서 시작하여 몸돌의 성형과 격지떼기, 적절한 소재 격지의 선택, 성형, 그리고 잔손질에 이르기까지 석기 제작의 선행 단계는 후행 단계에 제약을 주는 것이다.

성형을 위해서는 우선 소재가 될 돌감이나 격지를 만들거나 선택해야 한다. 적절한 소재를 선택한 다음에는 이것을 어느 정도 원하는 도구의 형태로 다듬는 과정, 곧 성형을 거친다. 이로써 대부분 도구의 형태는 결정된다고 할 수 있다. 대형격지를 이용한 대형자르는도구 제작은 물론이고, 긁개나 밀개, 찌르개 같은 소형의 석기 역시 소재의 선택과 성형에서 대체로 형태가 결정된다. 다만 비정형의 일회성 기술(informalized expedient technology, 제13장 참조)이 주도하고 있는 석기기술의 경우 성형과정이 최소한으로 이루어지고 바로 잔손질 단계로 이어질 수도 있다. 특히 홈날이나 톱니날 같은 석기형식은 전체 형태보다는 날의 성격만을 강조하기에 그런 경향이 있다 (Seong 2004).

도구를 만들기 위해서는 우선 적절한 크기와 생김새를 가진 격지를 만들거나 선택해야 한다. 격지 소재의 석기는 돌감, 쓰임새, 사용기간이나 유지관리의 필요성 등에 따라 디자인과 형태가 달라질 것이다(Andrefsky 1998). 또한 가죽을 무두질하는 도구인지, 아니면 구멍을 뚫는 데 쓰이는 것인지, 쓰임새에 따라 도구를 디자인함은 물론, 돌감의 성격이나 생김새와 크기, 풍부도 역시 도구의 크기와 형태를 제한하는 요인이기도 하다. 그리고 석기는 제작의 감쇄과정뿐 아니라 사용과 재사용 역시 석기의 디자인과 형태에 영향을 미칠 수 있다. 예컨대 먼 곳에서 미정질의 규질셰일이나 흑요석 같은 돌감을 얻어 와야 한다면 격지의 한 쪽을 잔손질하여 긁개로 사용한 뒤 날이 무뎌지면 다시 날을 벼리기를 거듭하여 긁개, 또는 톱니날이나 찌르개 같은 다른 형식의 도구를 만들어 쓸 수도 있다.

9.4.2. 잔손질

뗀석기 도구는 성형이나 손질의 과정 다음 대부분 잔손질(retouch)이라는 단계를 거쳐 도구로서 형태를 갖춘다. 잔손질이란 도구를 완성하거나 작업날을 만들고, 날의 생김새와 각도 등을 조정하기 위해, 또는 날을 다시 벼리기 위해, 그리고 손잡이나 장착할 부분을 마무리하기 위해 일련의 조그만 격지를 떼어 냄을 일컫는다.[3] 그리하여 잔손질된 석기는 곧 도구를 뜻한다. 잔손질은 석기의 형식을 결정하는 데 가장 중요한 속성이다. 다시 말하면 잔손질의 각도나 위치, 또는 그 밖의 성격에 따라 다양한 종류의 도구 형식을 명명하고 분류할 수 있다.

잔손질을 나누고 분석하는 방법은 다양하다. 먼저 떼기 방법에 따라 돌망치떼기와 뿔망치(연망치)떼기, 눌러떼기의 종류를 생각할 수 있다. 돌망치떼기는 가장 손쉬운 방법일 것인데, 망칫돌의 크기에 따라서 큰 격지를 떼어 낼 수도 있지만, 간접모루떼기 같은 방법(제3장 참조)으로는 상당히 세밀한 잔손질까지 가능하다. 뿔 같은 연망치를 이용하면 더 정교하게 잔손질할 수 있다. 정질의 암석을 소재로 하고 날 주변이 얇은 경우 눌러떼기는 가장 정확한 잔손질 방법이기도 하다. 잘 다듬은 소재를 손에 쥐고 뿔끝을 날 끝에 눌러 뜯듯이 잔손질한다. 이로써 직접떼기보다 훨씬 정확하게 잔손질할 수

....

3   작업날의 잔손질과는 대조로 등손질(backing)이란 손잡이나 장착을 위해 일부러 무디게 하기 위한 목적의 떼기를 말한다. 일본 후기 구석기시대의 이른바 "나이프형석기"의 다수는 등손질칼의 범주에 넣을 수 있다(須藤隆司 1991a, b; 竹岡俊樹 1989; 松藤和人 1998; 戶田正勝 1992; 戶澤充則 1990).

있으며, 크기와 생김새가 비슷한 나란한 박리흔을 볼 수 있다. 실험에 따르면 눌러떼기로 떨어진 잔손질 격지는 비교적 얇고 길쭉하여 정교한 양면찌르개 같은 석기를 얇게 조정하는 데 유용한 방법이다.

그런데 규암이나 맥석영이 주요 돌감인 우리나라 구석기시대 유물에서는 간접모루떼기 역시 유용한 잔손질 방법이기도 하다. 모루 위에 대상 격지를 올려놓고 작은 돌망치를 이용하여 날 주면의 등면을 내리치면 모루 위에서 오는 반작용의 힘을 이용하여 배면에서 등면 쪽으로 작은 잔손질 격지들을 떼어 낼 수 있다. 이런 방식은 비교적 날카로운 격지를 모루에 올려놓고 등면 가장자리를 치는 것이기 때문에 실제 박리를 관찰하면서 잔손질 작업을 할 수 있어 날을 갖추는 데 유용하다.

잔손질에 대한 연구 역시 기술이나 형태에 초점을 맞춘다. 먼저 형식학적인 방법으로는 실제 잔손질로 만들어진 격지흔의 형태와 방향에 따라 아래와 같이 몇 가지 형식으로 구분할 수 있다(Inizan *et al.* 1992: 153. Fig. 75 참조).

(1) 표준-등면방향 잔손질(obverse [direct] retouch): 가장 평범한 방식으로 배면에서 등면 방향으로 떼어 낸다.

(2) 역방향-배면방향 잔손질(inverse retouch): 위와 반대 방향, 곧 격지 소재의 등면에서 배면쪽으로 떼어 내는 것을 말한다.

(3) 교차 잔손질(alternate retouch): 날의 한쪽은 등면 방향으로, 다른 쪽은 배면 방향으로 잔손질하는 것을 말한다.

(4) 엇갈림 잔손질(alternating retouch): 같은 쪽의 날의 다른 위치에서 등면방향 잔손질과 배면방향 잔손질이 베풀어지는 것을 말한다.

(5) 양면 잔손질(bifacial retouch): 등면과 배면 두 방향의 잔손질로 날을 준비하는 것을 말한다.

실제 도구의 대부분은 등면방향(일반) 잔손질을 갖추고 있으며, 배면방향의 잔손질은 역방향이라 부를 정도로 흔하지 않다. 또한 교차 잔손질이나

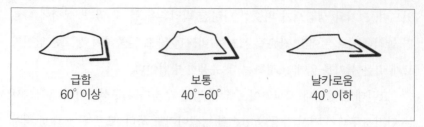

그림 9.10 잔손질의 각도에 따른 분류(김민경·성춘택 그림)

엇갈림 잔손질 역시 자주 보이지 않는다. 양면 잔손질은 양면가공의 석기에서 많이 보인다.

석기 사용흔 분석에 따르면 잔손질의 방향과 생김새는 실제 도구가 어떻게 쓰였는지와 결부되어 있다고 한다(Keeley 1980; 제12장 참조). 프랑수아보르드(Bordes 1961: Fig. 2.1; Inizan *et al.* 1992: 146)의 고전적인 연구에서는 잔손질의 형식을 (1) 복합(scaled), (2) 계단상(stepped), (3) 평행(parallel), (4) 아평행(sub-parallel)의 종류로 나눈다.

잔손질의 위치에 따라서도 여러 형식을 설정할 수 있는데, (1) 기부(proximal), (2) 격지끝(distal), (3) 기부와 끝, (4) 단변, (5) 양변, (6) 주위 전체 등의 범주를 구분할 수 있다. 그런데 잔손질의 위치는 석기의 형식을 결정하는 중요한 요소이기도 하다.

잔손질의 각도 역시 중요한 속성인데, 그림 9.10과 같이 대체로 (1) 급함(abrupt), (2) 보통(semi-abrupt), (3) 날카로움(sharp)의 세 형식으로 나눌 수 있다. 각도 분류의 구체적인 척도는 연구자에 따라 다르지만, 글쓴이의 경험으로는 날카로운 날은 40° 이하, 중간 각도(보통)를 40° 이상 60° 미만, 급한 각도를 60° 이상으로 설정하면 좋을 것이다. 이 가운데 급한 잔손질과 중간 잔손질은 긁개나 밀개에서 흔하며, 날카로운 잔손질은 자르는 쓰임새를 가진 잔손질 도구의 작업날에서 보인다. 직각 잔손질, 그리고 상당수 급한 잔손질 가운데는 작업날이 아니라 장착을 위해 손잡이 부분을 다듬은 등손질(backing)로 생각된다. 물론 날의 각도는 위치에 따라 어느 정도 오차가 있을 수 있음도 유념해야 한다.

표 9.3 여러 기술, 형태 속성에 따른 잔손질 분류 예시

방향	위치	각도	연속성	잔손질 정도 (심도)	형태	길이 너비
a. 등면방향 b. 배면방향 c. 교차 d. 엇갈림 e. 양면	a. 기부 b. 격지끝 c. 기부+끝 d. 한쪽 측면 e. 양쪽 측면 f. 주변 전체	a. 급함 b. 보통 c. 날카로움	a. 연속적 b. 불연속 c. 한 곳에 집중	a. 얕음 b. 보통 c. 깊음	a. 복합 b. 계단상 c. 평행 d. 아평행	cm

* 잔손질과 관련한 속성은 연구자마다 다양한 기준을 사용한다. 나아가 긁개나 밀개, 새기개, 찌르개 등 여러 형식의 도구에 맞는 속성과 속성상태를 설정할 수 있다(Hahn[이재경 역] 2012; Debénath and Dibble [이선복 역] 2012; Bordes 1961; Inizan *et al.* 1992; 加藤晋平 · 鶴丸俊明 1980; 竹岡俊樹 1989, 2003 참조).

이와 함께 기술 속성으로 잔손질이 연속적인지(continuous), 아니면 단속적인지(discontinuous), 그리고 집중적인지(intensive), 아니면 최소한만 이루어졌는지도 석기의 쓰임새와 관련하여 중요한 속성이다(竹岡俊樹 1989: 103, 2003; Hahn 2012). 잔손질된 부위의 길이 역시 중요한 속성이다. 위치와 결부하여 긴 작업날을 가졌는지 그렇지 않은지를 파악하는 데 유의한 속성이다. 나아가 너비(최대폭)까지 측정하여 얼마나 잔손질이 집중적으로 이루어졌는지를 파악하기도 한다.

그런데 석기 제작과 사용이 단계에 따른 감쇄과정의 산물임을 생각할 때, 이 잔손질의 성격과 각도, 그리고 너비는 흔히 잔손질의 심도(invasiveness)와도 연관되어 있다. 심도란 잔손질이 석기의 표면에 얼마나 뻗어 있는지를 나타내는 개념이다. (1) 날 부분에 한정된 얕은 잔손질(얕음, marginal), (2) 중간 정도의 잔손질(보통, sub-invasive), 그리고 (3) 깊게 뻗어 있는 잔손질(깊음, invasive)로 나눌 수 있다. 그런데 날 끝부분에만 잔손질이 한정되어 있는 얕은 잔손질은 경우에 따라서 사용 또는 파손으로 인한 손상흔과 구분하기 어려울 수도 있다. 또한 그런 잔손질이 등면에 있는 표준적인 것이 아니라 역방향이라면, 의도적인 잔손질인지 아닌지 면밀히 관찰해서 판단해야한다. 특히 이 잔손질의 심도는 석기의 재가공의 유용성과 관련하여 주목을 받는 속성이기도 하다.

잔손질, 특히 심도를 계량화하려는 노력도 있다(Clarkson 2002: 67, 68. Fig. 1, 2 참조). 클락슨(Clarkson 2002)은 잔손질의 심도를 측정하기 위해 도구를 8등분하여 각 부위의 잔손질 심도를 0, 0.5, 1로 표현하여 총합을 부위의 수로 나누는 방법을 사용하였다. 등면과 배면, 그리고 각 면의 좌우를 분할하기 때문에 도구의 부위는 모두 32개가 될 것이다. 클락슨은 이런 방법으로 다양한 형식의 도구에서 실제 어느 정도의 잔손질이 이루어졌는지 계량화하여 객관적으로 비교할 수 있다고 주장한다. 그러나 이런 기준을 모든 잔손질 석기에 적용할 수 있는지에 대해서는 비판도 있다(Hiscock and Tabrett 2010).

9.5. 소형 잔손질석기: 긁개와 밀개

어떤 격지 소재에 어떠한 잔손질이 더해졌는지는 석기의 형식을 결정하는 데 가장 중요한 속성이다. 잔손질은 평면형(planform)에 따라 (1) 직선(straight)이거나 (2) 볼록(convex), (3) 오목(concave), (4) 톱니(denticulated), (5) 홈(notched), (6) 뾰족(pointed)하게 만들어질 수 있는데, 모두 도구 형식과 밀접하게 연결되어 있다(제5장 참조). 톱니날이나 홈날은 그 자체로 석기형식으로 불리며, 뾰족하게 손질된 것은 찌르개(첨두기, point)이거나 뚜르개(awl, borer)일 것이며, 돌날의 끝에서 긴 방향으로 얇고 가늘게 떼어 뾰족하게 만들었다면 새기개(burin)가 된다. 또한 돌날의 한쪽 또는 양쪽 끝에 비교적 급한 각도로 잔손질을 베푼 것이 밀개(endscraper)이다. 나머지 잔손질 석기의 대부분은 긁개(scraper)라 부를 수 있다(그림 5.3 참조).

9.5.1. 긁개

긁개는 격지를 소재로 한 잔손질 석기의 가장 대표적인 형식이다. 전기 구석기시대 몸돌 소재의 긁개와 대형 긁개도 있으며, 격지를 소재로 잔손질하기도 하고, 돌날에 잔손질을 베풀어 긁개를 만들기도 한다. 소재가 무엇이

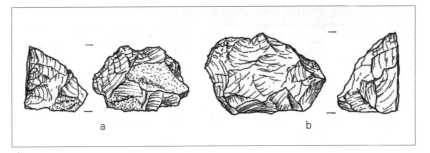

그림 9.11 용인 평창리 출토 긁개의 사례
긁개 a의 길이 58.5mm(이선복 외 2000: 58-59, 그림 19, 20에서).

든 긁개 잔손질은 주로 등면 방향으로 단면(unifacial)에만 갖추어져 있다. 소
형 잔손질도구로서 긁개는 대체로 가죽을 다루었거나 나무를 가공하는 데
쓰였으리라 생각된다. 밀개나 새기개, 뚜르개 등이 후기 구석기시대에만 주
로 보이는 석기형식이지만, 긁개는 이른 시기부터 후기 구석기시대 늦은 시
기까지 널리 보이는 석기형식이다. 그만큼 격지를 소재로 하여 잔손질된 석
기를 널리 가리키는 것이기 때문에 그 형태와 크기는 무척 포괄적이다. 잔손
질의 성격은 긁개와 비슷하지만 돌날을 소재로 끝부분에 잔손질한 것은 밀
개(endscraper)라 한다. 이와 대조로 일반적인 긁개는 측면에 작업날을 가지
고 있다(side-scraper 또는 프랑스어로 racloir).

　　그 다음 잔손질과 관련된 속성은 위에 논의한 잔손질의 생김새, 성격과
관련된 여러 속성을 대입할 수 있다. 그리하여 잔손질의 위치 속성에는 한
측면만 잔손질한 것, 양 측면에 잔손질한 것, 가로와 세로 모두 잔손질한 것
을 나눌 수 있다. 한쪽에 작업 날을 갖추고, 다른 쪽은 아무런 손질이 없거나
무디게 하여 손으로 쥐기 쉽게 만든 것이 대부분이다. 하지만 집중적인 잔손
질로 양쪽에 날을 가진 이중날긁개(double scraper)도 찾아볼 수 있다. 잔손
질의 정도와 성격 역시 중요한 속성으로 최소한(측면 길이의 1/3 미만)으로 이
루어진 것과 측면의 일부(측면 길이의 1/3에서 2/3 이하)만 되어 있는 것, 측면
전체(2/3 이상), 그리고 측면을 넘어 주변까지 확장된 잔손질의 속성상태를
설정할 수 있다.

표 9.4 긁개류 석기를 제작과정의 속성과 형태 속성에 따라 분류한 사례

소재	형태	잔손질 위치	잔손질 길이/ 비율	작업날 형태	잔손질 각도
a. 격지	a. 정사각형	a. 한 측면	a. 최소한	a. 곧은날	a. 날카로움
b. 조각	b. 직사각형	b. 양 측면	b. 부분	b. 볼록날	b. 중간
c. 돌날	c. 삼각형	c. 가로+세로	c. 측면 전체	c. 오목날	c. 급함
d. 자갈돌	d. 타원형		d. 주변 집중	d. 복합	
e. 알 수 없음	e. 사다리꼴				
	f. 부정형				

긁개의 날은 (1) 곧은 날, (2) 볼록날, (3) 오목날일 수도, (4) 복합적일 수도 있다. 또한 위 잔손질의 기술 및 형태 속성에 주목하여 방향, 위치, 각도, 연속성, 심도, 형태 등에 따라 각각 속성상태를 설정하여 다양한 긁개류 석기를 분류하고 분석할 수 있다.

표 9.4는 긁개류 석기를 분류하고 분석하는 다양한 기술 및 형태 속성을 제시한 것이다. 만약 표에 제시된 여러 속성의 속성상태가 순서대로 acacbc라면, 이 형식은 격지 소재이며, 전체 모양이 삼각형이고, 한쪽 측면에만 전체적으로, 그리고 볼록한 날을 이루도록, 대체로 급한 각도의 잔손질이 되어 있는 긁개를 뜻한다.

9.5.2. 밀개

밀개는 격지나 돌날의 한쪽 끝이나 양쪽 끝에 미세한 작업날을 가진 잔손질도구를 말한다. 그러나 긁개라는 범주에 다양한 형태와 크기의 석기가 있듯이 통상 밀개라 불리는 형식 안에도 다양한 변이가 있다. 엄지손톱만큼 아주 작은 소재의 주위 전체에 잔손질이 되어 있는 사례도 있고, 비교적 크고 두꺼운 격지의 한쪽에 잔손질한 변이도 있다.

표 9.5는 밀개의 소재와 잔손질의 위치와 형태, 성격에 따라 몇 가지 속성을 선택하고, 각각 상이한 속성상태를 정의한 유물 분류의 사례를 제시한 것이다. 이처럼 여러 속성과 속성상태를 조합한다면 밀개의 기술과 다양성을 파악할 수 있다. 소재에는 돌날이나 격지와 함께 조각 같은 변이가 있을

그림 9.12 용인 천리에서 출토된 규암제 긁개-뚜르개의 사례
단면가공이면서 양쪽에 긁개 잔손질이 있는 이중날긁개(double scraper) 형식이면서 양 끝이 뾰족하게 손질되어 있기도 하다. 이처럼 우리가 가진 고정된 분류체계로 포괄하지 못할 만큼 뗀석기의 형식은 다양하다 (성춘택 외 2013: 59, 137에서 수정 편집).

것이며, 그 형태에도 방형과 장방형, 세장방형, 원형, 사다리꼴, 부정형이 있을 수 있다. 방형과 장방형 가운데는 돌날을 고의도 부러뜨려 만든 유물이, 세장방형은 길쭉한 돌날을 그대로 쓴 경우를 생각할 수 있다.

잔손질의 위치는 밀개를 분류하고 분석하는 중요한 속성이다. 주로 돌날이나 조그만 격지의 격지끝에 둥그렇게 비교적 급한 각도의 잔손질을 하지만, 기부까지 잔손질한 경우도 있다. 그림 9.17의 3의 왼쪽 유물처럼 격지의 기부를 뺀 전체를 잔손질하기도 하며, 오른쪽 유물처럼 돌날의 한쪽 끝에만 잔손질을 베풀기도 한다. 돌날기술을 표지로 하는 후기 구석기시대 유물군에서 돌날의 한쪽 끝이나 양쪽 끝에 잔손질하기도 하며, 소재의 전체를 돌아가며 집중 잔손질을 베푼 유물도 있다. 그림 9.17의 3의 오른쪽 유물이 원래 부러진 돌날을 소재로 했는지, 밀개로 사용 중 부러졌는지는 알 수 없지만, 뒤엣것일 가능성이 많은 것 같다.

표 9.5에 도해한 바와 같이 잔손질의 형태 또는 정도에도 비교적 곧은 날(a)에서 소재 전체(d)에 이르기까지 다양한 변이가 있을 수 있다. 나아가 e의 경우 콧등밀개라 생각된다. 잔손질의 성격이나 각도 역시 이전 잔손질의 분류와 분석의 연장선에서 분류할 수 있다.

김소영(2011)의 호평동 유물 분석에 따르면 2문화층의 밀개 100점 가운

표 9.5 기술 속성과 형태 속성에 입각한 밀개의 분류 예시

소재	형태	잔손질 위치	잔손질 형태	잔손질 성격	잔손질 각도
a. 격지	a. 방형	a. 한쪽 끝	a. ⌒	a. 얕음	a. 날카로움
b. 조각	b. 장방형	b. 양 끝	b. ⌒	b. 중간	b. 중간
c. 온전한 돌날	c. 세장방형	c. 2/3 정도	c. ⌒	c. 깊음	c. 급함
d. 부러진 돌날	d. 원형	d. 전체	d. ⌒		
e. 알 수 없음	e. 사다리꼴		e. ⌒		
	f. 부정형				

* 실제 사례에서는 자료의 성격에 따라, 그리고 연구 목적에 따라 이보다 더 다양한 속성과 속성상태 또는 변이를 설정할 수도 있다(Hahn 2012: 259; 竹岡俊樹 1989: 112 참조).

데는 돌날 소재가 17점, 격지 소재가 39점, 몸돌 소재가 9점, 돌조각 소재가 35점이라고 한다. 돌날을 소재로 잔손질을 베푼 것이 생각보다 적은 것이다. 또한 전체 형태를 기준으로 콧등밀개(표 9.5 잔손질 형태 속성의 e), 손톱(모양) 밀개(표 9.5 잔손질 형태 속성의 d)는 용어도 널리 쓰인다.

9.5.3. 톱니날, 홈날, 기타

긁개와 같이 소재에서 뚜렷한 패턴을 찾기 어려운 기종으로는 홈날과 톱니날을 들 수 있다. 이 형식의 석기 역시 소재보다는 날의 형식, 곧 오목하게 홈을 이루고 있는 것을 홈날(notch)이라 하고, 톱니처럼 울퉁불퉁하게 손질되어 있는 것을 톱니날(denticulate)이라 부르기 때문이다. 전체 형태와 소재는 아주 다양하다. 톱니날 역시 소재의 크기나 두께에서 아주 다양하다. 한국의 맥석영 석기군에서 홈날과 톱니날은 소재에서 공통성을 찾기 어렵고 날의 형성이 강조된 형식이어서 돌감에서도 그리 통일된 패턴을 찾기 어려운 것 같다(Seong 2001, 2004).

이처럼 잔손질도구를 체계적으로 분류하고 명명하는 것은 쉽지 않다. 프랑수아 보르드(Bordes 1961)는 무스테리안잔손질도구를 전체 형태와 잔손질의 성격, 위치, 날의 각도 등에 따라 세분한 바 있다. 이런 고전적 연구, 그리고 보르드가 제시한 60여 개의 세부 형식은 아직도 많은 연구자들이 쓰고 있다.

다만 이 형식들은 지나치게 세부적이어서 일반화하기 어렵다. 분류 기준

역시 일관되어 있다기보다 전체 형태와 잔손질의 성격, 위치, 방향 등의 차원이 얽혀 있음도 주의해야 한다(Debénath and Dibble 1994[이선복 옮김 2012: 56 참조]). 그리하여 이런 형식분류를 한국 구석기시대 뗀석기 자료에 그대로 적용할 수 있을지 의문이다. 제시된 형식들과 비슷한 유물이 있긴 하지만, 몇몇 석기가 유럽의 어떤 형식과 유사하다는 것이 과연 얼마나 의미가 있는지 모르겠다. 오히려 잔손질의 성격과 방향, 위치 등 몇 가지 속성을 선택하여 형식을 체계적으로 분명하게 정의하고 분석하는 것이 바람직하다(제5장 참조).

9.6. 새기개와 찌르개류 석기

잔손질도구 가운데 긁개와 밀개, 홈날, 톱니날과 같은 석기의 날이 유사한 특징(아마도 무엇인가를 자르고, 긁고, 미는 데 쓰였을 것이다)을 가지고 있다면, 찌르개(첨두기), 새기개, 뚜르개는 뾰족한 끝날을 갖추고 있다는 공통점이 있다.

9.6.1. 새기개와 르발루아찌르개

새기개는 후기 구석기시대의 특징적 유물로 아마도 뼈나 뿔에 홈을 파고, 자르고, 새기는 데 쓰였을 것으로 추정된다. 전형적으로 새기개 떼기(burin blow)는 돌날의 한쪽 끝을 길이 방향의 사선으로 떼어 내어 날카롭고 오래 견디는 날을 만든다는 점에서 다른 도구 형식과는 다르다. 새기개 잔손질은 방향과 위치 등에 따라 다양한 형식이 있는데, 비교적 단순하게 한 방향으로 떼기도 하지만, 양 방향으로 뗀 새기개(dihedral burin)도 드물지 않다.

다만 새기개 잔손질은 분명 돌날과 나란하거나 엇각으로 떼어 내는 것이지만, 가끔 돌날의 끝이 부러진 것을 의도적인 새기개 떼기로 잘못 판단하는 경우도 있다. 또한 연구에 따르면 찌르개의 끝 날이 (투사되어) 뼈나 나무 같은 단단한 물체에 부딪힐 때 끝이 마치 새기개 떼기로 떨어진 양 파손되기

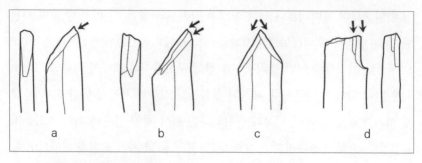

그림 9.13 새기개 잔손질의 분류 예시
a: 단일, b: 평행, c: 양방향[dihedral], d: 수직 떼기(Inizan *et al.* 1992: 155, Fig. 75 참조하여 김민경·성춘택 그림).

도 한다(Rots and Plison 2014). 새기개라는 도구를 동정하는 데 그만큼 주의를 기울여야 하는 것이다.[4] 나아가 새기개 잔손질로 떨어져 나오는 아주 작은 격지(burin spall)는 사실 잔돌날과 구분하기도 어렵다. 새기개 떼기 자체는 잔돌날 제작기법 가운데 격지나 돌날을 소재로 직접 떼어 내는 방식과 유사하다고 할 수 있다.

찌르개는 잔손질되지 않은 삼각형 격지에서 전체를 양면으로 눌러떼기 잔손질한 것에 이르기까지 다양한 형식을 가지고 있다. 격지로 만든 찌르개는 유럽과 서아시아에서는 무스테리안의 대표 석기 형식이며, 북아프리카의 중기 구석기시대 아테리안(Aterian)전통에서도 슴베를 가진 찌르개가 표지 유물이다. 르발루아찌르개에 대해서는 사실 너무 크고 무거워 실제 창에 장착하여 사용되지 못했을 것이라고 생각하는 연구자도 있다(Odell 2000: 299). 그런데 셰이(Shea 2001)는 실험분석으로 동물의 살갗을 뚫는 데 훌륭한 도구로서 사냥에 적극 쓰였을 것이라고 주장한다. 북아메리카의 양면찌르개에 대해서는 연구가 잘 되어 있는데, 이 유물 역시 단순히 사냥감에 발사되는 찌르개의 용도뿐만 아니라 동물의 살을 벗기고 가죽을 자르는 데도 효과적으로 쓰이는 다용도 석기였다고 한다. 무스테리안찌르개 역시 복합 기능의

....

4 우리나라에서 보고서에 새기개라 수록된 유물 가운데는 다시 들여다보아야 할 사례가 적지 않다.

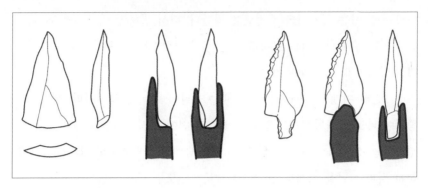

그림 9.14 르발루아찌르개(왼쪽)의 장착 방법(가운데)과 슴베찌르개의 장착(오른쪽)을 비교한 그림 (김민경·성춘택 그림)

도구였을 가능성이 높다.

한국과 주변 동아시아에서는 르발루아기법이 분명하지 않으며, 따라서 무스테리안식의 찌르개도 찾아보기 어렵다. 물론 일본의 경우 과거 이른바 사축(斜軸)첨두기라고 하여 유사한 유물 형식을 설정하기도 했지만, 이른 구석기시대 유적의 상당수가 부정된 이후 논란이 있다(佐藤宏之 1992; 安齊正人 1988). 한국에서도 대체로 삼각형의 뾰족끝(첨두기) 형태의 석기가 없지 않지만, 이것은 어디까지나 유물의 형태만을 나타낼 뿐 체계적인 제작과정의 산물은 아니기 때문에 무스테리안유물과 비교할 수는 없다(성춘택 2002).

9.6.2. 슴베찌르개

한국의 후기 구석기시대 표지 유물 가운데 하나는 슴베찌르개이다. 최근 발굴된 충주 송암동, 포천 화대리의 자료와 절대연대값에 따르면 슴베찌르개는 오히려 돌날보다 빠른 시기에 등장하여 한국 후기 구석기시대 석기전통을 주도하였던 것으로 보인다. 송암동에서는 33,300±160 BP 와 33,190±160 BP의 방사성탄소연대값이 나왔는데, 보정할 경우 각각 37,576±695 cal BP, 37,428±707 cal BP가 되며, 화대리에서 나온 숯의 방사성탄소연대값은 31,200±900 BP(35,741±2000 cal BP)이다. 단순히 슴베찌르개만이 아니라 규질셰일과 같은 정질의 암석을 사용한 다양한 유물이 나왔는데, 이는 석기기술의 전환을 뜻한다. 다시 말하면 이미 3만 5,000년 전이 되면 슴베찌르개를 표지로 하는 후기 구석기시대 문화가 자리를 잡았다는 것이다(Seong 2009, 2015).

그런데 이때의 슴베찌르개 소재는 돌날이 아니라 격지이다. 현재까지 증거에 따르면 돌날석기기술이 자리 잡기 전에 먼저 슴베찌르개 기법이 등장하였던 것으로 이해할 수 있다. 이처럼 슴베찌르개는 흔히 격지를 소재로 하는 것과 돌날을 소재로 한 것으로 나눈다. 모두 격지나 돌날의 기부에 잔손질을 하여 슴베를 만든 것이다.

우리나라에서 슴베찌르개는 일찍이 공주 석장리에서 나온 바 있으며, 파손품을 포함하여 단양 수양개에서 48점, 대전 용산동에서 39점, 임실 하가에서 10점, 진안 진그늘에서 99점, 장흥 신북에서 28점 등 많은 유물이 나왔고, 남양주 호평동, 철원 장흥리, 대전 용호동, 순천 죽산 등 분포도 전국적이다(박가영 2012; 최철민 2014). 파손 유물 판정은 연구자마다 조금씩 다를 수 있지만, 대체로 잔존상태에 따라 구분하면 완형과 함께 끝이 부러진 것, 신부 중간이 부러진 것, 슴베 부분만 남은 것, 그리고 신부만 남은 것으로 나눌 수 있다. 수양개와 진그늘, 특히 용산동의 슴베찌르개의 상당수, 그리고 한국의 전체 슴베찌르개 가운데 반 이상이 파손품으로서 그만큼 사용 중, 또는 제작 중 파손될 확률이 높음을 알 수 있다(박가영 2012; 이기길 2011; 장용준 2002, 2007). 다만, 슴베만이 남아 있는 사례는 용산동에서 적지 않지만, 슴베 부위가 결실되었다면 대부분의 경우 슴베찌르개라는 형식으로 판별할 수는 없을 것이다.

슴베찌르개는 제작기술과 형태와 관련하여 여러 가지 속성을 지니고 있다. 암석 역시 빠뜨릴 수 없는 속성인데 특히 한국의 슴베찌르개의 대다수는 규질셰일(혼펠스)계의 돌감으로 만들어진 것이다. 맥석영을 소재로 한 유물이 보고되고 있지만, 대부분 의도적인 잔손질이 보이지 않는다.[5] 또한 한국

....

5   슴베에 분명한 잔손질이 확인되는 경우도 있지만, 상당수는 형태만이 그럴듯할 뿐 잔손질이 불분명

후기 구석기시대, 특히 중부지방에서는 흑요석 유물이 상당수 나오지만, 흑요석제 슴베찌르개는 아주 드물다. 경기도 광주 삼리와 단양 수양개의 유물이 있는데, 모두 양변에 잔손질이 있으며, 크기가 아주 작아 다른 슴베찌르개와 기술과 생김새에서 다르다. 그렇다고 현재로서 흑요석으로 슴베찌르개를 만들지 않았다고 말하기는 어렵다. 아마도 흑요석 돌감이 귀하여 파손품도 재가공의 대상이 되어 거의 남아 있지 않게 되었을 가능성도 있다.

슴베찌르개의 가장 큰 속성은 바로 슴베를 잔손질로 만든다는 것이다. 따라서 제작과 관련하여 잔손질에 초점을 맞추면 먼저 신부(몸체)에 잔손질이 있는 것과 없는 것으로 나눌 수 있다. 신부의 잔손질 역시 양측에 모두 베풀어져 있는 경우와 한쪽만 있는 것으로 분류할 수 있는데, 많은 대부분 슴베찌르개는 한쪽에만 잔손질이 있다. 최근 종합(최철민 2014)에 따르면 이용 가능한 표본 132점 가운데, 아무런 잔손질이 없는 것이 69점(52.3%)이며, 한쪽에만 잔손질이 있는 것이 55점(41.7%), 양쪽에 잔손질이 있는 것이 8점이라고 한다. 자료의 거의 반이 비교적 뾰족한 끝을 가진 격지와 돌날을 골라 기부만 잔손질하여 슴베를 만든 것이다. 그리고 신부에 잔손질을 했다고 해도 대부분이 한쪽에만 손을 댔다.

잔손질 역시 길게 전면에 베푼 경우도 있지만, 끝만을 뾰족하게 만들기 위해 일부만 다듬은 사례도 많다. 또한 잔손질의 성격에서도 미세하게 톱니날을 가지도록 만든 것이 있는 반면 일반적으로 날 끝부분만을 손을 댄 것도 있다. 실제 자료에서는 한 변만 잔손질한 슴베찌르개가 많은데, 이 점에 유의하면 다시 유물의 대칭도와 관련하여 속성에 주목할 수 있다. 상당수 슴베찌르개는 좌우 대칭적이지 않은 것이다. 특히 용산동 슴베찌르개는 대칭적인 경향이 있지만, 수양개 출토품을 비롯하여 대부분 다른 유물은 그리 대칭적이지 않다고 한다(최철민 2014).

슴베에 대해서는 어떻게 만들었는지, 슴베의 길이, 형태와 잔손질의 방

....
하여 슴베찌르개의 범주에 포함시키기 어렵다.

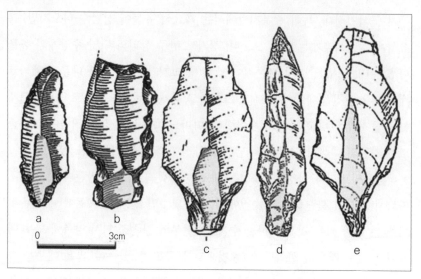

그림 9.15 신부 하단부와 슴베 부분을 얇게 조정(fluted)한 흔적을 가진 슴베찌르개
a·b: 용산동, c: 호평동, d: 진그늘, e: 고례리(최철민 2014: 67에서 일부 수정).

향과 성격에 따라 분류할 수 있다. 슴베의 잔손질은 방향에 따라 (1) 양측이 모두 등면 방향인 것, (2) 양측이 모두 배면 방향인 것, (3) 한쪽은 등면, 다른 쪽은 배면 방향인 것으로 나눌 수 있다.

신부의 생김새도 다양하다. (1) 먼저 끝이 뾰족한 긴 오각형, (2) 좁고 긴 삼각형, (3) 비교적 넓은 삼각형, (4) 좌우의 형태가 다른 비대칭부정형, (5) 끝이 뾰족하지 않고 둥그런 형태, 그리고 (6) 휘어 있는 형태도 있다. 슴베와 신부의 연결부위 형태도 다양하여 (1) 신부와 슴베가 뚜렷이 구분되면서 좌우가 대칭으로 오목하게 만들어진 것과 (2) 신부에서 뚜렷한 구분 없이 축약된 형태, (3) 이 둘이 좌우를 달리하여 복합적인 형태로 나눌 수 있다. 종합에 따르면 오목한 모양이 전체의 약 47%, 축약된 사선을 이루는 형태가 30%, 나머지가 복합형이라고 한다(최철민 2014).

슴베찌르개 가운데는 신부의 하단부와 슴베 부위에 홈조정(flute)의 흔적을 가진 석기들도 있다. 곧, 나무 자루나 창 등에 장착하기 위해 슴베와 신부 하단부를 얇게 조정한 것으로 보인다. 그림 9.15에서 보듯이 이런 조정이 분명한 것도 있지만, 오른쪽의 사례처럼 선행박리의 흔적으로 불분명한 것

표 9.6 슴베찌르개를 분류하는 여러 속성과 속성상태 예시

기술 속성					형태 속성		
소재	신부 잔손질 여부	신부 잔손질 정도와 성격	슴베	파손 부위	크기	신부 형태	신부-슴베 연결
a. 격지 b. 돌날 c. 알 수 없음	a. 없음 b. 한쪽 (측면, 끝) c. 양쪽 (측면, 끝)	a. 얕음, 최소한 b. 중간 c. 톱니날	길이 (긴 것, 짧은 것, 보통) 잔손질 방향에 따라 세분	a. 완형 b. 끝 파손 c. 신부 중간 파손 d. 슴베만 잔존	길이, 너비, 두께, 최대 너비 위치 등에 따라 세분	a. 긴 오각형 b. 긴 삼각형 c. 삼각형 d. 비대칭 부정형 e. 둥근형 f. S자형	a. 뚜렷한 구분 b. 구분 없이 축약 c. 좌우 복합 홈조정 (있음, 없음)

* 슴베찌르개는 제작 및 사용의 과정을 반영하는 기술 속성과 형태 속성에 따라 많은 클래스를 선택하고, 관련 속성상태를 설정할 수 있다. 이로써 다양한 제작방법과 생김새를 가진 슴베찌르개가 있음을 알 수 있다.

도 있다.

　슴베찌르개는 후기 구석기시대의 대표적인 사냥 도구였다. 특히 끝이나 신부가 파손된 유물, 그리고 신부 한쪽에(사냥감의 출혈을 유도하는) 톱니날 잔손질 등을 보아 주로 사냥용으로 쓰였던 것이 확실하다. 다만 북아메리카의 양면찌르개처럼 자르개나 긁개로서 쓰임새도 가졌을 것이다. 또한 찌르개는 아니지만, 신부가 둥근 형태의 유물이나 끝에 밀개날을 가진 유물도 발견된 바 있다. 이런 유물은 슴베찌르개로 사용하다가 재가공되었을 수 있다. 그리고 슴베를 가지고 자루에 장착되어 사용되었던 유물에도 찌르개 말고 밀개 같은 여러 형식이 있다(이헌종·장대훈 2011).

　표 9.6은 슴베찌르개를 제작 및 사용 관련 속성과 형태 속성을 바탕으로 여러 속성상태, 곧 변이를 설정하여 분류안을 제시한 것이다. 소재와 신부 잔손질 여부, 신부 잔손질 정도와 성격, 슴베의 길이와 잔손질, 파손 여부와 부위, 신부 형태, 신부와 슴베의 연결 부위 등 많은 속성을 선택할 수 있다. 그런데 각 속성에서 여러 속성상태를 설정하여 순열조합하면 지나치게 많은 클래스(형식)가 나온다. 이 가운데 상당히 많은 형식은 실제 유물 사례를 가지고 있지 않은 공란일 것이다. 따라서 실제 유물의 분류와 분석에서는

연구 목적에 합당하고, 중요하다고 판단하는 속성을 취사선택하고 면밀하게 속성상태를 설정해야 한다.

세부 형식분류나 편년 연구가 진행 중이지만, 현재의 자료에 따르면 후기 구석기시대 초에는 대체로 격지를 소재로 한 큼직한 유물이 쓰이다가 돌날의 기부에 잔손질을 가하여 슴베를 만든 형태로 발전하고, 점점 크기가 작아지는 변화를 겪는 것 같다. 이는 아마도 찌르는 창에서 던지는 창으로 변모하는 과정을 보여 주는지도 모른다(Seong 2008). 슴베찌르개, 특히 격지로 만든 유물은 크기로 보아 대체로 대형 동물을 가까이서 사냥하는 것이 주된 용도였을 가능성이 높다. 돌날을 소재로 한 더 작은 유물은 던지는 창에 장착되었다고 생각된다. 잔돌날을 박은 찌르개 역시 유용한 사냥 도구였을 텐데, 대형 동물뿐 아니라 중소형의 동물에게도 효과적으로 쓰일 수 있다.

연구에 따르면 뿔로 만든 유기물 찌르개가 돌을 이용한 찌르개보다 파손에 강하고, 사냥감에 더 깊이 박힌다고 한다(Knetcht 1997). 그럼에도 돌을 떼어 찌르개로 만들어 꽂은 무기가 사냥감의 뼈에 부딪쳐 깨져 박히면 결국 더 치명적인 상처를 입힐 수 있다. 그래서인지 돌로 만든 찌르개를 꽂은 투사무기가 주로 대형 동물 사냥에 쓰이는 민족지 사례도 있다(Ellis 1997).

후기 구석기시대 중반에는 잔석기전통이 자리 잡으면서 슴베찌르개와 잔석기는 흔히 최후빙하극성기(LGM)라 불리는 한랭한 시기까지 오랫동안 공존하였다(성춘택 2011; Seong 2011, 2015). 이 시기 잔석기기술은 지속적으로 발전하였으며, 슴베찌르개는 사라진다. 대형 동물 사냥도구로서 슴베찌르개의 자리는 양면찌르개가 대신하는 것으로 보인다(Seong 2008: 875, Fig 3 참조). 현재로선 유물의 수가 많지 않지만, 석장리나 월평, 대전 대정동, 장흥 신북 등지에서 출토된 바 있으며, 크기는 작지만 비슷한 모양의 양면찌르개는 후빙기 고산리 유적에서도 보인다. 또한 후기 구석기시대 최말기에는 아마도 눌러떼기기법을 이용하여 정교하게 양면으로 다듬은 찌르개도 나오는데, 최근 제천 재너머들유적과 익산 서두리 유적에서 수습된 바 있다(그림 9.16).

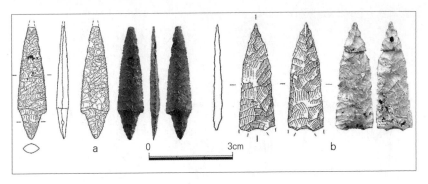

그림 9.16 익산 서두리(a)와 제천 재너머들(b)에서 나온 양면찌르개(a: 호남문화재연구원, b: 충청북도 문화재연구원)

9.6.3. 잔돌날 도구

주지하듯이 한국을 비롯한 동북아시아의 후기 구석기시대 석기기술은 잔석기(세석기)전통이 주도한다. 여러 방식으로 잔몸돌을 만들고, 너비가 1.2cm도 채 되지 않은 아주 작은 돌날을 떼어 내는 기술이 급속히 퍼지고 수만 년 동안 지속된 것은 잔돌날을 이용한 도구가 그만큼 효과적이었기 때문일 것이다. 최후빙하극성기, 그리고 그 이후 기후 변동과 계절성이 심했던 환경조건에서 수렵민은 높은 거주이동성과 조달이동성을 가졌을 것으로 보인다. 빈번하게 본거지를 옮기고 멀리까지 사냥을 나가야 했을텐데, 이런 상황에서 잔돌날은 운반 비용도 낮고, 유지관리에도 효율적인 도구로서 역할을 하였을 것이다.

잔돌날을 끼운 복합도구는 다양한 종류와 크기의 동물을 사냥하고 해체하는 등 다기능성 도구였을 것이다. 최근 도구를 신뢰성(reliability)과 지속성(maintainability)이라는 개념을 사용하여 도구의 디자인을 연구하기도 한다(Bleed 1986; Eerkens 1998). 연구에서는 과도하게 디자인하더라도 반드시 예상 작업을 수행할 수 있도록 신뢰성 높게 만드는 것과 다기능적이면서도 보수하여 오랜 시간 동안 유지관리하여 사용할 수 있도록 디자인하는 것을 대비시킨다. 특히 슴베찌르개를 장착한 창의 경우 부러지면 다시 도구를 만들어야 했지만, 잔돌날을 끼운 도구에서는 닳거나 파손된 돌날은 갈아 끼우면

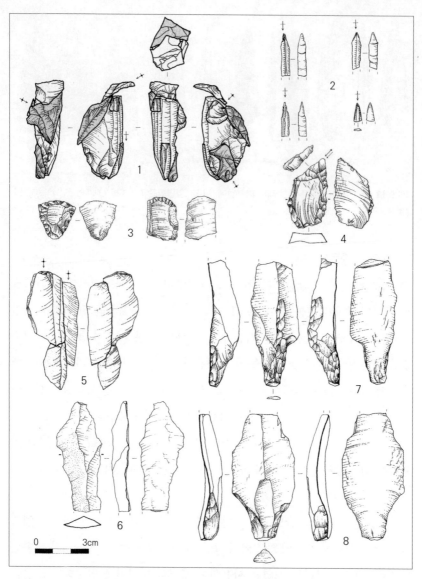

그림 9.17 남양주 호평동 출토 여러 석기들

1은 옆면과 타면에서 떨어진 격지와 돌날이 되맞춤된 잔몸돌이고(분포도는 그림 8.8 참조), 2는 잔돌날에 미세한 잔손질을 베풀어 뚜르개를 만든 것이다. 3은 밀개, 4는 새기개이다(1, 2, 3, 4 혹요석). 5는 돌날을 되맞춘 사례이고, 6은 맥석영으로 만든 돌날격지이다. 7과 8은 규질셰일(혼펠스)로 만든 슴베찌르개로서, 둘 모두 끝이(아마도 사용으로) 부러져 있고 배면에서 등면쪽으로 잔손질을 베풀어 슴베를 만들었다(발굴보고서, 홍미영·김종헌 2008에서 편집, 경기문화재연구원).

되기 때문에 유지관리와 지속성에서도 훨씬 효율적이었다. 이처럼 잔돌날을 장착한 복합도구는 유지관리에서 유용성이 높고, 정교하게 디자인되어 사냥용으로서 신뢰도도 높으며, 식물 채집이나 가공 등 다기능성의 측면에서도 유리한 도구이다(Bleed 1986; Elston and Brantingham 2002; Seong 2008).

민족지 연구에 따르면, 화살이나 창 등 사냥용 도구는 사냥의 종류와 기대하는 사냥감의 크기와 종류에 따라 다양하다(Griffin 1997; Knecht 1997; Odell 2004). 또한 실제 화살촉으로 사용되는 도구 역시 다기능을 가졌으며, 심지어 활 역시 땅을 파거나 찌르는 등 여러 쓰임새를 갖는다고 한다(Greaves 1997).

잔손질된 잔돌날이 이른바 세석인촉(장용준 2002)으로 사용되었다는 의견도 있지만, 이에 대해서는 회의적이다(Odell 2000). 특히 호평동에서는 흑요석으로 만든 잔돌날의 기부에 미세한 잔손질이 있는 사례도 있는데, 발굴자는 이것을 아주 작은 뚜르개로 판단한다. 현미경 관찰에서도 아주 작은 송곳(microdrills)으로 쓰인 흔적을 확인하였다고 한다(홍미영·코노넨코 2005: 28; 그림 9.16의 2).

제10장
도구 분석 2: 돌살촉

신석기 문화는 흔히 토기 사용을 가장 큰 특징으로 삼지만, 식량을 얻고 가공하는 데 다양한 석기가 이용되었다. 청동기가 만들어지고 보급되었던 시기에도 석기는 실생활 용구로서 생산과 가공을 담당했을 뿐 아니라 의례와 장식과 같은 비실용의 영역에 이르기까지 널리 쓰였다. 청동기시대는 오히려 다양한 형식의 간석기가 가장 발전하였던 시대였다고도 할 수 있다.

여러 석기 가운데 특히 돌(화)살촉은 후기 구석기시대부터 사용되었으며, 신석기시대와 청동기시대를 거쳐 더욱 많은 형식의 유물이 만들어졌다. 이 장에서는 구석기시대 말부터 사냥용으로 등장하여 신석기시대와 청동기시대까지 수렵구와 무기로서 널리 사용된 돌살촉(석촉)의 제작과 분류, 시간의 흐름에 따른 변화를 살펴본다.

그림 10.1 후기 구석기시대 돌살촉
왼쪽 세 유물은 동해 기곡에서 출토되었고, 세 번째 유물의 길이는 23.1mm이다(이해용 외 2005: 10의 원색사진
에서, 강원문화재연구소). 오른쪽 유물은 월소 유적 출토품으로 24.0mm이다(예맥문화재연구원 2010: 7에서).

10.1. 구석기시대 돌살촉과 연구 방법

동해 기곡에서는 B지구에서 수정 또는 희고 정질의 석영을 소재로 만든
무경식석촉 세 점이 나왔다. 비교적 길쭉한 모습을 하고 있는 두 점은 끝이
부러진 채였고, 뗀석기기법으로 양면을 다듬고 주변을 정교한 눌러떼기로 도
구를 완성한 것으로 보인다(그림 10.1의 가운데 유물). 수정으로 만든 한 유물
은 삼각형을 띠고 있으며, 길이가 14.4mm로 아주 작다. 세 화살촉 모두 무경
식이면서 기부가 평면상 오목하게 들어가 있을 뿐 아니라 기부쪽에서 몇 차
례 작고 정교한 격지를 떼어 내는 조정을 거쳐 얇게 만들었다. 화살대에 장착
되는 부분을 얇게 함으로써 더 견고하게 사용할 수 있도록 의도한 것이다.

동해 기곡의 유물은 구석기시대 퇴적층 최상부에서 나왔으며, 방사성탄
소연대측정으로 10,200±60 BP라는 연대를 얻었고, 이를 보정하면 11,870±
250 cal BP가 된다. 이를 그대로 받아들이면, 이때는 기원전 10,800년에서
9600년 사이 급격한 기온하강의 시기였던 영거드라이어스(Younger Drays)
시기, 그리고 고고학적으로는 구석기시대가 마무리되던 때이다. 다시 말하면
유물은 구석기시대 최말기의 돌살촉인 셈이다. 영거드라이어스의 종말과 함
께 빙하시대라 알려진 플라이스토세(Pleistocene), 곧 구석기시대가 끝나고

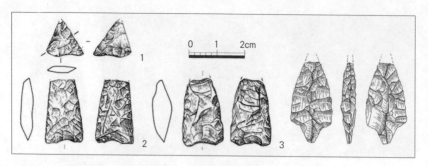

그림 10.2 동해 기곡과 월소(오른쪽)에서 나온 화살촉 도면(이해용 외 2005: 183; 예맥문화재연구원, 2010: 84의 도면을 편집)

급격한 기온상승과 해수면 상승이 특징인 후빙기가 시작되는 것이다.

이후 기곡에서 가까운 동해 월소에서도 양질의 석영으로 만든 돌살촉이 나왔다. 월소 유물은 기곡 유물과 유사하게 화살촉의 끝이 부러져 있으며, 남은 길이가 24.0mm로 역시 기곡 유물과 비슷하다(그림 10.1, 10.2). 다만 월소 유물은 슴베가 달린 모양이어서 기곡 유물과는 화살대 장착 방법에서 사뭇 다른 모습을 띠고 있다. 이처럼 후기 구석기시대 최말기에도 여러 형태의 화살촉이 만들어진 것이다.

후기 구석기시대 말부터 후빙기에 이르는 시기는 세계적으로 활과 화살이 등장하고 사용된 때였다. 거의 모든 돌살촉은 뗀석기인데, 비교적 정질의 암석에서 소재를 가공하고 선형을 만든 뒤 눌러떼기와 같은 정교한 방법으로 다양한 크기와 생김새의 투사 화살촉을 만들었다. 특히 미국에서는 이 시기의 주된 고고 자료가 양면찌르개인데, 클로비스식의 기부를 얇게 조정한 (fluted, 그림 10.3의 H) 찌르개에서 시작하여 지역적으로 수많은 타제 찌르개 양식이 발전하였다(그림 10.3).[1] 아마도 창끝에 장착된 찌르개에서 다트, 그리고 화살촉에 이르기까지 수천 년 동안 수렵채집민의 주된 사냥 도구로 쓰였을 것이다. 양면찌르개는 양질의 원석(처트)에서 격지를 떼어 내고 손질하여

....

1   양면찌르개는 석기분석에서 중요한 형식이다. 석기 제작과정, 곧 감쇄과정의 복원과 이동성, 돌감 이용 양상 등에서 많은 연구가 이루어져 있다. 제12장과 13장에서도 관련 연구와 이슈를 살펴본다.

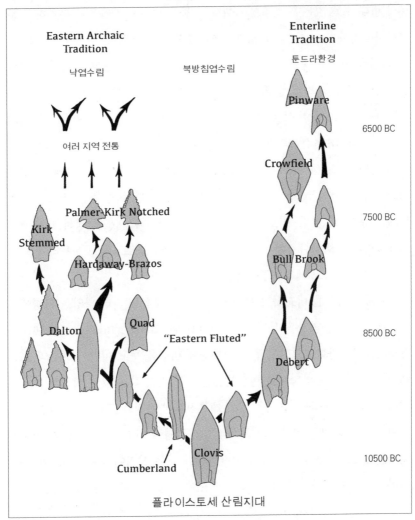

그림 10.3 여러 형식의 양면찌르개의 편년과 함께 계통진화적 관련을 표현한 도표

플라이스토세 말 고인디언시대(Paleo-Indian)의 클로비스(Clovis)찌르개에서 시작하여 낙엽수림 환경 동부의 아케익시대(Archaic)의 전통과 툰드라환경의 엔터라인전통으로 분화하여 수많은 찌르개 형식으로 진화하는 양상을 표현한다(Lipo 2005: 90에서).

모양을 만든 다음 잔손질, 주변을 돌아가며 정교한 눌러떼기하여 완성한다.

연구자들은 관찰하고 측정할 수 있는 형태변이를 속성으로 선택하여 여러 형식들이 시간의 흐름에 따라 진화해 가는 양상을 고찰한다. 찌르개의 길이와 너비 등 같은 속성에서부터 최대폭의 위치, 미늘의 유무와 생김새, 기부의 형태(오목, 깊은 홈, 삼각형, 사다리꼴) 등을 바탕으로 유물을 분류하고 분석한다(O'Brien *et al.* 2001: Fig 8 참조). 그런데 어떤 한 분석에서 가능한 모든 속성을 고려할 수는 없을 것이며, 주성분분석 같은 통계 방법이나 선행연구 결과에 따라 몇몇 중요 속성을 선택한다.

최근 오브라이언 등(O'Brien *et al.* 2014)은 미국 동부의 최말기 구석기시대 찌르개 1813점을 (1)(소재 돌날) 최대폭의 위치, (2) 기부 생김새, (3) 기부 홈의 정도, (4) 기부 압축 정도, (5) 슴베 외부 각도, (6) 슴베 끝 생김새, (7) 홈조정 여부, (8) 길이/너비 비율 등 여덟 개 속성을 바탕으로 (다차원)분류를 한 바 있다. 이로써 분석에 유효한 형식 41개를 설정하고, 발생순서배열법과 진화생물학에서 쓰이는 분지도 작성 프로그램을 응용하여 형식 사이의 계통진화도(계통수)를 그린다.

유의한 속성을 비교하고 분석하여 시간의 흐름에 따라 다양한 환경에서 계통진화의 변천과정을 복원하기도 한다(Lipo 2005; O'Brien *et al.* 2001; 그림 10.3). 다윈진화고고학의 원칙과 개념에 바탕을 두고 이같이 시간의 흐름에 민감한 속성을 바탕으로 형식분류를 만들고, 형식 사이의 비교와 프로그램의 도움으로 단순한 편년을 넘어 계통진화의 과정을 그릴 수 있다면 고고학이 목적으로 하는 문화사와 문화과정의 설명에 더 다가설 수 있을 것이다. 연구는 찌르개, 돌살촉뿐 아니라 간돌검과 같은 석기에 적용할 수 있으며,[2] 나아가 토기와 금속기 등 다른 유물 연구에도 응용할 수 있을 것이다.

10.2. 신석기시대 돌살촉

영거드라이어스기가 끝난 뒤 찾아온 급속한 지구온난화로 마침내 구석

....

2   지은이는 현재 간돌검의 속성을 면밀하게 기록하고 분류하여 이 같은 진화 과정을 복원하는 연구를 하고 있다.

기시대가 끝난다. 급격한 기후변동에 따른 환경변화는 전 세계적 규모로 이루어졌다. 한반도 역시 커다란 변화를 겪는데, 육지로 노출되어 수렵채집민의 무대였을 고황해분지가 해수면 상승을 맞아 바다에 잠기고, 제주도는 한반도와 떨어져 섬이 된다. 이때를 후빙기라 부르지만, 한반도에서는 이 시기 고고학 자료가 거의 없다. 따라서 구석기시대에서 신석기시대에 이르는 문화변화의 양상을 세부적으로 파악하기가 어렵다. 다만, 당시 이동성이 높은 수렵채집 사회의 성격과 후기 구석기시대 흑요석 유물이 암시하는 광역 상호작용 네트워크를 고려한다면 몇몇 생태 적소에 인구 집단이 모여들어 한반도 남부의 인구는 급감하고 생계활동을 위해 계절에 따라 방문하는 곳에 머물렀을 가능성이 높다(성춘택 2009).

한반도에서 떨어져 남해의 섬이 된 제주 고산리, 그리고 삼양동과 강정동 유적에서는 후빙기의 다양한 유물이 수습되었다. 이 가운데 가장 많은 연구가 이루어진 고산리 유적의 유구 및 유물군은 3기로 나누고 있다. 1기는 고산리식 섬유질토기 및 잔석기(세석인, 세석핵)와 함께 나뭇잎(유엽형)찌르개, 2기는 삼각형찌르개와 무경식화살촉과 함께 고산리식토기와 압날자돌문토기, 3기에는 세선의 덧무늬(융기문)토기와 유경식화살촉이 공반된다고 한다(강창화 2009; 박근태 2006).

특히 고산리에서는 지표조사에서만 200점이 넘는 돌살촉(또는 찌르개)이 수습되었다. 1997년 발굴조사에서는 돌살촉(석촉)이 무려 691점이 나왔는데, 전체 성형석기 가운데 화살촉이 70% 이상을 차지할 정도이다. 유물은 모두 용결응회암이나 안산암, 현무암 같은 돌감을 떼어서 만든 뗀석기, 곧 타제석촉이며, 마제석촉은 한 점도 나오지 않았다. 신석기시대 뗀석기로 만든 화살촉은 주로 남해안의 패총유적에서 많이 나온다. 다만 고산리에서는 부산 동삼동, 통영 연대도, 욕지도, 여수 송도 등 남해안의 유적에서처럼 흑요석제 화살촉은 나오지 않았다.

표 10.1은 박근태(2006)의 고산리 돌살촉의 분류안을 정리한 것이다. 먼저 일차 분류의 속성은 슴베의 유무와 형태로서, 유경식과 무경식, 그리고

표 10.1 박근태의 연구에 따른 고산리 화살촉 분류(2006)

일차 분류	이차 분류	삼차 분류
유경식	작은 슴베	돌기형, 긴슴베형
	확대 슴베	물고기형
무경식	삼각형	평기형, 만입형, 미늘형
	오각형	
유엽식	마름모형	
	유엽형	

유엽형으로 나눈다. 그런데 유경식촉에서 슴베의 형태에도 여러 종류가 있다. 작고 단순한 꼬리 모양의 슴베가 돌기해 있는 반면, 촉신에 비해 슴베가 길고 크며 기부가 넓은 것도 있다. 작은 슴베를 가진 것에는 삼각형으로서 슴베가 최소한으로 달려 있는 것도 있으며, 비교적 길쭉한 슴베를 가진 생김새도 보이며, 슴베가 길어져 물고기모양도 있다(박근태 2006). 무경식촉은 기부의 형태에 따라 평기(직기)형, 만입형, 미늘형으로 나눈다. 평기형은 곧은 기부를 가진 것이며, 만입형은 오목하게 들어간 기부, 미늘형이란 깊이 만입되어 마치 미늘모양으로 생긴 것을 말한다. 무경식은 대체로 전체 형태가 삼각형을 띠지만, 만입형의 경우 전체 형태가 오각형을 그리기도 한다. 이밖에도 전체 형태가 마름모나 유엽형도 있다. 연구에 따르면 전체적으로 유경촉은 길이 1.5cm에서 3cm 정도가 많으며, 무경촉은 상대적으로 커서 길이 2.5cm에서 3.5cm가 대부분이라고 한다(박근태 2006).

실제 신석기시대 돌살촉을 구분하는 데 일차 속성은 제작기법, 곧 타제인지, 마제인지 여부이다. 제주 고산리에서는 뗀석기, 곧 타제석촉만이 출토되었으며, 우리나라 남해안의 동삼동, 연대도, 욕지도 등의 패총에서도 마찬가지이다. 이보다 늦은 시기 중서부의 지탑리와 암사동, 그리고 동해안의 오산리, 초당동, 지경리, 늦은 시기 서해안의 시도, 가도, 노래섬 패총과 많은 남부내륙의 유적에서는 마제석촉이 나오고 있다. 특히 중부지방의 석촉은

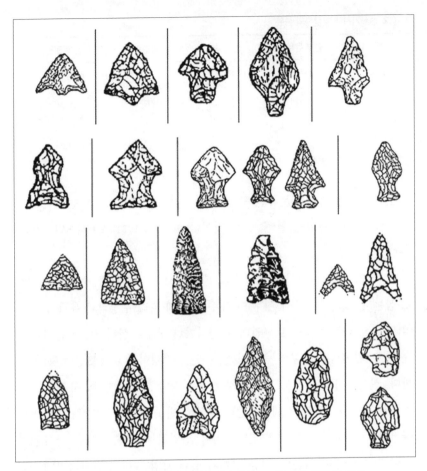

그림 10.4 제주 고산리 출토 각종 돌살촉(박근태 2006에 제시된 도면을 일부 수정하여 편집)

대부분 마제로 제작된 것으로 무경식이 압도하고 있다. 마제석촉은 주로 이암이나 점판암, 혼펠스 등 셰일계의 암석으로 제작되는 것이 보통이다.

　　타제석촉과 마제석촉의 구분은 분류의 일차 속성일 수 있지만, 마제석촉이라 하더라도 석기를 만들기 위해서는 떼는 과정에서 시작하기 때문에 두 범주가 고정되어 있다고 생각하는 것은 잘못이다. 제작기법을 일차 분류의 기준으로 삼는다면, 경부 유무와 연결 상태가 이차 분류의 기준이 될 수 있다. 나아가 평면형태, 기부형태, 신부단면형태 등이 신석기시대 석촉을 나누는 속성이다. 그리하여 표 10.2와 같이 서로 배타적인 범주로서 다섯 가지

표 10.2 신석기시대 화살촉의 분류

제작 기법	경부 유무	평면형	기부형태	신부단면형태
a. 타제 b. 마제	a. 무경 b. 유경 c. 일체	a. 삼각형 b. 유엽형 c. 능형 d. 일자형	a. 평기형(직기형) b. 만입형 c. 쌍각형	a. 삼각형 b. 타원형 c. 장방형 d. 볼록렌즈형 e. 편육각형 f. 마름모형

차원(속성)에서 석촉을 분류할 수 있으며, 이것을 위계적으로 나눈다면 택사노미(taxonomy)분류를 할 수 있는 것이다(Dunnell 1971; 오브라이언·라이맨 2009).

신석기 및 청동기시대 돌살촉의 분류는 대체로 형태를 중요한 속성으로 삼는다. 그리하여 슴베(경부)의 유무, 형태에 따라 무경식과 유경식, 일체식(형)으로 나누는 것이 보통인데, 무경식이란 대체로 삼각형으로 슴베가 없는 석촉, 일체식은 신부와 슴베가 한 몸인 유엽형이나 마름모형(능형)을 말한다. 신석기시대 무경식 석촉(무경촉)에는 삼각형이 많다. 이 유물은 주로 기부의 형태를 기준으로 세분하는데, 일자로 반듯한 것이 평기형(직기형), 둥글거나 각이 져 들어간 것이 만입형이다. 만입된 것 가운데 양쪽 끝이 미늘처럼 된 미늘형이 있는데, 이를 날개가 달린 모양 같다고 하여 양익촉이라 부르기도 하며, 나래촉이라는 용어도 쓰인다. 또 기부를 반으로 쪼개듯이 ∧ 모양으로 뾰족하게 들어가도록 가공하여 두 다리를 가지고 있는 듯하다고 하여 쌍각식이라 부르기도 하는데, 주로 중부지방의 빗살무늬토기 중기와 후기 유적에서 보인다.

돌살촉 신부의 단면형태는 대체로 타제석촉과 마제석촉에서 차이가 드러나는데, 타제석촉의 경우 삼각형과 타원형, 렌즈형이 있다. 마제석촉은 타제석촉보다 단면 형태가 더 정형화한 것이 많은데, 삼각형은 거의 없으며, 장방형이나 렌즈형과 함께 편육각형을 띠는 것도 있다. 편육각형 삼각만입촉은 청동기시대로 이어져 전기에 많이 보이는 유물이다.

표 10.3 신석기시대 찔개살의 한 분류(최경용·문수균 2013: 표 1)

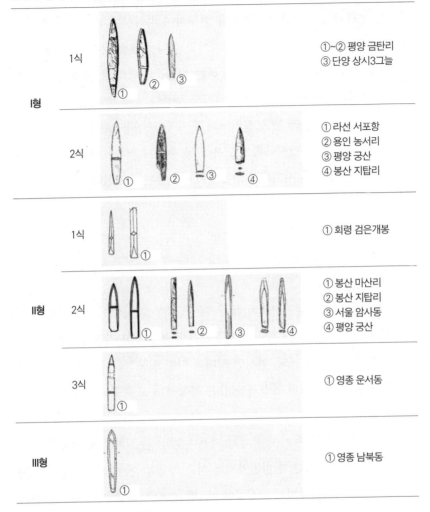

Ⅰ형	1식	①~② 평양 금탄리 ③ 단양 상시3그늘
	2식	① 라선 서포항 ② 용인 농서리 ③ 평양 궁산 ④ 봉산 지탑리
Ⅱ형	1식	① 회령 검은개봉
	2식	① 봉산 마산리 ② 봉산 지탑리 ③ 서울 암사동 ④ 평양 궁산
	3식	① 영종 운서동
Ⅲ형		① 영종 남북동

    분석에 따르면 중서부지방의 석촉의 경우 대동강유역의 출토품은 길이
가 길고 너비가 좁은 경향이 있지만, 한강과 금강유역의 유물은 상대적으로
짧고 넓은 것이 많다고 한다(윤혜나 2011: 78, 그림 34 참조). 이른 시기 기부가
직선인 평기형 삼각촉이 유행하고, 대동강유역에서는 중기에 유엽촉이 등장
하며, 한강유역에서는 만입된 기부를 지닌 삼각촉으로 발전하는 것으로 보
인다. 대동강유역의 긴 유엽촉은 찔개살과 비슷한 형태여서 수렵과 함께 조

개류 채집과 가공 등 다양한 용도를 가졌을 것으로 추정된다.

평면형태가 일자형인 마제석촉을 연구자에 따라서는 석촉이 아닌 찔개살(찌르개살) 같은 다른 도구로 판별하기도 한다(최경용·문수균 2013). 찔개살이란 물고기를 찔러서 잡거나 가공하는 자돌구(刺突具)의 한 종류로서, 길이가 8cm 이상으로 길쭉한 모양의 석기를 뜻한다. 유물은 서포항을 비롯하여 궁산, 지탑리, 금탄리 등 북한지역과 운서동, 중산동, 운북동, 암사동, 미사리, 철정리, 초당동, 상시바위그늘 유적 등 중부지방의 유적에서 수습되었으며, 신석기시대 늦은 시기까지 만들어지고 사용된다고 한다(표 10.2).

10.3. 청동기시대 돌살촉의 형식과 분류

신석기시대와 청동기시대의 돌살촉은 형태와 기능에서 기본적으로 같은 맥락에 있는 석기이다. 나아가 청동기시대 돌살촉의 기원을 신석기시대 유물에서 찾고 있기도 하다. 하지만 시대에 따른 전문성을 중시하는 한국 고고학의 관행상 두 시대의 돌살촉을 같은 선상에 두고 분류하고 분석한 글은 별로 없다.

특히 돌살촉은 청동기시대 석기 가운데 가장 높은 빈도로 출토되는 유물이다. 간돌검(마제석검)과 마찬가지로 석촉(돌살촉) 연구 역시 일본인 학자가 먼저 시작하였다. 후지타 료사쿠(藤田亮策 1948)는 해방 이후 한국의 선사시대 석촉에 대해 논하면서 무경식이나 유엽식, 유병식이라는 용어를 사용하였다. 1950년대와 60년대 북한의 황기덕(1958, 1965)은 단면에 주목하여 돌살촉을 평육각형, 능형, 삼능형, 장타원형으로 구분하였다. 이후 한국 고고학에서는 석촉의 전체 형태에 주목한 분류와 단면을 강조한 분류를 대체로 받아들이고 있다.[3] 임세권(1977)은 단면을 바탕으로 마름모촉과 납작촉으로

········

3   후지타의 유병식은 유경식 석촉을 가리킨다. 유병식이란 보통 마제석검을 분류할 때 쓰이는 용어이다.

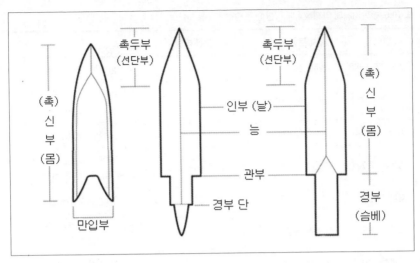

그림 10.5 청동기시대 마제석촉(왼쪽부터 삼각만입촉, 이단경촉, 일단경촉)의 부위별 세부명칭(이석범 2005: 32, 도 3; 2012: 25를 바탕으로 수정)

표 10.4 최성락의 마제석촉 분류안(1982)

1차 분류	2차 분류
무경식	쌍각촉, 유장엽촉, 삼각만입촉, 삼각형촉
중간식	유엽형촉, 능형촉, 장능형촉
유경식	일단경촉, 이단경촉, 세장유경촉
기타	삼릉촉, 창두형촉, 원통촉, 유구촉, 석침형촉, 타제석촉

대별하고, 다시 기부와 경부를 기준으로 세분하기도 하였다.

최성락(1982)은 당시까지 출토된 마제석촉에 대한 종합 고찰을 발표하면서, 전체 형태를 기준으로 표 10.4와 같이 분류하였다. 최성락은 형식학 및 공반유물 검토를 통해 신석기시대 쌍각식에서 삼각만입촉, 삼각형촉으로, 그리고 신석기시대 일단경촉에서 이단경촉, 그리고 세장유경촉으로 변천했다고 보았다.

하지만 최성락의 세부분류는 지나치게 복잡하고, 현재 널리 받아들여지는 편년 틀과 부합하지도 않는다. 표 10.5는 지금까지 연구자들이 제시한 청

표 10.5 청동기시대 마제석촉에 대한 연구자들의 분류

연구자	일차 분류 속성	세부 분류 속성	
藤田亮策(1948)	형태, 경부 유무		무경삼각식, 유경식, 유병식
황기덕(1974)	단면, 전체 형태		평육각형, 유엽형, 양익유경촉, 삼릉촉, 독사머리촉
이백규(1974)	촉신부형태		삼각형, 장릉형, 유경
임세권(1977)	촉신 단면, 형태	경부, 기부	납작촉, 마름모촉 (뾰족뿌리, 납작뿌리, 버들잎형)
최성락(1982)	촉신부, 경부 형태	기부, 단면	무경식, 유경식, 중간식
전영래(1982)	촉신부, 경부 형태		편평무경삼각촉, 유경평근촉, 유경첨근촉
안재호(1992)	경부, 단면 형태		무경식, 이단경식, 일단경식
박준범(1998)	경부 유무, 형태	기부, 경부 단면	무경타제, 무경식, 이단경식, 일단경식
황창한(2004)	시병과 촉 장착 방식	경부	I류(시병 끝 쪼개는 식), II류(시병에 꽂는 식)
황재훈(2005)	평면형, 경부단면, 경부말단부형		삼각(만입, 편평), 오각, 유엽
이석범(2005)	전체 형태	길이, 촉신부 하단 형태, 촉신 단면, 경부 단면	무경식(I), 이단경식(II), 일단경식(III)
손준호(2006)	신부 단면	경부 유무	편평형(무경식, 유경식, 유엽식), 능형(이단경식, 일단경식)
이기성 박병욱(2012)	경부형태, 경부단면, 신부단면	장착방식	편평무경식, 편평무경결합식, 편평일단비삽입식, 능형일단(삽입식, 비삽입식), 능형이단(삽입식, 비삽입식)

동기시대 석촉 분류안을 요약한 것이다. 여기서도 알 수 있듯이 석촉의 분류에는 경부의 유무와 형태, 그리고 신부의 단면 형태가 가장 중요한 속성으로 생각되고 있다. 이를 바탕으로 여러 석촉의 형식이 언급되고 있다.

청동기시대, 그리고 넓게는 선사시대 돌살촉의 분류는 이처럼 연구자에 따라 다양하다. 그리하여 표 10.6은 기존의 연구를 고려하면서 현실적 대안

표 10.6 청동기시대 돌살촉의 분류 예시

I. 무경식
  단면형
    a. 편육각형(오목 / 편평)
    b. 마름모형
  기부형태
    a. ⌒자형(평기형)
    b. 호형(둥근밑)
    c. ∧형(삼각형)
    d. 사다리꼴 (얕은, 깊은)
    e. M자형
  촉두부 능
    a. 없음
    b. 있음
II. 유경식(이단경식 / 이단경식)
  경부 단의 유무
    a. 있음
    b. 없음
  신부 단면
    a. 편육각형
    b. 마름모
  신부하단(관부) 각도
    a. 예각
    b. 직각
    c. 둔각
  신부능의 경부 연결 형태
    a. 직선(능)
    b. 삼각형
    c. 사다리꼴
  경부 끝 형태
    a. 뾰족(첨근)
    b. 납작(평근)
III. 일체형
  전체형태
    a. 곡선
    b. 굴절형
  최대폭 위치
    a. 상단
    b. 중심부
    c. 하단

* 기존 관행을 존중하여 슴베의 유무와 화살대 장착 방식 등에서 석촉의 분류는 무경식, 유경식, 일체형으로 나눈다. 그 다음 각 상위형식 아래 여러 속성에 근거하여 각기 다른 속성상태를 설정한 뒤 서로 조합하여 형식을 만들 수 있다(김영은 2016 참조).

을 모색한 것이다. 먼저 경부의 유무, 그리고 돌살촉의 전체 형태에 따라 무경식, 유경식, 일체형의 세 형식을 설정한다. 이 세 형식의 구분은 관행적으로 이루어지고 있는 것으로 어렵지 않게 이해할 수 있다. 무경식은 슴베 없이 화살대를 쪼개어 장착한 형식일 것이고, 일체형 역시 신부와 경부(슴베)가 한 몸으로 이루어져 있는데, 정확히 어떤 부분부터 신부이고 경부인지 불분명한 것이다.

유경식은 대부분 연구에서 이단경식과 일단경식으로 나눈다. 이단경식의 경우 경부에 단이 있어 이단으로 이루어져 있다는 것인데, 단이 있지만 실제 이단으로 이루어지지 않은 사례도 많다. 그리하여 이단경식과 일단경식이라는 용어보다는 경부 단의 유무만을 판단하는 것이 편리하고 더 분명한 것 같다(김영은 2016). 그 다음 단의 유무와 관부의 각도, 경부 단면, 경부 마무리 등을 하위의 속성으로 삼는다(그림 10.5).

유경식촉의 하위 속성으로는 이밖에도 신부하단, 곧 관부의 각도가 예각인지, 직각에 가까운지, 둔각인지에 따라 세 속성상태를 나눈다(이석범 2005). 그리고 신부의 능이 경부와 연결되는 형태 속성에서 직선과 삼각형, 사다리꼴의 세 속성상태를, 경부(슴베)의 단면형에 따라 육각형과 (장)방형의 두 속성상태를 구분한다. 경부의 끝이 어떻게 마무리되어 있는지도 주목할 수 있다. 끝이 뾰족한 것과 납작한 것을 나눌 수 있는데, 뾰족하면 화살대에 끼워서(삽입식), 납작하다면 아마도 화살대를 쪼개어 장착될 것이다(이기성·박병욱 2012; 황창한 2004). 연구자에 따라서는 신부 단면이 편육각형인지, 마름모인지도 주목한다(손준호 2006).

무경식의 석촉은 다시 횡단면형에 따라 오목한 편육각형과 편평한 편육각형의 속성상태를 설정하고, 기부형태에 따라서 평기, 곧 —자형, 오목하게 만입된 것(호형), ∧형(삼각형)의 만입, 만입부가 사다리꼴(얕은, 깊은)인 것, M자형의 만입부로 나눈다(그림 10.6). 이밖에도 기부에 구멍이 뚫린 형태를 추가할 수 수도, 각 형식은 만입의 정도에 따라 더 세분할 수도 있다. 또한 촉신에 능형의 날이 있어 촉두부에 연결된 것[有菱]과 그렇지 않고 편평

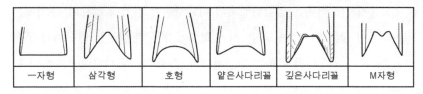

| 一자형 | 삼각형 | 호형 | 얕은사다리꼴 | 깊은사다리꼴 | M자형 |

그림 10.6 삼각만입촉의 기부의 형태 예시(공민규 2006: 56; 표 10.3 참조, 김민경·성춘택)

하게 연결된 것(무릉)이 있으며, 단면 역시 편평한 육각형의 형태와 오목한 것으로 나누기도 한다(공민규 2006). 나아가 뾰족한 촉두부가 비교적 긴 것과 짧은 것을 분별할 수도 있다. 일체식 석촉은 전체 형태가 곡선인 것, 각을 이루고 꺾인 것으로 나누며, 최대폭의 위치가 상단, 중심부, 하단에 있는 것의 속성상태를 설정한다(김영은 2016).

이런 형식분류는 제9장에서 논의한 뗀석기의 분류에서 소재나 잔손질 방식, 전체 형태, 작업날의 형태 등 기술과 형태 속성에 근거하여 속성상태를 설정하고, 그것을 조합하는 방식의 분류와는 조금 다르다. 표에서는 기존 연구를 존중하여 무경식와 유경식, 일체형이라는 상위의 형식을 설정한 다음, 상위 속성 아래에서 각각 다른 속성을 선택하고, 다시 속성상태를 설정하여 형식을 만들어 낸다. 그리하여 위계적인 분류체계인 택사노미분류와 (다차원)변화표분류를 혼용한 체계라 할 수 있다(Dunnell 1971; 오브라이언·라이맨 2009).

10.4. 청동기시대 돌살촉의 변천

신석기시대에는 기부가 직선형, 곧 평기형의 삼각형 석촉이 많지만, 늦은 시기부터 만입된 형태가 보인다. 삼각(만입)촉은 신석기시대에 등장하여 청동기시대의 이른 시기에 많이 나오는 형식이다. 청동기시대에서는 평기형의 무경삼각촉은 후기에만 소수 확인되는데 신석기시대의 형식과는 무관하다(손준호 2006: 94).

청동기시대 석촉은 삼각만입촉과 이단경촉이 전기에 많으며, 후기에는 일단경촉이 많고 일체식도 늦은 시기 형식이라는 데 대부분 연구자가 동의하고 있다. 그러나 이런 변화는 단선적이지 않아서 특정 시간대에는 여러 형식의 석촉이 공존하였다.[4] 한 유적과 유구 안에서도 여러 형식의 석촉이 나오기도 한다. 연구에 따르면 북한지역에서는 이단경촉이 더 늦게 등장하였다가 일단경촉보다 먼저 사라지는 양상을 보인다고도 한다(손준호 2006).

손준호(2006)는 청동기시대 석촉 1500여 점을 대상으로 분류와 편년을 시도하였다. 이에 따르면 여러 형식의 석촉은 지역에 따라 다른 양상의 분포를 보인다. 지역을 떠나 일단경촉이 가장 일반적이지만, 영동지역에서는 삼각촉이 가장 많다(다만 표본 크기가 작다). 한강유역과 금강유역에서는 이단경촉의 비율이 상대적으로 높다. 역삼동유형의 유적에서 삼각만입촉은 시간이 갈수록 길어지면서 선단부에 능이 형성되는 사례가 증가하는 경향이 있다고 한다(공민규 2006). 어쨌든 삼각만입촉은 시간이 흐르면서 촉신이 길어지고, 만입부 역시 더 깊어지는 흐름을 보인다.

손준호(2006)의 편년은 먼저 황기덕과 임세권의 전통을 따라 신부의 횡단면형을 일차 기준으로 삼는다. 경부 유무가 아닌 신부 단면이야말로 석촉의 시공간 패턴을 잘 나타내 주어 편평한 것이 오목한 것보다 먼저 등장하였으며 대체로 이른 형식으로 보인다(손준호 2006). 다만 변화는 단선적이지 않아서 세부 형식들은 공반한다. 편평형은 다시 무경식과 유경식으로 나누며, 경부와 신부가 연결되어 있는 유엽식으로 구분하고, 능형은 다시 이단경식과 일단경식으로 세분한다. 편평유경촉 23점 가운데 16점이, 그리고 편평유엽촉 20점은 모두가 북한지역 출토품이며, 이단경식의 경우는 경부 끝이 첨근인 것과 평근인 것으로 나눌 수 있는데, 첨근이 대부분이라고 한다.

김영은(2016)은 서울경기지역에서 나온 청동기시대 석촉을 경부의 유

....

4   이는 비단 돌살촉(석촉)만의 특징이 아니다. 간돌검과 돌칼 등 여러 간석기, 나아가 대다수 고고학 유물에서 특정 시점에 서로 다른 형식이 공존하였다. 시간의 흐름에 따라, 한 형식에서 다른 형식으로 변환한 것이 아니라, 순서배열의 도표가 그러하듯이 차별적으로 지속하면서 변화한 것으로 보인다.

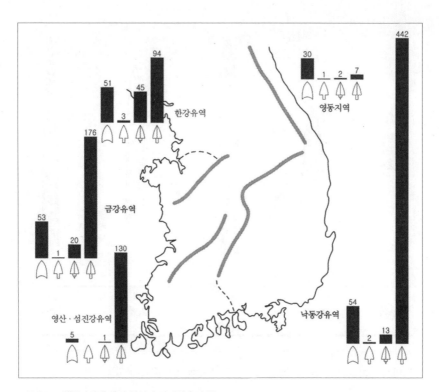

그림 10.7 청동기시대 여러 형식의 마제석촉의 분포

손준호는 횡단면형을 기준으로 편평형과 능형으로 나누고, 다시 이단경식과 일단경식으로 나눈다. 삼각만 입촉이 많은 영동지역을 빼면, 능형(마름모형)의 일단경촉이 가장 많다. 이단경촉은 경기도와 호서지역에서 비교적 많이 나옴을 알 수 있다(손준호 2006: 105, 그림 26에서).

무, 형태, 화살대 장착방식을 고려하여 네 부류로 나눈다. I류는 무경식이며, 화살대를 쪼개 석촉과 결구하는 방식이며, II류는 경부에 단이 져 있는 유경식이고, III류는 경부에 단이 져 있지 않은 유경식이며, IV류는 일체형이다. 이단경식과 일단경식을 따로 구분하지 않고, 경부에 단의 유무로 나누었는데, 기존의 이단경식 가운데는 단이 과연 이단인지 판단하기 어려운 유물이 많았다. 무경삼각촉이 전기에 많은 것은 사실이지만, 기부가 ⏦자형의 무경촉은 후기에도 보인다. 일체식 석촉은 전기의 마지막 단계에서 등장하여 후기에 널리 보인다고 한다(김영은 2016).

이미 지적한 바와 같이 선사시대의 돌살촉은 여러 형식이 공존하면서

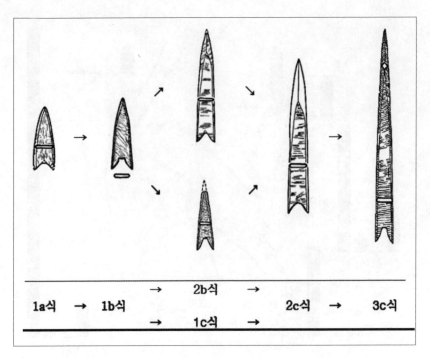

그림 10.8 무경(삼각만입)촉의 변화에 대한 이석범의 이해(2005: 37의 도면 일부 수정)

복잡한 변화를 보이고 있다. 때문에 특정 형식이 등장하고 다른 형식과 공존하면서 쇠락하는 과정을 나타내주는 순서배열법은 돌살촉의 변천을 연구하는 데 효과적일 수 있다. 이석범(2005)은 영남지방의 석촉을 무경식과 이단경식, 일단경식이라는 기본적인 분류를 받아들이면서 각 형식에 세부 분류와 순서배열 방법을 써서 시간의 흐름에 따른 변화를 알아보고 있다.

이석범은 삼각만입(무경)촉을 길이 7cm 미만의 단형과 7-9.5cm의 중형, 그 이상의 장형으로 나누고, 길이와 촉신 폭의 비율을 토대로 세 개로 세분한다. 그리고 촉신부의 길이를 기준으로 곡선형과 굴절형, 직선형의 세 종류로 나눈다. 분석에 따르면 세 가지 기준은 서로 연관되어 있는데, 가령 단형은 촉신이 곡선형으로 길이와 촉신폭의 비율 역시 4.5 미만이며, 장형은 직선형에 높은 비율을 보인다. 그리하여 여섯 개 형식을 순서배열하였는데, 결과적으로 그림 10.8과 같이 작고 넓은 편평형에서 세장한 석촉으로 변화한다고 한다.

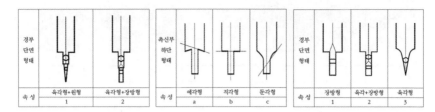

그림 10.9 유경식석촉의 형태분류 속성 예시(이석범: 2005: 40, 도 9를 부분 수정)

　나아가 이단경촉은 대체로 시간이 흐르면서 경부의 상단부와 하단부의 연결이 완만해지면서 관부(關部, 그림 10.9 참조)의 형태도 예각에서 둔각으로 변화한다고 생각된다. 일단경촉 역시 관부가 예각에서 둔각으로, 그리고 나중에서 경부가 모호해지면서 일체식 석촉으로 변천한다고 한다.

　한반도의 청동기시대 석촉의 다수는 단면 능형의 일단경촉이다. 여기에는 장신촉, 또는 세장유경촉과 경부와 신부가 일체인 석촉도 포함되어 있다. 다만 장신촉, 또는 세장유경촉의 경우 얼마나 신부가 긴 것을 세장하다고 할 수 있는지 모호하기도 하며, 세장유경촉과 일반 일단경촉이 공반하기도 한다. 청동기시대 마제석기를 종합적으로 고찰한 손준호(2006)에 따르면, 이런 석촉은 모두 378점인데, 그 가운데 20점을 빼고는 모두 무덤 부장용으로 출토되었다고 한다. 일체식은 모두 54점인데, 이 가운데 다수가 북한강유역의 청동기시대 후기 유적에서 나온 것이다. 이밖에도 신부 단면이 삼각형인 일단경촉도 있는데, 대부분 압록강유역에서 보인다. 현재의 자료에 따르면 북한지역에서 일단경촉이 이단경촉보다 먼저 나타나며, 이후 유엽형촉이 등장한다(손준호 2006).

　이석범(2005)은 영남지방의 이단경촉을 경부 단면을 기준으로 상부가 육각형이면서 아래는 원형인 것(1)과 상부는 육각형이며 하부는 장방형인 것(2)으로 나누고, 촉신부 하단의 형태를 기준으로 예각, 직각, 둔각으로 나누었다. 일단경촉의 경우 촉신부 단면에 따라 능형(A)과 편육각형(B)으로 나눈다. 나아가 경부 단면을 기준으로 장방형(1), 육각+장방형(2), 육각형(3)으로, 촉신부 형태를 기준으로 직선(a), 굴절(b), 곡선(c)으로 나눈다. 이를

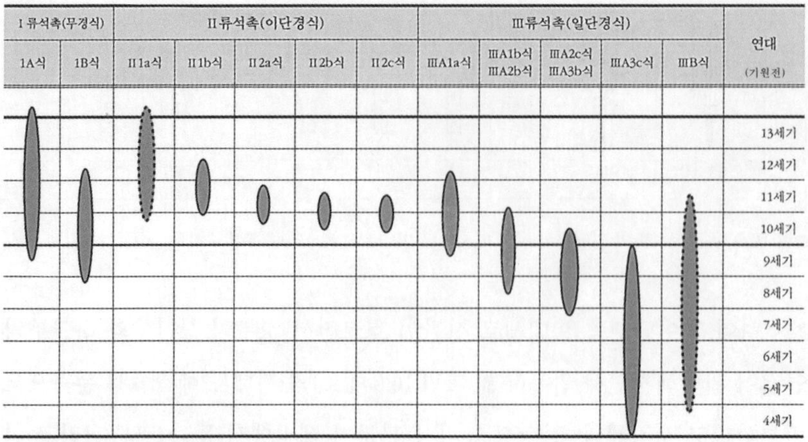

I류석촉(무경식)		II류석촉(이단경식)					III류석촉(일단경식)					연대
1A식	1B식	II1a식	II1b식	II2a식	II2b식	II2c식	IIIA1a식	IIIA1b식 IIIA2b식	IIIA2c식 IIIA3b식	IIIA3c식	IIIB식	(기원전)

												13세기
												12세기
												11세기
												10세기
												9세기
												8세기
												7세기
												6세기
												5세기
												4세기

그림 10.10 영남지방 청동기시대 마제석촉의 편년에 대한 이석범의 해석
여러 형식이 공존하면서 서로 상이한 시간대를 가지며 차별적으로 존속함을 알 수 있다(이석범 2012: 49, 일부 수정).

바탕으로 일단경촉은 경부단면 장방형과 촉신부 직선형(1a)과 경부단변 육각형과 촉신부 곡선형(3c)이 서로 상관관계를 맺으며, 시간적으로 1에서 3으로, a에서 c로의 변화를 보인다고 한다. 유적에서 나온 마제석촉에 대한 순서배열 결과 여러 형식이 공존하며 변화하였음을 알 수 있다(이석범 2005; 그림 10.9, 10.10 참조).

최근 공민규(2013)의 금강유역 청동기시대 전기 취락 연구에 따르면, 마제석촉은 가락동유형의 유적에서 모두 117점이 수습되었으며, 이 가운데 편평삼각만입촉이 49점, 유경촉이 43점, 유엽촉이 3점이고, 형태를 알 수 없는 유물이 22점이라고 한다. 삼각촉 가운데는 평기(직기)형이 3점 포함되어 있다. 유경촉은 35점이 이단경식이며, 8점만이 일단경식이다. 미사리유형 집자리에서는 삼각만입촉만이 12점 나왔고, 이 가운데 만입부가 ∧형인 것(삼각형밑)이 2점, 오목한 호선 모양(둥근밑)인 것이 10점이라고 한다. 이를 통해 청동기시대 전기 삼각만입촉과 이단경촉이 유행하였음을 다시 확인할 수 있다.

피홈(혈구)은 흔히 이단병식검과 이단경촉과 관련된다고 생각하지만, 실제 일단경촉과 이단경촉 모두에서 보인다. 손준호(2006)에 따르면 피홈이

표 10.7 손준호의 종합에 따른 청동기시대 전기와 후기의 편평형촉과 능형촉의 수(2006)

	편평형		능형		합계
	무경	유경	이단경	일단경	
전기	134	3	62	51	250
	137		113		
후기	22	1	1	497	521
	23		498		

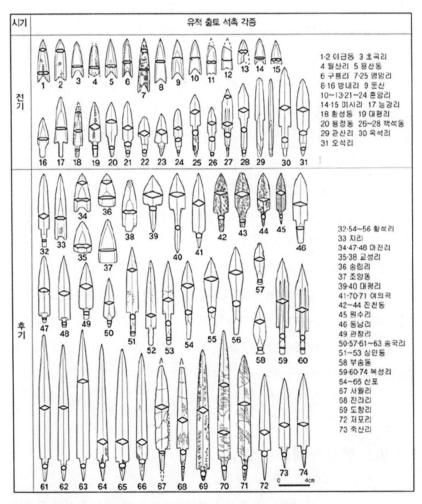

시기	유적 출토 석촉 각종

1·2 이극동 3 초곡리
4 월산리 5 용산동
6 구룡리 7·25 명암리
8·16 방내리 9 둔산
10~13·21~24 흔암리
14·15 미사리 17 능강리
18 황성동 19 대평리
20 풍청동 26~28 백석동
29 관산리 30 옥석리
31 오석리

32·54~56 황석리
33 지리
34·47·48 마전리
35·38 교성리
36 송림리
37 조양동
39·40 대평리
41·70·71 여의곡
42~44 진천동
45 원수리
46 동남리
49 관창리
50·57·61~63 송국리
51~53 상인동
58 부송동
59·60·74 복성리
64~66 산포
67 사월리
68 진라리
69 도항리
72 저포리
73 죽산리

그림 10.11 청동기시대 전기와 후기의 마제석촉(손준호 2006: 99, 도 4에서)

있는 유물 17점 가운데 일단경촉이 13점, 이단경촉이 4점인 것이다. 피홈은 흔히 청동기시대 전기의 석검과 석촉에서 볼 수 있다고 생각하지만, 실제 유혈구 일단경식 석촉은 세장한 유경촉과도 공반하고 있어 시간성을 특정하기는 어렵다(손준호 2006: 98).

손준호는 나아가 송국리유형의 등장을 기준으로 청동기시대를 전기와 후기로 구분하고 석촉의 출토 맥락을 살핌으로써 편년을 하고 있다. 손준호에 따르면 편평형촉은 전기에 모두 137점(무경 134, 유경 3)인데 반해, 후기에는 23점(무경 22, 유경 1)에 불과하다. 반면 횡단면 능형촉은 전기 유적에서는 모두 113점(이단경 62, 일단경 51), 후기 유적에서는 498점(이단경 1, 일단경 497)이라고 한다(표 10.7).

이를 그대로 받아들이면, 전기의 유적에서는 편평형이 대세인데 반해, 후기 유적에서는 능형촉이 압도하고 있다고 할 수 있다. 특히 세장형과 일체형은 후기에서만 나오는 형식이며, 반면 편평무경촉과 능형이단경촉은 대체로 전기에만 발견되는 형식이다. 정리하면 삼각만입촉이 빠르고 장신의 촉이 늦다. 삼각만입촉은 시간이 흐름에 따라 신부가 길어지고 촉두부에 능이 만들어진다. 유경촉도 편평형이 빠르고, 단면 능형촉이 늦다. 이단경촉이 일단경촉보다 비교적 이르지만, 시간상 중복되어 있다. 일단경촉은 시간이 흐르면서 신부가 길어지고 가늘어지는 경향(세장유경촉)이 있다(그림 10.12 참조).

한반도 출토 마제석기의 시공간 분포를 파악할 때는 지역성도 고려하여야 한다. 예컨대 두만강유역에서는 청동기시대 전 시기에 걸쳐 편평유엽촉과 함께 흑요석으로 만든 뗀돌살촉도 나오고 있는 것이다. 이에 반해 세장유경촉은 남한에서 후기에만 보이는 형식이라고 한다.

10.5. 돌살촉 제작과 사용

석촉은 제작과정에서도 무경식과 유경식이라는 두 형식은 서로 달랐던

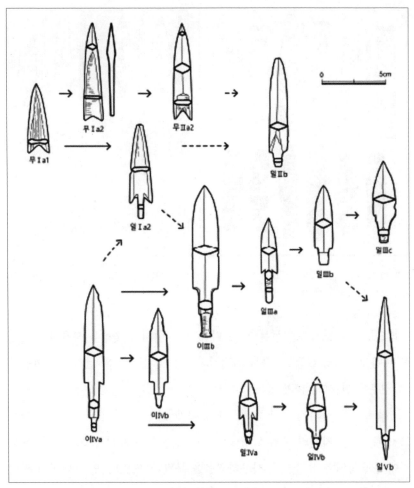

그림 10.12 청동기시대 마제석촉의 변천에 대한 안재호의 해석
대체로 삼각만입촉이 이른 형식이며, 이단경촉이 빠르고, 장신형촉이 가장 늦은 형식이다. 다만 이런 변화는 단선적이지 않고 특정 시점에 서로 다른 형식이 공존했다(안재호 2009: 85).

것 같다. 예컨대 무경촉, 곧 삼각촉의 경우 단면이 편평하기 때문에 찰절기법을 적극 활용했던 것으로 보인다. 먼저 점판암(혼펠스)이나 혈암 모암에서 판상의 석재를 떼어 낸 뒤 잘라내는 방식으로 소재를 만드는 것이 첫 단계이다. 그 다음 숫돌로 갈아 편평한 형태를 다듬고 다시 잘라내기(찰절)로 모양을 준비한 뒤, 촉신의 가장자리와 선단부를 정교하게 갈고, 만입부를 만들어 완성한다. 유경촉의 경우 모암에서 판상의 석재를 떼어 낸 다음 장방형이나

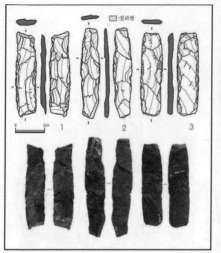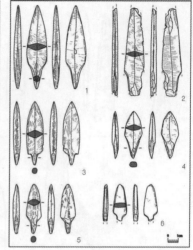

그림 10.13 서산 신송리에서 출토된 석촉의 장방형소재(왼쪽)와 석촉 미완성품(쇼다 신야 외 2013: 151, 도면 3, 152, 도면 5에서)

장타원형으로 소재를 다듬는다. 그 다음 거친 입자의 숫돌을 사용하여 단면을 마름모형으로 다듬고, 다시 세립질의 숫돌로 선단부를 날카롭게 마연하고, 경부를 만든다(이석범 2005).

　석촉의 제작과정에 관한 몇 가지 사례 연구도 있다. 나건주·이찬희(2006)는 당진 자개리 유적에서 출토된 석촉과 석촉 제작 관련 유물을 분석하여 장방형의 판상 소재를 사용하였음을 복원한 바 있다. 연구 대상의 판상 소재는 배를 닮았다하여 선형(船形)석기라고도 부르는데, 점판암과 같은 암석을 모룻돌에 내리쳐 쪼개는 방식이거나(황창한 2009) 직접떼기, 그리고 두드림(고타)기법 역시 널리 쓰였을 것으로 보인다. 판상소재 자체에도 두께에 따라 두 종류가 있는데, 편평 무경촉인지, 능형 유경촉인지는 이미 판상소재를 만들 때 결정된다고 판단하였다. 나건주·이찬희(2006)는 유적에서 사용된 암석의 산지를 대략 50km 정도 떨어진 보령 성주리 일원에서 찾고 거리 때문에 암석 자체를 운반하기 어렵기 때문에 판상소재가 유통의 단위였을 것이라 본다. 그러나 석재의 산지 추정은 주변 암석의 분포에 대한 면밀한 연구가 선행되어야 한다. 먼 곳에서 석재를 얻고 판상소재의 형태로 유통되

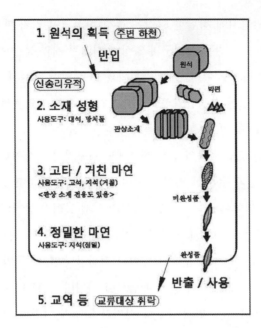

그림 10.14 서산 신송리 출토품 분석을 바탕으로 제시된 한 마제석촉 제작공정 모식도(쇼다 신야 외 2013: 158, 도면 16에서)

었는지는 의문의 여지가 있다. 실제 점판암이나 혈암, 편암 같은 소재는 우리나라의 대부분 지역에서 희귀한 암석이 아니다.

인접한 지역 자료에 대한 분석에서는 위 연구와 전혀 다른 결과가 나왔다. 쇼다 신야 등(2013)은 서산 신송리에서 출토된 석재와 석촉을 통해서 석촉 제작을 분석하면서 지역의 돌감을 이용하였다고 평가한다. 신송리에서는 원석부터 완성 단계에 이르기까지 여러 과정을 보여 주는 유물이 나왔는데, 가까운 거리에서 원석을 얻어 소재를 가공하고, 마연하여 석촉을 만들었다고 한다. 연구에 따르면 유적에서 불과 600여 미터 떨어진 곳에서 석촉으로 사용된 것과 유사한 암석, 곧 홍주석을 반상변정으로 하는 결정편암을 찾을 수 있다고 한다. 이곳에서 암석을 채취하여 유적에 들여와 모룻돌에 내리치거나 돌망치를 이용해 판상의 소재를 성형하고, 고타와 거칠게 갈아 선형을 준비한 다음 정밀한 마연으로 촉신과 경부를 만든다고 한다(그림 10.14).

석촉을 포함한 석기 연구에서 원산지 추정은 아주 중요하다. 특정한 형식의 석기를 만들기에 적합한 돌감은 흔히 한정되어 있기 때문에 먼 곳에서 획득한 돌감으로 만든 석기군의 양상과 지역 소재의 돌감으로 구성된 석기군은 차이가 있을 것이다. 돌감의 획득과 이용 양상은 선사시대의 수렵채집민과 원경·농경민의 생활권과 사회네트워크, 광역 교역권과 관련되어 있기 때문이다(제13장 참조). 그런데 돌감의 원산지를 추정하는 일은 그리 간단하지 않다. 우선 고고 유물의 암석 판정에도 연구자마다 상이한 시각이 있을수 있다. 또한 현재 유사한 암석이 어디에 어떻게 분포하고 있는지 세밀한정보를 가지고 있어야 한다. 나아가 유물과 실제 알려진 산지의 돌감이 정확히 일치해야 하는데, 이는 육안관찰뿐 아니라 자연과학 분석을 필요로 한다. 청동기시대 돌살촉의 대부분은 셰일이나 점판암(혼펠스), 편암을 소재로 한것인데, 많은 지역에서 그리 희귀한 암석이 아니다. 물론 먼 곳에서 조달해야 할 지역도 있겠지만, 먼저 주변에 산지가 있는지 면밀히 찾고 유물과 일치하는지 검토해야 한다(서인선 2015; 황창한 2011 참조). 이런 연구가 여러 유적에서 축적된 뒤 돌감 획득 패턴을 연구하고, 나아가 사회네트워크를 복원할 수 있다.

석촉의 쓰임새에 대해서도 여러 견해가 있다. 신석기시대 돌살촉의 경우 사냥용이라는 데 연구자들이 동의하지만, 청동기시대에 들어와 사회의 복합화가 진전되면서 집단 간 갈등을 보여 주는 유물로 생각된다. 황기덕(1958, 1965)은 날개 있는 석촉은 무기로, 그렇지 않은 것은 사냥에 적합하다고 한 바 있고, 임세권(1977)은 독을 사용한 살상무기로서 기능을 추정하기도 하였다.

손준호(2006)는 단면이 편평하고 미늘이 발달한 것을 사냥용으로, 세장하고 상대적으로 무거운 화살촉을 무기로 파악한다. 그리하여 청동기시대 전기에는 사냥용으로서 편평촉이 대세였으나 후기에 들어서며 환호나 목책에서 볼 수 있듯이 집단 간 무력 충돌, 곧 전쟁이 빈번해짐에 따라 무기로서 능형촉이 발달하였을 것이라고 추론한다. 이와 함께 상당수 석촉은 실제 사용되지 못하고 무덤에 부장된 채 발견되고 있다. 동일한 형태와 크기의 장신

그림 10.15 춘천 천전리에서 발굴된 싸리나무 화살대에 장착된 일체형촉(김권중 외[강원문화재연구소] 2008: 21, 원색사진 21에서)

촉이 무덤에서 나오는 것으로 보아 마제석검과 같이 부장용으로 제작되기도 하였을 것이다.

석촉의 분류에서 시병(矢柄) 방식, 곧 화살대에 장착되는 방식이 중요한 속성으로 간주되기도 하지만(황창한 2004, 2012), 실제 어떻게 화살대와 결합하는지에 대한 자료는 거의 없다. 그런데 최근 춘천 천전리에서는 A지구 46호 집자리에서 일체형석촉 수 점이 화살대와 함께 발견되었다. 석촉의 편평한 결입부를 화살대를 쪼개어 장착하는 방식이었는데, 화살대는 싸리나무로 밝혀졌다(그림 10.15).

이석범(2012)은 경부가 전반적으로 첨근에서 평근으로 변화한다고 하지만, 이는 기능적인 속성으로서 지역성을 반영할 수도 있다(손준호 2013; 황창한 2012). 다시 말해 경부란 화살대에 장착되는 부위인데, 주로 대나무를 사용했던 한반도 서남부에서는 첨근이, 싸리대 등을 사용한 북부에서는 주로 평근촉이 분포하고 있다는 것이다.

이로써 화살대에 장착되는 방식은 지역성을 띠고 있음을 알 수 있다. 황창한(2004, 2012)은 태안-대전-밀양-부산을 잇는 선을 기준으로 남쪽에는

표 10.8 이기성·박병욱이 제시한 마제석촉의 형식과 화살대 장착 방식(2012, 표 1)

석촉의 형식	장착 방식	화살대
편평무경식	결합 또는 보조 장치 이용	나무(목시) 또는 대나무(죽시)
편평무경결합식	보조 장치	대나무
편평일단비삽입식	결합	나무
능형일단삽입식	삽입	대나무
능형일단비삽입식	결합	나무
능형이단삽입식	삽입	나무
능형이단비삽입식	결합	나무

첨근의 석촉을 대나무에 삽입하는 방식, 북쪽에서는 천전리의 사례에서 보듯이 일체형석촉이 싸리나무화살대에 쪼개어 장착하는 방식, 그리고 경북 내륙과 경주, 울산 등지에서는 절충형이 유행한다고 한다. 황창한의 절충형이란 화살대를 쪼개 장착하는 방식인 삼각만입촉과 꽂아서 장착하는 이단경촉을 절충한 것으로 경부는 있지만, 그 단면이 장방형인 것을 말한다.

이기성과 박병욱(2013)은 화살대를 목시와 죽시로 구분한 다음 식생권과 석촉의 형식을 대응시키기도 하였다(표 10.8 참조). 연구에 따르면 청동기시대 후기(중기) 송국리유형의 문화에 들어서면서 호서지방의 해안지역에서는 일단경식의 석촉이 유행하는데, 이는 대나무의 분포와 유사하다고 한다. 다시 말해 대나무 화살대에 장착하기 쉬운 일단경촉이 유행했다는 것이다. 내륙에서도 일단경촉이 증가하지만, 경부는 비삽입식이 더 많은데, 이는 이용할 대나무가 거의 없다는 환경 요인의 탓일 수도 있다.

구석기시대와 신석기시대 초 뗀석기기술로 만들어지던 돌살촉은 이후 전면마제석촉으로 변모한다. 물론 지역 차이는 있지만, 무경의 삼각촉이 등장하고 진화하면서 삼각만입촉의 형식으로 완성되어 청동기시대까지 이어진다. 청동기시대 전기에는 횡단면이 편평한 삼각만입촉과 유경촉이 많고, 시간이 흐르면서 삼각만입촉도 세장해진다. 유경식석촉은 다시 이단경식과 일단경식으로 나누는 것이 보통인데, 청동기시대의 가장 많은 석촉은 일단경식이었다. 후기의 일단경촉은 횡단면 능형에 세장해지는 특징이 있으며, 이는 무기로서 기능이 강해지기 때문으로 생각된다. 일체식의 석촉 역시 비교적 늦은 시기에 등장하였다.

돌살촉은 여러 형식의 분류, 그리고 형식분류에 따른 순서배열 등 편년, 공반유물 검토 등에서 여러 형식이 공존함을 알 수 있다. 같은 유구에서도 몇 가지 형식의 유물이 나오기도 하기 때문에 아마도 기능적으로 다른 화살이 쓰였을 것으로 보인다. 이처럼 선사시대 돌살촉은 단선적인 변천과정을 보이지 않기 때문에 앞으로 양식적이고 기능적인 분석이 중요하다.

제11장

도구 분석 3: 석부류, 돌칼, 간돌검

신석기시대와 청동기시대의 석기는 다양한 생계활동의 도구 또는 도구의 일부였다. 농경이 시작되고 점차 확산하면서 땅을 파고 가는 도구(괭이, 따비)가 널리 쓰였으며, 땔감을 구하거나 밭을 일구기 위해 나무를 베는 벌목구, 여러 목재가공구가 발달하였다.

이 장에서는 청동기시대의 농경문화와 사회의 성격을 알려 주는 석기로서 돌도끼류[石斧類]와 돌칼[石刀], 간돌검[磨製石劍]을 살펴본다. 신석기시대와 청동기시대의 석부류 석기는 세부 기종에 따라서는 땅을 가는 농경구로, 나무를 베는 벌목구, 그리고 목재가공구로 인식되고 있다. 석도, 특히 반달돌칼은 일찍이 청동기시대의 대표적인 수확구로 알려져 대중에게도 친숙한 선사시대 도구이다. 간돌검 역시 한국 청동기시대의 독특하면서도 잘 알려진 석기이다. 이 장에서는 돌도끼류 석기와, 돌칼, 돌검의 종류와 분류, 분석과 관련 이슈를 좀 더 자세히 살펴본다.

11.1. 신석기시대 석부류

제6장에서도 지적하였지만, 흔히 석부류라 불리는 신석기시대와 청동기시대 석기에는 다양한 크기와 생김새, 그리고 서로 다른 기능을 가진 유물이 있다. 우리말로 돌도끼를 뜻하기에 주로 나무를 베고 다듬는 도구로 생각될 것이다. 그러나 이는 관습적 용어일 뿐 땅을 파는 도구, 곧 굴지구로서 돌괭이라 불리는 석기도 포함되어 있다. 농경사회에서 도끼와 괭이는 아주 다른 도구이지만, 돌로 만들어진 선사시대 유물에는 구분하기 어려울 만큼 생김새가 비슷한 것도 많다. 이 때문에 같은 부류로 묶여 있는데, 앞으로 고고학 논의와 연구에서는 될 수 있는 대로 돌괭이와 돌도끼를 나누는 것이 바람직하다. 이 절에서는 기존 관행을 존중하여 석부류라는 이름을 써서 도끼와 자귀, 괭이, 따비를 폭넓게 살펴본다.

진안 갈머리와 진그늘 유적 출토품에 대한 윤정국(2009)의 연구에 따르면, 굴지구는 주로 층리가 잘 발달되어 있는 셰일과 점판암, 혼펠스를 모암으로 만들어졌다고 한다. 출토품의 표면은 자연면으로 이루어진 것이 가장 많고, 그 다음이 켜면, 곧 내부의 절리면을 따라 깨진 것, 그리고 격지의 배면으로 이루어진 것도 소량 있다고 한다. 이로써 크고 반반한 자갈돌을 소재로 직접 떼어 내어 만드는 방법과, 먼저 큰 격지(박편)를 떼어 내어 소재로 이용하여 다듬는 두 가지 체계를 설정할 수 있다고 한다. 그런 다음 소재를 양변에서 수직으로, 또는 사선 방향으로 떼어 내어 형태를 잡는데, 이 과정에서 수직 방향으로 모룻돌에 내리쳐 절리면을 쪼개는 식으로 떼어 내는 방법이 쓰일 수 있다(윤정국 2009; 황창한 2009). 그 뒤 주변과 날 부분에 세밀한 잔손질을 가해 굴지구를 완성한다(그림 11.1).

석촉과 함께 신석기시대 석부류는 타제와 마제의 여부가 분류의 기준이 되어, 타제석부와 인부마제석부, 전면마제석부로 나누기도 한다. 그러나 신석기시대 석부가 타제인지, 아니면 마제인지는 석부의 전체 형태와 기능상의 차이를 제대로 비추어 주지 않는다는 지적도 있다(윤지연 2006).

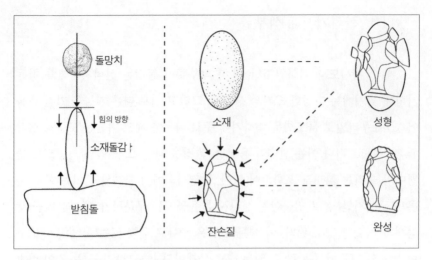

그림 11.1 신석기시대 석부류 석기 제작과정

자갈돌을 소재로 하기도 하며, 커다란 격지를 떼어 내어 소재로 삼아 다듬기도 한다(윤정국 2009: 55, 그림 13과 49, 그림 9를 참고하여 김민경·성춘택이 다시 그림).

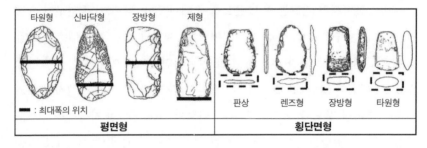

그림 11.2 신석기시대 석부류 석기의 일반적인 형태 분류(박성근 2013: 9, 주 2에서)

    그리하여 석부류 석기의 분류에서는 주로 전체 형태를 일차 기준으로 삼는다. 이에 따르면 석부류의 전체 형태는 장방형, 사다리꼴(제형), 신바닥형, 타원형, 반타원형으로 나눌 수 있다(그림 11.2). 윤지연(2006)은 여기서 다시 양인(兩刃)인지 단인(單刃)인지, 그리고 횡단면의 형태(장타원형, 타원형, 장방형, 렌즈형, 판상)와 날의 형태(직인, 호인)에 따라 세분한다. 이에 따르면 장방형의 양인에 호인을 가진 유물은 흔히 말하는 합인석부(蛤刃石斧, 조갯날 돌도끼)가 될 것이며, 단면이 원형이나 장방형의 유물은 통형석부(筒形石斧)라 불리기도 한다. 전체 형태가 장방형이지만, 단인을 가진 유물은 주로 자

표 11.1 신석기시대 석부류 석기의 분류 예시

전체 형태	횡단면형	날의 형성	날의 형태	어깨(단)
a. 장방형	a. 장타원형	a. 양인	a. 직인	a. 없음
b. 사다리꼴(제형)	b. 타원형	b. 단인	b. 호인	b. 있음(곰배괭이)
c. 신바닥형	c. 장방형			
d. 타원형	d. 렌즈형			
e. 반타원형	e. 판상			

* 각 속성 속성상태를 조합하면 합인석부나 통형석부, 주상편인석부 같은 널리 쓰이는 석부 형식을 얻을 수 있다(박성근 2013; 윤지연 2006 참조).

귀나 주상단인석부(柱狀單刃石斧)이며, 현재의 공구로 말하자면, 자귀나 끌, 대패와 같은 목공구의 역할을 하였을 것으로 추정된다. 이는 제형의 단인석부 역시 마찬가지로 생각된다.

신석기시대 석부류 석기는 사실 괭이 같은 굴지구인지, 나무를 베고 다룬 도끼인지를 판별하는 것이 가장 중요하지만, 그리 간단하지 않은 사례도 많다. 석부류 가운데 전체 형태가 타원형이나 반타원형, 신바닥형의 유물은 보통 땅을 파는 굴지구, 곧 따비(보습)나 괭이의 용도로 쓰였을 것이라 생각된다. 양인과 단인이 있지만, 단면은 대체로 렌즈형이나 판상을 띤다. 남부지방 신석기시대 석부에 대한 박성근(2013)의 연구에 따르면, 이 세 부류는 크기와 형태에서도 차이가 있어 작은 타제석부는 대체로 길이 10-15cm에 집중되어 있다고 한다.

박성근(2013)은 타제와 마제 여부, 크기, 평면형, 횡단면형을 주요 속성으로 분류안을 제시한다(그림 11.3). 평면형은 타원형, 신바닥형, 장방형, 제형으로 구분하고, 다시 횡단면형에 따라 판상, 렌즈형, 장방형, 타원형이라는 속성상태를 설정한다. 그런 다음 토기 편년을 준용하여 석부류 석기의 변천을 파악하였다. 연구에 따르면 인부마제석부는 남부지역에서 신석기시대 이른 시기에 유행하였으며, 이 시기 평면 제형과 장방형의 단면 장방형과 타원형의 중대형의 타제석부가 가장 많다고 한다. 남부지역 토기 편년상 전기 후반부터는 타제중형 Ia식, 곧 타원-신바닥형의 판상-렌즈형 석부가 압도적으로 늘어난다고 하며, 이 시기 소형의 장방형-제형의 전면마제석부가 늘어난

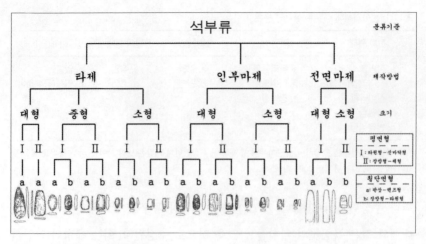

그림 11.3 박성근의 석부류 분류
석부류를 먼저 타제인지 마제인지, 그리고 크기, 평면형, 횡단면형이라는 속성을 기준으로 위계적인 분류안 (택사노미분류)을 제시하고 있다(박성근 2013: 10, 도면 2에서).

다. 특히 가장 빈번하게 관찰되던 타제의 중형 Ia식 석부는 말기가 되면 수가 줄어들고, 인부마제석부가 늘어난다고 한다. 나아가 조기와 전기 전반에는 단순한 토굴구가 중심이었다가, 전기 후반부터 전형화한 형태와 크기를 가진 기경구로서 석부가 유행하였다고 파악하였다. 이와 연동하여 어로의 감소와 농경의 확산과정에서 벌채를 위한 도구의 비중이 줄어든다고 설명한다.

타제석부의 기능과 가장 잘 어울리는 형태상 속성은 횡단면형으로 생각된다(박성근 2013: 24). 벌목구는 단면이 장방형이나 원형, 타원형으로 강한 충격에 견디게 되어 있으며, 재사용, 재가공되는 비율이 높은 것으로 보인다. 크기가 작은 석부는 가공구, 특히 목재를 가공하는 도구로 판단된다. 이와 더불어 윤지연(2006)은 날 부위[刃部]에서 관찰되는 사용흔을 분석하여 석부류의 기능을 추정한 바 있는데, 도끼의 경우 날 부위에 사선으로 선흔(striations)이 있으며, 굴지구는 날에 사용으로 인한 잔파손이 관찰된다는 것이다(제12장 참조).

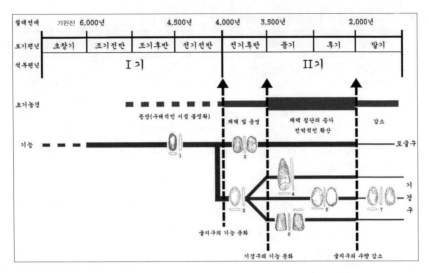

그림 11.4 박성근의 신석기시대 굴지구 변화에 대한 가설(박성근 2013: 31, 그림 5에서)

11.2. 청동기시대 석부류

청동기시대 석부류에도 다양한 종류가 있다. 다만 신석기시대의 상당
수 석부류 석기가 돌괭이나 따비 등 땅을 파고 가는(굴지구, 또는 기경구[起耕
具]) 역할을 하였던 데 반해 청동기시대에는 그런 농경구로서 석부의 빈도가
현저히 줄어들고 벌목, 벌채 및 목재가공구로서 도끼와 자귀가 많다. 이밖에
달도끼(환상석부), 별도끼(성형석부, 다두석부)와 같은 석부도 있다.

돌도끼는 흔히 날이 갈린 모양에 따라 양인(양날)과 단인(외날)으로 나
눈다. 양면에서 갈아 날을 세운 것을 양인이라 하고, 한쪽만 갈아 날을 만든
것을 단인 또는 편인이라 한다. 조갯날도끼 또는 합인(蛤刃)이라는 용어도
쓰이는데, 마치 입을 다문 조개 모양으로 양날이 곡선(호인)을 이루고 있다
고 하여 붙여진 이름이며, 이에 반해 곧은날[直刃]은 날이 직선으로 뻗은 것
을 말한다. 실제 유물에는 양인이면서 합인인 경우가 많아 합인석부라는 용
어가 널리 쓰이고 있다.

표 11.2 청동기시대 석부류 석기의 분류 예시

날의 형성	전체 형태	단면 형태	어깨, 단, 홈의 유무
a. 양인-직인 b. 양인-합인 c. 단인(편인)	a. 봉상 또는 주상 　- 일반 　- 장대형 b. 편평형	a. 원형 b. 타원형 c. 장방형 d. 방형 e. 사다리꼴(말각방형)	유견석부 유단석부(턱자귀) 유구석부(홈자귀)

* 양인과 편인은 도끼와 자귀를 나누는 일차 속성이기에 가장 중요하다(김경칠 1997, 2004; 下條信行 2002 참고).

　양인석부, 나아가 합인석부는 주로 벌목이나 벌채용 도끼라고 생각된다. 그러나 양인석부에도 장대형석부, (원)통형석부, 일단석부, 사릉석부, 타원형석부, 편평석부 등 여러 형식과 용어가 쓰이고 있다. 그리고 크고 무거운 석부는 벌목과 같은 육중한 작업에 쓰였지만, 작고 얇은 석부는 나무를 다듬고 심지어 땅을 파는 등 다양한 쓰임새를 가졌으리라 생각된다(김경칠 1997, 2004). 下條信行(2002)은 벌채용 석부(흔히 벌채부[伐採斧]라 불린다)를 크게 봉형과 편평형으로 나누고, 봉형을 다시 단면에 따라 타원형과 장방형으로 구분하였다. 나아가 타원형과 장방형의 봉형석부가 대세를 이루다가 시간의 흐름에 따라 장방형 봉형석부는 사라진다고 하였다(손준호 2006: 35에서 재인용). 함안 오곡리에서는 자루에 장착되는 부분이 길쭉하고 두툼하게 만들어지고 어깨가 있어 날 부분의 폭이 가장 큰 유견석부(有肩石斧)도 확인된 바 있는데, 굴지구 또는 금속제 도끼와도 유사한 모습이지만, 현재로서는 쓰임새를 단정할 수 없다.

　나아가 단인, 또는 편인의 석부는 주상편인(柱狀片刃)석부와 편평편인석부로 나눌 수 있는데, 전자가 자귀에 해당할 것이며, 후자는 아마도 대패의 역할을 하였던 것으로 보인다. 이렇듯 양인과 단인(편인)의 석부는 기능에서 차이가 있었던 것으로 보인다. 시간적으로도 양인의 돌도끼가 청동기시대 전기에 다수를 차지하는 데 반해, 후기에는 편인의 석부류가 증가하는 경향도 보인다. 손준호(2006)의 종합에 따르면 편평편인석부는 모두 545점이 확인될 만큼 청동기시대 석부류 석기 가운데 가장 널리 보이는 석기이지만, 아직 심도 있는 고찰이 이루어지지 않고 있다.

양인의 돌도끼 가운데는 신부의 두께가 얇은 장방형의 것이 있는데, 손준호(2006: 68)에 따르면 모두 27점 가운데 북한지역에서 20점, 낙동강유역에서 6점이 출토될 정도로 북쪽지방에 많다고 한다. 신석기시대 울진 후포리에서 나온 많은 장대형석부와 같이 세장한 돌도끼도 서포항과 석탄리에서 출토된 바 있다. 양인의 돌도끼는 흔히 단면형태에 따라 원형과 장방형을 구분하는데, 방형 또는 말각방형, 타원형이 혼재되어 있어 서로 뚜렷이 나누어지는 것은 아니다.

길쭉한 모양의 주상편인석부는 보통 유단석부와 유구석부로 나눈다. 유단석부는 자루에 강하게 장착하기 위하여 날 쪽으로 단, 곧 턱을 만든 것인데, 이 때문에 "턱자귀"라고도 불린다. 주로 대동강유역에서 나오는데, 손준호(2006: 72)에 따르면 모두 19점 가운데 16점이 서북부지방 유적에서 수습되었다고 한다. 이와 함께 북한지역에서는 이른 시기부터 환상석부와 다두석부, 곧 달도끼와 별도끼가 주상편인석부, 길쭉한 장방형의 합인석부와 함께 나오고 있다. 또한 두만강유역에서는 신석기시대 이후 곰배괭이가 지속적으로 보이는 지역 특색이 있다.

유구석부, 곧 홈자귀는 날의 반대쪽에 홈을 판 것인데, 아마도 자루에 단단히 장착되도록 한 디자인으로 보인다. 손준호(2006)에 따르면 모두 104점 가운데 9점만이 북한지역에서 나올 정도로 남한에서 광범위하게 분포하고 있으며, 송국리유형의 표지 유물로 알려져 있다(노혁진 1981, 2001). 송국리유형의 확산은 흔히 벼농사를 바탕으로 하는 것으로 알려져 있는데(김범철 2012), 석부에서는 주로 편인류의 증가, 그리고 벌목용 합인석부의 감소와 맞물려 있다. 이는 송국리유형 유적의 입지가 청동기시대 전기 유적보다 해발고도가 낮아 벌채의 필요가 상대적으로 낮았기 때문으로 이해하기도 한다(쇼다 신야 2009; 허의행 2013).

이렇듯 석부류 석기의 기능 추정과 조성을 비교하여 청동기시대 농경문화의 다양성과 변천을 연구하기도 한다. 안재호(2000)는 석부형식과 유적

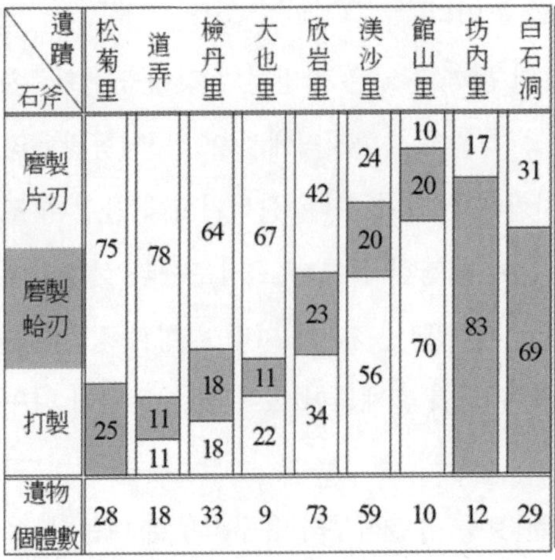

遺蹟 / 石斧	松菊里	道弄	檢丹里	大也里	欣岩里	漢沙里	館山里	坊內里	白石洞
磨製片刃						24	10	17	31
磨製蛤刃	75	78	64	67	42 / 23	20 / 20	20 / 70	83	69
打製	25	11 / 11	18 / 18	11 / 22	34	56			
遺物 個體數	28	18	33	9	73	59	10	12	29

立地 / 石斧	平地型	山地型	丘陵型
打製	漢沙里		館山里
蛤刃		白石洞	坊內里
片刃	道弄 大也里	欣岩里	松菊里 檢丹里

그림 11.5 안재호가 이해하는 청동기시대 유적에서 여러 석부 형식의 출토 빈도 및 취락 입지와 석부 형식의 관계(2000: 50에서)

의 입지를 근거로 청동기시대 편년과 함께 농경사회의 성립을 논한 바 있다 (그림 11.5). 이에 따르면 미사리와 대평리 유적으로 대표되는 하천변의 평지 취락은 밭농사[田作], 백석동 유적이 대표하는 산지형취락은 화전(火田), 옥 현유적이 대표하는 평지 주변의 구릉형취락은 논농사[水田作]라는 세 유형 으로 나눌 수 있다고 한다. 이런 논지는 청동기(무문토기)시대 조기 설정과도 맞물려 있는데, 돌대문토기를 근간으로 하는 미사리유형이 이에 해당한다.

안재호(2000)에 따르면 미사리유형에서 보이는 타제석부는 합인으로서 밭농사에 땅을 일구는 굴지구로서 쓰였고, 마제석부는 주로 편인 또는 편평 석부로서 벌목구 및 목재가공구로 사용되었을 것이라 한다. 나아가 화전농 사는 농경지 확보를 위한 벌목의 필요성이 높고, 논농사의 경우 목재가공구 를 더 필요로 할 것으로 본다. 이를 바탕으로 석부류를 타제석부(굴지구), 마 제합인(벌목구), 마제편인(목재가공구)으로 나누고 9개 유적에서 나온 석부류 석기형식의 비율을 검토하여 밭농사(전작)에서 화전, 논농사(수전작)로의 변 화를 제시하였다.

공민규(2013: 52)에 따르면 금강유역의 청동기시대 전기 가락동유형 집

표 11.3 경기도 청동기시대 주거 유적에서 출토된 석부류 석기의 비율

유적	입지	집자리 수	타제석부(%)	합인석부(%)	편인석부(%)
김포 양촌	구릉	126		18 (75)	6 (25)
인천 중산동	구릉	35		1 (6)	16 (94)
문산 당동리	구릉	53		4 (29)	10 (71)
평택 소사동	구릉	81		14 (47)	16 (53)
오산 내삼미동	구릉	40		10 (40)	15 (60)
성남 동판교	구릉	27		2 (29)	5 (71)
화성 동학산	구릉	44		5 (71)	2 (29)
평택 양교리	구릉	44		1 (20)	4 (80)
가평 대성리	평지	27	2 (25)	3 (38)	3 (38)
화천 거례리	평지	28		5 (56)	4 (44)

* 경희대학교 대학원 양혜민, 손수연 학생의 도움으로 작성.

자리에서는 석부류 가운데는 합인석부가 102점으로 압도적으로 많으며, 미사리유형 집자리에서는 합인석부가 28점, (편평)편인석부가 29점으로 엇비슷하다고 한다. 산지나 구릉에 입지한 가락동유형 마을에서는 벌목용 도구로서 합인석부가 널리 쓰였으며, 충적대지에 자리 잡은 미사리유형 마을에서는 합인석부와 편인석부의 비중이 비슷한 것으로 보아 산지의 마을보다 벌목의 필요가 적었을 것이다.

표 11.1은 안재호의 논문이 출간된 2000년 이후에 발굴된 경기도의 청동기시대 취락유적에서 합인석부와 편인석부, 타제석부의 출토 개수와 비율을 나타낸 것이다. 이에 따르면 타제석부는 평지형인 가평리 유적에서 단 두 점만이 수습되었으며, 다른 유적에서는 확인되지 않고 있다. 합인석부는 김포 양촌과 화성 동학산 유적에서 다수이며, 편인석부의 경우 인천 중산동과 문산 당동리, 성남 동판교 등지에서 다수인데, 모두 구릉형 유적이다. 따라서 유적의 입지와 석기의 기종이 단순하게 연관되어 있지 않다고 할 수 있다. 구릉에 자리 잡은 마을이라고 해서 특별히 합인석부의 비중이 높은 것

같지는 않다. 평지에 자리 잡은 대성리에서만 타제석부가 나오는 것으로 보아 밭농사를 위한 굴지구로 쓰였다고 할 수도 있을 것이다. 그런데 유물이 단 두 점뿐이고 다른 유적들 역시 그리 많지 않다. 다만 이런 논의를 위해서는 먼저 유적 형성과정과 표본으로서 고고학 자료에 대한 이해가 있어야 한다. 어쨌든 석기의 기종을 분석하여 주거 유적의 경제적 토대가 밭농사, 화전, 논농사였는지를 파악하는 방법은 향후 석기 연구에 좋은 시사점을 주는 것이 사실이다.

11.3. 청동기시대 돌칼

돌칼은 청동기시대의 대표적인 농구로서 많은 관심을 받은 석기이다. 반달돌칼[半月形石刀]은 일찍부터 수확구로 인식되어 왔으며, 실제 돌칼에는 여러 형태가 있다.

일찍이 최숙경(1960)은 돌칼을 이삭을 베고 솎는다는 뜻의 적수(摘穗)석도라고 부른 바 있다. 나아가 날의 형태에 주목하여, 크게 양인과 단인으로 구분하고, 그 다음 외만인, 직인, 이사변인, 변이형으로 나누었다. 그렇지만 현재는 돌칼의 전체 형태에 입각한 분류와 용어가 널리 쓰이고 있는데, 이는 김원용(1972)의 연구로 거슬러 올라간다. 김원용은 돌칼(석도)을 장방형, 즐형(櫛形), 어형(魚形), 단주형(短舟形), 장주형(長舟形), 삼각형으로 구분하였으며, 대체로 이 순서로 변화하였다고 보았다. 다른 형식의 경우 단인이 많지만, 삼각형석도의 경우 날 자체는 단인이면서도 양쪽의 날이 교차하는 교인(交刃)이 특징이다. 안승모(1985)는 김원용의 연구틀 위에서 지역별 다양성을 강조하였다. 이후 손준호(2006)는 기존의 형태별 구분 외에 제형(梯形), 역제형, 편주형(偏舟形)을 추가하기도 하였다.

중국에서는 신석기시대 후기부터 석도가 나오는데, 앙소문화와 요서지방의 하가점에서는 장방형석도가, 용산문화와 요동에서는 어형석도가 발달

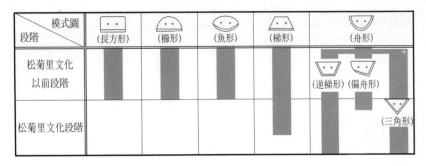

그림 11.6 돌칼 분류 및 대략적인 편년의 사례(손준호 2006: 29, 그림 4에서)

표 11.4 청동기시대 돌칼의 속성과 분류 예시

전체 형태	날의 형성	날의 형태	등[背]의 형태
a. 장방형	a. 양인	a. 직인	a. 직선(직배)
b. 즐형(櫛形)	b. 단인	b. 호인	b. 호형(호배)
c. 어형(魚形)	c. 교인(交刃)		
d. 단주형(短舟形)			
e. 장주형(長舟形)			
f. 삼각형			
g. 기타(제형, 역제형, 편주형)			

* 공민규 2006; 김원용 1972; 손준호 2006 참고.

한 것으로 알려져 있다(윤덕향 1997). 한반도의 석도는 이런 두 가지 전통이 요동과 만주를 거쳐 전파된 것으로 파악하는 것이 보통이다. 한반도 동북지방의 경우 장방형석도가 많고, 서북의 경우 어형과 장주형이 많은데, 다만 출토양상이 상호배타적인 것은 아니다.

공민규(2006)는 청동기시대 전기의 석도를 분석하면서 날 부위와 등 부위를 별도의 속성으로 나누었다. 이로써 직배호인형(直背弧刃, I), 호배호인형(II), 호배직인형(III), 직배직인형(IV)의 네 형식이 설정되었으며, 그 다음 직배호인형을 단주형, 주형, 장주형으로 세분하고, 호배호인형 역시 대, 중, 소로 나누었다. 이에 따르면 대동강유역의 팽이형토기유형의 유적에서는 I, II형, 곧 직배호인형과 호배호인형의 주형과 어형이 모두 84점 가운데 각각 38점과 43점으로 압도적으로 많다. 남한에서는 많은 지역에서 주형이 가장 많

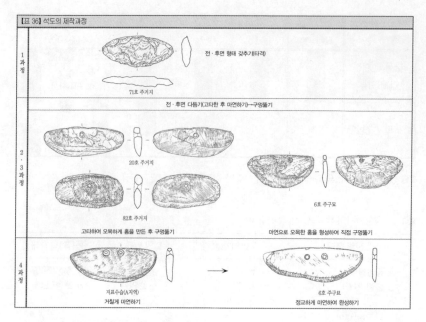

그림 11.7 반달돌칼의 제작과정을 보여 주는 그림

춘천 천전리에서 나온 유물이다(김권중 외[강원문화재연구소] 2008: 135에서). 먼저 암석을 얻은 뒤 간단한 떼기로 전체 형태를 만든 다음(1과정), 표면을 거칠게 갈아 형태를 더 다듬는다(2, 3과정). 천전리 유물은 이 과정에서 오목한 홈을 만든 다음 구멍 뚫기를 했음을 보여 준다. 마지막으로 구멍 두 개를 뚫고 날 부위를 곱게 갈아 완성한다.

지만, 영남지방의 경우 장방형석도가 상당수 나온다. 한강유역에서는 주형(59.3%)과 어형(33.3%)이 압도적이며, 이런 사정은 강원도에서도 비슷하다. 충청지역에서는 주형이 81.3%로 대부분이다. 영남지역에서도 주형이 60% 정도를 차지하지만, 장방형석도가 18.8% 정도에 이를 정도로 많은데, 동북지방의 영향을 받은 것으로 보인다(공민규 2006). 영남지방 유적에서는 장방형석도와 함께 양인의 반월형석도 등 동북지방에서 볼 수 있는 석기가 동해나 울산 등지에서 확인되고 있어 동북지방의 영향이 한반도 동남부까지 포괄적으로 미쳤음을 인정할 수 있다(배진성 2005).

한반도의 석도는 대부분이 단인이며, 특히 남부(남한)의 유물은 모두 단인이지만, 양인도 드물게 보인다. 특히 압록강유역 등지에서는 양인의 석도가 상당수 있어 요동과의 관련을 생각하기도 하는데, 요동반도 끝에 있는 쌍

타자(雙陀子), 대취자(大嘴子) 유적에서도 단인의 석도(어형, 장방형, 즐형, 주형)가 나온다(손준호 2006). 석도의 구멍은 대다수가 두 개이지만, 한 개인 경우도 있고 세 개, 네 개인 사례도 가끔 보인다. 구멍이 하나인 경우도 나타나는데, 두만강에서 원산만에 이르는 동북지방과 대동강유역, 그리고 영남지방에서 상당수 확인되고 있다.

한반도의 다른 지방과는 조금 다른 석기 양상을 보여 주는 동북지방에서는 장방형석도가 많은데, 특히 이 지역에서는 굴지구인 곰배괭이(丁字形石斧)와 함께 나오는 사례가 많다. 동북지방에서는 주로 곧은날(직인)의 돌칼이 유행했으며, 서북지방에선 굽은 날의 어형과 장주형석도가 성행했다. 다만 장방형석도와 어형석도의 출토지가 서로 배타적이진 않으며, 압록강과 대동강유역 유적에서 같이 나오기도 한다.

압록강유역의 신석기시대 말기 용연리 유적에서는 어형의 석도가 출토된 바 있는데, 이처럼 어형은 일찍부터 제작되는 것으로 보인다. 윤덕향(1997)은 한반도에서 가장 많은 장주형, 단주형의 경우 날이 호인이어서 어형을 조형으로 하고 있다고 생각한다. 압록강 상류역에서는 장방형과 즐형석도가 이른 시기부터 나오며, 이후 제형이 등장한다. 두만강유역에서는 어형과 장방형이 이른 시기부터 쓰이며, 구멍이 한 개인 석도도 있으며, 많은 유물이 양인으로 되어 있다. 대동강유역에서는 어형과 주형석도가 나오지만, 주형이 더 많고, 늦은 시기에 편주형이 보인다. 또한 표대 유적에서는 삼각형의 석도가 나온다. 석도 가운데는 주걱칼이나 돌낫처럼 생겨 "동북형석도"(배진성 2007) 또는 이형석도라고 불리는 것이 있는데, 주로 동북지방과 연해주, 그리고 한반도의 동해와 영남지방에서 볼 수 있다.

공민규(2013: 52)의 연구에 따르면, 금강유역 청동기시대 전기 가락동유형 집자리에서는 주형이 30점, 어형이 14점이 나왔다. 유형의 개념으로 말하면, 가락동유형에서는 이단병식석검과 주형석도, 기부 ∧형 삼각만입촉, 합인석부가 조합을 이루고 있으며, 미사리유형의 유적에서는 호형만입부 편평삼각촉, 편평편인석부, 장방형석도, 갈판이 조합을 이루는 사례가 많다고 한다.

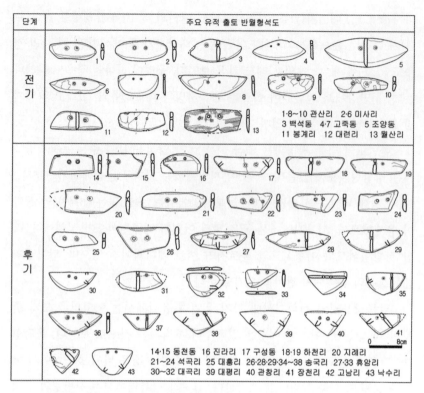

그림 11.8 남한의 청동기시대 돌칼의 변화를 손준호가 전기와 후기로 나누어 해석한 그림

전기에는 장방형, 어형, 장주형을 비롯하여 다양한 석도가 유행하였으며, 후기에는 장방형, 주형, 특히 송국리유형 유적에서는 삼각형석도가 특징이다(손준호 2006: 100, 도 24에서).

청동기시대 마제석기를 종합한 손준호(2006: 98-99)에 따르면, 남한의 석도 219점 가운데 어형이 31점, 즐형 5점, 주형이 103점, 삼각형이 58점을 차지한다. 어형은 모두 청동기시대 전기 유적에서만 나오는데, 이는 후기 유적에서만 나오는 삼각형과 역제형석도와는 대조되는 양상이라 할 수 있다. 주형석도는 전기 유적에서 압도적이며(103점 가운데 96점)이어서 이 주형석도가 삼각형석도로 변천한 것으로 생각되고 있다. 이처럼 서로 상이한 시기를 가지고 있기 때문에 주형이 사용과 재사용, 재가공과정에서 교인(交刃)을 가진 삼각형석도로 변천하였으리라 생각하는 것은 현재의 자료로서는 합리적이지 않은 것 같다.

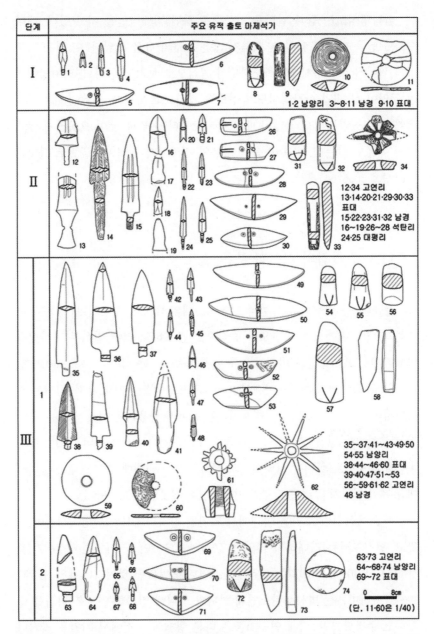

그림 11.9 대동강유역 청동기시대 간석기의 변천을 세 시기로 나누어 해석한 것(손준호 2006: 86, 그림 21에서)

삼각형석도는 등과 날만을 기준으로 하면 직배직인을 띠고 있다. 대다수가 교인을 이루고 있지만, 그렇지 않은 소수의 유물도 있다. 이 경우 단주형과 차이가 현저하지 않은데, 과도기 형식으로 보기도 한다. 영남지방에서는 구멍이 한 개인 삼각형석도가 상당수 확인되고 있는데, 이는 상대적으로 폭이 좁은 삼각형석도가 많기 때문으로 보인다. 이밖에 날이 오목하게 닳아 있는 유물도 있는데, 이는 반복된 사용의 결과이거나 재가공품으로 판단된다(손준호 2006: 66).

11.4. 간돌검의 기원과 분류, 출토 맥락

간돌검, 곧 마제석검은 한국 청동기시대의 대표적인 석기이다. 특히 독특한 형태를 띠면서도 한반도를 중심으로 분포하고 있어 일찍부터 관심을 받았다. 1959년 출간된 아리미츠 교이치(有光敎一)는 『朝鮮磨製石劍の硏究』라는 저술에서 세형동검을 마제석검의 조형으로 판단하기도 했다. 당시는 청동기시대라는 개념 대신 금석병용기라는 용어가 사용되던 시절이었다. 이 개념은 북한에서 먼저 신석기시대와 청동기시대를 나누면서 무너졌으며, 세형동검을 조형으로 한다는 아리미츠의 생각도 1960년대에서 70년대 청동기시대 유적이 알려지고 편년 연구가 진척되면서 잘못임이 드러났다.

파주 옥석리의 고인돌 아래에서 확인된 집자리에서 이단병식석검이 나왔고, 당시로서는 기대하지 않았던 2,590±105 BP, 곧 기원전 6-7세기(보정하면 930-409 cal BC)라는 방사성탄소연대가 나왔던 것이다(김재원·윤무병 1967). 아리미츠는 방사성탄소연대 하나가 형식에 입각한 연구를 뒤집을 수 없다고 주장했지만, 이제 연구자들은 다른 형태의 동검에서 기원을 찾거나 동검과의 관련을 부정하기도 하였다. 김원용(1971)은 유병식석검의 기원을 오르도스식동검에서 찾았으며, 요령식동검, 곧 비파형동검의 파급으로 유병식석검이 더욱 유행하였다고 보았다. 김영하(1979)는 아리미츠의 연구가 공반된 일괄유물에 대한 검토를 소홀히 하였음을 지적하면서 동검조형론 자체를 반박하였다. 이처럼 검신과 자루가 일체형인 오르도스식동검을 유병식석검의 조형으로 보기도 하며(김원용 1971), 전영래(1982)의 경우 완주 상림리에서 나온 도씨검 26점을 근거로 유경식검의 기원을 중국식동검에서 찾기도 하였다. 이밖에 골검에서 조형을 찾는 연구도 있다.

윤덕향(1997)은 유경식석검 신부에 피홈이 있는 단경식을 선행하는 것으로 보고 청동기, 곧 동과(銅戈)에서 원형을 찾았다. 심봉근(1989)은 동검조형론에서 벗어나 유병식과 유경식 석검 두 형식이 신부가 비슷하며, 유경식 역시 자루 없이 사용되지 않았을 것이기에 유경식석검이 선행한다고 보았다. 이백규(1991) 역시 완성된 형태로 등장한 석검은 동검에서 기원했을 것이며, 유경식이 유병식보다 앞선다고 하였다.

현재로선 석검의 기원에 대해 설득력 있는 설명을 찾기 어렵다. 다만 석검 형식 가운데 시간적으로 이르다고 생각되는 이단병식이 형태적으로 완성된 상태에서 출현하는 것을 염두에 두고 조심스럽게 동시기의 금속기, 곧 비파형동검을 모방한 것이라고 보는 연구자가 많은 것 같다(강인욱 2010).

그런데 기원이란 문제는 흥미 있는 주제이지만, 고고학적으로 검증하기 어렵다. 새로운 변이의 생성은 기존의 장에서 부지불식간에 일어날 수도 있으며, 오랜 시간 드나드는 패턴을 보이다가 고고학적으로 가시성 있는 자료로 남는다(성춘택 2017). 고고학에서는 어떤 물질문화 형식의 기원이나 계통을 찾고자 하지만, 사실 이는 무척 어려운 일이다. 새로운 형태의 등장은 늘 비약이 있어 아무리 비슷한 형태를 찾으려 해도 공백이 있기 마련이다. 따라서 이 문제를 논하기 위해서는 세밀한 편년과 함께 형태 변이에 대한 이해가 필수이며, 여기에 물질문화의 변동과 새로운 요소 출현의 맥락을 보는 이론적 시각이 어울려야 한다. 앞으로도 마제석검 같은 특정 유물의 기원을 추구하는 것은 사실 연구자가 모두 동의하는 결론에 이르지 못할 가능성이 높다. 오히려 마제석검이라는 새로운 유물이 어떠한 배경에서 고고학 자료로 확립되는지 고고학적 맥락과 문화 과정을 궁구하는 것이 더 생산적일 것이다.

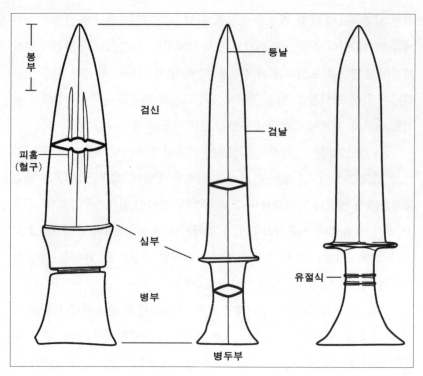

그림 11.10 유병식 석검의 부위별 세부 명칭과 분류 예시(이영문 1997: 10; 박선영 2004: 16의 도면 2를 바탕으로 김태경 그림)

아리미츠는 한국의 마제석검을 유경식, 유병식, 무경무병식, 철검형석검 등으로 나누었다. 세부 분류에는 문제가 있지만, 어쨌든 현재 유경식과 유병식의 구분은 일상적이다. 대부분 연구자들은 유병식을 다시 일단병식(무단병식)과 이단병식(유단병식)으로 나누고, 다시 검신에 혈구(피홈)가 있는지 여부를 유의한 속성으로 생각하고 있다(윤덕향 1997). 이 가운데 병부에 홈이 아니라 마디, 곧 절대만을 남긴 것을 유절병식이라는 독립된 형식으로 설정하기도 한다. 유경식의 경우 경부의 길이에 따라 단경식과 장경식으로 세분하기도 하며, 경부의 양쪽에 홈이 있는 형식도 있다.

청동기시대 마제석기를 종합 고찰한 손준호(2006: 46-52)는 한반도에서 출토된 마제석검 427점을 분류하였는데, 이에 따르면 유병식이 238점이며, 유경식이 199점이었다. 유경식 가운데는 경부가 긴 형식, 곧 흔히 석창이라

표 11.5 마제석검의 개략적 분류

일차 분류	이차 분류: 세부 분류	기타 속성
유병식	이단병식: 유단식, 유구식, 유절식 일단병식: 심부유단식, 심부유절식	피홈 검신, 병(경)부, 단 연결부 단면형 등날 길이 단 연결부 길이 심부, 병두부 돌출 정도 검신 날의 형태 길이(소형, 중형, 대형, 특대형)
유경식	단경식: 결입식, 돌출식 장경식(석창)	피홈 검신, 병(경)부, 단 연결부 단면형 등날 길이 단 연결부 길이 심부, 병두부 돌출 정도 검신 날의 형태 길이(소형, 중형, 대형, 특대형)

분류되는 것도 76점이 포함되어 있다. 이단병식은 모두 52점이며, 일단병식은 석검의 형식 가운데 가장 많아서 176점, 그리고 짧은 경부를 가진 유경식은 123점이다.

유병식석검은 두만강유역 등 한반도의 북단에서는 아직 알려진 바 없으며, 주로 금강, 영산강, 섬진강, 낙동강 유역 등 남부지방을 중심으로 분포한다. 이 가운데 이단병식의 경우 전남지방에서는 아주 적은 수만이 확인되고 있다.

병부의 형태를 기준으로 하면 이단으로 이루어진 유단식과 병부 양쪽에 홈이 파인 듯한 형태의 유구식, 그리고 절대를 돌린 유절식으로 나눌 수도 있다. 특히 검신에 피홈이 있는 유혈구식 석검은 대부분 유단식의 병부를 가지고 있다고 한다(손준호 2006: 47). 피홈은 일단병식석검에서는 확인되지 않고 있기 때문에 어느 정도 시간의 흐름을 반영하는 속성으로 생각되기도 한다. 다만 대동강유역의 팽이형토기 관련 유적에서 많이 확인되고 있고, 유절병식과 유구식이단병식석검, 유경식석검에서도 보이는 속성이다. 석검은 작은 것은 길이 10cm도 안 되는 것이 있는 반면, 50cm에 이를 정도로 큰 것도 있으며, 청도 진라리 출토품의 길이는 무려 66.7cm이다. 최근 김양선(2015)

은 석검을 길이에 따라 소형(0-20cm), 중형(21-30cm), 대형(31-40cm), 특대형(41cm 이상)으로 나누기도 했다.

석검은 집자리에서도 많이 나온다. 특히 중서부지방에서는 집자리 출토품이 무덤 출토유물보다 훨씬 많다. 이처럼 석검은 생활유적에서 나오기 때문에 단순히 의례용기로 생각할 수는 없다. 다만 생활유적 출토품의 상당수는 파손되어 있다. 표 11.6은 경기 및 충청지방에서 나온 완형 및 파손된 유병식석검을 출토맥락에 따라 구분한 것이다. 경기도에서는 모두 93점 가운데 무려 81점이 집자리에서 나왔으며, 무덤에서 나온 유물은 10점에 불과하고, 이는 파손품이나 완형 모두 마찬가지이다. 그러나 충청지방에서는 달랐다. 모두 185점 가운데 집자리에서 나온 것이 107점(58%)이며, 무덤에서도 76점이 수습되었다. 특히 완형의 경우 무덤에서 나온 것이 70%에 이를 정도로 많았다. 이처럼 두 지역에서 마제석검의 출토맥락은 서로 다르게 나타나고 있는 것이다.

경기와 호서지역의 자료는 호남과 영남 지방의 사례와도 비교할 필요가 있다. 표 11.7은 최근 김양선(2015)이 영남과 호남에서 나온 마제석검의 출토 맥락을 수정하여 정리한 것이다. 고인돌(지석묘)이 많은 호남의 경우 일단병식 석검이 압도적인데 영남에서는 일단병식이 더 많지만, 상대적으로 이단병식의 빈도도 높음을 알 수 있다.

표 11.8에서는 신부와 병부의 비율에서 집자리와 무덤이라는 출토 맥락에서 차이가 잘 드러난다. 다시 말해 무덤에서 나온 유물의 경우 다수가 7:3에 해당하고, 이보다 신부가 더 길거나 짧은 것은 비교적 적다. 하지만 집자리에서 나온 유물의 경우에는 6:4 정도에 해당하는 것이 많으며, 상대적으로 신부가 긴 것도, 신부와 병부의 길이가 거의 같은 것도 있다. 이로써 집자리라는 생활유적에서 나온 석검의 신부가 상대적으로 작은 경향이 있는데, 이는 실생활에 사용되었으리라는 가정과도 어울린다. 사용 중 마모와 재사용, 재가공으로 신부가 짧아졌을 수 있는 것이다.

표 11.6 경기 및 충청지방에서 나온 유병식석검의 출토 유구별 양상

구분	파손		완형		종합		계
	경기	충청	경기	충청	경기	충청	
집자리	67(89%)	87(78%)	14(78%)	20(27%)	81(87%)	107(58%)	188(68%)
무덤	8(11%)	24(22%)	2(11%)	52(70%)	10(11%)	76(41%)	86(31%)
기타	·	·	2(11%)	2(3%)	2(2%)	2(1%)	4(1%)
소계	75	111	18	74	93	185	278
계	186		92		278		·

* 표는 유병식석검만을 대상으로 한 것으로 유경식을 포함하면 유물의 수는 달라질 수 있음(표 11.6과 11.8 은 경희대 양혜민, 김태경, 박호윤, 박종명, 정동희 학생의 도움으로 작성됨).

표 11.7 호남과 영남 지방의 마제석검 형식과 출토 맥락(김양선 2015: 16, 표 3을 수정)

	무덤 형식	호남	영남	무덤형식별 합계	계
이단병식	고인돌	8	20	28	39
	석곽묘	0	3	3	
	석관묘	0	6	6	
	토광묘, 기타	0	2	2	
일단병식	고인돌	81	22	103	160
	석곽묘	10	4	14	
	석관묘	14	19	33	
	토광묘, 기타	3	7	10	
계		116	83	199	199

표 11.8 경기 및 충청지방 출토 유병식검의 출토 맥락과 신부:병부 비율의 관계

비율	9:1	8:2	7:3	6:4	5:5
집자리	2 (7%)	4 (13%)	3 (10%)	17 (57%)	4 (13%)
무덤	·	7 (15%)	29 (60%)	9 (19%)	3 (6%)
계	2 (3%)	11 (14%)	32 (41%)	26 (33%)	7 (9%)

11.5. 간돌검의 형식과 편년

11.5.1. 유병식 석검의 분류

이처럼 간돌검은 유병식, 유경식, 다시 이단병식과 일단병식으로 나뉘고 불리는 것이 보통이지만, 연구자마다 다른 기준으로 세부 형식분류를 한다. 이를 염두에 두고 유병식석검의 세부 형식분류를 살펴보자.

표 11.9는 유병식 석검에서 관찰하고 측정할 수 있는 속성과 속성상태를 예시한 것이다. 생활유적에서 나옴을 감안하면 간돌검(마제석검)은 무엇을 찌르고 자르는 쓰임새가 있었겠지만, 돌검의 많은 속성, 특히 표 11.9에 제시된 속성들은 대체로 양식적인 것이 많다. 다시 말해 전체 길이나 피홈, 등날의 유무 등은 기능적이고도 양식적인 속성일 수 있지만, 심부의 형태나 병부끝의 생김새는 기능과 거의 무관한 양식적 속성이라 할 수 있다. 이전에 살펴본 돌살촉(석촉)의 거의 모든 속성이 기능과 직간접으로 관련되어 있는 반면, 간돌검에서는 양식적 속성이 많은 것이다. 고고학에서 양식적 속성은 시간의 변화, 지역에 따라 더 민감한 경향이 있다(오브라이언·라이맨 2009). 그리하여 편년을 목적으로 하는 연구에서 양식적 속성을 중요하게 여긴다. 지은이는 현재 표에 제시된 속성과 속성상태를 바탕으로 유물을 정리하고 분류하고 분석하고 있는데, 앞으로 의미 있는 시간의 흐름과 지역성을 파악할 수 있을 것으로 기대한다.

11.5.2. 이단병식과 유절병식 석검

최근 공민규(2013)가 금강유역의 청동기시대 전기의 가락동유형과 미사리유형 취락을 대상으로 검토한 자료에 따르면, 석검 55점 가운데 53점은 가락동유형의 집자리에서, 나머지 2점은 미사리유형 유적에서 수습되었다고 한다. 53점 가운데 봉부만이 출토되어 전체 형태를 알 수 없는 17점을 제외하면 이단병식석검이 압도적이어서 모두 30점이며, 5점만이 일단병식이고, 1점이 유경식이다. 이단병식 가운데 5점은 병부 양쪽에 홈을 낸 유구식

표 11.9 유병식 석검의 형태 속성과 속성상태 예시

속성	속성 상태	설명
전체 형태	전체 길이 cm	(초)대형, 중형(일반), (초)소형 등 (장대형과 소형 판별)
	신부/병부 비율	신부나 병부가 커진 형태를 판별 (신부나 병부가 비대해진 것을 판별)
	최대폭 심부 너비(cm) / 심부 = 병부끝 너비 / 병부끝 너비(cm)	최대폭의 위치와 계측값
신부	선단부 형태 a b c	a에서 c로 갈수록 세장해짐
	신부폭 1/2지점 / 심부접점	신부의 너비와 세장도
	피홈 유/무	
	신부 단면 a. 타원형 / b. 마름모형 / c. 볼록렌즈형 / d. 마름모-렌즈형 / e. 렌즈-마름모형	등날이 있으면 마름모형, 없으면 렌즈형으로 판단
	등날 a. 없음 / b. 전체 / c. 상부 / d. 중부 / e. 하부 / f. 기타 (끊김)	등날의 유무와 신부 전체, 또는 상부, 하부에만 있는지를 판별에 등날이 있는 경우
심부	심부 형태 마연유무 a. 돌출 거의 없음 / b. 직선/곡선 / c. 곡선/직선 / d. 곡선/곡선 / e. 돌출 / f. 파손, 판별 불가능	심부가 거의 보이지 않는 형태 / 신부는 직선이고 병부는 곡선인 것 / 신부가 곡선이며, 병부는 직선인 것 / 신부와 병부 모두 곡선인 것 / 심부가 밖으로 돌출한 것 등
병부	단, 절 유무	이단병식 / 일단병식 / 유절병식
	병부길이 cm	심부 하단에서 병부끝까지 길이
	병(단)부폭 cm	병부 중간의 너비
	단부길이 cm	이단병식일 경우, 단부의 위치와 길이를 측정

병부	병부 단면	a. 타원형 b. 마름모형 c. 볼록렌즈형 d. 마름모-렌즈형 e. 렌즈-마름모형 f. 편육각형 g. 장방형
	등날	유/무
	병부끝 형태	a ⊔ d ∧ b ⊔ e ⋀ c ⊔

위 항목별 설명:

| 병부 단면 (a~g) | | 신부단면의 기술과 같은 방식으로 분류.
편육각형, 타원형, 장타원형 등 보고서의 기록에
유의 |
| 병부끝 형태 (a~e) | | 병부가 직선이고,
직선과 직선, 직선과 곡선, 곡선과 직선, 곡선과
곡선에 따라 여러 속성상태 설정 |

* 유경식, 유절병식을 제외한 한국 유병식 간돌검의 전체 형태와 신부, 심부, 병부의 형태 속성에 주목하여
여러 속성상태를 설정한 사례이다. 여기에 제시되지 않은 다른 여러 속성에 주목할 수도 있겠다.

석검이다. 이처럼 전기 유적에서 이단병식석검이 많은 것은 분명하지만, 일단병식과 유구식석검도 출토되고 있다. 따라서 변화는 단절적인 것이 아니라 빈도에서 차이가 나는 것으로 생각된다.

이단병식검은 검신부와 병부, 이단병의 단 연결부의 단면형에서 여러 형식으로 나눈다. 박선영(2004)은 유병식 석검을 병부의 단 연결부의 길이와 단면형에 주목하여 여섯 세부 형식으로 분류한다. 우선 i식은 단 연결부가 1.5cm 이상으로 길며 단면은 원형 내지 타원형이고, ii식은 길이 1-1.5cm에 단면 장방형이며, iii식은 길이 1cm 미만에 단면은 렌즈형 또는 능형이고, iv식은 길이 1cm 미만으로서 띠모양의 절대가 보이고 단면은 렌즈형이며, v식은 역시 길이 1cm 미만으로서 단 연결부가 거의 없어지면서 절대가 더욱 분명해져 유절병식이라 부르는 것이며, vi식은 단 연결부가 보이지 않고 절대만 남아 있으며, 최소폭이 병부의 최소폭과 같으며 단면은 능형이 많다고 한다.[1]

이처럼 박선영(2004)은 단 연결부의 길이와 형태를 기본으로 하고 검신

....

1   손준호(2009)의 호서지역 석검 연구에 따르면 피홈(혈구)과 단 연결부의 폭은 서로 관련되어 있지
    않다고 한다. 피홈이 시간성을 반영하는지는 불분명한데, 이단병식석검에서 피홈 유무는 시간성과 별
    로 상관이 없는 것 같다. 다만 일단병식 석검은 피홈을 갖고 있지 않음을 유념할 필요가 있다.

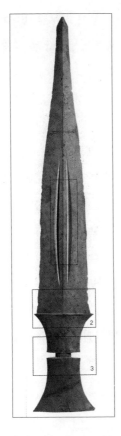

그림 11.11 찰절흔이 남아 있는 이단병식 간돌검
피홈과 심부, 단 연결부를 잘라내어 만들었다(제6장
참조, 국립대구박물관 2005: 30에서, 출토지 불명).

의 형태 및 혈구의 유무 등을 바탕으로 유병식석검을 위의 여섯 형식으로 나
누어 대체로 I형식에서 VI형식으로 변천하였음을 고증하고 있다. 이에 따르
면, I형식은 단 연결부의 원형 단면과 병부의 단면이 일치하지 않을 정도로
단 연결부가 가장 뚜렷하고 긴 것으로, 혈구가 있는 것도 있고 무혈구식도
있지만, 시간적으로도 가장 앞선다고 한다. 단 연결부는 시간의 흐름에 따라
대체로 간소화되는 과정을 거쳐 IV형식에 이르면 단 연결부의 폭과 병부의
폭이 거의 같아지면서 마디, 곧 절대가 뚜렷해져 유절병식화하며, 마지막으
로 VI형식에서는 절대의 돌출부가 마연되어 없어지는 간소화의 과정을 거
친다고 한다.

유절병식 석검은 병부에 절대가 돌아간 형식의 석검을 말하는데, 검신
의 양날이 평행하고 장대화하는 특징도 가지고 있다. 검신과 병부 사이의 심

부가 돌출한 석검이 많고, 병부의 하단부, 곧 병두부가 좌우로 벌어져 확대된 석검도 자주 보인다. 특히 지역색이 강해 밀양과 청도 등 낙동강유역에 집중 분포하고 있는데, 경기도와 진안 여의곡 유적 등 금강유역에도 소수 나오고 있다(장용준·平君達哉 2009). 유절병식석검은 세장유경촉과 공반하는 것으로 보아 청동기시대 후기에 해당하는 유물로 생각되고 있다. 그리하여 유절병 식검의 출현을 한반도에서 드문드문 보이고 자루에 절대를 가진 이른바 도 씨검(挑氏劍)에서 찾기도 한다(손준호 2009). 다만 박선영은 이단병식에서 유 절병식으로 시간의 흐름에 따라 자연스런 변천을 보인다고 한다. 그러나 유 절병식석검은 중부지방에서도 나오긴 하지만, 분포가 영남지방에 집중되어 있기 때문에 우선 지역성이 강한 유물형식으로 생각하는 것이 좋겠다.

공반관계를 살펴보면 단 연결부가 뚜렷한 이단병식검은 편평무경촉이 나 이단경촉, 일단경촉과 공반하고 있는데, 모두 청동기시대 전기의 대표 유 물이다. 양쪽이 홈처럼 들어간 유구식의 이단병식검은 전기의 유물과 함께 세장한 유경촉과도 공반되고 있어 지속시간이 긴 것 같다(손준호 2006: 96).

11.5.3. 일단병식 석검

일단병식 석검은 출토 빈도도 가장 높고, 분포 역시 전국적이기 때문에 형식 설정과 변천을 파악하는 것이 쉽지 않다. 보통의 석검에 비해 아주 작 은 것도 있는데, 소형 석검을 독립된 형식으로 설정하기도 하며, 재가공품으 로 생각하기도 한다. 가락동유형의 유적에서 많이 보이지만, 역삼동유형과 흔암리유형, 그리고 송국리 유적에서도 소형 석검이 출토되고 있다. 석기의 제작과 사용이란 감쇄과정의 산물임을 생각할 때 선단부가 깨지면 재가공 했을 가능성도 있다. 신부와 병부의 단면은 대부분 마름모, 곧 능형이지만, 병부만을 렌즈형으로 만들기도 한다.

손준호(2009)는 호서지역에서 출토된 일단병식검을 심부유단식과 심부 유절식으로 대별한다(그림 11.12). 호서지역에서 심부유단식석검은 모두 15 점인데 반해, 유절식은 74점으로 대부분이 심부유절식검이다. 이 둘을 구분하기 어려운 사례도 있는데, 검신부와는 부드럽게 연결되면서도 병부와는 단을 이루는 석검도 있다.

이렇듯 일단병식은 검신과 심부, 병부의 연결에 주목하여 형식을 설정하는데, 박선영(2004)은 이에 주목하여 네 형식으로 나눈다. 먼저 A형식은 검신과 심부가 곧게 연결된 반면, 심부와 병부는 완만하게 닿고 B형식은 검신과 심부, 심부와 병부의 연결이 완만하여 평면상 검신과 병부가 대칭적이며, C형식은 검신과 병부가 절의 형태를 띠고 연결되어 있으면서 심부와 병부는 급한 각도로 꺾여 있고, D형식은 심부가 표현되어 있지만, 분명하지 않게 면으로 연결된 것이다. A, B, C, D형식은 시간보다는 공간적인, 곧 분포의 차이를 나타내는 것으로 보인다(표 11.9 참조).

11.5.4. 유경식 석검

유경식석검을 연구자에 따라서는 석창으로 보기도 하지만, 부여 송국리에서는 경부 양쪽에 홈이 파인(결입식) 석검에 나무 자루가 장착되어 있는 유물이 나온 바 있다. 이 자루를 장착하였을 때 석검은 일단병식과 비슷한 모습이다. 경부를 단경식과 장경식으로 구분하는 방식도 많이 보이는데, 이 경우 장경식검을 석창으로 판단하기도 한다(손준호 2006).

유경식검 가운데는 경부의 끝이 양쪽으로 벌어진 형식(경부하단돌출식)과 송국리의 나무자루가 장착된 유물 같은 경부양측결입식, 또는 유구식이 있다. 경부하단돌출식은 비교적 크기가 작은 것이 많아 경우에 따라서는 재가공품으로 여겨지기도 한다. 유구식은 송국리 유적 등 충청지역에서 9점이 확인되며(손준호 2009: 18), 크기가 큰 것도, 작은 것도 있다고 한다. 영산강과 섬진강 유역 등 전남지방에서도 특히 단경의 유경식이 33점이나 확인되었다.

손준호(2006)의 종합에 따르면, 유경식 123점 석검 가운데 대체로 경부 양측에 홈이 파인 것이 50점, 아무런 변형도 없는 것이 40점 정도라고 한다. 이처럼 유경식석검의 분포는 전국적이지만, 특히 대동강유역을 중심으로 하는 북한지역의 팽이형토기 유적에서 많다. 손준호의 199점 가운데 모두 93

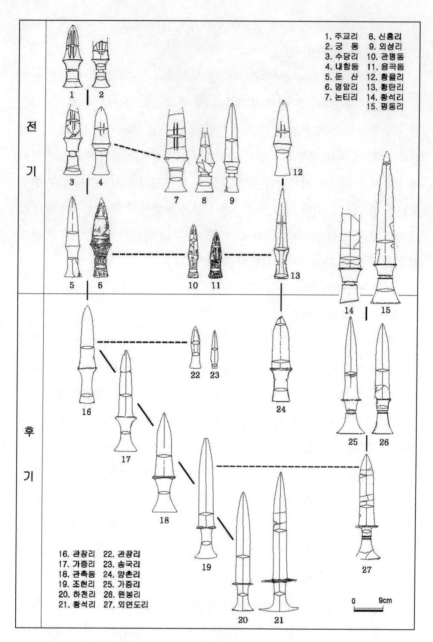

전기

후기

1. 주교리 8. 신흥리
2. 궁 동 9. 외성리
3. 수당리 10. 관평동
4. 내항동 11. 용곡동
5. 둔 산 12. 황율리
6. 명암리 13. 황탄리
7. 논티리 14. 황석리
       15. 평동리

16. 관창리 22. 관창리
17. 가증리 23. 송국리
18. 관촉동 24. 양촌리
19. 조현리 25. 가증리
20. 하천리 26. 원봉리
21. 황석리 27. 외연도리

0   9cm

그림 11.12 호서지방의 유병식석검의 변천에 대한 손준호의 해석

전기에는 피홈이 있는 이단병식이 빠르고, 신부도 넓고 작은 경향이 있다. 후기에 신부는 길어지고 좌우 나란하며, 등날이 형성되며, 병부에 절대가 돌아가고 병부에도 등날을 세운 형식이 늦다(2009: 21, 도 6에서).

점이 대동강유역 출토품인 것이다. 대동강유역에서는 유경식석검이 비교적 이른 시기부터 제작되었으며, 신부에 피홈이 있는 형식이 비교적 이르다고 알려져 있다(윤덕향 1997). 그 이후에 이단병식석검이 등장하며, 단면은 렌즈형에서 마름모형으로 변천한다고 보기도 한다(손준호 2006: 88). 그리하여 유경식석검의 기원을 요동반도의 석창에서 찾기도 한다(손준호 2009). 유경식 가운데 짧은 경부를 가진 석검은 일단경촉과 공반하여 대체로 청동기시대 후기의 유물임을 알 수 있다. 그러나 이미 지적하였듯이 형식별 변화는 결코 단선적이지 않다.

11.5.5. 석검의 등장과 변화

어떤 형식의 석검을 가장 이른 시기로 편년하는지는 사실 석검의 조형을 어떻게 생각하는지와도 관련된 주제이다. 예컨대 유병식석검의 조형이 비파형동검이었다면, 대체로 유혈구 이단병식석검을 가장 이른 시기 형식으로 본다. 그리하여 단 연결부는 자루가 별도로 삽입되는 비파형동검을 모방한 것이라 여긴다. 특히 단 연결부가 넓고 병부에 장식을 한 석검(창원 평성리 출토품)을 발생기의 유물로 판단하기도 한다. 검신과 병부의 단면 역시 완만한 렌즈형이 대부분이고, 검신의 평면형이 부드러운 곡선으로 되어 있는 것 역시 비파형동검을 모방한 탓이라는 것이다(배진성 2005; 손준호 2009). 석기가 청동기를 모방하였다는 생각은 석촉에서도 그대로 이어져, 이단경촉은 이단경식의 청동촉을 모방하였다고 생각되고 있다. 그러나 삼부위 조립식인 비파형동검과 석검은 실제 형태뿐 아니라 도구 체계 자체가 상당히 다른 것이 사실이어서 이에 대해 표면적이고 인상적인 접근 말고 더 분석적이고 이론적인 접근이 필요하다.[2]

이재운(2011)은 방사성탄소연대를 근거로 홍천 외삼포리(5호)와 대구

....

2 석검의 기원이나 전파경로에 대한 주장은 그 자체로 검증할 수 있는 것은 아니다. 자료의 시공간 분포에 대한 면밀한 검토뿐만 아니라 과거 물질문화의 변화를 보는 시각이나 이론적인 입장과 결부된 문제이다.

진천리(1호)에서 출토된 유병식검을 현재 한반도 남부에서 가장 오래된 것으로 추정하였다. 대전 원신흥동에서도 유사한 연대가 나왔다. 보정한 연대에 따르면 기원전 1300-1200년 청동기시대 전기 집자리 유적과 함께 마제석검이 등장하는 것이다. 절대연대를 참고하면 병부와 신부 사이가 단을 이루는 이단병식과 역시 심부가 단을 이루는 일단병식검이 가장 빠른 것 같다.

최근 김양선(2015)은 무덤에서 나온 유병식검을 분류하고, 지역성과 편년을 고찰한 바 있다. 우선 유병식검을 심부 폭이 병두부 폭보다 큰 A와 비슷한 비율인 B, 병두부 폭이 심부보다 큰 C로 나눈다. 청동기시대 전기에는 석곽형이나 토광형 분묘에서 B와 C형식 이단병식검만이 부장된다. 연구에 따르면, A형식은 후기 후반에 등장하는데, 금강유역을 중심으로 하는 지역에서 많이 보인다고 한다. 그런데 후기에 속하는 석관형 분묘에서는 일단병식석검만이 부장되는데, 특히 섬진강유역과 남해안에서는 이단병식검을 찾을 수 없다. 이처럼 석검의 형식은 지역성과도 밀접하게 연관되어 있는 것이다.

이단병식검 가운데 피홈이 있는 석검은 금강유역 등 남부내륙에서 널리 보인다. 이단병식의 경우 단연부가 짧아지고, 심부가 어느 정도 돌출되면서 검신도 길어진다(그림 11.12). 그리고 유절병식, 그리고 일단병식 가운데 심부와 병두부가 돌출된 형식이 늦은 것으로 알려져 있지만, 이런 변화는 단선적이지 않다.

등날 또는 능선(稜線) 역시 유병식검의 중요한 속성 가운데 하나이다. 등날은 검신부에 한정되어 있는 경우와, 검신과 병부 상단부에만 있는 경우, 그리고 검신과 병부 전체에서 관찰되는 경우로 나눌 수 있다. 전반적으로 검신에 한정된 등날을 가진 석검이 시간적으로 이르며, 검신과 병부 전체에 등날을 가진 석검은 의기화한 것으로 생각된다(장용준·平君達哉 2009). 이 속성 역시 비파형동검을 조형으로 석검이 등장하였다는 생각과 연결되는데, 비파형동검은 등날이 뚜렷하지 않은 반면, 늦은 시기 세형동검은 뚜렷한 등날을 가지고 있다. 늦은 시기 석검이 좁고 평행한 날을 가지다가 선단부에서 날카롭게 꺾이는 것이다.

11.5.6. 석검의 쇠락

석검은 고인돌과 석관묘, 석개토광묘 등 무덤뿐 아니라 집자리에서도 흔하게 나온다. 특히 이단병식검 가운데는 집자리 출토품이 많고, 이 가운데는 신부가 닳아 짧아진 것이 드물지 않다. 이는 무뎌지거나 부러진 석검의 날을 다시 갈아 사용한 탓으로 보인다. 이처럼 청동기시대 전기의 상당수 석검은 출토 맥락에서 보면 무엇인가를 찌르고 베는 실제 생활용구로 쓰였을 것으로 보인다. 그러나 과연 무기로서 석검의 기능을 상정할 때 얼마나 실용성이나 효율성이 있는지는 불분명하다. 특히 돌로 만들어졌기 때문에 부딪혔을 때 쉽게 부러질 수 있음을 생각하면 무기로서 쓰였는지 의문이다. 따라서 패용자의 사회적 지위와 권위를 상징하는 물품으로 보는 것이 합리적인 것 같다.

청동기시대 후기로 갈수록 무덤에서 의기화한 석검의 빈도가 늘어난다. 전기의 유병식 가운데 유단병식, 유구병식 석검이 주로 집자리에서 나오지만, 후기에는 유단유절병식, 일단병식의 석검이 대부분 무덤에서 부장품으로 발견되고 있는 것이다(손준호 2009). 따라서 석검이 동검을 모방하여 등장한 것이라는 생각을 받아들인다면, 이른 시기 석검의 경우 주로 패용자의 사회적 신분을 상징하는 것에서 후기에는 매장과 결부된 의례적인 성격이 강조되는 변화를 겪은 것으로 보인다(박선영 2004). 특히 무덤에서는 파손된 석검이 많이 나오는데, 이는 의도적으로 깨뜨림으로써 죽음을 함의하는 것으로 보인다. 손준호(2009)는 청동기시대 후기에는 유절병식, 일단병식 석검이 무덤에 부장되는 의례용의 성격을 가졌으며, 이와 함께 유경식석검은 생활유구에서 발견되어 실제 패용자의 신분을 상징하였으리라 추정한다.

간돌검은 세형동검의 이른 시기 형식과 공존한 것으로 알려져 있으나, 점토대(덧띠)토기나 흑도(검은간토기)와 반출한 사례는 드물다. 소멸기의 간돌검은 아주 소형의 유물이 보이는 것으로 보아 명맥만을 유지한 것으로 보인다. 이로써 대체로 기원전 3세기 정도에는 사라지는 것으로 알려져 있다(이영문 1997). 최근 이재운(2011)은 방사성탄소연대값과 공반 유물로 편년하면서 마지막 석검을 기원전 400년경으로 설정한 바 있다. 기원전 4-3세기 초기 철기시대의 성립, 그리고 실용구로서 철기가 보급되면서 석검, 그리고 마제석기는 급속히 쇠락한다.

제4부 더 넓은 맥락에서 보는 석기

제12장
석기의 기능

고고학에서 쓰이는 석기의 명칭은 흔히 기능적 함의가 있다. 예를 들어 주먹도끼에는 손으로 쥐고 도끼처럼 쓰는 도구, 긁개는 무엇을 긁는 데 쓰는 도구, 돌칼이란 칼의 쓰임새를 위해 돌로 만들어진 도구라는 함의가 있다. 그러나 전술하였듯이, 석기의 명칭이란 그저 형태 속성에 바탕을 두고 가장 그럴 듯한 기능을 추정하여 붙인 이름이거나 형태상 가장 가까운 현대 연장의 이름일 뿐이다. 현재 많은 도구가 복합 기능을 갖듯이 선사시대 석기도 마찬가지였을 것이다.

수천, 수만 년 전 만들어진 석기가 어떻게 쓰였는지를 추정하기란 쉽지 않다. 이 장에서는 석기의 명칭이 가진 기능적 함의와 함께, 석기의 기능을 알기 위한 여러 분석 사례를 살펴본다. 특히 석기 사용흔 분석에 관한 이슈를 비판적으로 검토함으로써 과거 유물의 기능 파악이 그리 간단한 문제가 아니며, 결국 형태와 출토 맥락 등 포괄적인 고고학 분석이 중요함을 강조한다.[1]

....

1 이 장의 초반부는 지은이가 2002년 발표한 글(Seong 2002)의 내용과 Odell 2000을 참고하여 작성

12.1. 뗀석기의 기능과 미세흔

고고학 유물의 기능 추정이 그리 단순한 일이 아니라는 데 대다수 연구자들은 동의할 것이다. 20세기 중반 고고학사를 보더라도 유물의 기능적 측면에 대해 복잡한 이슈가 있음을 알 수 있다. 1950년대 초 고고학 분류와 편년에 쓰이는 형식의 의미를 둘러싸고 벌이진 포드와 스폴딩의 논쟁, 1960-70년대 구석기고고학계의 큰 이슈였던 무스테리안 논쟁(보르드-빈포드)은 유물의 형식이 담고 있는 뜻이 무엇인지에 대해 관심을 가지는 계기가 되었다(제2장 참조). 고고학에서 쓰이는 형식이란 개념은 시공간의 틀에서 형태변이를 이해하기 위한 장치 역할을 하는데, 과연 보르드의 주장과 같이 뗀석기의 형식에서 수만 년 동안 존속한 과거 집단이나 족속을 확인할 수 있을까? 아니면 빈포드의 주장대로 형태변이란 상이한 행위 패턴에서 말미암은 것인가? 나아가 석기의 형태를 바탕으로 설정한 형식에서 기능을 추정할 수 있을까? 그런데 우리가 사용하는 형식명은 전체 형태를 바탕으로 한 것이기도 하고, 날의 생김새나 성격에 근거하여 기능을 추정하여 붙인 이름이기도 하다.

찌르개를 사례로 들어 보자. 무스테리안찌르개(첨두기, Mousterian point)는 주로 형태 속성에 따라 정의된 석기의 기종인데, 르발루아기법에 의한 몸돌 감쇄로 떨어져 나온 삼각형의 뾰족끝 격지를 가리킨다. 격지에 잔손질이 베풀어져 있기도 하고, 그렇지 않은 사례도 있다. 그런데 이 뾰족끝격지가 반드시 창끝에 장착되어 찌르개로 쓰였을 것이라는 증거는 없다. 실제 무스테리안찌르개 가운데는 지나치게 크고 무거워 사냥 도구로서 적당하지 않은 유물이 많다는 시각이 있다. 반대로 복제 실험과 파손 패턴 연구를 바탕으로 찌르거나 던지는 창끝에 끼워져 사냥용 무기로서 사용되었을 것이라는 주장도 있다(Shea 2001). 또한 이스라엘의 중기 구석기시대 유적 케바라

....

하였다.

동굴에서 나온 무스테리안 삼각형찌르개에서는 창에 장착되어 생긴 흔적이 확인되기도 했다(Klein 2009: 498, Fig. 6.38 참조). 그렇다고 모든 무스테리안 뾰족끝 격지가 창끝에 장착된 찌르개로서 기능을 가지고 있다는 것은 아니다. 무스테리안찌르개보다 훨씬 공을 들여 양면을 정교하게 잔손질한 양면찌르개(bifacial point) 역시 다기능으로 쓰였음이 알려지고 있다(Andrefsky 1998; Kelly and Todd 1988). 창이나 화살대 등 투사기에 꽂혀 사냥감에 발사되기도 하고, 사냥감을 도살하고 살과 가죽을 자르는 데도 쓰인 복합 기능의 도구였던 것이다.

후기 구석기시대 유적에서 널리 보이는 밀개 역시 대체로 동물의 가죽을 무두질하는 데 쓰인 도구로 생각되고 있다. 밀개의 작업날은 돌날의 한쪽 끝에 둥그렇게 만들어져 있고, 급한 각도로 잔손질되어 있다. 이로부터 추정하면 자르는 기능보다는 가죽을 펴고 긁는 쓰임새에 맞았을 것으로 보인다. 밀개는 자루가 달린 손잡이에 장착되어 가죽을 밀어내고 당기는 무두질을 위한 도구였다고 한다(Hayden 1979, 1986). 그러나 몇몇 분석에서는 긁는 일뿐 아니라 새기고, 뚫고, 심지어 찌르개의 쓰임새까지 다기능 도구였다고 한다(Odell 1981).

민족지 연구에 따르면, 석기의 형태와 기능은 일치하지 않는다(Andrefsky 1998: 196-97). 예를 들면, 뉴기니 원주민은 결코 석기를 기능에 따라 형식으로 나누지 않는다고 한다. 원주민에게 어떤 기능만을 위해 만들어진 전형적 모습을 가진 도구는 없다. 중요한 것은 전체 형태가 아니라 석기가 가진 날이 주어진 작업에 얼마나 효과적인지 하는 것이라고 한다.

이처럼 뗀석기의 명칭과 형식은 기능과 분명하게 연결되지 않는다. 다시 말하지만, 석기 명칭이란 형태를 바탕으로 붙인 이름일 뿐이다. 그리하여 기능이라는 것은 분석과 연구를 거쳐 판단해야 할 문제이지 전제하고 들어갈 수는 없다.

고고학에서는 20세기 중반 문화과정과 인간행위에 관심이 높아지면서 고고 유물과 유구, 유적이 가진 기능적 맥락이 이슈가 되었다. 석기의 형태만을 바탕으로 쓰임새를 추정하는 것은 과학이 아닌 상식의 수준을 벗어나지 못한다. 고고학은 그저 모두가 과거 유물의 용도를 알고 싶어 한다는 차원을 넘어 민족지 유추와 자연과학 분석으로 기능을 추정하고 검증하는 방법을 개발하였다. 이 가운데 특히 미세사용흔 연구는 많은 주목을 받았다. 현재 부엌에서 쓰는 금속 칼에도 사용, 또는 갈아서 생긴 흔적으로 미세한 홈이나 줄이 나 있는 것을 볼 수 있다. 20세기 중반부터 석기의 사용흔 분석은 독립된 연구 영역으로 발전하면서 수많은 사례 연구가 쌓이고 있다.

석기 사용흔(use wear)이란 사용으로 석기에 생긴 마모, 결실, 파손, 광택(윤)과 같은 관찰 가능한 흔적을 포괄하는 용어이다. 그런데 석기의 날에는 사용으로 인한 흔적 말고도 여러 요인으로 생긴 파손과 퇴적, 후퇴적변형의 흔적까지 포함되어 있으며, 이런 것들도 현미경 분석의 대상이다. 따라서 더 포괄적으로는 사용흔이 아니라 석기 미세흔(lithic microwear)이라 부르는 것이 옳다.

그러나 결론적으로 사용흔, 곧 미세흔 분석 역시 결코 과거 유물의 용도에 대해 단순한 판단을 주지 않는다. 연구자들은 수많은 복제 실험과 블라인드테스트, 사례분석과 비교연구로 분석이 그리 단순하지 않으며, 반드시 행위적 맥락과 유적 형성과정, 형식분류 같은 고고학 연구와 접목되어야 함을 알게 되었던 것이다.

석기 미세흔 분석의 초창기에는 여러 형태의 사용흔이 어떻게 만들어지고 변모하는지를 알기 위해 복제실험 등 과학적 방법과 절차를 사용함으로써 낙관적 분위기가 우세하였다. 하지만 사용 또는 비사용 흔적의 복잡한 생산과정을 알게 되고, 유물의 다기능성, 재사용, 재활용, 다양한 유적의 자연 및 문화 형성과정, 후퇴적변형 등 복잡한 과정이 중요하다는 인식이 자리 잡으면서 유보적인 논지와 함께 비판적인 견해가 커졌다. 어쨌든 지나치게 낙관적이고도 단순하게, 특정 사용흔 패턴은 어떤 단일한 행위를 지시한다고 생각하거나, 아니면 미세흔 분석을 가치 없다고 보는 시각 모두 지양해야 한다.

표 12.1 구석기시대 뗀석기의 쓰임새와 적절한 석기 형식

행위나 작업	뗀석기 기종
두드리고 깨기	망칫돌, 자갈돌
동물 도살, 해체	격지, 주먹도끼, 가로날도끼, 칼형도끼, 격지긁개, 뾰족끝도끼
작은 동물 해체	격지, 긁개, 찌르개, 톱니날
가죽 자르고 째기	격지, 가로날도끼, 칼형도끼, 톱니날
뼈 깨기	찍개, 주먹도끼, 망칫돌, 다면구
나무 베고 깎기	찍개, 대형긁개, 주먹도끼, 뾰족끝도끼
나무 다듬기	격지, 홈날, 톱니날, 긁개
가죽 무두질	밀개, 긁개
가죽 가공, 구멍 뚫기	등손질칼, 밀개, 새기개, 뚜르개
뼈나 뿔 (도구) 가공	긁개, 새기개, 뚜르개
견과류 깨기	망칫돌, 자갈돌, 모룻돌
땅 파기 (구근 채취)	주먹도끼, 가로날도끼, 뾰족끝도끼 (나무 막대기)
식물 가공	격지, 등손질칼, 긁개, 돌날

* 석기 사용은 복합적일 수 있음을 유념해야 한다. 가령 자르는 것과 톱질하는 것, 그리고 긁기와 다듬기를 구분하기란 어려운 일이며, 실제 석기를 사용할 때 여러 과정이 복합되어 있을 가능성이 높다.

표 12.1과 그림 12.1은 구석기시대 뗀석기로 할 수 있는 작업과 이에 합당한 석기 기종을 제시한 것이다. 석기를 이용한 행위나 작업은 이보다 훨씬 다양하겠지만, 표에 제시한 열세 가지 행위 모두 어떤 한 석기 형식만이 수행할 수 있는 것이 아님을 유념할 필요가 있다. 뒤집어 말하면 어떤 석기 형식은 지금의 다양한 연장들보다도 복합적인 쓰임새를 지녔을 것이다. 이 점을 고려하면서 석기 미세(사용)흔 연구를 개괄해 보자.

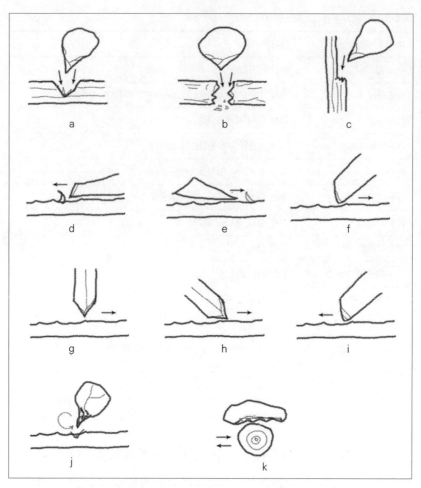

그림 12.1 다양한 석기 사용 방식을 움직이는 방향과 함께 도식적으로 표현한 그림
a: 찍기, b:(뼈) 깨기, c: 나무 깎기, d: 대패질, e: 깎기, f: 긁기, g: 높은 각도 새기기, h: 낮은 각도 새기기, i: 밀기, j: 구멍 뚫기, k: 자르기(Keeley 1980: 18 참조하여 지은이 그림).

12.2. 석기 미세흔 패턴과 연구 방법

1957년 석기 사용흔 분석을 개척한 세르게이 세메노프(Sergei Semenov)의 연구는 1964년 영어로 번역되면서 널리 알려진다. 세메노프야말로 체계적으로 사용흔을 관찰하고 기능적인 추정을 하는 방법을 개척한 연구자라 할 수 있다(이현종 1998; Keeley 1980). 이때 주목되었던 것은 석기의 날에 잔존된 줄 흔적(선흔)이었다. 이후 트링엄 등(Tringham *et al.* 1974)은 보르드의 형태에 바탕을 둔 석기 분류에 비판적인 견해를 제시하면서, 미세흔 분석이야말로 과거 인간행위에 접근할 수 있는 길이라고 평가하였다.

　미국에서 사용흔 분석을 개척한 연구자로는 로렌스 킬리(Keeley 1980)를 들 수 있다. 킬리는 특히 저배율현미경에 치중했던 경향에서 탈피하여 고배율현미경으로 윤과 같은 흔적(광택, polish)을 판단하는 영역을 개척하였다. 이로써 석기 미세흔 분석은 사용하는 방법에 따라 크게 저배율 접근과 고배율 접근이라는 두 가지 방식이 있음을 알 수 있다. 그런데 두 접근 모두 장점과 단점을 가지고 있다.

　파손과 같은 사용의 흔적은 맨눈으로도 보이지만, 마모나 날의 무뎌짐, 아주 작은 흠과 이빠짐(결실) 같은 것은 현미경을 써야만 관찰할 수 있다. 그럼에도 맨눈이나 간단한 돋보기만을 써도 판별할 수 있는 비교적 큰 파손흔이 있다. 찌르개와 같은 것이 동물의 뼈에 부딪혀 선단부가 결실된다든지, 아니면 주먹도끼의 선단부가 깨지는 것 정도의 파손은 쉽게 확인할 수 있다.

　그러나 영과 뱀포스(Young and Bamforth 1990)의 실험에 따르면, 맨눈으로는 실제 사용된 격지인지 아닌지를 25% 정도만 정확히 판단할 수 있다고 한다. 유물의 대다수는 맨눈으로 사용의 흔적을 판별할 수 없다는 것이다. 결국 사용흔을 판단하기 위해서는 저배율이든 고배율이든 현미경 사용이 반드시 필요하다. 특히 동물 살갗을 베고 자르는 데서 오는 흔적, 부드러운 식물을 자르고 찧고 가공해서 생기는 흔적은 맨눈이나 돋보기만으로는 판별할 수 없다고 한다.

　석기 미세흔을 종합 정리한 패트릭 본(Patrick Vaughn 1985)에 따르면, 사용흔(미세흔)은 크게 잔파손(microchipping), 선흔(줄, striations), 뭉그러짐(마모, rounding), 광택(윤, micropolishes), 잔존물로 나눌 수 있다. 여기에 깨짐(breaking), 곧 석기가 부러지는 현상 역시 맨눈으로 관찰할 수 있는 사용흔적으로 추가할 수 있다. 잔파손은 석기의 날이 사용 중 가해진 힘을 견디

그림 12.2 대전 용산동 유적에서 출토된 슴베찌르개
아래 왼쪽에는 완형도 몇 점 있지만, 대부분 끝부분이 부러진 상태에서 발견되었으며, 신부의 중간이 파손된 것도, 신부가 없어지고 슴베부분만이 남은 것도 있다. 대부분은 사용 중 파손을 입었다고 생각된다.

지 못할 때 생기는 "이빠짐" 같은 흔적을 말한다(Seong 2002). 이런 잔파손은 쉽게 볼 수 있기 때문에 연구자에 따라서는 사용된 석기와 그렇지 않은 석기를 구분하는 데 좋은 자료라고 여기기도 한다(Odell 1980, 2000, 2004).

이에 반대하여 고배율로만 관찰할 수 있는 광택이 더 신뢰할 수 있다고 여기는 사람도 있다(Keeley 1980). 광택면은 윤이라고도 불리는데, 작업 대상물질(피가공물)이 석기의 표면에 접촉하면서 특징적인 미세 마모흔을 남긴 것을 말한다. 날 뭉그러짐(마모)이란 맨눈이나 돋보기로도 관찰할 수 있는 흔적으로 석기의 작업날이 뭉그러지면서 닳는 것을 가리키는데, 물리적이고 화학적인 것을 포함한 복합 현상으로 생긴다. 선흔이란 선상흔이라 불리기도 하는데, 날 주변에 운동 방향으로 생기는 줄 모양 흔적을 말한다. 선흔은 저배율 현미경으로도 관찰할 수 있는데, 작업 대상의 성격과 석기를 움직이는 방향에 따라 여러 흔적이 생긴다.

작업날에는 다양한 형태의 기능 수행에 따라 역시 다양한 형태의 흔적이 남는데, 그것이 형성되는 과정은 흔히 복합적이다(김경진 2009; 최삼용

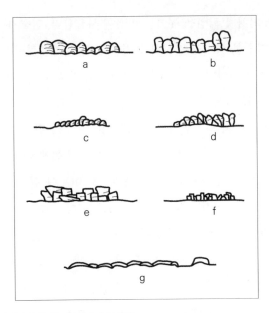

그림 12.3 석기 날에서 관찰되는 잔 파손흔의 종류

a: 크고 깊이 팬 자국, b: 크고 얕은 자국, c: 작고 깊은 자국, d: 작고 얕은 자국, e: 큰 계단상 자국, f: 작은 계단상 자국, g: 반달모양의 파손흔(Keeley 1980: 24, Fig. 10 참조하여 김민경·성춘택 그림).

2007; Seong 2002; Vaughn 1985). 잔파손과 날 마모, 선흔, 그리고 광택 같은 것이 포괄적으로 나타나는 것이 보통이다. 잔파손에도 여러 종류가 있어 비교적 크고 깊은 것, 크고 얕은 것, 작고 깊은 것, 작고 얕은 것, 계단 모양, 넓은 반달 모양 등이 있다(그림 12.3). 이밖에도 장착흔(hafting wear)은 찌르개나 밀개, 새기개, 뚜르개 같은 석기를 손잡이나 자루에 부착함으로써 접촉부위에 생긴 흔적을 일컫는데, 마모, 광택, 그리고 미세한 박리흔도 나타나고, 식물체의 잔존물이 있을 수도 있다.

작업 대상물질의 차이를 가장 잘 알 수 있는 방법은 고배율 현미경을 사용하는 것이다(Keeley 1980). 특히 어떤 물질에 작업했느냐에 따라 다른 미세광택(micropolish)이 형성된다고 한다. 예를 들어 식물에 사용된 석기에서는 더 밝은 광택이 나며, 동물 살갗에 사용된 흔적은 이보다 더 어둡다(Shea 1992).

기본적으로 석기 미세흔 연구는 복제실험으로 대상 석기를 만들고 블라인드테스트를 거쳐 신뢰성을 높이는 방법을 사용한다. 연구자 몇 명이 유사한 돌감으로 비슷한 형식의 뗀석기를 만들고 어떤 기능을 수행하는 실험으로 검증을 거치는 것이다. 대상 물질을 동물 살, 가죽, 나무, 뼈, 식물체 등으로 세분하고, 작업 역시 긁기, 자르기, 두드리기 등으로 나누어 석기에 특징적인 패턴이 생기는지를 관찰하고, 검증한다(그림 12.1 참조). 그런데 이처럼 가장 단순한 검증에서도 신뢰도는 우리의 기대만큼 높게 나오지 않는다.

그 이유는 실제 고고학 자료의 형성과정은 이보다 훨씬 복잡하기 때문이다. 석기가 어떤 주어진 기능만을 단순하게 수행할 수도 있지만, 긴 시간이 흐르면서 파손이나 닳는 패턴에 차이가 생길 수 있음은 물론이다. 그리하여 석기, 특히 날 주변의 모습은 석기를 사용할 때의 모습과 똑같지 않을 수 있다. 나아가 어떤 한 석기는 단순한 한 작업만이 아니라 자르고, 다듬고, 긁는 여러 작업에 쓰이기도 한다. 기능 자체로 복합적일 수도 있고, 재사용되거나 재가공되기도 하고, 긁개로 사용되던 것이 다시 잔손질되어 다른 석기로 전환될 수도 있다. 가령 가죽을 벗기다가 다시 재가공을 거쳐 뼈에서 살을 발라내다가, 가죽을 다루는 데 쓰이기도 할 것이다. 이처럼 유물은 시간의 흐름에 따라 재사용과 재가공을 거듭한다(Binford 1979; Schiffer 1972). 이런 행위가 복합적으로 누적되어 석기에 남아 있을 텐데, 이처럼 석기의 미세흔 또는 사용흔이란 결코 단순한 과정으로 만들어지지 않는 것이다.

석기를 비롯한 모든 고고학 물질 자료는 폐기된 이후에도 동물이나 사람에 밟혀 부러질 수도 있고, 생활공간을 의도적으로 치우면서 훼손될 수 있으며, 물과 바람, 그리고 흙에 묻히면서 원래의 모양에서 변형될 수도, 이에 따라 사용흔도 없어지거나 모습이 달라질 수 있다. 퇴적 후에도 나무뿌리나 토양화의 진전으로 사용흔은 달라질 수도, 사용이 아닌 다른 미세흔이 생길 수도 있다. 침식이나 경작, 개발 등으로 유물은 원래 만들어지고 쓰였던 모습에서 점점 멀어지며, 발굴과정에서 훼손될 수 있어 아주 복잡한 과정을 거쳐 오늘날 고고학자의 손에 이르는 것이다. 고고학 자료의 형성은 결코 단순하지 않으며, 석기 미세흔 분석은 이처럼 복잡한 과정과 유물 제작과 사용의 맥락을 고려하여야 한다. 석기가 어떤 유구에서 어떤 유물과 같이 나왔는지, 출토 맥락 역시 반드시 염두에 두어야 한다. 예컨대 자루에 장착해서 생긴 흔적과 작업날이 닳은 것을 미세흔만으로 판별하기는 쉽지 않다. 다만 석기의 형식을 고고학적으로 판단하고, 어디가 작업날이고 어느 부위에 자루를 장착했는지를 먼저 판단하는 것이 사용흔 판정에 도움이 된다.

따라서 선사시대 석기의 기능 분석은 반드시 고고학의 맥락에서 이루어져야 한다. 다시 말해 석기 날의 잔파손과 선흔, 마모, 광택 등 어떤 한 특징에만 의존하지 말고, 여러 흔적을 복합적으로 관찰하고 판단해야 하며, 무엇보다도 행위적 맥락과 유적 형성과정을 고려해야 한다(Binford 1983; 배기동 2000). 물론 어떤 종류의 행위는 다른 것보다 더 분명한 흔적을 남기기도 하고, 그렇지 않은 행위도 있을 것이다. 가령 동물 가죽을 긁는 일은 석기의 날을 빠르게 닳게 하여 결국 날은 뭉그러지고 광택이 생긴다. 그리고 이런 작업은 주로 상하 운동이기 때문에 날과 직교하는 선흔이 생기기도 한다(Odell 2004: 146). 그러니 가죽을 다루는 일로 생긴 흔적은 뭉그러짐, 광택, 선흔이 복합되어 있을 것이다(Morales and Vergès, 2014).

실제 미세흔 연구에서는 저배율과 고배율 접근을 결합하기도 한다. 저배율 방법은 먼저 미세흔의 존재와 위치를 알아내고, 나아가 운동의 방향을 파악하는 데 효과적이다. 물론 여전히 의도하지 않은 날의 파손과 사용에 의한 손상을 판단하는 일은 어렵다. 그리고 저배율 접근으로는 작업 대상 물질을 파악하는 데는 역부족이다. 로렌스 킬리가 개척한 고배율 현미경 접근은 작업 대상 물질을 추정하는 데 유리한 접근이기 때문에 최근 사용흔 분석에서 가장 널리 쓰이고 있다.

그러나 최근 도호쿠대학의 연구팀은 규질셰일로 만들어진 석기의 표면에서 나타나는 사용 광택 형식을 11개로 나눈 뒤 킬리의 연구와 비교하였다. 연구 결과에 따르면, 광택 형식과 작업 대상 물질 사이의 관계가 일률적이지 않았으며, 다분히 확률적이었다고 한다(Akoshima and Kanomata 2015). 이처럼 킬리(Keeley 1980)가 고배율 현미경 분석을 개척한 뒤 오랜 시간이 흘

렸음에도, 만족할 만한 결과가 나오지 않는 것이다. 미세흔을 분석한다고 해서 수만 년 전 유물의 쓰임새를 그리 쉽게 알 수 있는 것은 아니다. 다만 대상 물질을 나무, 풀, 동물의 살, 가죽, 뼈 등으로 특정하지 않고, 부드럽고 단단한 정도에 따라 네 단계 정도로 나누어 판단하면 신뢰도를 높일 수 있다고 한다(Odell 2004; Seong 2002).

다양한 미세흔 분석 결과가 나오면서 뗀석기의 형태와 명칭이 가지는 기능적 함의는 뒷받침을 받지 못하고 있다. 형태와 기능 사이에는 일관된 관계를 세우기 힘든 것이다. 예를 들어 이집트의 와디투시카(Wadi Tushka) 유적 출토 석기 3,847점은 아무런 형태적 일관성도 찾을 수 없는데 놀랍게도 90% 이상의 도구에서 "긁고 미는 과정"에 쓰인 흔적을 찾을 수 있었다고 한다(Becker and Wendorf 1993: 394). 게다가 이런 행위는 실제 전형적인 긁개가 많이 나온 지점에서는 보이지 않았다고 한다. 이 연구에서는 새기개로 분류된 석기들에서 뚜렷한 사용흔을 찾을 수 없었는데, 이 유물들은 오히려 잔돌날(microblade)을 떼어 내는 몸돌로서 역할을 하였을 것이라는 견해도 제시하고 있다. 또한 뚜르개의 날을 다시 벼리는(재생시키는) 방법으로는 새기개 떼기를 이용하였다고 한다(Cahen *et al.* 1979).

석기 분류에서는 잔손질된 석기가 도구이고, 그렇지 않은 것은 부산물로 다루는 것이 보통이지만, 실제 현미경 분석에서는 다양한 생김새와 크기의 격지에서 사용흔이 나타난다. 그렇게 생각하면 잔손질된 성형도구는 유적에서 이루어진 다양한 행위의 일부만을 반영한다고 하겠다. 사용을 위해서는 격지의 날의 길이와 각도가 중요한 기준인데, 특히 35°가 안 되는 지나치게 얇은 격지는 별로 쓸모가 없다고 한다(Keeley 1991). 어쨌든 이런 분석에 따르면 다양한 크기와 생김새의 격지를 떼어 내고 그로부터 적절한 것을 취사선택하여 동물을 해체하고, 가죽을 다루고, 식물 자원을 가공하는 데 사용하였다고 할 수 있다.

12.3. 석기 미세흔 사례 연구

석기 미세흔 분석이 쌓이면서 유물의 형태와 기능 사이의 관계에 대해 더 진지하고도 깊이 있게 다가갈 수 있게 되었다. 또한 유적과 유물의 다양한 기능적 맥락을 더 잘 이해할 수 있다. 미세흔 분석으로 석기의 기능에 대해 몇 가지 긍정적인 결론도 얻었다. 아래에 몇몇 사례 연구를 소개한다.

12.3.1. 주먹도끼

사용흔 분석은 후기 구석기시대나 중석기시대 유물에만 국한되어 이루어지는 것은 아니다. 예를 들어 주먹도끼가 사냥감을 도살하는 비교적 무거운 작업에 쓰였다면 그 흔적이 나타날 수 있다. 끝이 뾰족한 주먹도끼라면 선단부가 주된 작업날이었을 것으로 보이는데, 그림 12.4와 같이 사용과정에서 끝부분의 마모와 잔파손뿐 아니라 부러지기도 했을 것이다. 이 경우 도구를 버리기도 하겠지만, 재가공하여 다시 날을 세울 수도 있으며, 다시 손질하여 뾰족끝도끼나 찍개로 쓸 수도 있다.

쉭과 토스(Schick and Toth 1993)는 주먹도끼는 주로 동물 사체를 해체하고 도살하는 데 쓰였으리라 하였는데, 아마도 이것이 주먹도끼의 가장 일반적인 용도였을 것이다. 분석에 따르면 쿠비포라와 같은 전기 구석기시대 유적의 유물에서도 날과 평행한 줄과 같은 흔적이 확인되었는데, 이는 무언가를 자르는 데 사용하여 생긴 것이라고 한다(Keeley 1980). 피츠와 로버츠(Pitts and Roberts 1997)는 영국의 전기 구석기시대 박스그로브(Boxgrove) 유적에서 나온 주먹도끼의 사용흔을 분석하여 이런 해석을 뒷받침하고 있다. 또한 약 40만 년 전의 케냐 올로게세일리에(Olorgesailie) 유적에서는 바분의 뼈 옆에서 많은 주먹도끼가 수습되었고, 에티오피아의 미들아와시(Middle Awash)밸리에서도 동물뼈와 유물 다수가 공반하는 등 출토 맥락 역시 이 같은 해석과 일치한다(표 12.1 참조).

그러나 주먹도끼의 기능 추정은 고고학의 맥락에서 이루어져야 한다.

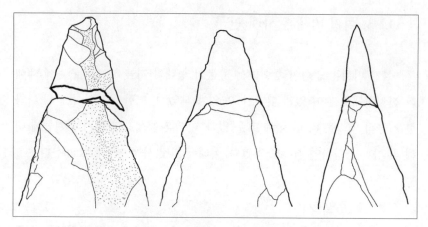

그림 12.4 주먹도끼의 선단부에 사용으로 작은 조각이 떨어지고, 결국 파손되는 과정을 도식적으로
표현한 그림
파손된 석기는 그냥 버려질 수도 있지만 다시 손질되기도 한다(김태경·성춘택 그림).

이미 살펴보았듯이 주먹도끼 또는 주먹도끼류 석기의 형태는 너무도 다양
하기 때문에 유물이 담당했던 작업 역시 다양했으리라 생각된다. 나아가 주
먹도끼라는 형식이 아프리카에서 100만 년 넘게 오랫동안 지속되었고 구대
륙 전역에서 나타난다는 것은 그만큼 유용성이 있었음을 방증하기도 하는
데, 이는 다용도의 도구였음을 방증한다. 주먹도끼가 나무를 가공하는 데 쓰
였다는 주장도 있을 만큼 무엇인가를 자르고, 썰고, 베고, (땅을) 파는 등 복
합적인 쓰임새를 가졌을 것이다.[2] 연구에 따르면, 얇은 주먹도끼의 경우 거
의 동물이나 식물을 자르는 용도로 쓰였지만, 이보다 두꺼운 타원형의 유물
은 찍고 빻는 일과 함께 긁고 자르는 등 복합 용도로 쓰였다고 한다(Andref-
sky 1998: 196).

12.3.2. 찌르개, 밀개, 새기개
이스라엘 케바라(Kebara)동굴에서 나온 무스테리안유물의 사용흔 분

....

2   사실 아슐리안주먹도끼가 아프리카에서 165만 년 전쯤 등장하여 20만 년 정도까지(한국에서는 4만 년
     전까지도) 아주 오랫동안 만들어지고 쓰였다는 사실만으로도 효과적인 도구였음을 짐작할 수 있다.

석에 따르면 삼각형찌르개에는 장착흔이 있고, 긁개는 주로 나무껍질을 벗기고 자르고 손질한 흔적이 확인된다고 한다. 르발루아돌날의 한쪽에는 밀개에서와 같이 가죽을 다루는 흔적이, 상당수 격지와 긁개에서는 나무껍질을 벗기고 동물의 가죽을 자르고 살을 바르는 데 쓰인 흔적이 드러난다고 한다(Klein 2009: 498, Fig. 6.38에서). 찌르개를 사용하여 동물의 뼈에 부딪칠 때는 석기의 배면 쪽으로 마치 새기개 떼기와 같은 계단상 파손흔이 생긴다고 한다.

그러나 찌르개의 파손 패턴에 대한 연구는 복잡한 과정을 거쳐야 한다. 특히 최근 랏츠와 플리슨(Rots and Plisson 2014)은 무스테리안, 솔뤼트리안, 클로비스 찌르개 등 다양한 유물에 대한 연구 사례를 비판적으로 검토한 바 있다. 이에 따르면, 유물의 파손은 사용 도중뿐 아니라 제작과정이나 퇴적, 후퇴적변형으로도 생길 수 있는데, 사실 사용으로 인한 파손이나 흔적과 구분하기 어렵다. 그러니 유적의 행위(문화)적이고 자연적인 형성과정을 포괄적으로 고려하여야 한다. 찌르개로서 사용되었다 할지라도 운반 또는 사냥 중에 바위나 나무 등 딱딱한 물체에 부딪혀 깨질 수도, 반드시 사냥이 아니라 동물을 해체하거나 다른 용도에 쓰였을 수도 있다.

후기 구석기시대 밀개의 경우 다양한 분석에서 가죽을 다루는 도구임이 잘 드러나고 있다. 가죽을 무두질하는 데 쓰인 석기에는 날카로운 부분이 무뎌지면서 특징적인 날 마모 패턴과 함께, 파인 광택이 복잡하게 중첩된 현상이 생기는데, 다만 가죽의 종류와 건조 상태, 힘의 강도와 방향 등에 따라 다르다고 한다. 프랑스의 유명한 후기 구석기 유적인 펭스방(Pinceven)에서 수습된 135점 유물 대다수는 가죽을 다루는 데 쓰였는데, 형식분류상 도구로 분류되지 않은 잔손질되지 않은 석기들도 그런 흔적을 가지고 있다고 한다(Moss 1987).

그런데 미세흔 분석 결과 밀개는 무두질하는 도구라는 단순 도식에도 문제가 있음도 드러났다. 후기 구석기시대의 밀개가 가죽을 다루는 도구이지만, 중석기시대와 신석기시대에는 다기능 도구로 변모하였다는 연구도 있다(Juel Jensen 1988: 66-71). 조지 오델(Odell 1981)에 따르면, 유럽 중석기시대의 밀개는 가죽 무두질뿐만 아니라 새기고, 구멍을 뚫으며, 무엇인가를 빻고, 경우에 따라서는 찌르개의 용도로도 쓰였다고 한다. 알래스카의 유적에서 나온 밀개를 분석한 것에 따르면, 유물은 가죽을 다루는 무두질이 아니라 주로 나무를 가공하는 데 쓰였다고 한다(Siegel 1984).

케이언 등(Cahen *et al.* 1979)은 유물이나 출토 지점이 아주 잘 보존된 벨기에의 중석기시대 벨기에 미어(Meer) 유적에서 나온 석기를 되맞추고 (접합) 미세흔을 분석한 바 있다. 이로써 빈포드의 큐레이티드(유지관리) 기술(curated technology, 정질의 암석을 사용하여 정형화한 기술로 도구를 만들어 지속적으로 유지관리하는 기술)의 가정과는 달리 후기 구석기시대와 중석기시대에도 일회성(expedient)기술의 석기 제작과 사용이 일반적이었다고 한다. 또한 막달레니안기의 베르베리(Verberie) 순록사냥 유적의 석기 분석에 따르면, 유적의 서쪽에서는 해체, 도살, 가죽을 다루는 행위가 압도적이었고, 무려 75%의 새기개가 사용되지 않고 도구의 재가공과정에서 버려졌다고 한다(Keeley 1991). 그런데 이것은 돌감의 성격과 풍부도 등의 변수와도 관련되어 있다.

어떤 형식의 유물이 정해진 작업에만 쓰이지 않고 복합적인 기능을 지녔음은 최근 연구에서도 잘 드러난다. 아코시마와 카노마타(Akoshima and Kanomata 2015)의 일본 동북지방 후기 구석기시대 유물 분석은 새기개와 밀개 등 특정 형식(또는 기종)의 석기와 기능이 단순히 연결되지는 않음을 보여 준다. 아라야(荒屋) 유적에서는 밀개보다 새기개가 많이 나오는데(밀개 5점, 새기개 185점), 새기개에는 가죽을 다루었던 흔적이 많이 남아 있지만, 실제 새기개 떼기로 떨어져 나온 아주 작은 돌날격지에는 단단한 뼈나 뿔에 작업한 흔적이 남아 있다고 한다. 좀 더 자세히 살펴보면 새기개의 41점은 가죽을 무두질하는 데 쓰였지만, 32점은 뼈나 뿔에 사용하였다는 것이다. 그런데 모두 314점의 새기개 조각에서는 60점에서만 가죽에 쓰인 흔적이 나왔고, 나머지 254점은 뼈, 뿔을 손질한 것으로 결론지었다. 이렇듯 새기개가 가죽 무두질보다는 뼈나 뿔을 손질하는 데 쓰인 것은 시라쿠사, 사사야마하라 유적 출토품에서도 마찬가지였다(시라쿠사 뼈/뿔 13점, 가죽 2점; 사사야마하라 뼈/뿔 19점, 가죽 1점). 아라야 유적과 마찬가지로 실제 시라쿠사(밀개 2점, 새기개 21점)나 사사야마하라(밀개 61점, 새기개 208점) 유적에서도 밀개보다 새기개가 더 많이 나온다(Akoshima and Kanomata 2015: 20, Fig 3.3 참조). 뼈나 뿔 작업과 가죽 무두질은 이처럼 서로 배타적인 작업이었다기보다는 연쇄의 과정이었을 가능성이 높다. 사용흔 분석으로 단단한 물체에 작업을 하다가 점점 가죽 작업으로 전이되는 과정을 추적할 수 있다는 것이다. 유적에서 나온 밀개는 주로 가죽의 무두질에 쓰였고, 잔돌날의 경우 뚜렷한 미세흔을 관찰하기 어려웠지만, 광택이나 미세 파손흔으로 보아 뼈나 뿔에 장착된 흔적으로 추정된다고 한다.

12.3.3. 한국 후기구석기시대 유물

한국에서도 최근 석기 미세흔 분석에 대한 연구가 관심을 받고 있다. 후기 구석기시대 슴베찌르개의 파손에 대해서는 이미 상당한 정도의 인식이 있다(김환일 2004; 박가영 2012; 이기길 2011; 장용준 2002; 최철민 2014). 슴베찌르개로 추정되는 유물의 격지 끝 부위와 신부, 기부가 부러져 나왔다는 것은 사냥용구가 파손되었다는 것인데, 이는 사냥 도중에 동물뼈 같은 단단한 물체에 부딪혀 생긴 것이라 추정된다. 특히 대전 용산동의 경우 슴베찌르개 유물 가운데 80% 정도가 깨진 채 발견된 바 있다(그림 12.2). 이를 통해 단순히 접합석기가 있다고 해서 석기 제작터가 아니라 사냥캠프로서 유적에서 이루어진 행위복원을 하기도 한다(성춘택 2006c).

한국 후기 구석기 유물의 사용흔에 대해서는 육안 관찰을 넘어 현미경을 이용한 분석도 진척되고 있다. 최근 동해 기곡에서 출토한 구석기시대 최말기의 화살촉을 비롯한 몇몇 유물에서 미세사용흔을 관찰하기도 했다. 특히 화살촉에서는 화살대에 장착되어 생긴 닳은 흔적 등을 확인할 수 있었다고 한다(최삼용 2007). 또한 남양주 호평동에서 출토된 흑요석으로 만든 잔돌날의 기부에 미세하게 잔손질이 되어 있는 유물이 출토된 바 있다. 발굴자는 사용흔 분석으로 이런 유물이 대부분 아주 작은 송곳(microdrill)의 역할을 하였을 것으로 추정하고 있다(홍미영·코노넨코 2005). 두 연구 모두 미세흔의 판단은 유물의 형태 속성과 결부되어 이루어진 것으로 보인다. 양면으로 가공된 화살촉, 그리고 잔돌날의 끝에 미세하게 잔손질되어 있다는 유물의 형태가 사용흔을 판단하는 데 중요한 근거가 되는 것이다.

한국 후기 구석기시대 유물 가운데는 흑요석과 같은 일부 유물만이 사용흔 분석의 대상이 되고 있는 것이 사실이다. 3장에서도 지적하였지만, 후기 구석기 유물 제작에 많이 사용된 규질셰일(혼펠스)은 대부분 풍화작용으로 표면이 약해지고, 탈색되기 때문에 설사 사용흔이 있었다 해도 그 과정에서 사라졌을 것이다. 다만 최근 맥석영제 석기에 대한 사용흔 분석을 시도하기도 하다(김경진 2013). 맥석영에도 기본적으로 플린트나 처트와 유사한 사용 흔적이 생긴다는 것이 원칙일 것이다. 그런데 실험에 따르면 고기를 자르고 써는 데 사용한 석영 유물에는 거의 아무런 흔적도 남지 않았으며, 이보다 더 거친 작업, 곧 가죽을 긁거나 나무를 가공하고, 뼈나 뿔 작업에서는 사용흔이 관찰되었다고 한다(Odell 2004). 따라서 앞으로 처트와 흑요석 유물에서 이루어진 것처럼 더 체계적인 블라인드테스트를 통한 실험 연구가 쌓여야 할 것이다.

12.4. 간석기 사용흔 분석

간석기는 돌을 갈아 만든 석기이기 때문에 그 자체로 갈린 석기이다. 때문에 갈린 부분이 실제 제작과정에서 생긴 것인지, 아니면 사용 중 형성된 것인지를 판단해야 한다. 갈린 석기의 사용흔 분석은 날의 무뎌지는 흔적과 선흔 등이 관찰되는 것이 보통이기 때문에 대부분 저배율 현미경을 사용한다(Rowan and Ebeling 2008; Schneider 2009). 또한 신석기시대 따비와 같은

그림 12.5 진주 집현 장흥리 유적에서 나온 인부마제석부
왼쪽 유물 8.0cm(국립대구박물관 2005: 122 부분간돌도끼에서).

굴지구의 경우 땅을 가는 일, 곧 비교적 거친 작업에 사용되었기 때문에 날 부분의 파손흔은 맨눈으로도 관찰할 수 있다. 다만, 최근 고배율을 사용하여 돌칼의 사용흔을 분석하려는 노력도 있다(김성욱 2008; 손준호·조진형 2006).

먼저 한국 후기 구석기시대 유적에서는 갈린 석기가 출토되는 것은 더 이상 드문 일이 아니다. 일찍이 수양개에서 날 부분이 갈린 석기가 수습되었으며, 그 이후 진주 집현 장흥리, 장흥 신북, 전주 송천동 유적 등지에서 인부가 갈린 석부 모양의 석기가 상당수 수습되었다(그림 12.5). 흔히 청동기시대 유사한 석부의 용도는 벌목구로 생각되지만, 구석기시대의 인부마제석부의 용도에 대해 정확한 분석이 이루어지지는 않고 있다. 다만 이후 시기 합인석부에 비해 작고, 두께도 얇고, 전체가 아니라 날 부분만이 갈려 있다는 점에서 차이가 있다고 하겠다.

최근 장용준(2010)의 관찰에 따르면 이런 후기 구석기시대 석기에서는 벌채로 판단할 수 있는 사용흔은 없다고 한다. 후기 구석기시대 인부마제석기는 벌목구로 쓰인 도끼의 용도를 상정하기에는 너무 얇은 경우가 많다. 자귀나 굴지구의 용도로 사용되었다고 한다면 어느 정도 날에 파손이 관찰되어야 하지만, 그 정도의 흔적은 보이지 않는다. 그 대신 동물을 도살하여 해체하고 살을 발라내는 용도나 가죽을 다루는 무두질의 용도에 쓰였을 것이라고 추정하고 있다(장용준 2010). 다만 날의 형태가 비대칭인 점(그림 12.5)을 고려할 때 무엇인가 베는 용도, 곧 작은 나무를 베거나 나뭇가지를 다루는 쓰임새 역시 충분히 고려할 수 있을 것이다. 어쨌든 석기의 사용흔 관찰과 용도를 추정하는 일은 유물의 형태 속성에 바탕을 두고 이루어지고 있음을 알 수 있다.

이처럼 유물의 형태 속성과 사용흔 패턴을 연결시키는 연구는 신석기 및 청동기시대 석기에서도 확인된다. 윤지연(2007)은 사용흔 관찰을 통해 신석기시대와 청동기시대 다양한 석부류 석기의 기능을 고찰한 바 있다. 전술하였듯이 석부류 석기는 굴지구로 쓰이기도 했으며, 청동기시대 상당수 유물은 벌채와 목재가공구로서 기능하였을 것으로 판단하였다. 석부류는 우선 전체 형태에 따라 신바닥형, 제형, 장방형, 타원형, 반타원형으로, 날은 양인과 단인으로 나누었다. 윤지연은 선행 연구가 없는 상태에서 날의 잔파손과 마모의 특징을 제외하고 선흔에 초점을 맞춘다. 연구에 따르면 신석기시대 석부 12점 가운데 8점에서 사용흔을 볼 수 있었는데, 장방형 양인석부의 대부분에서 날과 사선을 이루는 줄이 관찰되었으며, 단인의 경우 날과 수직의 줄 흔적(선흔)이 확인되었다고 한다. 제형의 석부는 날과 수직 방향의 줄 흔적이, 타원, 반타원형의 경우 교차되는 흔적이 나타났다고 한다. 이를 세메노프의 사용흔 패턴과 비교하면, 사선의 선흔은 도끼의 기능을, 수직 선흔은 자귀의 기능, 그리고 교차된 흔적은 흙을 파는 데 쓰인 굴지구로 추정된다고 한다(윤지연 2007).

김성욱(2008)은 갈머리 유적과 진그늘 유적에서 출토된 신석기시대 석기를 이삭을 따고 베는 수확구의 일종으로 판단하는데, 주로 일본 연구자에 의한 사례 연구를 인용하여 광택을 몇 가지 형식으로 세분하고 관찰하는 방법을 채택했다. 손준호(2005)는 이런 석기에서 나타나는 광택의 형식을 나누었는데, 형식 A의 경우 휘도가 매우 높고 매끄럽고, 광택이 넓게 확대되고, 높고 낮은 곳 모두를 포괄하는 광택이며, 형식 B의 경우는 휘도가 높고 매끄럽지만 둥근 반점이 보이고, 표면의 높은 부위에는 보이지만 낮은 부위에까지 미치지는 못한 것이라고 한다.

수확구에 대한 연구는 청동기시대 돌칼에 집중되어 있다. 일찍부터 돌칼은 민족지 유추를 통해 수확구의 용도로 추정되어 왔다. 그리고 돌칼의 날 주변에는 흔히 맨눈으로도 보이는 선흔이 있는데, 이는 손목을 회전하여 이삭을 따면서 생긴 흔적으로 생각되는 것이다. 손준호(2005)는 여러 형식의 청동기시대 돌칼을 현미경을 통해 예비 분석해 본 결과 상당수 유물에서 인부가 형성된 쪽이 아닌 반대면에서 광택을 관찰하였으나, 이후 연구에서는 양면 모두에서 광택이 보인다고 수정한 바 있다(손준호·조진형 2006). 특히 날에 근접한 부위에는 거의 광택이 없었는데, 이는 날의 재가공이 빈번하였기 때문이라 본다. 그리고 광택면의 위치에 착안하여 엄지에 힘을 주어 이삭을 밀착시키고 검지로 꺾어 중지에 힘을 주면서 손목을 비틀어 따는 방법으로 수확하였을 것이라 추정하고 있다. 이는 돌칼에서 흔히 보이는 선흔에서 유추하는 사용방법과 비슷하다.

12.5. 잔존물 분석

넓은 의미의 사용흔에는 사용으로 말미암은 동식물체 잔존물도 포함된다. 최근 고고학에서 많은 관심을 받고 있는 잔존물분석(residue analysis)은 주로 토기와 석기에 남아 있는 유기물을 이용하여 유물의 쓰임새를 추정하는 방법이다. 잔존물이란 흙을 제외하고 석기의 표면에 붙어 있는 물질을 포괄적으로 가리킨다. 대부분 유기물이지만, 침전으로 인한 비유기물도 포함된다. 따라서 잔존물이라고 해서 모두 사용으로 생긴 것은 아니다.

잔존물 분석이 가장 많이 이루어지는 대상은 토기이다. 특히 토기 안쪽에 남아 있는 음식 찌꺼기를 분석하여 어떤 식량이 이용되었는지를 판단하기도 한다. 예를 들어 최근 크레이그 등(Craig *et al.* 2013)은 플라이스토세 말까지 올라가는 초창기 조몬 토기편 101점을 분석하여 유물 대부분에 남아 있는 지질은 내륙 또는 해양 어로자원을 음식으로 이용하였음을 가리킨다고 해석한다.

현재 석기 잔존물 분석에서는 주로 식물유체와 혈흔에 주목하고 있다. 분석은 현미경을 이용하여 석기 표면에 특정 식물의 유체를 확인하는 것인데, 이미 알려진 나무나 풀 종류의 특징을 담은 사진과 비교하는 방법을 쓰거나 복제 실험으로 검증하는 것이 보통이다. 식물유체로는 잔존 녹말과 규산체가 분석에서 가장 널리 쓰이고 있다(Odell 2004: 156-165).

녹말은 식물체 잎의 엽록체와 씨앗, 구근에서 만들어져 영양소가 된다. 그런데 녹말은 입자 형태로 만들어지고 개별 입자는 결정체의 성질을 지니고 있어 현미경으로 관찰할 수 있다. 식물의 녹말 입자는 유전적으로 서로 다르기 때문에 과 또는 속, 경우에 따라서는 종 단위까지도 판별할 수 있다고 한다. 고고학 유물 가운데는 무엇인가를 갈고 빻는 데 쓰였을 갈판에서 녹말 같은 음식 잔존물이 널리 확인된다. 갈판은 사용의 특징 때문에 투과성이 높은 다공질의 암석을 쓰는 것이 보통인데, 암석 입자 사이에는 잔존물이 남는다. 갈판에 견과를 갈았을 때는 광택이 발달하며, 단단한 오커 안료를 갈았다면 표면이 더 매끄럽게 닳는다(Dubreuil 2004; Dubreuil and Savage 2014: 146, Fig 2 참조; Hamon 2008)

한국에서도 손준호·카미죠 노부히코(上條信彦, 2011)가 청동기시대 갈판의 사용흔과 함께 남아 있는 녹말 분석 결과를 제시한 바 있다. 갈돌과 갈판을 이용한 작업에는 곡물을 탈곡하고 파쇄, 제분작업뿐만 아니라 견과류 분쇄, 골수 채취, 어패류 가공, 식물 근경, 구근류에서 녹말 추출 등 여러 가지를 들 수 있다. 손준호·카미죠 노부히코는 흔암리, 송담리, 백석동, 영등동, 송죽리, 관창리, 포월리, 대평리 출토품을 분석하면서 광택을 주로 형식 A와 B로 구분하여 관찰하였는데, A는 벼과 식물, 곡물의 제분 등과 강한 상관관계가 있고, B는 견과류와 관계가 있다고 한다. 연구에 따르면 관창리를 제외한 62점 가운데 19점에서 녹말이 확인되었다고 한다(그림 12.6). 현생

그림 12.6 갈판의 형식분류(손준호 · 上條信彦 2011: 5, 도면 1에서)

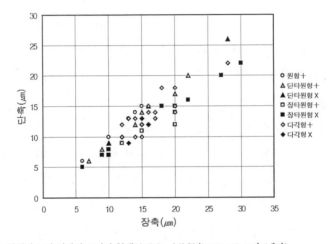

그림 12.7 확인된 녹말 입자의 크기와 형태(손준호 · 上條信彦 2011: 28, 도면 5에서)

표본에 따르면 벼는 다각형에 지름 5μm이며, 조와 기장은 원형-다각형에 각각 지름 8μm, 6μm 정도이고, 보리는 원형이고, 콩과 대두의 경우 장타원형에 20μm, 도토리의 경우 장타원형에 10μm 정도라고 한다. 분석에 따르면 소형 입자가 많아 조나 기장과 유사하지만, 여러 형태가 있어 다양한 식물을 가는 데 쓰였을 것으로 추정하고 있다(그림 12.7).

앞으로 이 같은 잔존물 분석은 토기뿐 아니라 석기가 어떤 쓰임새를 가졌는지를 연구하는 데 중요한 실마리를 줄 것으로 기대된다.

12.6. 석기 미세흔 분석의 이슈

선사시대 인간행위와 유물의 기능적 맥락에 관심이 많아지면서 석기 사용흔, 그리고 잔존물 분석은 앞으로 더욱 발전할 분야이다. 특히 자연과학적 방법과 절차를 동원하기 때문에 연구자의 자의적인 해석에서 자유로울 수 있고, 나중의 연구는 늘 선행 연구의 축적 위에서 이루어진다는 장점도 있다.

그러나 현재로서는 그 어느 것도 석기의 기능 추정과 관련하여 단순한 결과를 주지 않는다. 고고학에서 쓰이는 절대연대측정이나 토양, 지질, 암석 분석, 원산지 추정 등 다양한 자연과학을 토대로 한 분석과 마찬가지로 어떤 단순한 분석이 직접적으로 고고학자의 의문을 풀어 줄 것이라 여기면 안 된다. 어떤 석기 미세흔 패턴이 단일한 종류의 과거 인간행위의 결과물일 것이라는 믿음은 전제할 수 있는 것이 아니라 검증이 필요한 가정이다.

석기 미세흔 분석은 고배율 접근(예: Kelley 1980)과 저배율 접근(예: Odell 1980)으로 나눌 수 있는데, 전자는 주로 광택흔을, 후자는 미세손상흔을 강조한다. 고배율 접근을 선호하는 연구자들은 나무나 뼈, 식물, 가죽과 같은 구체적인 작업 대상물질을 가려내고자 노력하지만, 실제 분석에서 신뢰할 만한 결과를 내는 것은 대상 물질을 "단단함", "부드러움"의 범주와 같이 포괄적으로 나누는 접근이다. 현재 구체적으로 어떠한 물리적이고 화학적인 과정에서 석기의 날이 손상을 입고 광택과 같은 흔적이 생기는지 과학적인 연구가 되어 있지 않다. 그러나 사용흔의 형성은 복잡한 과정의 산물이다. 석기 제작과 사용, 폐기 등 복수의 단계에서 표면은 변형되고, 그런 변형이 누적되어 남을 것이다(Akoshima and Kanomata 2015: 19).

미세흔 분석은 기본적으로 문제를 설정하고 그것을 풀기 위해 과학적으로 분석을 디자인하고 복제실험과 검증과정을 거쳐야 한다. 이를 위해서는 고고학 유적에서 벌어질 상황과 유사한 조건을 만들어야 하는데, 실제 인간행위는 복잡하고 고고학 자료의 형성은 복합적이다(Schiffer 1987). 어떤 석기는 사용된 뒤 바로 폐기되기도 하지만, 사용 도중 여러 쓰임새를 갖기도 하고, 재가공되기도 한다. 폐기된 뒤에도 동물이나 사람에 의해 파손되기도 하고, 각종 퇴적, 후퇴적변형을 거친다(배기동 2000). 따라서 사용과 관련 없는 변형을 사용흔과 구분하는 일이 우선되어야 한다. 잔존물 분석 역시 복합적인 인간행위와 사용, 그리고 퇴적, 후퇴적변형을 겪는 것은 마찬가지이다. 그렇기 때문에 석기의 기능을 추정하는 일은 개별 석기에 대한 과학적 분석과 함께 유적 내 석기의 공간 분포, 유구 및 다른 석기와 공반 관계 등 다양한 출토 맥락과 유물군의 구성 양상 등 고고학 분석을 종합하여 평가해야 한다.

마지막으로 현미경으로 들여다보는 사용흔의 패턴이나 잔존물의 형태는 현재 이용 가능한 실험적 표본과 유사한 정도만을 나타낼 뿐 그 자체가 동물을 해체하거나 가죽을 무두질하고, 벼를 탈곡하는 데 쓰였다는 증거가 되지는 않는다. 형태적 유사에서 행위적 유사로 가기 위해서는 유추(상사, analogy)의 과정을 거쳐야 하는데, 이에 대해서도 다양한 경험적이고 이론적 이슈가 있다(예: Wylie 2002). 물적 증거와 실제 인간행위를 연결시키는 학문적인 논의가 필요하다. 결국 미세흔 분석을 포함한 각종 과학적 분석은 고고학의 문제의식과 연구계획(research design)에 따라 수행되어야 한다. 선행연구를 비판적으로 계승하여 고고학의 문제의식에 입각한 분석을 실시하고, 유적 형성과정을 고려한 포괄적 맥락에서 해석할 때만 단순한 도식이 지니는 위험에 빠지지 않을 것이다.

제13장

유물군의 다양성과 석기기술체계

유적의 형성과정이란 인간행위의 맥락과 자연과정을 포괄하는 개념이다(Binford 1979, 1982, 1983; Schiffer 1972, 1987). 선사시대 석기군의 다양성과 성격, 곧 유물군(유물복합체)의 변이(assemblage variability)는 유적에서 있었던 과거 행위와 체계적으로 관련되어 있다. 고고학자에게 유물군의 변이는 고고학 자료를 행위적 맥락에서 이해하는 토대인 것이다. 특히 20세기 후반 과정고고학의 발달과 함께 유물이 지니는 인간행위의 맥락은 고고학의 중요한 연구 영역이 되었다. 석기군의 다양성은 석기기술체계의 맥락에서 접근하고 설명하고 있다. 이 장에서는 긴 선사시대 동안 인간행위와 문화변화를 연구하는 데 석기 자료의 중요성을 강조하면서 석기군의 다양성, 그리고 석기기술체계를 결정하는 다양한 변수를 살펴본다.[1]

....

1   이 장의 전반부는 성춘택, 2001, 「석기이론 연구와 한국 구석기」, 『한국구석기학보』 4: 1–16의 내용을 수정하여 다시 쓴 것이다.

13.1. 석기기술체계론

석기 형식과 석기 제작기술의 변이와 다양성을 시간의 흐름에 따른 필연적 결과물이라 여길 수는 없다. 다시 말해 이른 구석기시대에서 후기 구석기시대를 거쳐, 신석기시대, 청동기시대에 이르기까지 시간이 흐름에 따라 반드시 석기기술이 발전하여 더 정교하고 세련된 유물이 만들어진다고 말할 수는 없다. 또한 몸돌이나 격지를 비롯하여 석기군 구성 양상은 외부로부터 더 발전된 새로운 기술이 전파되어 확산되기도 하지만, 특정 시공간의 석기군의 다양성, 그리고 석기기술의 모습은 여러 변수에 영향을 받는다. 돌감과 이동성, 기술적 제약 등 많은 변수가 체계적으로 역할을 하면서 나타나는 변이인 것이다.

유물군의 다양성에 대한 연구에서 주목되는 관점은 석기의 제작과 사용을 하나의 기술체계(technological organization)로서 인식하고 분석하는 것이다(Nelson 1991). 이런 개념은 루이스 빈포드(Binford 1979, 1982, 1983)의 수렵채집 사회의 민족지고고학 연구에서 비롯되었다. 기술체계란 "특정 문화체계 안에서 시공간상 상이한 도구의 제작과 사용, 재사용, 폐기, 그리고 도구의 기능, 원재료의 형식, 분포와 관련된 행위적 변수들과의 관계"를 포괄적으로 일컫는 말이다(Kelly 1988: 717). 기술을 단순히 어떤 목적이나 특정한 기능을 지닌 물체나 도구가 아니라 포괄적 환경 변형의 일부로 보는 것이다. 도구를 환경 제약을 극복하기 위해, 또는 환경에 변형을 주기 위한 목적으로 만들어지고 사용되는 물질이라고 할 때 기술체계를 다루는 고고학은 도구가 지닌 지속성(maintainability), 다능성(versatility), 신뢰성(reliability), 사용의 효율성(use-effectiveness) 등 다양한 부분을 연구한다(Bamforth and Bleed 1997; Elston and Brantingham 2002).

많은 연구자들은 여러 이론적 시각에서 수많은 개념과 모델을 만들어 석기기술체계를 다룬다. 이제 석기, 또는 석기군 연구는 유물만을 기록하고 분석하는 데 머무르지 않고 특정한 양상의 석기기술을 가져오게 된 생계경제적 배경이나 주거(취락) 구조, 돌감(석재)의 상태나 희소성 등 여러 변수를 폭넓게 고려한다(Andrefsky 1998; Binford 1979, 1983; Kuhn 1994, 1995; Odell 1996, 2004; Parry and Kelly 1987; Shott 1996; Torrence 1989). 그리고 석기군의 다양성과 구성 양상은 선사시대 수렵채집민의 공간조직이나 주거(취락) 유형 또는 이동성 등과 체계적으로 관련된 변수이기에 석기라는 물질문화의 영역(아체계) 연구를 바탕으로 행위의 영역에 접근할 수 있다(Kelly 1988, 1992).

보통 석기기술은 '석기 제작에 직접 관련되는 행위들'이라 생각되어 왔다. 그러나 이런 정의로는 원석의 획득과 소재의 선택, 몸돌 준비, 격지떼기, 잔손질, 사용, 그리고 재가공, 재활용, 원석과 도구의 비축, 폐기 등에서 보이는 패턴, 그리고 석기기술과 직접 및 간접으로 관련되는 수많은 변수를 고려하기 어렵다. 기술을 환경의 맥락이나 사회의 일부로서 이해하기도 곤란하다. 빈포드(Binford 1962: 219)는 기술을 단순히 물질문화와 동일시하지 말 것을 주장하였다.

과정고고학의 시각에서 석기기술은 문화체계의 일부이다. 이로써 석기기술은 단순히 특정한 석기를 만드는 제작과정을 의미하지 않고, 환경에 대한 사회적, 경제적 적응을 체계적으로 반영하는 틀에서 보아야 한다는 생각이 자리 잡았다(Jeske 1992: 467). 이 같은 맥락에서 기술은 '제작과 사용과 관련된 일련의 행위'를 넘어 "생계를 계획하고 유지해 나가면서 발생하는 문제에 대한 전략적이고 체계적인 반응"(Myres 1989; Nelson 1991)이다. 이런 행위적 정의를 따르는 많은 연구자는 기술이 인간의 환경 적응에 직간접으로 관계되는 전략과 행위로 이루어져 있다고 생각한다. 예를 들어 토렌스(Torrence 1989)는 "기술이란 필요가 있는 때와 장소에서 자원을 더 쉽게 얻음으로써 따르는 위험부담을 줄이는 전략"이라고 한다. 이처럼 석기기술은 문화체계의 일부이고 행위전략이다.

하지만 이와 같이 기술을 "특정 문제를 해결하기 위한 전략적 행위"라 규정하는 데도 문제가 없는 것은 아니다. 가장 큰 문제는 어떠한 인간행위이든지 물질로 이루어진 고고 자료로부터 직접 관찰하기는 불가능하다는 사실이다. 그러니 행위로서 기술이란 고고 자료로부터 유추되어야 하는데, 이것은 자칫하면 순환논리의 모순에 빠져들 수 있다.

또한 행위적 정의는 지나치게 적응주의적(adaptationist)이라는 비판을 모면하기 힘들다(Gould and Lewontin 1979). 적응주의의 관점에서 기술이란 "필요는 발명의 어머니"란 식으로 어떤 기능적 필요에 대한 인간의(수동적) 반응으로 생각된다. 인간의 모든 행위, 그리고 과거 기술과 관련된 모든 양상을 환경에 대한 적응이고 문제를 해결하는 전략적 대응이라 여기는 것은 지나치다. 적응이라는 문제로 풀 수 없는 고고학 양상은 헤아릴 수 없이 많으며, 부수적으로 생성되는 특질도 많다(O'Brien and Holland 1992). 기술을 인류학적으로 고찰한 파펜버거는 이런 적응주의의 관점을 기술에 대한 표준 시각(standard view, Pfaffenberger 1992)이라 규정한다. 표준 시각은 기술이 지닌 다양한 사회적 맥락을 고려하지 못한다(갬블[성춘택 옮김] 2013).

여기에서는 적응주의적이고 행위적 정의의 장단점을 고려하여 기술을 "환경에 대한 체계적인 물리 변형"이라 정의한다. 이는 뱀포드와 블릿(Bamforth and Bleed 1997: 111)이 진화적이고 생태학적 시각에서 기술을 "사회가 물리 환경을 조절하는 관습적 수단"이라 정의한 것과 맥을 같이 한다. 나아가 기술이란 구체적으로 고고학 자료에서 관찰할 수 있는 유형으로 나타나는데, '테크닉(기법)'이란 기술의 하위에 있는 개념으로서 그와 같은 유형을 달성하기 위해 적용되는 특정한 고고학적 양상이라 할 수 있다. 또한 최근 많은 논의가 있는 사회 기술(social technology, 갬블 2013; Pfaffenberger 1992)이라는 개념 역시 고려할 것이다.

13.2. 정형 기술과 일회성 기술

루이스 빈포드를 비롯한 행위적 모델을 선호하는 연구자들은 주로 민족지 관찰을 토대로 여러 개념을 제시하였으며, 지금도 널리 쓰이고 있다. 각 개념은 상호 대안 또는 대립적 행위 전략을 가정한 것인데, 빈포드가 유지관리(curated) 기술과 일회성(expedient) 기술을 대비한 것을 들 수 있다. 주지하듯이 무스테리안 논쟁으로 석기유물군에서 보이는 다양성과 변이의 의미에 대해서 새로운 시각을 발전시킨 빈포드는 1970년대 알래스카 누나미우트 민족지고고학 연구를 바탕으로 석기 연구에 획기적 개념을 제안한다.

빈포드는 먼저 개인장비(personal gear)와 상황(situational)장비라는 개념을 대비하면서 석기 제작 및 사용 기술을 체계적으로 복원하고자 하였다(Binford 1979, 1980). 개인장비라는 것은 지속적으로 재가공되면서 개인이 생계활동 도중에 지니고 다니는 도구를 말하며, 반면 상황 장비는 특정한 활동에 맞추어 즉각적인 필요에 따라 만들어진 도구를 일컫는다. 나아가 유지관리(큐레이티드) 기술이란 주로 수렵채집민이 몸에 지니고 운반하거나, 어떤 장소에 은닉시키고 저장하는 행위와 관련된 행위전략을 가리키며, 주로 수렵민의 높은 이동성, 특히 조달 이동성(켈리 2014)과 결부되어 있다고 한다. 이와 대조적으로 일회성 기술에 따른 석기 제작은 상황 장비가 주도하여 일시적이며 당장의 필요에 따른 일련의 행위와 관련 도구로 구성되어 있다.

빈포드는 이 같은 개념이 문화체계의 시각에서 석기군의 다양성을 고찰하는 데 이점이 있다고 하면서도 사실 개념에 대해 분명한 정의를 내리지는 않았다(Shott 1996). 그리하여 다른 학자들은 빈포드의 큐레이티드(유지관리) 기술 개념을 원래 제시된 맥락에서 확장시켜 계획적인 석기 제작과, 재가공, 운반, 은닉 등을 포괄하여 사용하게 되었다(Nelson 1991). 헤이든 등(Hayden et al. 1996)은 이 개념을 "도구의 수명"을 뜻하는 것으로 받아들였으며, 뱀포스(Bamforth 1986)는 유지관리와 재활용이라는 두 양상으로 나누기도 하였다. 마이클 샷(Shott 1986, 1996: 267)은 유지관리(curation) 개념을 "사용 또는 얻어낼 수 있는 유용성"이라 재정의하면서 특정한 도구가 처음 어떠한 유용성을 가지고 만들어지고 사용되었는지, 버려질 때 처음 기대한 유용성이 실제로 구현되었는지 하는 두 양상 사이의 관계로 표현된다고 본다. 이처럼 빈포드의 개념은 여러 연구자에게 받아들여지면서, 각각 도구의 수명, 유지와 재활용, 유용성 등을 강조하는 개념으로 발전하였다.

이후 많은 연구자는 빈포드의 연구를 비판적으로 이어받아 시간의 흐름에 따른 변화를 포괄하는 진화(행동)생태학(evolutionary [behavioral] ecology)이라는 이론 배경에서 석기기술체계를 연구한다. 이 이론의 시각에서는 주어진 상황 아래 대안 전략의 상대적 비용과 효과의 측면에서 석기기술을 설명한다. 다시 말해 기술이란 환경의 조건에 대한 적응과정의 산물이기에 오랜 시간 동안 자연선택이라는 진화의 주된 메커니즘에 입각하여 일련의 체계적 행위로 드러난다는 것이다. 진화생태학, 이처럼 인간행동생태학(Human behavioral ecology)은 "생태의 맥락에서 진화와 적응을 연구"한다(Winterhalder and Smith 1992: 3-5; 켈리[성춘택 역] 2014). 연구자들은 주어진 생태 배경에서 대안 전략이 지닌 적응성(fitness)을 측정하여 그것을 진화라는 큰 틀에서 어떤 선택의 과정이 있었는지를 설명하려 한다. 대안 전략이란 주어진 환경 조건의 변화에 따라 상대적 비용과 효과가 달라야 하고, 장기적으로 집단의 적응성에 영향을 미치는 행위의 방식이다. 따라서 장기간의 진화의 흐름 속에 더 우월한(적응성을 지닌) 전략이 선택되어 진화적으로 안정된 상태(evolutionarily stable state, ESS)에 이른다는 것이다(Foley 1985: 227; Smith and Winterhalder 1992: 59).

대안 전략은 오랜 시간의 흐름 속에 진화의 과정을 거쳐 안정된 상태로 간추려지고 솎아진다. 따라서 지나치게 가변적이고 세부적인 양태나 많은 예측 불가능한 변수는 오랜 시간의 진화라는 틀 속에 묻히기 때문에 연구자는 진화의 과정에서 주어진 환경에서 어떻게 상이한 고고학적 변이가 나타나고 시간의 흐름에 따라 차별적으로 지속(differential persistence)되는지를 설명하고자 한다(Jones *et al.* 1995: 27; Lyman and O'Brien 1999; Schiffer 1996).

이러한 이론의 시각과 맥락에서 피터 블릿(Bleed 1986)은 신뢰성(reliability) 전략과 지속성(maintainability) 전략을 대조시키면서 선사시대 도구, 특히 석기의 디자인을 연구하였다. 블릿에 따르면 신뢰성이 높은 체계는 도구가 필요한 시간이 짧으면서도 실패로 인한 비용은 큰 조건, 곧 시간이라는 제약이 중요한 조건에서 높은 적응력을 보인다고 한다. 정비할 시간이 부족한 혹심한 조건에서는 실패로 인한 비용이 커지기 때문에 도구는 더 강하고 날카롭게 과잉디자인되는 경향이 있다. 반면 지속성이 높은 체계는 예측 불가능한 환경에서 연중 내내 필요한 도구에서 볼 수 있다(켈리[성춘택 역] 2014: 5장 참조). 실패로 인한 비용이 상대적으로 낮기 때문에 유연한 스케줄로 도구의 부분을 갈아 끼우거나보수한다는 것이다.

얼킨스(Eerkens 1998)는 블릿의 개념을 바탕으로 영국의 중석기시대 석기의 변화를 설명한 바 있다. 이에 따르면 중석기시대 전반(기원전 8000년에서 6800년까지)의 사냥은 주로 가을 고지대에 모여 있는 붉은사슴을 길목에서 가로채기 사냥(intercept hunting)으로 많은 고기를 확보하여 겨울까지 저장하는 방법이 주도적이었다고 한다. 이 때문에 예측할 수 있지만 특정 시간대에만 이용 가능한 자원을 집중 획득할 수 있게 도구를 디자인하여야 한다. 그리하여 주로 잔돌날을 빗각으로 잔손질하여 나무 끝에 장착함으로써 신뢰성 높게 디자인하였다고 한다. 그렇지만 중석기시대 후반(기원전 6800년에서 3500년)이 되면 환경 변화로 더 이상 붉은사슴을 특정 계절에 대규모로 사냥할 수 없게 되면서 대면 사냥(encounter-based hunting)에 치중할 수밖에 없었다고 한다. 이 시기 작은 잔돌날을 화살촉의 미늘로 사용한 도구는 이제 지속성이 높은 전략에 입각하여 만든 다성분도구(multi-component tool)라고 한다. 미늘로 박힌 잔돌날은 쉽게 갈아 끼울 수 있는 것이다. 이처럼 얼킨스는 북유럽의 중석기기대 석기 도구의 변화를 신뢰성이 강조된 도구가 주도적이었다가 시간의 흐름에 따라 지속성을 강조하는 도구가 많아짐을 설득력 있게 설명하였다.

이처럼 그동안 많은 연구가 사냥과 같은 생계활동 또는 민족지에 관해서 이루어졌기 때문에, 진화생태학의 이론 배경을 어떻게 석기 연구에 적용할 수 있을지 하는 문제에 대해서는 아직 연구자들 사이에 의견이 상충되어 있어 통일된 방법론을 찾기 어렵다. 근본적으로는 석기 제작과 사용에 들어가는 에너지의 양을 측정해야겠지만 현실적으로 정확한 측정은 불가능하며, 에너지 역시 돌감 획득, 석기의 제작, 사용, 재가공 등 구체적으로 어떠한 단계의 것을 말하는지도 불확실하다. 어떤 이들은 석기 제작에 들어가는 시간에(Torrence 1983, 1989), 또 다른 이들은 활용할 수 있는 정보에(Gero 1989; Mithen 1990) 초점을 맞추기도 하지만 역시 고고학적으로 검증하기는 곤란하다. 예를 들면 제스키(Jeske 1992)는 북아메리카에서 기원후 약 500년경 석기 형식의 다양성이나 정련도가 급격하게 감소하는 이유를 시간과 에너지 재원이 갈수록 제한되는 환경에 대한 적응 반응이라 설명하지만 왜 시간과 에너지의 여유가 없어지는지 하는 문제는 또 다른 설명이 필요하다고 하겠다.

물질 자료를 대상으로 인간행위를 추론하고자 하는 고고학에서는 행위에 근접하는 경험 변수, 곧 대용지표(proxy measure)를 사용하여 측정한다. 예를 들면 사냥에 관한 모델에서는 특정한 사냥 전략의 비용, 곧 시간과 에너지 등을 직접 측정하기보다는 사냥감의 상대적인 칼로리를 기준으로 하는 것과 같이 석기 연구에서도 실제 측정 가능한 근접 변수들을 고안해 내야 하는 것이다. 나중에 논의하겠지만 석기 연구에서는 돌감(석재)의 질과 희소성이야말로 가장 유용한 기준이 될 수 있을 것이다.

13.3. 석기기술체계를 결정하는 변수

13.3.1. 이동성과 석기기술
몇몇 사례 연구에 따르면 선사시대 기술, 특히 석기기술체계는 집단의 이동성(mobility)에 크게 영향을 받는다고 한다(Cowan 1999; Kuhn 1991,

1994; Nelson 1991; Parry and Kelly 1987; Shott 1986). 대다수 수렵채집민은 이동생활을 근간으로 한다. 이동하는 생활에서 장비 운반은 번거롭고 노동력이 들어가는 일일 수밖에 없다. 따라서 석기의 제작과 사용은 이 같은 이동성의 빈도 및 크기와 밀접하게 연관되어 있다.

주지하듯이 빈포드(Binford 1980)는 알래스카의 누나미우트 원주민 민족지 연구를 바탕으로 수렵채집민의 이동성을 크게 거주 이동성(residential mobility)과 조달 이동성(logistical mobility)으로 나눈 바 있다(켈리 2014). 거주(본거지) 이동이란 생계활동을 위해 수렵채집 집단 전체가 새로운 생계 서식지로 이동하는 것을 말하며, 조달 이동이란 소수의 구성원이 사냥과 같은 특정한 목적을 위해 집단을 떠나 생계를 조달해 오는 것을 가리킨다. 이동하는 수렵채집민이라면 모두 어느 정도 이 두 이동성의 양태를 가지고 있다. 다만 주어진 환경 조건, 또는 식량자원을 이용하는 방식에 따라 상당히 빈번하게 본거지를 이동할 것이며, 반대로 그런 이동을 최소화하면서 더 먼 곳까지 조달 이동을 다녀올 수도 있다.

이처럼 석기기술의 많은 부분은 체계적으로 생계활동에 배태되어 있으며(Binford 1979; Jochim 1989), 수렵채집민의 이동 규모와 형태에 따라 석기 제작이나 사용에 관한 전략은 크게 달라진다. 특히 석기의 재가공, 다기능성, 표준화 등은 수렵채집민의 생계 및 취락 양상과 밀접하게 연관되어 있다. 연구에 따르면 높은 조달 이동성을 바탕으로 하는 수렵채집민의 경우 제작에 노력이나 에너지(또는 비용)가 많이 들지만 사용하여 얻을 수 있는 효과가 크고 신뢰할 수 있는 도구를 얻을 수 있는 복잡한 기술을 선호한다(Binford 1979; Kuhn 1991, 1995; Torrence 1983).

로버트 켈리(Robert Kelly 1988, 1992, 2013; Kelly and Todd 1988; Parry and Kelly 1987)는 여러 글에서 석기기술체계를 수렵채집민의 이동성을 바탕으로 설명한다. 켈리에 따르면 이동성과 석기의 정형성은 높은 상관관계를 가지고 있다. 이동성이 높은 수렵채집민일수록 체계적 몸돌 및 격지와 정형화한 도구를 제작하여 몸에 지니고 다니며, 도구는 복수의 기능을 수행하는 경향이 강하다. 이런 수렵민은 될 수 있는 대로 작고 가벼운 '이미 만들어 놓은' 도구들을 지니고 다니거나 많은 석기를 정해진 곳에 은닉해 놓는다고 한다(Kuhn 1995: 26). 반대로 한 곳에 오래 머물거나 정착을 하는 경우 무거운 석재나 석기를 운반할 필요가 적기 때문에 일회성이 높은 석기기술을 채용하는 경향이 있다고 한다.

패리와 켈리(Parry and Kelly 1987)는 미국의 우드랜드(Woodland)시대 서남부, 메소아메리카 등에서 보이는 정형화한(formalized) 기술로부터 일회성(expedient) 기술로 전환하는 과정은 농경의 도입과 관련이 있다고 본다. 이들에 따르면 석기의 형태가 비정형화하고 커지며 전체적으로 거칠어지는 것은 기술이 퇴보한 것이 아니라 한 곳에 정착함으로써 정형화한 석기들을 만들 필요가 사라졌기 때문이라는 것이다. 곧, 위에 논의한 진화생태학적인 시각에서 석기기술체계의 전이는 석재의 운반 및 석기의 제작 및 사용이라는 두 변수 사이의 상대적 비용의 차이 때문이라고 주장한다(Parry and Kelly 1987: 299).

동아시아의 경우 후기 구석기시대 잔석기(세석기)전통은 현재까지 자료에 따르면 알타이지방 등에서 4만-3만 5,000년 전 등장하여 빠르게 확산한 것으로 보인다. 한국에서도 철원 장흥리나 장흥 신북 등에서 나온 보정된 탄소연대에 따르면 3만 년 전에 가까운 시기에 이미 잔석기기술이 나타난다(Seong 2011, 2015). 이처럼 넓은 지역에 빠른 속도로 확산하는 것을 단순히 전파와 이주의 측면에서 해석하는 일은 진부하다. 전파의 경로만을 그린다면 앞으로 새로운 자료가 나타나면 수정을 반복해야 할 것이다. 잔석기기술의 광범위하고도 급격한 확산은 수렵채집민의 높은 이동성의 맥락에서 궁구하는 것이 더 설득력이 있고 새로운 자료의 등장에도 오래 견디는 설명일 것이다. 특히 마지막 빙하기의 혹심한 환경에서 수렵채집민은 높은 본거지 이동과 조달 이동을 바탕으로 비교적 넓은 지역에서 생계를 위한 활동을 하였을 것이다. 나아가 이동하는 수렵채집 집단은 주변 집단과 우호 관계를 맺어 물자와 정보, 사람을 교류한다. 잔석기전통의 광범위한 확산은 바로 이런 높은 이동성과 사회교류의 네트워크의 측면에서 설명할 수 있다(성춘택 2009; Seong 2007).

13.3.2. 돌감과 석기기술

하지만 이동성이 석기기술체계를 결정짓는 단일한 변수는 아닐 것이다. 마치 인구의 증가가 농경의 성장과 같은 문화변동의 독립변수가 될 수 없듯이 이동성 또한 종속변수라고 볼 수 있다. 아무리 이동성이 강하다 하더라도 석기 제작에 양질의 석재가 주변에 풍부하다면 당장 쓰지 않을 도구들을 미리 만들어 무겁게 운반할 필요는 없을 것이며, 이 점은 패리와 켈리(Parry and Kelly 1987: 300)도 지적한 바 있다. 역으로 이동성이 극히 적거나 한 곳에 오래 머물러 사는 주민들도 이용할 수 있는 돌감이 희소할 경우 원석의 낭비를 최소한으로 줄여(기술적으로 문제가 없다면) 정형화한 석기를 만들 수밖에 없다.

안드레프스키(Andrefsky 1994: 281, 1998: 224)는 미국 서북부 선사시대 사례를 들며 돌감의 질과 희소성이야말로 석기기술체계를 결정하는 가장 중요한 요인이라고 주장하였다. 다시 말하면 양질의 석재가 주변에 흔하다면 이동성이 높은 수렵채집민일지라도 굳이 정형화한 석기를 만들지 않을 것이며, 비정형 도구를 사용한다고 해서 이동성이 낮거나 정착했던 주민이라고 생각할 수 없다고 한다. 안드레프스키가 제시하는 자료에 따르면 도구를 비정형과 정형으로 나눌 때 비정형 도구의 대다수는 지역 돌감으로 만들어졌고(87.2%) 정형 도구의 비율은 12.8%에 머물렀다. 반면 비정형 도구는 불과 4.6%, 정형 도구는 무려 95.4%가 비지역의 양질의 돌감으로 만들어졌다고 한다. 이는 표 13.1의 돌감의 질에 따른 석기 형식의 차이에서도 분명하게 드러난다. 이처럼 정형 석기는 먼 곳에서 얻어온 정질의 암석으로 만들었다는 것이다.

나아가 석기기술의 집중도(intensity)는 돌감 원산지로부터의 거리와 깊은 관계가 있다. 예를 들면 리클리스와 콕스(Ricklis and Cox 1993)는 미국 텍

표 13.1 안드레프스키의 돌감의 질과 석기 형식의 관계에 대한 표(Andrefsky 1995: 104에서)

돌감	양면찌르개	기타 양면석기	단면석기	자갈돌 석기	사용된 조각	계
처트	15(30.6%)	23(47.0%)	11(22.4%)	0	0	49
현무암	15(5.8%)	40(15.5%)	10(3.9%)	147(57%)	46(17.8%)	258
변성암	0	1	1	32(65.3%)	15(30.7%)	49
규암	0	0	1(3.3%)	18(60%)	11(36.7%)	30

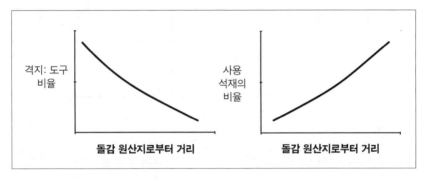

그림 13.1 왼쪽은 돌감 원산지와 격지 : 도구의 비율이 반비례관계(Falloff)를 보여 주며, 오른쪽은 산지로부터 멀어질수록 격지에 비해 사용 석재의 비율이 커짐을 보여 주는 도표(Ricklis and Cox 1993: 451, Fig. 3과 454, Fig. 5 참조, 김태경 그림)

사스의 처트 산지와 여러 유적의 유물군 구성의 양상을 비교분석하였는데, 그림 13.1과 같이 산지에서 멀어질수록 격지 : 정형 도구의 비율이 감소하고, 격지의 길이 역시 줄어들며, 찌르개의 평균길이도 작아지고, 사용 석재의 비중은 커진다고 한다. 이와 같은 패턴은 산지에서 멀어질수록 석기 제작자는 돌감을 집중적으로 이용하기 때문에 도구를 더 자주 벼리고(재생), 재가공하는 데 노력을 쏟기에 작은 격지의 수가 늘어나고 도구는 더 작아지기 때문에 일어난다.

　　이밖에 다른 연구자들도 돌감의 중요성을 지적한다(Beck and Jones 1990). 뱀포스(Bamforth 1986)는 큐레이티드(유지관리) 기술이 사실은 돌감의 희소성에 대한 반응이라고 지적한다. 한편 제스키(Jeske 1992)는 양극떼기가 주도하는 석기기술체계가 거친 재질의 석재를 사용해야만 하는 경우

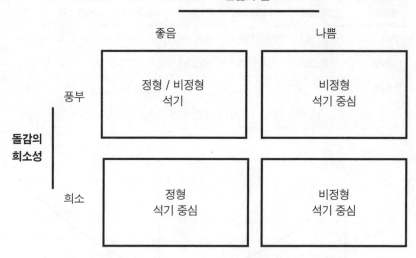

그림 13.2 안드레프스키가 제시한 석재의 희소성과 석기의 정형성의 관계(Andrefsky 1994: 30을 수정)

효과적인 전략이었을 것이라고 한다. 이같이 석재의 중요성이 석기기술체계를 결정하는 가장 중요한 요인이라는 생각에는 석기기술체계는 양질의 돌감이 나는 산지로부터 거리야말로 석기의 정형성과 비례한다는 가정이 깔려 있다(Ricklis and Cox 1993: 445).

이처럼 석기군의 변이, 곧 석기기술체계는 주민의 이동성과 주변에 양질의 돌감이 얼마나 풍부한지 하는 요인과 밀접히 연관되어 있다. 그러나 이 두 요인이 석기기술체계의 변화의 근본 원인이라고 보기는 힘들다. 이동성이란 종속 변수일 수밖에 없고 석재의 분포 역시 시간에 따라 언제나 일정하기 때문에 그 자체로 어떠한 변화를 일으킬 수는 없다.

그러나 석기기술은 어떤 단일한 변수만으로 설명할 수 있는 것은 아니다. 이탈리아 무스테리안석기전통을 연구한 스티븐 쿤(Kuhn 1992, 1995; Rolland and Dibble 1990)에 따르면 분명 양질 돌감의 희소성은 석기기술체계의 배경을 결정하는 중요한 변수이지만 실제 잔손질 등에 나타나는 돌감 이용의 집약성과는 그리 큰 상관관계를 찾을 수는 없다고 한다. 오히려 유적의 기능상의 측면이나 점유 기간이 더 세세한 석기기술의 다양성을 설명해 준다는 것이다.

클로즈(Close 1999) 역시 북아프리카의 석기를 연구하여 돌감 산지로부터 거리와 유물의 크기에 언제나 인과적 상관관계가 있는 것은 아니며, 석기의 크기는 예상되는 기능과 더 잘 부합한다고 결론을 내린다. 이와 같이 예상되는 도구의 작업과 그에 합당한 석기를 만들기 위한 기술적 제약(Hayden *et al.* 1996)은 석기기술체계의 다양성을 설명하는 중요한 변수임에 분명하다.

13.4. 석기기술체계의 다양성

위 논의를 바탕으로 널리 사용되고 있는 일회성(expedient) 기술 대 정형(formalized) 기술이라는 개념을 대조시키면서 석기기술체계를 더 분명히 살펴보자.

일회성 석기기술은, 빈포드의 큐레이티드 기술과 상반되는 개념이다. 미리 계획된 석기 제작의 연쇄가 없이 상황에 따라 그때그때 필요에 맞추어 석기를 만들어 쓰는 체계를 뜻한다. 이와 같은 석기 제작에 드는 비용은 별반 크지 않으며, 정질의 돌감에 대한 필요도 상대적으로 작다고 할 수 있다.

반면 정형 석기기술은 빈포드의 큐레이티드 기술의 연장선에 있는 개념으로서, 많은 면에서 일회성 기술과 대비된다. 가장 중요한 특성은 바로 원하는 도구를 만들기 위해서 돌감을 고르고 다듬는 데부터 석기를 만들어 쓰는 과정까지 미리 계획된 과정을 따른다는 점이다. 따라서 규격화한 격지를 만들기 위해서 몸돌을 다듬고 준비하는 데 시간과 일이 많을 들 수밖에 없다. 생산되는 격지와 도구는 크기와 생김새에서 정형성을 띠며, 크기는 비교적 작은 경향이 있다. 정형 석기기술은 석기 제작에 많은 비용이 들며 양질의 돌감을 필요로 한다.

이런 구분이 지나친 단순화이며 실제 선사시대 주민집단은 정형 및 일회성 기술과 관련된 석기들을 모두 가질 수 있다는 비판도 있다(Bamforth

1986; Odell *et al.* 1996: 382). 하지만 이는 석기기술의 '개념'적인 구분임을 주지할 필요가 있다. 개념이란 석기기술을 더 도식적으로 연구하기 위해 고안한 것이며, '이론상 상호 배타적'이지 실제 고고학 현상과 자료에서는 이런 개념과 완전히 부합되지 않을 수도, 어느 정도 중복된 양상도 있을 것이다. 예를 들면 일회성 기술이 중심인 석기군에도 몇몇 정형화한 도구가 있을 수 있다(예: Parry and Kelly 1987: 295). 그렇다고 해서 구분이 불필요하다는 것은 아니며, 그런 복합성이 왜 나오는지는 설명해야 할 문제라 하겠다. 석기기술을 일면적이고도 고정된 것이라 생각해서는 안 되며, 여러 조건과 제약 요인에 따라 다양한 양상을 띠며 변모할 수 있다.

또 한 가지 유의해야 할 것은 일회성 기술을 기술수준이 낮다고 생각하지 말아야 한다는 점이다. 물론 특정한 격지와 도구를 만드는 석기기술은 시간의 흐름에 따라 '발전'하는 경향이 있지만, 이 과정을 너무 단선적으로 보아서는 안 된다. 인간행동생태학의 견지에서 일회성 기술 역시 주어진 환경 조건에서 장시간의 진화과정에서 선택된 전략이다. 따라서 일회성 기술을 아무런 패턴도 인지할 수 없는 낮은 수준의 석기기술이라 여기는 것은 곤란하다. 일회성 기술로 특징지을 수 있는 석기유물군에도 원석의 이용이나 격지떼기 및 격지의 사용 등에서 몇몇 패턴을 인지할 수도 있다. 때문에 일회성 기술은 기술 수준이 낮은 것이 아니라 많은 변화와 스트레스를 수용할 수 있는 '유연한' 전략인 것이다(Teltser 1991: 373).

일회성 기술은 작은 노동으로 많은 격지를 생산하는 효과적인 석기 제작 전략이다. 때문에 양질의 돌감이 풍부하거나 이동성이 낮은 조건에서는 정형 석기기술보다 선택적 이점(selective advantages)이 있다. 또한 환경의 변화 등 외부적인 필요가 발생할 경우 변화에 대한 요구를 수용하여 더 '정형화한' 도구를 (체계적이 아닌) 개별적이고도 임시로 만들 수도 있는 유연함을 가지고 있다.

표 13.2 일회성 기술과 정형 기술의 비교(성춘택 2001)

	일회성 석기기술	정형 석기기술
격지떼기 (Core reduction)	• 격지의 생김새와 크기를 조절하지 못함 (Parry & Kelly 1987) • 직접떼기 / 몸돌을 모룻돌에 올려놓고 다른 돌(망칫돌)로 내리치는 간접모루떼기, 양극떼기 • 석재가 작을 때 양극떼기가 효과적인 박리 기법 (Teltser 1991; Jeske 1992) • 일관된 패턴 결여 / 격지와 몸돌은 부정형적인 경향 (Teltser 1991)	• 박리는 미리 규정된 루트를 따라서 규격화한 격지와 돌날을 생산하는 과정 • 몸돌을 준비하는 데 많은 시간과 노력이 소요 • 정해진 단계를 밟아 주로 돌날을 제작하고 손질 • 소재를 준비하고 다듬고 잔손질하여 도구를 만들고 지속적으로 재가공
도구	• 적당한 크기와 생김새의 격지를 선택하여 바로 사용, 또는 간단한 잔손질로 도구로 사용 • 도구 형식과 버리는 석재 사이에 명확한 구별이 없는 경우도 있음	• 규격화한 격지나 돌날을 그대로, 또는 잔손질하여 도구로 사용 • 잔손질의 위치와 형식이 표준화하여 여러 도구 형식 제작 • 소재를 지속적으로 재가공
작업	• 그때그때의 필요에 따라 특정한 작업에 사용 • 재가공이나 재활용은 거의 없음	• 미리 정해진, 또는 예상되는 작업 영역에 대비하여 석기 제작 • 길고 날카로운 날은 다기능성과 재가공에 유용성도 높음
환경, 돌감(석재)	• 자원의 변동에 대한 예측가능성이 높은 풍부한 환경 (Nelson 1991) • 이용할 수 있는 석재가 질이 낮으면서도 풍부한 환경 (Bamforth 1986) • 시간적인 스트레스가 거의 없는 경우 (Torrence 1983) • 낮은 이동성 (Parry and Kelly 1987)	• 정형화한 석기를 만들기 위해 양질의 돌감 필요 • 이동성이 강하여 작은 무게의 소재(돌날)와 도구를 운반해야 하는 경우 (Kuhn 1994, 1995; Shott 1986) • 다기능 도구의 발달로 석기형식의 다양성이 떨어지는 경향성도 있음 (Chatter 1987; Kuhn 1992; Shott 1986)

13.5. 유물군의 변이와 행위 복원

석기기술체계의 개념은 이처럼 석기군에서 나타나는 다양성과 변이가 돌감의 희소성이나 풍부함, 유적에서 일어난 행위의 패턴과 체계적 관련이 있음을 가정하고 있다. 다시 말해 특정한 형식의 석기, 석기군 구성의 양상 등이 체계적으로 생계활동과 이동성, 돌감 획득과 이용, 유적 점유의 시간 등 선사시대의 여러 환경 및 행위적 변수와 체계적으로 연결되어 있다는 것이다. 특히 이전 장에서 살펴본 유물의 기능과 관련하여 어떤 형식의 유물의 존재는, 늘 그런 것은 아니지만, 특정한 행위가 있었음을 시사하기도 한다.

전술했듯이 루이스 빈포드(Binford 1980, 1983; Kelly 1992, 2013; 켈리 2014)는 일련의 민족지 연구를 바탕으로 수렵채집민의 이동성을 본거지나 거주지를 옮기는 거주 이동성과 몇몇 구성원들만이 특정 식량자원 획득을 위해 떠나 본거지로 돌아오는 조달 이동성으로 나누었다. 이 두 가지 이동성은 개념적인 대비일 뿐이며, 실제 수렵채집 사회에는 두 가지가 중복되어 있다. 다만 이동성은 식량자원의 밀도와 이용 가능성과 밀접하게 관련되어 있다. 특히 빈포드는 실효온도(effective temperature)라는 개념을 이용하여 저위도와 고위도 지방의 수렵채집민의 이동성의 양태를 연구하였다(켈리[성춘택 옮김] 2014 참조).

나아가 빈포드는 이동성의 양태에 따라 수렵채집민을 포리저와 컬렉터로 나눈다. 포리저(foragers)는 집단 전체가 식량자원이 있는 장소로 이동하는 전략을 취하며, 컬렉터(collectors)는 본거지 이동을 최소화하면서 몇몇 집단 구성원이 식량자원의 조달을 위해 이동하는 특징을 보인다고 한다. 포리저는 주로 실효온도가 높은 저위도의 수렵채집민에서 보이며, 컬렉터는 실효온도가 낮은 고위도지방의 집단에서 흔하게 볼 수 있다고 한다. 포리저는 높은 이동성을 바탕으로 집단 전체가 새로운 생계 서식지로 자주 이동하며, 컬렉터는 소수의 구성원이 비교적 먼 거리까지 이동하면서 생계자원을 조달한다는 것이다. 두 생계전략을 단순화시키는 것은 결코 바람직하지 않고 빈포드 역시 그것을 걱정했다고 하지만(켈리 2014: 4장 참조), 이 개념은 수렵채집민의 주거 구조 및 이와 연결되는 석기군의 구성 연구에 큰 영향을 미쳤다.

흔히 저위도 포리저의 물질문화는 단순한 도구와 시설물로 구성된다고 한다(Binford 1980; Gamble 1986; Kelly 2013). 반면 고위도지방의 컬렉터의

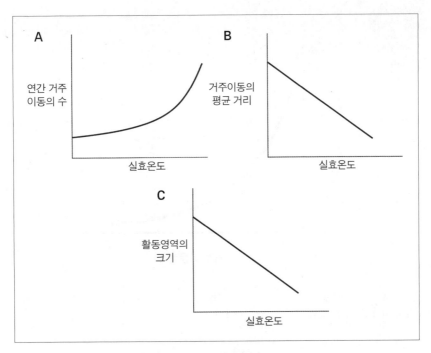

그림 13.3 인간행동생태학 모델에 입각한 유물군 변이에 대한 모델

A: 연간 거주(본거지) 이동의 수와 실효온도(effective temperature, 켈리 2014 참조)의 관계, B: 실효온도와 거주 이동의 평균 거리의 관계, C: 실효온도와 수렵채집민 활동 영역의 크기(log)와의 관계(McCall 2007: 1746, Fig. 8을 일부 수정). 실효온도란 일사량의 연중분포와 집중도를 측정한 것으로, 최대값은 적도에서 26, 최저값은 극지에서 8이다. 다시 말해 추운 환경의 고위도에서는 성장 계절도 짧고, 저위도 열대지방에서는 성장계절이 길다는 것을 나타낸다(김태경·성춘택).

물질문화에는 잘 만들어진 도구와 시설물을 볼 수 있다. 복합도구란 기능을 달리하는 여러 부위가 결합되어 하나의 도구를 구성하는 것을 말한다. 단순한 도구로도 생존할 수 있다면 굳이 복합도구를 구성하지는 않을 것이다.

상이한 생계전략은 상이한 도구 구성을 낳으며, 이를 바탕으로 서로 다른 기능과 성격의 고고학 유적이 만들어진다. 거주지란 집단 구성원 전체가 한동안 사는 지점을 뜻하는데, 이곳에서는 다양한 생계 및 비생계 활동이 이루어질 것이다. 반면 한정행위장소(specific activity stations)란 어떠한 한정된 행위가 이루어진 장소를 말한다(박성진 2011; 배기동 2000).

채터스(Chatters 1987)는 빈포드의 개념을 바탕으로 겨울 본거지와 겨울

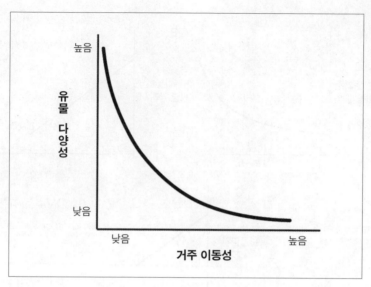

그림 13.4 거주(본거지) 이동성(x축)과 유물군의 다양성(y축) 사이의 반비례 관계를 단순하게 표현한 그림(Andrefsky 1998: 204, Fig. 8.5에서 수정, 김태경 그림)

사냥캠프, 봄 거주지라는 세 가지 유적 형식을 가려낸 바 있다. 겨울에는 조달 이동이 높기 때문에 조달 이동성이 강조될 것이다. 채터스에 따르면, 도구의 다양성은 특정한 행위에만 한정되어 있지 않고 큰 집단 구성원 전체가 다양한 행위를 한 결과인 본거지와 거주 캠프에서 사냥 캠프와 같은 한정행위장소보다 높을 것이다. 따라서 거주지에서는 다기능적이면서 일반화된 유물군이 특징이며, 조달 이동성이 높은 본거지의 경우 특정한 행위가 중심인 도구가 많을 수도 있다.

통계적으로 가장 중요한 수단은 균등도(evenness)를 측정하는 일이다. 유물군을 비교하고 석기기술체계를 파악하기 위해서는 유물군이 충분히 커야 한다. 유물군의 크기가 작을 때, 곧 표본이 작을 때는 균등도가 낮은 경향이 있으며, 큰 표본에서는 균등도가 높게 나올 수 있기 때문이다(Cochrane 2003; Grayson 1986; Grayson and Cole 1998). 균등도(E)는 다음과 같이 측정한다(Andrefsky 1998: 202-204).

$$E = \frac{(\frac{n_i}{n})\log(\frac{n_i}{n})}{\log_s}$$

n_i = 각 형식의 유물 수
n = 모든 형식의 유물 수
s = 유물 형식의 수

균등도는 0에서 1까지 분포하는데, 1이란 모든 형식이 유물군에 나타나 있으며, 0이란 오직 한 형식만이 있음을 뜻한다. 이론적으로는 거주지에서는 유물 형식의 균등도가 높고 야영지에서는 낮을 것이다.

석기군의 다양성은 수렵채집민의 이동성을 평가하고 판단하는 데도 좋은 대용지표가 된다. 연구에 따르면 상대적으로 이동성이 강한 집단이 그렇지 않은 집단보다 유물군의 다양성이 더 높은 경향이 있다. 로버트 켈리(Parry and Kelly 1987; Kelly and Todd 1988)와 다른 연구자들(Andrefsky 1998, 2008; Kuhn 1994; Morrow and Jeffries 1989; Shott 1986)은 석기기술체계와 이동성 사이의 관계를 찾는다. 연구에 따르면 정형화한 석기의 생산에는 많은 노력이 들어간다. 예를 들면 북아메리카의 고인디언시대와 아케익시대의 양면찌르개와 정형화한 돌날은 정형 석기기술의 대표적인 사례이다(Andrefsky 2008; Patterson 1992). 정형 석기는 앞으로의 사용처에 대해 준비하여 만들어지고 재가공, 재활용되기 때문에 대체로 유물의 생애사가 길다. 반면, 일회성이 강조되는 석기는 그때그때 필요에 따라 만들어지고 짧은 시간 안에 사용되고 바로 폐기되는 패턴을 보인다.

연구에 따르면 정형화한 석기들이 중심인 유물군은 이동성이 강한 수렵채집민과 밀접히 관련되며, 그렇지 않고 일회성이 강한 석기군은 상대적으로 이동성이 낮거나 정주민에서 많이 보인다. 이동성이 높은 집단은 준비되지 않은 도구로 위험부담, 곧 불확실성이 큰 상황을 마주하기 어렵기 때문이다. 이동성이 높은 수렵채집민은 쉽게 재가공할 수 있고, 운반할 수 있는, 양질의 돌감으로 만들어진 정형화한 유물을 지니고 다닌다는 것이다. 거꾸로 상대적으로 정주적인 집단의 경우 다기능성의 도구나 가벼운 석기를 만들어야 할 필요가 덜하기 때문에 그때그때 필요에 따라 쉽게 만들어 쓰고 버리는 도구가 많다. 패리와 켈리(Parry and Kelly 1987)는 북아메리카의 자료를 토대로 양면찌르개에 비해 몸돌이 시간의 흐름에 따라 많아지고, 타면조 정면을 가진 돌날의 비율이 줄어드는 것은 수렵채집민의 이동성이 낮아지면서 점점 정주하는 경향 때문이라고 설명한다. 이는 북아메리카의 석기기술체계의 전이는 옥수수(maize) 농경의 도입에 따른 정착, 즉 이동성의 감소 때문이라고 하였다(Parry and Kelly 1987).

이렇듯 석기기술체계는 이동성과 함께 돌감의 희소성과 원산지로부터의 거리, 생계전략, 가용할 수 있는 기술지식 등이 복합적으로 작용한 결과이다. 이동성과 돌감은 석기의 형태(디자인)와 함께 재가공에도 영향을 미친다. 어떤 수렵채집민은 식량자원 획득을 위한 이동과 함께 특정한 산지에서 돌감을 얻어 와야 한다. 예를 들어 계절 순환을 하는 집단이라면 집단의 석기군에서 차지하는 돌감은 그때마다 본거지가 산지로부터 얼마나 먼 곳에 자리하고 있는지가 주된 요인이 될 것이다(Ingbar 1994). 가장 최근에 찾은 산지에서 얻어온 돌감은 많을 것이며, 오래전 방문했던 산지의 돌감은 상대적으로 작게 감쇄되었거나 고갈되었을 것이다.

논리의 연장선에서 이동성과 함께 유적에 점유한 시간의 길이 역시 유물군 구성에서 차이를 나타낸다고 생각할 수 있다. 이런 모델은 고고학 사례에 쉽게 적용할 수 있다. 스티븐 쿤(Kuhn 1991)은 돌감 원산지로부터 단순한 거리보다는 유적 점유 시간이 더 중요한 변수라고 생각한다. 그리하여 쿤은 잔손질 도구와 잔손질되지 않은 격지의 상대 비율에 초점을 두고 이탈리아 무스테리안석기군 두 개를 비교하였다. 잔손질 도구가 많은 유물군(Grotta Guattari)이 더 짧은 점유 시간을 나타내며, 잔손질되지 않은 격지가 압도적인 유물군(Grotta di Sant'Agostino)은 오랫동안 점유를 나타낸다고 결론을 내린다.

이처럼 수렵채집 행위와 석기기술 사이의 모델, 사례 연구에 따르면 얼마나 석기를 정비했는지 하는 변수가 돌감 원산지로부터의 거리와 함께 석기군 구성에 복합적으로 영향을 미친다. 블레이즈(Blades 2001)의 연구에 따르면, 프랑스 서남부의 후기 구석기시대 오리냐시안문화의 석기군의 변이는 돌감과 이동성의 변수로 이해할 수 있다고 한다. 오리냐시안 초기의 집단은 추운 환경에 살면서 이동성이 높아 대면사냥을 하였으며, 후기의 집단은 더 따뜻한 환경에서 다양한 자원을 이용하면서 거주(본거지) 이동성이 더 낮았다고 한다. 초기 오리냐시안의 높은 이동성 집단은 더 먼 곳에서 양질의 돌감을 획득하였으며, 잔손질의 집중도 역시 높았고, 후기 오리냐시안유물군은 몸돌 감쇄의 집중도가 더 높았다고 한다.

요약하면 석기술체계의 전이를 설명하기 위해서는 왜 어떤 생김새와 크기를 가진 석기가 필요하게 되었는지 하는 배경과 고고학의 맥락을 먼저 논의해야 한다. 장기간에 걸쳐 어떤 형태와 기능성이 강조되는 것처럼 일관된 경향을 추출한다면 이를 바탕으로 특정 돌감의 필요와 불필요, 그리고 이동성의 변화 또는 생계경제 및 생계활동영역의 변화에 따른 석재 획득 비용의 변화 등 변수 간의 상대적 중요도의 변화를 추적할 수 있다. 다시 말해 석기기술체계의 전이는 여러 요인 사이의 변화하는 관계 속에서 이해할 수 있다.

전술하였듯이 기술에는 다양한 사회적 맥락도 포괄되어 있으며, 이 역시 장기간의 문화변화를 이해하는 데 필요하다. 어떤 특정한 행위와 그 결과물을 이해하기 위해서는 포괄적인 환경 지식과 사회적 배경을 함께 고려할 필요가 있다. 그리하여 연구자들은 "부드러운 기술", 곧 소프트 테크놀로지(soft technology)와 "단단한 기술", 곧 하드 테크놀로지(hard technology)를 구분하기도 한다. 소프트 테크놀로지란 생존과 생활에 필요한 다양한 지식을 가리키며, 하드 테크놀로지란 어떤 목적을 이루기 위해 투입되는 물체를 가리킨다(Kelly 2013[성춘택 옮김 2014]: 5장). 현재의 사람이든 선사시대의 사람이든 하드 테크놀로지만으로 생존할 수 없음은 두말할 나위가 없다.

또한 어떤 도구는 필요라는 기능적 맥락과 함께 사회적 의미도 지닌다. 가령 주먹도끼가 무엇인가를 해체하고 자르고 베는 데 쓰이는 도구라면 그것은 기능적 맥락만을 말하는 것이다. 그런데 물질문화의 일부로서 주먹도끼를 만들고 소유하는 사람은 그렇지 않은 사람과는 다른 사회적인 의미를 가질 수도 있는데(제9장 참조), 이처럼 기술이 지닌 사회적인 의미는 사회

기술(social technology)이라는 용어로 표현된다. 사회 기술이란 사회적 수단으로서의 어떤 도구가 지닌 역할을 강조하는 개념이다(갬블[성춘택 옮김] 2013). 사회생활과 마음의 진화를 물질문화와 떼어놓고 생각할 수 없을 것이다(Gamble, Gowlett and Dunbar 2014). 다만, 이 분야는 앞으로 더 많은 논의와 분석, 접근법이 개발되어야 할 것이다.

흑요석 같이 많은 지역에서 흔하게 볼 수 없는 유물의 경우 흔히 교역의 대상이 된다. 아직 원산지 연구가 진척되지 않고 있지만, 흑요석이나 혼펠스, 규질셰일 산지의 분포와 돌감 이용 양상의 분석은 후기 구석기시대 수렵채집민의 사회네트워크를 복원할 수 있는 토대가 될 것이다.

제14장

선사시대 석기기술의 다양성과 변화

이 장에서는 지금까지 논의한 선사시대 석기기술의 다양성을 통시적 시각에서 개괄한다. 석기기술의 변화를 단순히 특정 형식이나 기종의 등장과 전파보다는 진화의 시각에서 보고자 한다. 구석기시대 뗀석기의 변화는 돌감의 희소성이나 수렵채집민의 이동성, 기술적 제약 등 다양한 조건의 역할 변화 속에서 논할 수 있으며, 신석기시대와 청동기시대의 석기기술과 조성의 변화 역시 다양한 생계활동과 사회복합도의 변화를 체계적으로 반영하고 있다.

14.1. 구석기시대 석기기술의 진화

14.1.1. 도구로서 석기의 등장

돌을 깨서 도구를 만들어 쓴 행위의 등장은 흔히 에티오피아의 고나 (Gona) 유적에서 나온 석기군에서 찾는데, 대략 260만 년 전까지 올라간다.

그런데 최근 동아프리카 케냐 투르카나호 주변에서는 이보다 무려 70만 년이나 이른 330만 년 전의 층에서 몸돌과 격지 등 석기 수백 점이 발견되었다고 한다(Harmand *et al.* 2015). 고나 유물도 주변에서 나온 오스트랄로피테쿠스 가르히(*Australopithecus garhi*)가 만든 것이라는 생각도 있었다. 하지만 비슷한 시기 호모 속(genus *Homo*)이 등장하고 진화하였기 때문에 석기의 제작과 사용을 호모 하빌리스와 연결시키는 것이 정설이었다(Ambrose 2001; Klein 2002, 2009; Gowlett 1992; Schick and Toth 1993, 2007).

앞으로 검증의 과정을 거쳐야겠지만, 이런 새로운 발견으로 호모를 넘어 오스트랄로피테쿠스가 돌을 깨 석기를 만들었음이 갈수록 인정될 것으로 보인다. 이런 자료는 앞으로 더 나올 것이다. 나아가 최근 브라질에서는 원숭이가 규암제 자갈돌을 내리쳐 격지를 떼어 내는 동영상이 공개되기도 했다. 이처럼 최초의 석기라는 것은 갈수록 증거가 소급될 것이며, 이미 호모 속을 지나, 이제 사람의 영역을 넘어설 수도 있는 것이다. 그렇게 보면 도구를 만들고 사용하는 것이 사람만의 행위적 특징이라 할 수는 없다. 그러나 사람만이 수백만 년 동안 뗀석기를 만들었으며, 석기기술은 느리지만 지속적으로 진화하였음도 예나 지금이나 분명한 사실이다. 고고학, 특히 서유럽에서 고고학은 구석기시대의 유물과 인간의 존재를 확인하는 과정에서 학문으로 발전하였다. 선사시대 석기야말로 문헌에서는 찾을 수 없는 인간의 과거를 담고 있으며, 시간의 흐름에 따라 인류의 문화진화를 잘 보여 주는 자료임을 알게 된 것이다. 이로써 석기와 석기시대를 연구하는 학문으로서 선사고고학, 곧 오늘날 우리가 인식하는 고고학이 성립하였다(트리거 2010).

14.1.2. 석기기술의 진화

세계 선사시대의 문화변화를 장기간의 시각에서 보면 석기는 고졸한 형태의 자갈돌을 깬 유물이 중심이었던 올도완석기전통에서 주변에 길고 날카로운 날을 가진 주먹도끼류 석기를 중심으로 하는 아슐리안석기전통으로 변화한다. 올도완과 아슐리안전통은 전기 구석기시대의 대표적인 석기전통이다. 아슐리안전통은 아프리카와 유럽에서 약 30만-25만 년 전 준비된 몸돌과 격지떼기, 다양한 격지석기가 특징인 중기 구석기시대의 무스테리안전통으로 진화하며, 르발루아기법이라는 독특한 석기기술이 등장한다. 그리고 현생인류의 확산과 더불어 약 4만 년 전이 되면 돌날을 중심으로 하는 석기 전통이 구대륙 전역의 후기 구석기시대 문화와 기술을 대표한다. 후기 구석기시대 석기의 가장 중요한 기술은 소형화(microlithization)라는 진화의 흐름으로 나타나는데, 정교한 돌날과 잔돌날을 떼는 기술이 요체이다. 한국에서는 규질셰일과 흑요석 같은 치밀하고 단단한 암석을 소재로 하여 아주 작고 정형화한 석기를 만들어 복합도구의 일부로 사용하였던 것이다. 이로써 뗀석기 기술의 발전은 정점에 이른다. 이와 함께 후기 구석기시대 유적에서는 갈린 석기와 날 부분을 갈아 만든 돌도끼(인부마제석부) 역시 드물지 않게 나오고 있다.

중국과 아무르강유역, 일본 등 동아시아에서 확인되듯이 후기 구석기시대 말 수렵채집 사회의 맥락에서 등장한 토기는 이후 신석기시대 문화를 대표하는 유물이 된다. 토기 제작은 석기보다 양식 속성을 담아내기 수월하기 때문에(석기는 감쇄기술이지만, 토기는 부가기술의 사례이다) 고고학적으로 토기는 더 지역 문화양상을 파악하는 데 유용한 자료이다.

그렇지만 신석기시대, 그리고 청동기시대까지도 석기는 식량 획득과 가공에서 주된 도구의 역할을 하였다. 신석기시대에는 수렵과 농경 등 생계 관련 도구에서 목재가공, 장식품 등 다양한 도구가 발전하였는데, 대부분은 돌로 만들어진 도구이다. 신석기시대 이후 돌살촉(석촉)을 비롯한 정교한 수렵구가 발전하며, 한편으로 필요에 따라 더 거칠고 강한 석기도 만들어지고 사용된다. 금속기를 만들고 썼던 청동기시대에도 석기, 특히 간석기는 오히려 다양하고 세련된 형태로 발전한다. 이처럼 석기는 구석기시대부터 발달하고 진화한 뗀석기기술에서 시작하여 신석기시대와 청동기시대에 이르기까지 오랫동안 인류 문화의 주요 자료로서 역할을 하였다. 석기는 초기 철기시대까지도 만들어지고 사용되지만, 철제 농구와 무기가 널리 보급되면서 흔한

표 14.1 아프리카와 유럽 구석기시대 석기기술의 진화와 모드(Clark 1969)

모드	아프리카와 유럽 구석기시대 대표적인 석기기술	대표 석기 형식	아프리카와 유럽의 구석기시대 분기
모드 1	올도완	자갈돌 찍개, 격지, 몸돌	전기
모드 2	아슐리안	주먹도끼, 가로날도끼, 뾰족끝도끼	전기
모드 3	무스테리안	준비된 몸돌, 각종 격지석기, 르발루아 몸돌과 격지	중기
모드 4	오리냐시안, 그라베티안, 솔뤼트레안	돌날, 밀개, 새기개, 돌날몸돌	후기
모드 5	막달레니안	잔돌날, 잔몸돌, 사다리꼴석기, 복합도구	후기, 중석기

* 경우에 따라서는 간석기를 추가하여 더 많은 모드를 제시하기도 한다(Lycett 2007a, b; Shea 2013).

고고학 자료의 자리를 잃는다.

구석기시대 석기기술의 변화는 상당히 세계적인 흐름을 보여 주는 것이 사실이다. 올도완, 아슐리안, 무스테리안, 돌날, 잔석기전통은 석기기술의 진화를 잘 보여 준다. 비슷한 맥락에서 그레이엄 클라크(J. G. D. Clark 1969)는 모드(mode) 개념을 사용하는데(표 14.1), 모드 1은 전기 구석기시대의 자갈돌 몸돌과 격지 중심의 기술, 모드 2는 양면가공의 주먹도끼와 가로날도끼, 뾰족끝도끼 중심의 기술, 모드 3은 준비된 몸돌로 만들어진 격지 석기가 중심인 기술, 모드 4는 각주형 몸돌에서 떼어 낸 돌날과 밀개, 새기개, 등손질칼, 찌르개 등이 중심인 석기기술이며, 모드 5는 잔돌날과 다른 복합도구가 중심인 석기기술을 가리킨다.

경우에 따라서는 부분 간석기(인부마제석부)와 전면 간석기를 추가하여 모드를 구석기시대 이후까지 확장하기도 한다(Shea 2013). 이로써 석기기술의 진화를 장기간의 시각에서, 또 넓은 공간에서 파악할 수 있다고 한다. 이처럼 석기기술의 변화는 넓은 맥락에서 인류의 문화진화의 양상을 잘 보여 주고 있다.

그렇지만 구석기시대 석기기술의 진화를 지나치게 세계적인 흐름만을 강조하여 파악하려 해서는 안 된다. 특히 동아시아에서 중기 구석기시대 설정은 문제가 많다. 지금까지 강조하였듯이 석기기술이란 주어진 환경 배경에서 인간행위의 체계적 산물이기 때문에 인류 문화의 진화의 측면에서 공통성과 함께 시공간적 다양성 역시 중요하다. 석기기술 또는 석기기술체계의 변이를 결정하는 요인은 석기기술의 전통과 함께 특정 석기에 대한 필요와 석기 제작의 지식과 재능, 정질 돌감의 이용 가능성, 이동성과 정주성, 생계경제의 변화, 그리고 사회 복합화 등 아주 다양하고도 복합적이다. 어떤한 변수가 결정적인 영향을 미치기도 하지만, 대체로 여러 요인이 중첩되어 석기군의 구성과 석기기술을 결정한다고 할 수 있다.

14.2. 이른 구석기시대 규암·맥석영 석기기술

구석기시대 고고학에서는 방법론적인 일반성과 함께 동아시아, 그리고 한국 선사시대 자료에 대한 특수성까지 고려해야 한다. 현재 한국의 구석기시대 유물군의 편년체계는 아직 견실하다고 말하기 힘들다. 다만 석기군을 대표하는 석기 형식을 기준으로 석기군을 나누고, 그것이 가지는 석기기술의 다양성과 진화를 궁구할 수 있을 것이다(김상태 2012; 성춘택 2006b). 이른 구석기시대의 규암·맥석영 중심의 석기기술과 후기 구석기시대 돌날과 잔석기기술은 어렵지 않게 구분할 수 있다. 규암·맥석영 석기기술에도 이른 시기의 주먹도끼-찍개-다면구를 중심으로 하는 석기군과 비교적 늦은 시기 소형석영석기를 중심으로 하는 석기군을 나눌 수 있다. 후기 구석기시대 역시 돌날-슴베찌르개 중심의 석기군과 잔석기 중심의 석기군을 바탕으로 석기기술의 흐름을 살필 수 있다(성춘택 2006b).

14.2.1. 주먹도끼-찍개 중심의 석기군

중국에서 100만 년 전 이전의 유적이 상당수 있음을 감안할 때 한반도에서도 그 정도 시간의 깊이를 가진 호모 에렉투스가 남긴 유적이 발견될 가능성이 높음에도, 현재로선 정확한 근거를 가지고 언제부터 현재의 한반도에 사람이 살기 시작했는지 말하기 어렵다. 다만 중기 플라이스토세(약 78만-12만 8,000년 전)까지 올라가는 유적의 수는 점점 늘어나고 있다.

한국의 이른(전·중기) 구석기시대 유물군은 많은 지역에서 어렵지 않게 구할 수 있는 규암과 맥석영 자갈이나 돌덩어리를 소재로 만든 석기들로 구성되어 있다. 연천 전곡리 최하층이나 파주 장산리, 청원 만수리 하층, 단양 금굴 등 중기 플라이스토세의 유적들 대부분에서 큼직한 규암제 찍개나 다면구, 몸돌, 뾰족끝도끼, 그리고 주먹도끼가 나오고 있다.

이를 주먹도끼-찍개-다면구 중심의 석기군이라 부를 수 있다(성춘택 2006b). 물론 모든 석기군에서 주먹도끼와 찍개, 다면구가 포함되어 있다는 것은 아니다. 표본의 크기가 작을 때—유적형성과정에 따라 유물의 수가 작은 사례가 많다—특정 석기 형식만이 있을 수 있다. 그런데 한국에서 주먹도끼가 포함된 석기군과 찍개만이 있는 석기군을 구분하는 일은 석기기술이나 구석기시대 문화 연구에 별다른 의미가 없는 것으로 보인다. 이 같은 석기 구성은 통상 아프리카와 서아시아, 유럽에서 중기 구석기시대(곧 30만 년 전에서 4만 년 전까지) 내내 지속된다(그림 14.1). 규암과 맥석영제 석기가 주도하고 있는 석기군이 비교적 늦은 시기까지도 지속되고 있는 것이다.

석기기술체계의 견지에서 주먹도끼-찍개 중심의 석기군은 일회성 기술(expedient technology)의 사례라고 할 수 있다. 다시 말하면 석기 제작의 과정이 미리 규정되어 몸돌을 정교하게 준비하고, 도구를 만들어 재가공을 되풀이하는 석기기술이 아니라 주변에서 비교적 어렵지 않게 얻을 수 있는 돌감에서 크고 작은 격지를 떼어 내어 적당한 크기와 생김새의 소재를 취사선택하는 것이다. 그때그때의 필요에 따라 별다른 손질 없이 격지를 사용하기도 하고, 간단한 성형과 잔손질을 베풀어 긁개와 홈날, 톱니날 같은 도구를 만들고 사용하다 버리는 행위가 주도하였다. 최근 발굴된 유적에서 되맞춤(접합) 사례를 통해 보더라도 원석에서 될 수 있는 대로 많은 격지를 떼어 냈지만,

떨어진 격지와 조각은 대부분은 추가 손질 없이 버려졌던 것으로 보인다.

이 같은 일회성 기술은 규암이나 맥석영이라는 돌감의 특성을 효과적으로 이용한 것이다. 규암은 특히 임진한탄강유역과 중부지방에서 비교적 흔하게 볼 수 있는데 강가에서 큼직한 자갈돌의 형태로 획득하고 그 자리에서 모루떼기나 돌망치를 이용한 직접떼기로 어느 정도 소재를 만들었을 것이다. 사암이 변성과정을 받은 규암 가운데는 내부가 고른 입자로 이루어져 있는 것이 있어 특히 대형격지나 주먹도끼, 칼형도끼, 가로날도끼 등 대형자르는도구를 만드는 데 효과적인 암석이었다. 우리나라의 중부지방에서 비교적 잘 만들어진 주먹도끼류 석기가 거의 규암제인 것을 보아도 이를 짐작할 수 있다.

맥석영은 우리나라 전역에서 가장 흔한 암석인데, 그 암석학 및 물리학적 성질이 다양하다. 주로 화강암이나 화강편마암에 맥으로 발달하여, 물리적 풍화로 떨어져 나와 산기슭에서 덩어리로, 하천에서 자갈돌로 이용된다. 특히 내부에 절리면이 발달한 사례가 많은데, 이 때문에 대형자르는도구의 소재로서는 대체로 부적당하다. 다만 암맥으로 발달한 것이 떨어져 나온 것이기 때문에 내부가 치밀하고 정질인 암석도 있어 중소형의 석기 제작에 매우 효과적이다. 그리고 간단한 떼기로도 날카롭고 오래 견디는 날을 얻을 수 있어 한국 구석기시대 전 기간을 통틀어 가장 집중적으로 이용된 뗀석기 재료였다.

14.2.2. 소형석영 석기기술

일회성 석기기술체계는 규암·맥석영 석기군의 특징이다. 한국의 환경에서 이런 전략은 선택적인 이점을 지니고 있었던 것이다. 일회성이 강하고 임기응변적인 석기 제작과 사용을 강조하였다고 해서 석기들이 전혀 기술 및 형태적인 공통성을 가지고 있지 않다는 뜻은 아니다. 일회성 기술체계 안에서도 특징 있는 돌감 이용 양상과 석기 형식들이 있을 수 있는 것이다. 석기기술의 수준이 낮았다기보다 유연한 전략이었다고 생각된다.

전술하였듯이 아프리카와 유럽의 중기 구석기시대에는 준비된 몸돌기술에 입각한 다양한 격지석기가 특징을 이루고 있다. 다시 말하면 석기기술체계의 측면에서 이전의 아슐리안전통과는 다른 새로운 기술을 보여 주고 있는 것이다. 준비된 몸돌기술로서 르발루아기법은 이전 시기 석기기술과는 차별되는 몸돌 감쇄기법이며, 20만년 정도의 오랜 시간 동안 구대륙 서부에서 석기기술을 대표하였다.

그러나 이러한 기법을 우리나라와 주변 동아시아에서는 찾기도 어렵고, 수만 년이라는 시간대를 대표하는 석기기술이라 말할 수도 없다(성춘택 2002; Gao and Norton 2002; Seong and Bae 2016). 그 시기 한국 유물군의 대세는 여전히 규암·맥석영 석기군으로서 큼직한 규암제 몸돌과 다면구, 그리고 주먹도끼류 석기들이었다. 물론 전곡리나 가월리를 비롯한 임진한탄강유역 등 다수의 유적에서도 퇴적층의 상부에서 비교적 좋은 재질의 맥석영을 소재로 작고 정교한 유물을 제작한 사례가 알려져 있다. 또한 용인 평창리, 동백동, 청주 율량동을 비롯한 많은 유적에서 이 작은 맥석영 석기가 석기군의 중심을 이루고 있는 것도 사실이다. 맥석영을 돌감으로 격지를 떼어 잔손질하여 긁개, 밀개, 톱니날, 등손질칼 같은 다양한 도구를 만든다. 석기군에는 비교적 작은 원추형 몸돌이나 유사각주형몸돌도 포함되어 있다(제7장 참조).

그런데 이 소형석영석기를 중심으로 하는 석기군(성춘택 2006b)의 지속연대는 아프리카와 유럽의 중기 구석기시대와 비교할 수 없다. 현재까지 방사성탄소연대값 등 절대연대측정 자료에 따르면 소형석영석기군은 약 4만 년 전 비교적 늦은 시기에서야 등장하여 후기 구석기시대의 아주 늦은 시기까지도 존속하고 있는 것으로 보인다. 시간상 오히려 후기 구석기시대라고 할 수 있다(그림 14.1).

다시 말해 우리나라와 이웃 동아시아에서는 중기 구석기시대를 설정하기 어렵다(Seong and Bae 2016). 그렇다고 전혀 석기기술에 아무런 변화가 없었다는 말은 아니다. 앞으로 새로운 자료가 나오고 편년이 정교해지면서 석기기술의 변화양상은 더욱 잘 알려질 것이다. 그럴지라도 적어도 중기 구

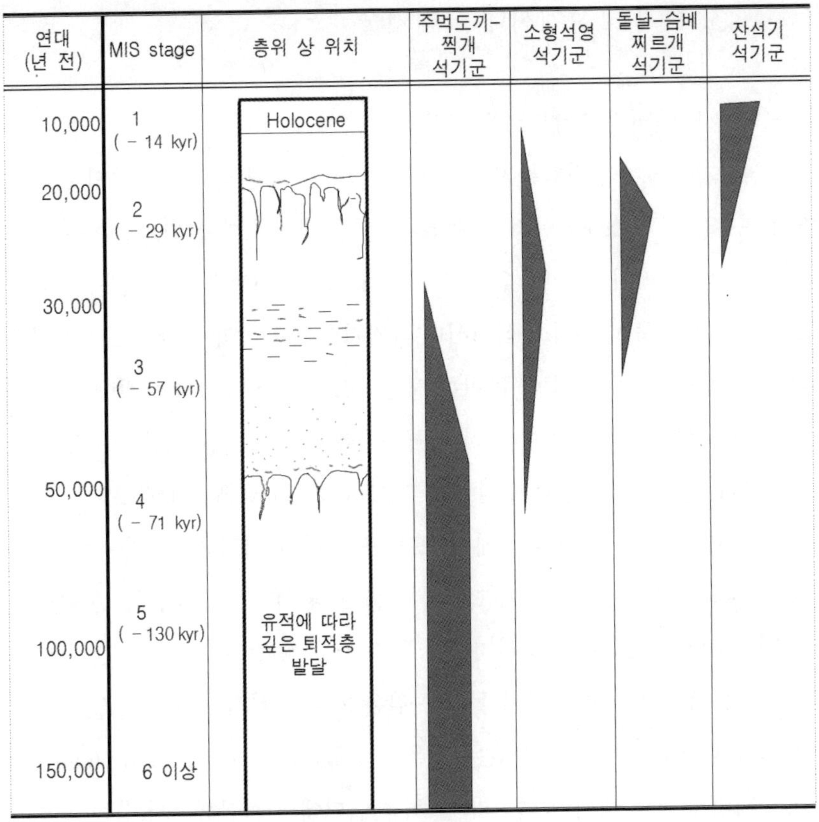

연대 (년 전)	MIS stage	층위 상 위치	주먹도끼- 찍개 석기군	소형석영 석기군	돌날-슴베 찌르개 석기군	잔석기 석기군
10,000	1 (-14 kyr)	Holocene				
20,000	2 (-29 kyr)					
30,000	3 (-57 kyr)					
50,000	4 (-71 kyr)					
100,000	5 (-130 kyr)	유적에 따라 깊은 퇴적층 발달				
150,000	6 이상					

그림 14.1 한국 구석기시대 석기군의 진화를 도식적으로 표현한 그림

유물군을 주먹도끼-찍개석기군, 소형석영석기군, 돌날-슴베찌르개석기군, 잔석기석기군으로 나누고 각각의 층위와 시간대를 현재까지 자료에 입각하여 개략적으로 나타냈다. 앞으로 새로운 유적 발굴과 연대측정으로 구체적인 시간대는 달라질 수 있을 것이다(성춘택 2006b: 36, 그림 4를 수정).

석기시대를 설정할 만큼 수만 년이라는 시간대를 대표할 근본적인 석기기술체계의 변화를 생각하기는 거의 어려운 일이다. 다만 현재 한국에서는 여전히 중기 구석기시대라는 용어가 쓰이고 있는데, 이는 그저 특정한 시간대를 의미할 뿐 문화적이고 기술적인 내용은 없다.[1]

....

1   아프리카와 서아시아, 유럽에서 중기 구석기시대는 약 30만 년 전부터 4만 년 전까지의 석기문화를 포괄하고 있다. 그런데 다수의 한국 연구자는 세계적인 흐름을 따른다고 하면서 중기 구석기시대를 대략 10만-8만 년 전부터 4만 년 전까지로 설정하는데, 이는 혼란만을 가중시킬 뿐이다. 또한 그저 후기 구석기시대 이전 시기를 지칭하는 용어로 쓰이기도 하는데, 문화적 내용이 먼저 정의되지 않고 어

14.3. 후기 구석기시대 석기기술

14.3.1. 돌날과 슴베찌르개 석기군

석기기술체계의 변화는 단순히 어떤 새로운 석기 형식의 등장만으로 정의할 수 없다. 무스테리안의 르발루아기법은 주먹도끼를 만드는 양면석기 제작기술에 뿌리가 있으며, 돌날은 다시 르발루아기법에서 연원을 찾을 수 있다. 전술하였듯이 후기 구석기시대 석기기술을 돌날의 등장만으로 정의한다면, 중기 구석기시대의 아주 이른 시점까지 거슬러 올라갈 수밖에 없으며, 잔돌날과 같은 어떤 석기 형식 역시 처음 출현한 시기만을 고려하면 후기 구석기시대 이전으로 소급될 수밖에 없다(Kuhn and Elston 2002). 오히려 어떤 문화 요소는 문화진화의 과정에서 "드나드는 패턴"이 있는, 따라서 어느 한 요소에 지나치게 치중하여 그 기원과 처음 등장 시공간을 찾는 일은 어려움을 떠나 고고학적으로 무망하기까지 하다(갬블 2013; 성춘택 2017). 실제 준비된 몸돌기술의 바탕 위에서 돌날과 같은 기술의 시작은 우연한 일이었지, 적응의 맥락에서 이해할 수 있는 것은 아니었다(Bar-Yosef and Kuhn 1999: 333). 따라서 특정 형식의 석기가 맨 처음 어디에서 출현했는지 하는 문제에 치중하기보다는 행위체계의 변화, 곧 석기기술체계의 변화에 초점을 맞추는 것이 고고학적으로 더 생산적이다.

이전 장에서 논의한 바와 같이 돌감 이용의 양상과 이동성, 생계전략 등 다양한 요인이 복합적으로 작용하여 석기기술체계의 양상을 결정한다. 그렇게 보면 우리나라에서 구석기시대 석기기술체계의 근본 변화는 기존의 규암·맥석영제 중심의 석기군에서 새로운 돌감, 곧 규질세일(혈암 또는 응회암), 혼펠스와 흑요석과 같이 흔히 먼 곳에서 반입된 정질의 돌감을 이용한 전략으로의 전이라고 할 수 있다.

근본 변화, 곧 행위체계에서의 변화는 후기 구석기시대로의 전이를 뜻

....

먼 시간대를 지칭하는 용어는 학문적이지 않다(성춘택 2002).

하기도 한다. 현생인류의 확산과 어떤 연관이 있는지는 아직 불분명한데, 한국에서 후기 구석기시대로의 전이는 슴베찌르개와 돌날의 등장이 특징이라 할 수 있다. 현재의 자료를 보면 한국 구석기시대에는 슴베찌르개가 돌날보다 더 일찍 나타나는 것 같다. 충주 송암동과 포천 화대리, 그리고 대전 용호동 등지에서 방사성탄소연대로 30,000 BP가 넘는 값이 나왔다. 송암리에서는 33,300±160 BP(보정하면 37,576±695 cal BP), 화대리에서는 31,200±900 BP(보정하면 35,741±2000 cal BP)의 연대를 얻었다. 더 이른 연대(38,500±1,000 BP)가 나온 대전 용호동을 제외하더라도 3만 7,000년 전 정도면 후기 구석기시대의 석기기술이 등장하고 확산하는 것이다(배기동 2009; Bae and Bae 2012; Seong 2009). 슴베찌르개라는 독특한 석기 형식은 규질셰일이라는 새로운 돌감으로 만들어지기도 하였기 때문에 석기기술에서 전환을 뜻한다고 평가할 수 있다(Seong 2011, 2015). 이후 돌날과 돌날몸돌은 포천 대회산리, 남양주 호평동, 대전 용산동, 밀양 고례리, 인제 부평리 등지에서 슴베찌르개와 공반하면서 후기 구석기시대 석기기술의 진화를 이끈다.

슴베찌르개는 후기 구석기시대 석기군에서 아주 오랫동안 보인다. 현재의 자료로선 최후빙하극성기가 끝나고 1만 7,000년 전 정도까지 존속한 것으로 알려져 있다(Seong 2011). 슴베찌르개는 나무 자루에 장착되어 사냥용 창으로 쓰였음이 확실하다. 대전 용산동이나 남양주 호평동 등 많은 유적에서 파손된 유물이 나오는 것을 보아서도 그 같은 추론을 할 수 있다(제12장 참조). 그렇기에 슴베찌르개는 마지막 빙하기 추운 환경에서 동물 사냥에 의존하였던 수렵민의 행위전략을 비추어 준다(성춘택 2011). 그런데 슴베찌르개를 장착한 도구는 마지막 빙하기 상당 시간 동안 잔돌날을 끼워 만든 복합도구와 공존하였다.

14.3.2. 잔석기전통의 성립

한국에서 잔석기(세석기)의 등장은 이전까지의 생각보다 훨씬 일찍 이루어진 것으로 보인다. 철원 장흥리나 장흥 신북, 남양주 호평동 등지의 자료를 적극적으로 받아들이면 이미 25,000 BP면 잔석기전통의 유물과 돌날, 슴베찌르개가 공반하고 있는 것이다. 탄소연대를 보정하면 최후빙하극성기(LGM)라 불리는 한랭한 시기 이전(거의 3만 년 전에 근접한 시기) 잔석기는 널리 퍼졌던 것으로 보인다. 그 뒤 약 2만 5,000년 전부터 1만 8,000년 전 최후빙하극성기 동안 슴베찌르개와 잔석기는 한국 후기 구석기시대 석기기술체계를 주도하였다. 잔석기 석기군은 특히 잔돌날과 잔몸돌, 그리고 밀개와 새기개가 조합을 이루고 나온다.

슴베찌르개를 장착한 창은 동물을 찌르거나 던져 사냥하는 도구였을 것이다. 잔돌날을 끼워 만든 복합도구와 장시간 공존하고, 유적에서도 공반하는 것으로 보아 둘 사이에 용도상 차이가 있었을 가능성이 있다. 슴베찌르개 장착 창은 대형 동물을, 그리고 잔돌날 복합도구는 중소형 동물을 사냥하는데 유리했을 것이다. 특히 잔돌날 복합도구를 만들고 사용한 석기기술체계는 다용도뿐 아니라 마지막 빙하기 혹독한 환경에서 먼 거리를 이동했을 수렵민에게도 유리한 행위전략이었을 것이다(성춘택 2011, 제13장 참조).

잔석기전통이 어디에서 기원하였는지는 이 글의 논의 틀 밖에 있다. 그러나 석기기술이란 집단의 이동성과 돌감 이용양상과 밀접하게 결부되어 있다. 잔석기기술이 확산되고, 이와 함께 남양주 호평동이나 인제 부평리, 포천 늘거리 등지에서 볼 수 있듯이 흑요석이라는 새로운 돌감의 등장은 당시 수렵채집민의 높은 이동성을 말해 주는지도 모른다. 다시 말해 북쪽의 기원지를 설정하고 남으로 전파를 말하고 그 경로를 구성하기 이전에 당시 한랭건조한 기후조건에서 수렵채집민이 높은 이동성을 바탕으로 생계활동을 영위했을 것이고, 이 점에서 정질의 돌감 역시 먼 곳에서 들여올 수 있었을 것으로 생각된다. 후기 구석기시대 수렵채집민의 사회네트워크는 현존 민족지에서 관찰되는 방식과 유사하였을 것으로 추정되며(성춘택 2009; Gamble

1986, 1999; Whallon 2006), 이러한 인구 구조와 사회네트워크야말로 석기기술의 발전과 새로운 환경으로 확산하는 배경이 되었다.

거꾸로 원석의 획득과 사용은 후기 구석기시대 수렵채집민의 사회네트워크를 연구하는 중요한 자료가 된다. 남부지방의 경우 규질셰일(또는 혼펠스)계의 돌감이 대종을 이루는데,[2] 중부지방의 유적들에서는 규질셰일과 함께 흑요석과 같은 여러 돌감이 쓰이고 있다(성춘택 2003). 아마도 두 지방에서 돌감을 얻고 이용하는 전략에서 서로 다른 사회네트워크를 지니고 있었을 가능성을 보여 주는 것이다.

흑요석 유물은 현재, 상무룡리, 장흥리, 늘거리, 하화계리, 부평리, 기곡, 민락동, 호평동, 삼리, 수양개 등 중부지방과 함께 최근 월성동, 집현, 신북 등지에서도 나온 바 있다. 중부지방의 유적에서 많이 나오고, 남부지방의 유적에서도 몇 점씩 수습되고 있는 것이다. 보정된 연대로는 2만 5,000년 전 정도에 처음 나타나는데, 앞으로 새로운 자료가 나오면 더 앞당겨질 것이다. 현재로선 한반도 중부지방에는 흑요석 산지를 찾을 수 없고, 앞으로 확인되더라도 생산성 있는 산지는 아닐 가능성이 높다. 최근 분석 결과로는 여전히 백두산 근처가 유력한 산지이다(성춘택 근간; 장용준 2007; 이선복·좌용주 2015; 侯哲 2015; Jia *et al.* 2010; Wang *et al.* 2008). 남해안의 이른 시기 신석기 유적에서는 일본 규슈에서 들여온 흑요석이 많이 나오고 있다.

14.4. 신석기시대 석기군과 석기기술

14.4.1. 후빙기와 고산리의 석기기술
현재까지 자료에 따르면 세계에서 가장 오랜 토기는 중국과 아무르강유

....

2   물론 대부분 유적에서 후기 구석기시대 석기의 다수는 여전히 맥석영으로 만들어진다. 다만 돌날이나 잔돌날, 잔몸돌, 밀개, 새기개, 뚜르개 등 석기군을 주도하는 기종은 대부분 규질셰일(혼펠스, 규질응회암)로 만들어진다.

역, 일본 등 동아시아에서 나타나는데, 최후빙하극성기까지도 올라간다(예: Wu *et al.* 2012). 아직 한반도에서는 후기 구석기시대 말의 토기 자료가 없지만, 한반도를 둘러싼 지역에서는 세계 최고의 토기가 나오고 있는 것이다. 플라이스토세 말 동아시아에서는 광역의 상호작용 네트워크가 있었을 가능성이 높다. 특히 이런 유적에서는 흔히 잔석기와 토기가 공반하는데, 토기는 이동을 하는 수렵채집 사회의 맥락에서 요리를 위한 용도로 사용된 것으로 보인다(Craig *et al.* 2013).

그런데 한국 선사시대 연구에서 가장 어려운 문제 가운데 하나는 후빙기 자료의 희소함일 것이다. 최근 후기 구석기시대 유적 발굴사례가 급격히 늘어나고, 신석기시대 유적 역시 많은 자료가 알려지면서 오히려 그 사이의 자료가 희소함은 더 두드러지고 있다. 영거드라이어스기 이후 급격한 지구온난화와 더불어 해수면 상승으로 고황해분지가 물에 잠기면서 한반도 지형이 만들어지고, 그 안에서 수렵채집민이 환경변화에 어떻게 적응하였는지를 분명한 자료로 논의하기 어려운 것이 사실이다. 다만, 흑요석 이용 등 후기 구석기시대부터 수렵채집 사회가 지녔던 광역의 상호작용네트워크를 고려하면 이해의 실마리를 잡을 수 있다. 수렵채집민은 해수면 상승과 계절성의 증가 등 환경변화를 맞아 거주 이동성과 조달 이동성이 더욱 높아졌을 것이며, 연안과 같은 호의적인 환경에 몰려들면서 그렇지 않은 지역은 상대적으로 인구가 급감하는 현상을 생각할 수 있는 것이다(성춘택 2009).

현재로선 제주도 고산리와 상노대도 같은 몇 개 섬 유적만이 후빙기의 문화 간격을 메워 주고 있을 뿐이다. 고산리 자료로 미루어 볼 때 후빙기의 석기는 구석기시대 뗀석기기술을 이은 것으로 보인다. 고산리에서는 1,000여 점의 돌화살촉이 나왔는데, 모두 뗀석기이다. 이밖에도 나뭇잎모양의 양면가공찌르개, 긁개, 밀개, 뚜르개, 그리고 잔몸돌과 잔돌날도 나왔다. 고산리식토기와 함께 후기 구석기시대의 수렵채집 사회의 전통을 잇는 뗀석기가 같이 나오고 있는 것이다. 특히 수렵도구로 생각되는 돌(화)살촉이 도구의 반 이상을 차지한다는 것은 그만큼 생계활동이 해양자원 이용보다는 수렵과 채집에 치중하였음을 보여 준다고 하겠다. 정확한 연대를 알 수 없지만 상노대도에서도 토기 없는 최하층에서 많은 뗀석기 유물이 수습된 바 있다. 이로써 후빙기 생계 적응이 동물 사냥과 식물성 식량 채집이라는 구석기시대의 전략을 이었다고 생각된다.

박근태(2011)의 연구에 따르면 제주도 신석기시대 석기는 시간의 흐름에 따라 생계활동에서 변화가 있었음을 보여 준다. 먼저 고산리를 비롯한 초창기 단계는 적극 수렵활동의 시기로서, 후기 구석기시대의 전통을 이은 잔석기(세석기)와 함께, 각종 화살촉과 밀개, 긁개 등의 석기가 성행하며, 갈판과 갈돌로 보아 식료 가공 역시 활발하였다. 이어지는 신석기시대 조기 단계에서는 수렵구가 급감하고 그물추가 나타나는 것으로 보아 어로의 비중이 높아짐을 알 수 있다. 채집 중심의 생계활동에 어로가 부가되는데, 이 패턴은 전기까지 지속된다. 나아가 제주도의 신석기시대 후기와 만기에는 이음낚싯바늘이 나오는 것으로 보아 더욱 발달된 어로활동이 있었으며, 대형 굴지구는 초기 농경이 이루어졌음을 비추어 준다.

14.4.2. 이른 시기 동해안과 남해안 석기군

주지하듯이 신석기시대는 주로 토기의 형식을 바탕으로 편년하고 있으며, 서북과 동북, 중서부, 영동, 남해안 및 남부 내륙이라는 지역권도 설정한다. 신석기시대 석기 연구 역시 토기 편년과 지역성에 비추어 다양성과 변화를 고찰하는 방식이 중심을 이루고 있다. 특히 석기는 생계활동과 밀접한 관련이 있기 때문에 석기 형식별 조성을 바탕으로 변화를 고찰하는 연구가 많다(예: 임상택 2001; 최종혁 2005, 2016; 하인수 2005, 2011, 2016). 여러 석기 형식을 수렵구와 어로구, 농경구를 포함한 생산용구, 식료, 목재, 석재를 가공하는 가공구, 그리고 무구, 의례용구, 장신구 등으로 나누어 고찰하는 것이다.

신석기시대 조기와 전기 대규모의 조개더미 유적과 마을 유적은 이동수렵채집 생활과는 다른 생계양식을 시사하고 있다. 조기의 유적은 동해안이나 남해안, 그리고 섬에서만 확인되며, 현재로선 내륙 유적은 별로 없다.

통영 연대도와 욕지도, 부산 범방, 여수 송도와 안도 패총 등 남해안 덧무늬(융기문)토기를 표지로 하는 신석기시대 조기의 유적에서는 고산리와는 달리 다양한 생계활동을 비추어 주는 석기가 알려져 있지만, 가장 많은 것은 어로 관련 유물이다. 그물추와 (이음)낚싯바늘, 작살이 흔하고 화살촉과 기타 석부 류가 나온다. 돌살촉 가운데는 흑요석으로 만들어진 것이 많은데, 원석은 대부분 일본 규슈에서 온 것이다. 이런 신석기시대 조기의 남해안 유적에서는 고산리에서 보이는 나뭇잎(유엽형) 양면찌르개는 더 이상 나타나지 않는다. 석부류 가운데는 날 부분만을 갈아 만든 인부마제석부가 나온다.

이처럼 남해안의 패총 유적에서는 해양자원 이용과 관련한 유물이 많다. 그런데 연대도나 범방 패총에서는 갈돌과 갈판, 따비, 괭이가 나오기도 했다. 다만 유물의 형태가 정형화했다고 보기는 힘들기 때문에 농경보다는 땅을 파서 덩이줄기와 뿌리를 캐 갈돌과 갈판을 이용해 가공하는 생계활동의 도구라 보기도 한다(하인수 2005: 356). 한편 고성 문암리와 양양 오산리, 울산 세죽리, 부산 동삼동, 범방, 통영 연대도, 여수 대경도 등 동해안 및 남해안의 유적에서는 상당수 이음낚싯바늘(결합식조침)이 수습되었는데, 먼 바다에서 중대형의 물고기를 생계자원으로 이용했음을 알 수 있다. 이처럼 동해안과 남해안의 이른 시기 유적에서 이음낚싯바늘과 작살 같은 석기가 비교적 많은 것으로 보아 먼 바다, 곧 외양성 어로가 성행했음을 짐작할 수 있다(최종혁 2016).

14.4.3. 빗살무늬토기의 확산과 석기

신석기시대 전기는 중서부지방에서는 빗살무늬토기문화가 성립하고, 남부지방에서는 영선동식토기를 표지로 하는 물질문화가 특징이다. 석기 형식이 더욱 다양해지고, 간석기의 비중이 높아지는데, 이런 경향은 중서부지방에서 두드러진다. 중서부의 섬, 해안, 내륙의 유적에서는 다양한 석기가 나오고 있는데, 지탑리에서는 모두 452점에 13종이, 암사동에서는 591점에 17종이 확인되었다(윤혜나 2011). 돌살촉, 돌창, 찔개살, 그물추 같은 어로구, 갈돌,

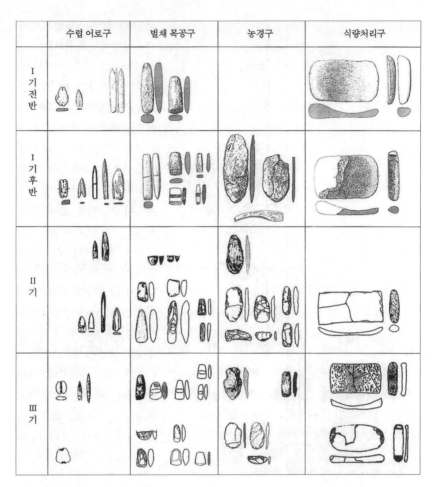

	수렵 어로구	벌채 목공구	농경구	식량처리구
I 기 전 반				
I 기 후 반				
II 기				
III 기				

그림 14.2 중서부지방 신석기시대 석기조성의 변화

임상택에 따르면 I기는 대략 기원전 4000년에서 3600년(지탑리, 암사동, 운서동, 까치산패총), II기는 기원전 3000년까지(암사동, 금탄리I, 능곡, 신길, 삼목도III), III기는 기원전 3000~2500년(금탄리II, 남경, 표대, 는들, 둔산, 쌍청리, 운북동), IV기는 그 이후 기원전 2000~1500년까지(오이도뒷살막, 을왕동I)라고 한다(임상택 2008: 67에서).

갈판, 돌괭이 같은 농경 관련 도구가 나온다. 이와 함께 지탑리와 궁산, 암사동 등지에서 말안장형 갈판과 갈돌이 출토되어 어느 정도 조를 중심으로 하는 원경(園耕, horticulture)의 형태를 추정해 볼 수 있다. 암사동에서는 따비와 괭이 등 굴지구가 벌채와 목공과 관련된 돌도끼와 자귀보다 훨씬 많다. 따비는 지탑리에서도 64점이나 나왔는데, 대신 괭이로 볼 수 있는 유물은 거의 없다고 한다(임상택 2001, 2008; 그림 14.2). 중서부지방 유적에서 수렵도구로서 돌살촉의 대부분은 간석기인데, 이른바 삼각나래촉과 삼각만입촉이 대부분이다. 그런데 수량으로 보면 수렵과 어로와 관련된 유물이 농경 관련 유물보다 적다. 그만큼 다양한 생업 및 가공 활동을 짐작할 수 있는 것이다.

남해안에서는 이전 시기에 비해 인부마제석부 등 석부류가 증가하고, 말안장형 갈판도 나타난다. 석부류 가운데 전면을 갈아 만든 돌도끼(전면마제석부)가 시흥 능곡동, 안산 신길동, 화성 석교리 등 중서부 유적뿐 아니라 울진 후포리, 양양 지경리, 부산 동삼동, 범방, 창녕 비봉리, 청도 오진리 같은 동해안과 남해안, 그리고 진안 갈머리 등 남부 내륙에서도 나온다(하인수 2016: 31). 주로 화강편마암이나 편마암으로 만들었으며, 양인과 단인 등 여러 형식이 보인다. 벌채에 쓰였으리라 생각되는 통형석부, 합인석부도 보이며, 편인석부 같은 목재가공구도 확인되고 있다.

신석기시대 전기에는 따비에서 돌괭이까지 굴지구와 식료가공구 등 석기의 구성으로 보아 구근, 구경, 그리고 도토리와 같은 견과류를 이용했을 뿐 아니라 주로 조와 기장을 재배하는 원경이 발달했음을 알 수 있다. 한편 동해안이나 남해안의 유적에서는 장신구나 치레걸이가 나오지만, 중서부지방의 유적에서는 의례용이라 생각되는 유물이 별로 없는데, 이는 시간이 지나서도 마찬가지다.

대략 기원전 3500년 전 이후(임상택 2008) 신석기시대 중기(또는 II기, 그림 14.1)는 전형적인 뾰족밑의 빗살무늬토기가 청천강 남쪽 전역에서 널리 확산되는 시기이다. 농경 역시 내륙으로까지 확산하며, 마제기법의 석기 제작이 일반화한다(최종혁 2016). 그런데 평남, 황해, 서해중부 등 중서지방에서는 석기의 수량 감소 경향도 보인다(임상택 2008). 다만, 따비와 낫 같은 농사와 관련된 도구가 눈에 띄며, 벌목과 관련된 마제석부도 중기 이후에 증가하는 것 같다(하인수 2011: 409). 또한 내륙지방 유적도 크게 늘어나는데, 관련 도구인 돌괭이와 따비, 석도, 갈돌과 갈판이 김천 송죽리, 진안 갈머리, 진주 상촌리 등 중남부의 유적에서 나온다. 비슷한 유물은 군산 가도패총, 노래섬 패총, 부산 동삼동 등 해안 유적에서도 확인된 바 있다. 나아가 부산 범방 유적 중기 문화층에서 출토된 뗀석기기술로 만든 돌괭이는 전기 문화층에 비해 수도 많고 형태도 규격화된다고 한다(하인수 2005: 357).

이 시기 중서부지방의 돌살촉은 대동강유역의 경우 대부분 이른바 유엽(柳葉)촉이며, 한강유역에서는 삼각촉이 많다. 그물추 등 기존의 생계관련 유물도 지속적으로 확인되고 있다. 또한 벌목용으로 생각되는 돌도끼가 많이 보이는데, 이 역시 농경지를 확보하기 위한 행위의 일환으로 평가되고 있다. 서포항 등 두만강유역에서는 굴지구로서 곰배괭이가 특징적이다. 수확도구로서 돌칼 역시 서울 암사동이나 진안 갈머리 등지에서 출토된 바 있는데, 수량은 그리 많지 않다.

신석기시대 후기, 곧 대체로 기원전 3000년 전 이후 유적에서는 농경 관련 도구가 많지만, 전반적으로 주된 생계는 어로와 수렵이었던 것으로 보인다. 후기에는 유적의 수도 적지만, 집자리 몇 개로 구성된 작은 주거유적이나 해안 패총이 많고, 유물의 수량도 적다. 중서부지방에서는 평양 남경과 금탄리 2문화층이 대표적인데, 따비는 거의 없고 돌괭이의 크기도 작아지면서 수량도 적다고 한다(임상택 2001, 2008). 이처럼 농경구의 감소와 함께 금탄리와 남경에서는 그물추가 각각 1,400여 점, 3,000여 점이나 확인되어 그물을 이용한 어로가 중요한 생계수단이었음을 알 수 있다. 양인의 돌도끼의 크기 역시 작아지면서, 대팻날과 자귀가 많이 나온다. 대동강유역에서는 긴 유엽촉이 대세인데, 일부는 찔개살과 같은 용도로도 쓰였다고 생각된다(임상택 2001: 64; 최경용·문수균 2013).

한강 남쪽 내륙의 대전 둔산과 청원 쌍청리 유적 등지에서는 괭이가 보이지 않지만 따비는 여전히 확인된다. 합천 봉계리에서는 여전히 농경구인 돌괭이와 따비, 그리고 갈돌과 갈판이 석기군을 이끌고 있는데, 어깨가 있는 따비도 보인다. 어로와 관련된 도구가 줄어들고, 수렵구 역시 그리 많지 않다. 특히 둔산과 쌍청리, 봉계리 등 후기의 내륙 유적에서는 수렵구로서 돌살촉이 거의 보이지 않고 있어 수렵의 비중이 줄어들었음을 시사하고 있다.

기원전 2500년 이후 신석기시대 말의 석기조성은 여전히 농경을 하면서도 복합적인 생계활동을 비추어 주는 것으로 해석된다. 그럼에도 신석기시대 말이 되면서 유적의 수가 전체적으로 감소하는데, 이는 기존의 생계경제와 취락 구조가 와해되는 것으로 이해되고 있다(Ahn *et al.* 2015; Kim *et al.* 2015). 오히려 이전 시기보다 소규모의 이동성 높은 집단이 많아지고 있는 것으로 보인다.

14.4.4. 지역성과 교류망

한반도의 신석기시대 문화는 지역성이 두드러진다. 토기가 주요 자료이지만, 석기의 조성을 바탕으로 구성하는 생계활동의 양상에서도 지역성이 보인다. 이로써 동북지방과 서북지방, 중서부지방, 동해안과 남해안, 그리고 남부 내륙 등 여러 지역에서 다양한 생계활동이 있었음을 알 수 있다. 대체로 동해안과 남해안에서 외양 및 내만 어로가 중심이었고, 중서부지방에서는 어로와 농경, 수렵채집 활동이 복합적으로 전개되었다(최종혁 2016).

지역성은 시간의 흐름에 따라 변모한다. 윤정국(2011, 그림 14.3)에 따르면, 신석기시대를 3기로 나눌 때 1기(조기와 전기)에는 낙동강권역에서는 어로구의 비중이 높고, 남부 내륙에서는 수렵채집어로 관련 석기가 많으며, 금강권역은 채집농경구의 비중이 높다(전체 석기의 45% 정도). 그리고 2기(중기와 후기)에 들어와 갈돌과 갈판, 굴지구가 증가하는 것으로 보아 초기농경이 확산되었을 것으로 본다. 그러나 3기(말기)에는 전체적으로 석기가 급감하는데, 이는 기존 생계양식이 무너진 결과라고 본다.

최근 사회 교류네트워크에 대한 관심이 커지고 있다. 고성 문암리에서는 독특한 형태의 결상이식이 나왔는데, 이런 유물은 부산 동삼동과 울산 처용리, 사천 선진리, 여수 안도 패총, 제주 고산리 등에서도 보인다. 비슷한 유물은 중국 동북지방과 일본에서도 나오고 있어 광역의 교류네트워크를 짐작할 수 있다. 또한 동삼동을 비롯한 남해안 유적에서는 이른 시기부터 흑요석유물이 확인되었고, 규슈 고시타케산이 많음이 밝혀진 바 있다. 일본에도

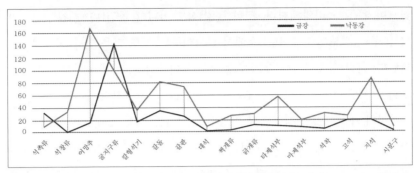

그림 14.3. 금강유역과 낙동강유역의 신석기시대 석기 형식별 개체 수 비교(윤정국 2011: 74, 그림 8에서)

빗살무늬토기가 확인되고 있는데, 이로써 한일 양 지역에서 교역이 활발했음을 알 수 있다. 최근 범방이나 연대도, 욕지도, 송도, 상노대도 등에서 나온 흑요석을 분석한 결과 고시타케 말고도 아마도 규슈의 다른 산지에서 온 사례도 있다고 한다(하인수 2016).

14.5. 청동기시대 석기군의 다양성과 변화

14.5.1. 마제석기기술의 발전

상당수 고고학자가 무문토기시대라 부르는 청동기시대의 고고 유적, 특히 집자리 유적에서는 무문토기와 간석기가 조합을 이루며 나오고 있다. 연구자들은 토기와 석기, 집자리의 속성을 바탕으로 유형을 설정하여 청동기시대 문화의 시공간 분포와 전개를 궁구한다.

청동기시대 석기의 가장 큰 특징은 다양한 간석기, 곧 전면을 갈아 만든 마제석기가 성행한다는 것이다. 마연기법은 신석기시대 중기 이후 널리 확인되기에, 사실 신석기시대와 청동기시대의 석기에 근본 차이가 있다고 할 수는 없다. 다만 청동기시대 들어 거의 모든 석기 기종에 마연기법이 널리 쓰인다. 잘라내기(찰절)나 구멍뚫기(천공) 방법 역시 신석기시대에 등장하여 청동기시대에 널리 보인다. 이로써 뗀석기보다 석기의 형식이 더 정형화하였으며, 종류도 다양해졌다. 또한 돌칼(석도)이나 간돌검(마제석검), 달도끼(환상석부), 별도끼(다두석부) 등에서 보듯이 지역성도 더욱 발달하는 것으로 보인다. 특히 청동기시대 후기에 들어서면 의기화하고, 권위를 상징하는 유물이거나 무덤에 부장하는 용도로 제작된 석기도 많아진다.

석기 제작기법의 정형화와 다양한 석기기종, 그리고 숫돌과 격지, 돌조각이 집중 출토되는 집자리가 있는 것으로 보아 유적에 따라 전문 석기 제작 장인이 있었을 가능성도 높다. 진주 대평리에서는 옥 제품을 전문적으로 생산하는 유구와 많은 유물도 나온 바 있다. 강릉 포남동에서는 반달돌칼이 11점 수습되었는데, 모두 포개진 상태였고 사용한 흔적은 보이지 않아 한꺼번에 만들어 아마도 유통했을 것으로 보인다(윤덕향 1997: 203). 청동기시대의 실생활에는 청동유물이 아니라 석기가 쓰였지만, 달도끼나 별도끼, 그리고 늦은 시기의 석검과 같이 의기적 성격이 강한 석기도 있다.

신석기시대와 마찬가지로 청동기시대 석기 역시 유물군을 구성하는 고고 자료의 일부로서 조성(組成)에 주목하여 시공간 분포와 변화를 논하는 연구자가 많다. 청동기시대의 석기에는 생산용구(농경구, 수렵구, 어로구)와 가공구(목재, 식료, 석재가공), 비실용구(장신구, 의기)와 함께 무구의 발달이 눈에 띈다. 특히 석검이나 석촉과 같은 유물은 시간의 흐름에 따라 실용구에서 의기화, 무기화하는 경향이 있다. 아마도 인구의 성장과 함께 사회내부 위계가 성장하는 과정을 보여 주는 것 같다.

돌팽이와 도끼류를 포함한 다양한 석부류 석기는 청동기시대에도 더욱 발전하는데, 다만 굴지구의 출토 빈도는 눈에 띄게 떨어진다. 이는 아마도 목제농구가 널리 쓰인 탓으로 보인다. 돌도끼는 날의 가공 방향(양인, 단인)과 횡단면형에 따라 나누는데, 벌목에서 목재가공구에 이르기까지 다양한 형식이 있다. 돌살촉(석촉) 역시 신석기시대의 무경식 삼각촉의 전통을 이어 삼각만입촉이 많으며, 이단경식과 일단경식 등 유경촉이 유행하면서 형태도 더 정형화하고 형식도 다양해진다. 이는 갈돌과 갈판 등 실생활 용구도 마찬가지이다. 반면 돌칼과 간돌검은 청동기시대의 석기조성, 또는 석기문화의 중요한 성분이 된다. 돌칼은 주로 형태에 따라 장방형, 즐형, 어형, 장주형, 단주형, 삼각형, 제형 등으로 나누는데, 지역성을 반영하고 있다. 청동기시대 후기에 들어서면서 기존의 돌칼과 돌도끼에서 삼각형돌칼과 홈자귀(유구석부)라는 새로운 형식으로 발전한다.

간돌검은 한반도의 청동기시대에서 특징적이면서도 주목할 만한 유물이다. 전기에는 고인돌과 석관묘 같은 무덤뿐 아니라 집자리에서도 많이 나오고 있어 실용기로서 성격도 지니고 있다고 생각된다. 특히 경기도에서는 집자리에서 깨져 나온 유물이 압도적으로 많다(제11장 참조). 대부분 연구자는 유병식과 유경식을 구분하고, 유병식은 다시 이단병식과 일단병식으로 나누는데, 이단병식석검은 동검을 모방했다고 보는 사람도 있다. 신부에 피홈을 새긴 이단병식이 이른 시기 유적에서 많이 나오며, 실용구로 출발한 간돌검은 시간이 흐르며 의기화하기도 한다. 돌살촉(석촉) 역시 흔히 무경식과 유경식으로 나누는데, 대체로 삼각만입의 무경촉과 이단경촉이 이른 경향이 있으며, 신부가 세장한 석촉과 일체식(일체형)의 석촉이 늦다. 돌검이나 돌칼 같은 다른 많은 석기 기종과 마찬가지로 돌살촉 역시 형식 변천이 단선적이지 않다. 다시 말하면 마치 순서배열법의 도표가 암시하듯이 여러 형식이 동시기에 공존하면서 빈도상 차별적으로 지속되었던 것이다.

청동기시대는 신석기시대와 달리 농경을 생업의 근간으로 했다. 그런데 미사리유형의 유적에서 타제석부류가 소량 나오지만, 사실 농경구, 특히 굴지구의 출토 빈도는 신석기시대보다 낮다. 그리하여 땅을 가는 데는 다양한 목기가 더 큰 역할을 하였으리라 생각된다. 수확구로서 신석기시대에도 돌칼이 쓰였지만, 청동기시대에 들어서면서 여러 형태의 돌칼이 발달하여 형태에 따라 지역적 다양성과 함께 시간의 흐름에 따른 변화도 보인다.

벌목 및 목재가공에 쓰였던 돌도끼에는 합인석부와 주상편인석부, 유구석부, 편평편인석부가 있다. 흔히 벌채부라고도 불리는 합인석부(조갯날돌도끼)는 전기의 늦은 단계부터 수량이 감소하는 것으로 보이지만, 목재가공구는 여전히 많이 나온다(손준호 2006; 쇼다 신야 2009). 이것을 벼농사를 근간으로 하는 송국리유형 유적의 입지가 전기의 유적들에 비해 해발고도가 낮아, 벌목의 필요성이 감소한 것으로 설명하기도 한다(쇼다 신야 2009: 151; 허의행 2013). 이른 시기의 주상편인석부는 크기가 작아지고 중간에 홈이 생기면서 독특한 모습의 홈자귀(유구석부)가 유행하였다.

14.5.2. 지역문화의 전개와 석기

청동기시대에는 간석기의 지역성도 눈에 띄게 발달한다. 무산 호곡동, 회령 오동, 서포항 유적 등 한반도 동북지방은 구멍무늬(공렬)토기와 함께 석기에서도 유병식검이나 홈자귀가 거의 나오지 않는 지역적 특성을 가지고 있다. 돌칼은 장방형과 즐형이 많고, 신석기시대부터 곰배괭이가 이어지는데, 비슷한 유물이 영남지방에서도 나오기 때문에 문화적 관련이 주목된다. 동북지방 유적은 백두산 산지에서 가깝기 때문에 나진 초도유적에서 보듯이 흑요석이 청동기시대에도 널리 쓰였다.

신암리와 용연리 유적 등 서북지방에서는 요동반도와 관련이 깊은 유물이 나온다. 주형과 어형의 돌칼은 신석기시대 후기부터 보이며, 화살촉은 무경삼각촉이 중심이다. 압록강 상류역의 공귀리와 토성리에서는 장방형과 어형의 돌칼 등 동북과 서북지방의 특징이 혼합되는 양상이 나타난다. 팽이형토기가 특징인 대동강유역 중서부지방의 청동기시대 유적에서는 슴베 부위에 홈이 파인 결입식 유경식검이 유행했으며(배진성 2005; 윤덕향 1997; 결입식석검은 호남과 충청지방에서도 보인다), 화살촉은 유경촉이 대세이다. 턱자귀(유단석부) 역시 이 지역의 독특한 형식이며, 돌칼은 장주형과 단주형이 있다.

남한의 청동기시대 연구는 주로 토기를 바탕으로 물질문화의 유형을 설정하는 연구가 대세를 이루고 있다(김장석·이청규[한국고고학회] 2010; 이백규 1974; 이청규 1988; 이형원 2009). 유형은 주로 집자리의 형태와 기둥구멍, 화덕 등과 함께 특징적인 토기 형식을 바탕으로 설정하는데, 실용구로 생각되는 석기에도 작은 차이가 보인다. 세부 편년에는 아직 이견이 있지만, 일부 연구자들이 비교적 이르다(조기)고 주장하는 미사리유형 유적에서 간돌검

(석검)은 별로 없으며, 단면 장방형의 합인(조갯날)석부와 편평편인석부와 함께 삼각만입촉이 중심을 이루고 있다고 한다(배진성 2005; 안재호 2000; 이형원 2009). 하천변 평지에 자리를 잡은 미사리 유적에서는 신서기시대의 전통이라 할 타제석부, 곧 돌팽이가 확인되어 굴지구로서 밭농사에 쓰였다고 생각되기도 한다(안재호 2000). 미사리유형의 유적에서는 장방형과 주형, 어형 등 다양한 형태의 돌칼이 알려져 있으며, 이밖에도 갈돌과 갈판, 숫돌, 방추차 등이 있다. 다만 미사리유형(조기)과 전기 문화를 돌살촉이나 돌칼, 돌도끼 같은 석기로 구분하기는 어렵다.

청동기시대 전기 가락동유형과 역삼동유형, 그리고 흔암리유형의 유적에서는 돌살촉과 간돌검, 돌도끼(합인석부, 주상편인석부), 돌끌(석착), 돌칼 등 다양한 간석기가 조성을 이루며 나오고 있다. 합인석부는 단면원형, 방형으로 벌목용으로서 섬록암이나 화강편마암 같은 단단한 암석을 소재로 강한 충격에 견디게 만들어졌다. 특히 미사리유형 유적에서 많지 않은 간돌검이 확인되고 있는데, 실생활 용구이기도 하지만 주로 장착자의 신분을 상징하는 기능을 가졌을 것이다. 일단경식이나 유경식도 일부 있지만, 이단병식검이 많이 보인다. 석검은 집자리와 함께 고인돌과 석관묘, (석개)토광묘에서도 많이 나오는데, 흔히 돌살촉과 공반된다. 단면 편평형의 삼각만입촉과 함께 이단경식 석촉이 유행한다. 돌칼은 장주형과 어형이 중심을 이루고 있다(배진성 2005). 주로 산지에 입지한 장방형, 또는 세장방형 집자리 유적에서 벌목구의 빈도가 높은 것은 화전농사를 비추어 준다는 시각도 있다(안재호 2000).

남한지역의 청동기시대 후기는 송국리유형의 확산으로 특징지을 수 있다. 이 시기 강원과 영남 등에서는 천전리유형과 검단리유형 등 지역 문화가 발전한다. 송국리유형에서는 벼농사가 생업으로 자리 잡았다고 생각하는 연구자가 많다. 무덤이나 부장품, 환호와 목책을 두른 마을 유적, 저장시설 등에서 사회의 분화와 계급사회의 성장, 그리고 집단 간 경쟁과 충돌을 엿볼 수 있다. 송국리 석관묘에서 보듯이 비파형동검과 함께 일단병식검, 일단경촉과 관옥이 나온다. 송국리유형의 유적에서는 다양한 자귀, 곧 편인석부로 대표되는 목재가공구가 많은데, 이는 논농사의 비중을 비추어 준다고 한다(안재호 2000).

송국리유형 석기의 가장 큰 특징으로는 유구석부(홈자귀)와 삼각형석도를 들 수 있다(배진성 2005; 손준호 2006; 안재호 2000; 유병록 2014). 삼각형석도는 검단리유형의 영남 동남부지방과 강원도의 천전리유형 유적에서는 거의 보이지 않는데, 여전히 주형석도가 사용되었다. 석검은 일단병식이 중심을 이루고 있으며, 유경식, 특히 보성강유역에서는 아마도 나무자루 장착을 위해 경부 양변에 홈을 판 유구식, 또는 결입식검도 있으며, 영남지방의 경우 유절병식검이 발달한다. 돌살촉(석촉)은 일단경식이 중심을 이루고 있으며, 주로 무덤유적에서 장신형촉이 보이는데, 아마도 매납 유물로 제작되는 것으로 보인다. 돌살촉의 경우 단면 능형의 전투용 무기가 확산하기 때문에 후기에는 집단 간 빈번한 충돌 탓에 전쟁용 석기가 발달하였다고 보기도 한다(손준호 2006).

14.5.3. 석기생산과 사회네트워크

석기 제작기술에 초점을 맞추어 청동기시대 석기의 변화를 논하는 연구도 이루어지고 있다. 손준호(2010)는 숫돌이나 석기 제작 관련 유물이 출토된 집자리를 분석한 바 있다. 청동기시대 전기의 김천 송죽리 유적에서는 주로 대형 집자리에서 석기 제작 유물이 확인된다. 대체로 전기에는 석기 제작이 마을 안에서 소비를 목적으로 이루어진다고 생각한다. 반면 후기의 당진 자개리, 화천 용암리, 춘천 천전리, 진주 대평 어은2지구, 용강리 기두, 고령 대흥리 유적에서는 거의 모든 집자리에서 석기생산이 확인될 만큼 석기생산 전문 마을로 인정되며, 생산된 석기는 주변 다른 마을에 공급되었다고 생각된다.

그런데 이미 청동기시대 전기에 석기생산 전문 취락이 등장하였다는 연구도 있다. 최근 조대연·박서현(2013)은 청동기시대 전기와 후기의 마을

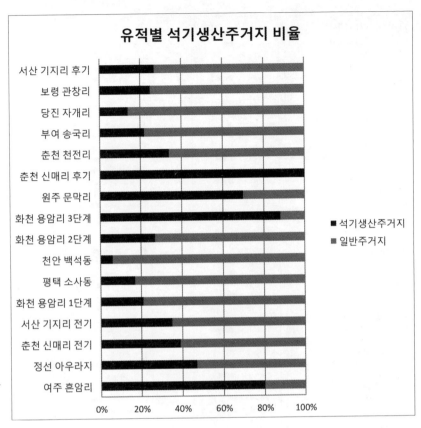

그림 14.4 청동기시대 유적별 석기생산 집자리와 일반 집자리의 비율(조대연·박서현 2013: 25, 도면 16 에서)

에서 석기생산 집자리와 일반 집자리를 나누고, 석기생산 집자리의 비율을 통시적으로 검증하였다. 연구에 따르면 석기생산 집자리의 비중이 여주 흔 암리에서는 81%, 정선 아우라지는 47%, 춘천 신매리 39%, 평택 소사동이 17% 정도인데, 후기의 춘천 천전리는 39%, 부여 송국리 22%, 당진 자개리 14%, 보령 관창리 25%로서, 이미 청동기시대 전기에 특정 석기기종이 집중 적으로 제작되었다고 한다(그림 14.4). 자가 소비를 넘어 생산전문화의 경향 이 보인다는 것이다. 화천 용암리 유적에서는 일반 집자리와 분리된 석기생 산 유구가 나오기도 했다. 용암리의 석기생산 집자리에서는 합인석부, 정선 아우라지에서는 석도, 흔암리에서는 석착과 석검, 석부, 석촉 출토가 다른

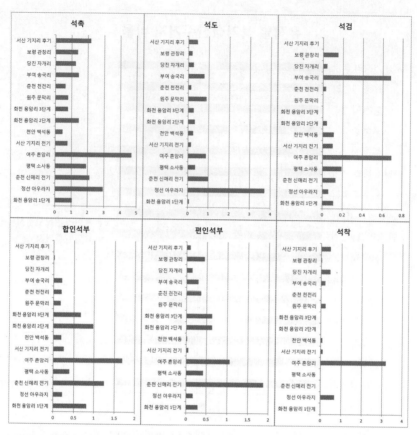

그림 14.5 청동기시대 유적별 집자리당 석기 기종별 출토 양상(조대연·박서현 2013: 도면 18에서)

일반 집자리보다 압도적으로 많은 것이다. 다만 용암리와 같은 몇 개 취락에서는 후기에 급격히 석기생산이 늘어나기도 했으며, 후기에는 집자리 면적당 생산량이 증가하였는데, 특히 돌칼과 돌살촉에서 두드러진다. 후기에 들어서면서 이런 경향을 더욱 발전하여 석기생산과정의 일부 공정만을 담당한 마을이 있다고 한다.

어쨌든 청동기시대에는 지역 교류네트워크에 바탕을 둔 석기생산과 공급이 이루어지는 것 같다. 다만 지금까지 연구에 따르면 옥 같은 장식 유물의 경우 넓은 교역망이, 유절병식석검의 경우 더 넓은 유통망이 설정되기도 한다(장용준·平君達哉 2009). 이런 유물을 제외하고 돌살촉이나 돌칼, 돌도끼 등 대부분 일상생활의 유물은 지역에서 멀지 않은 곳에서 얻을 수 있는 원석으로 제작된 것으로 보인다. 비교적 가까운 거리에 있는 지역공동체에서 생산, 공급, 소비되었을 것이다(손준호 2010; 쇼다 신야 외 2013).

청동기시대 후기 간돌검과 돌살촉 등에서 보이는 의기화는 이후 초기 철기시대의 점토대토기문화에 오면서 더욱 두드러진다. 석기의 대형화를 주로 의기화로 해석하지만, 예컨대 홈자귀의 경우 기존의 자귀로서 기능이 강화된 측면도 있을 것이다. 어쨌든 대형화와 의기화의 경향은 간돌검에서 확연하며, 홈자귀도 대형화하는 경향을 보이다가 결국 사라진다. 삼각형석촉이 다시 보이지만, 이전 시기의 유물과는 별 상관이 없는 것 같다. 철기의 제작과 사용이 시작되는 단계에도 홈자귀나 양인의 돌도끼, 대패, 주형의 돌칼 같은 석기가 출토되고 있다. 그러나 철기와 석기는 기본적으로 실용구라는 점을 생각할 때 기원전 4-3세기 철기의 등장은 석기의 쇠퇴를 뜻하기도 한다.

제15장
맺음말: 과제와 전망

석기는 선사시대 유적에서 흔하게 마주하는 유물이다. 한국의 대다수 구석기시대 유적에서는 유물군 전체가 석기로 이루어져 있다. 신석기시대와 청동기시대의 일상생활에 석기는 중요한 역할을 하였다. 석기는 선사시대의 기본 고고학 자료인 것이다. 그리하여 고고학은 석기를 기초 자료로 과거 인간행위와 문화변화를 구성하고 설명해야 한다. 고고학이 학문으로 성장하면서 석기 인식과 연구는 큰 역할을 하였고, 20세기 중반 이론적으로 발전하는 과정에서도 수렵채집민 행위와 관련된 물질 자료로서 석기군의 변이가 중요한 연구 주제였다. 그런데 한국에서는 시대별 전문화의 경향이 강해서인지 석기에 대한 이해는 만족할 만한 수준에 있지 않다.

지은이는 석기든, 토기든, 집자리든, 그 어느 시대 유물을 대상으로 하든 고고학 자료의 분석 토대는 기본적으로 동일하다고 믿는다. 많은 자료를 수집하여 정리하고, 분류하며, 그로부터 형태 및 시공간 분포의 패턴을 찾고, 그것을 설명하고 해석하면서 의미 있는 진술을 하는 것이 고고학이라고 할 때 그 자료는 어느 시대, 어느 종류의 유물이든 같은 학문 원칙으로 접근할 수 있다. 선사시대 석기의 형태와 제작기술, 석기군의 구성은 과거 인간행위와 문화변화를 연구하는 데 귀중한 자료이다.

중세 한국을 비롯한 동아시아에서는 뗀석기를 인공물로 생각하지 못했다. 돌도끼 같은 유물을 뇌부(雷斧), 곧 벼락이 쳐서 만들어진 기이한 물건이라고 생각하였을 뿐이다(이선복 2001). 추사 김정희는 돌(화)살촉과 돌도끼를 숙신(肅愼)의 유물이라는 기록—물론 잘못된 해석이었지만—을 남겼고, 19세기 말 서양 선교사가 돌살촉(마제석촉)을 영문 학술지에 소개하기도 했다.

벼락도끼와 같은 인식은 서양의 중세에도 마찬가지였다. 르네상스 이후 메르카티 같은 인물은 과거 인간이 만든 인공품임을 기록하기도 했다(트리거 2010; Clarke 1968; Gayson 1983). 19세기 서유럽에서는 사람이 만든 것이 확실한 주먹도끼와 매머드 같은 절멸 동물 화석이 나오면서 성서에 기록되지 않은 인간의 과거를 인식하게 된다. 이제 석기는 문헌에 기록되지 않은 선사시대 인간을 대표하는 자료가 되었고, 고고학은 그것을 연구하는 학문으로 성장하였다. 특히 많은 석기와 화석 자료가 나온 프랑스에서는 구석기고고학이 발달하여 석기의 형태변이에 따른 편년이 이루어졌다. 이처럼 석기는 학문으로서 고고학의 성립에 중요한 역할을 했다.

20세기 중후반 현대 고고학의 이론 발전에도 석기는 중요한 부분이었다. 특히 무스테리안유물군의 변이를 두고 벌어진 보르드와 빈포드, 그리고 여러 연구자 간 논쟁은 중요한 학사적인 의미를 지닌다(제2장). 이로써 고고학 자료에서 보이는 패턴이 과거 문화, 또는 인간행위와 어떻게 연관되어 있는지 더 심층적이고 이론적인 연구가 발전하였다.

선사시대의 거의 모든 석기는 암석의 채취에서 소재를 만들거나 선택하고 주변을 다듬어서 성형과 잔손질을 하거나 갈아서 만든 도구이거나 그 과정에서 쓰이거나 나온 부산물로 이루어져 있다. 지금까지 이 책에서 강조하였듯이 석기란 제작과 사용의 감쇄과정(reduction process)의 산물이기 때문에(성춘택 2006a; Andrefsky 2005; Debénath and Dibble 1994; Dibble 1987; Odell 2004; Shott 1994) 고고 유적에서 나오는 석기 유물의 대다수는 석기 제작자가 의도하여 완성된 형태의 도구가 아니다. 석기를 만들고 사용하여 마모되면 그냥 버리기도 하지만, 다시 손질하여 날을 버리기도 하는데, 그 과정에서 수많은 부산물이 나온다. 그래서 의도하지 않은 형태와 크기의 유물이 많기 때문에 그만큼 패턴을 찾기가 어렵다. 이 역시 모두 중요한 학문의 자료이다. 그리하여 형식학적인 접근뿐 아니라 계량 분석으로 석기 제작의 단계와 집중도, 어떤 도구 제작행위가 있었는지를 파악한다(제8장 참조).

석기 연구는 그만큼 형태와 함께 제작과정이라는 변수에 늘 주목해야 한다. 물론 기술과 형태를 분명히 구분하기 어려운 점도 있지만, 우리 앞에 있는 유물은 마지막 완성품이 아니고 중간과정의 산물일 수 있음을 늘 유념해야 한다. 원석의 획득에서 시작하여 일차적인 준비와 성형을 거쳐 소재를 만들고 잔손질하여 도구를 완성하는 제작과정과 더불어 사용과 재사용을 거쳐 폐기된 뒤에도 퇴적, 후퇴적변형을 거침을 알아야 한다. 석기를 포함한 고고학의 물질 자료는 그런 복잡한 과정을 거쳐 고고학자의 손에 이르기 때문에 유적의 자연 및 문화 형성과정에 대한 이해가 중요하다.

유적의 형성과정이란 고고학 자료가 만들어지는 문화(행위) 및 자연과정을 포괄하는 개념이다(Binford 1979, 1980, 1983; Schiffer 1972). 제13장에서 논하였듯이 석기의 디자인과 석기군의 구성(또는 석기조성), 석기 제작의 집중도 등 석기기술에서 나타나는 변이는 특정 문화를 가진 집단의 산물이기 이전에 유적에서 이루어진 생계활동, 행위 및 주거체계를 반영하는 물질문화의 일부이다. 전파와 이주 역시 석기기술의 변이를 일으킬 수 있으나, 그 자체로 설명이 아니라 설명되어야 할 현상이다. 이 책에서 살펴보았듯이 (제13장 참조) 장기간의 석기기술체계에서 나타나는 변이는 환경변화와 생계활동, 기술적 제약, 이동성, 돌감의 희소성과 이용 가능성, 유적 점유기간 등 여러 조건의 변화와 결부지어 설명할 수 있다.

도구는, 임시방편이든 장기간의 계획이든, 예상되는 작업을 완수하기 위해 디자인된다. 도구 제작에 시간의 제약이 있을 수도 있고, 다양한 기능을 수행해야 할 필요도 있으며, 맥락에 따라 유지관리에도 효율적이어야 할 이유도 있다. 짧은 시간 안에 주어진 작업을 완수하도록 신뢰성 높게 과잉 디자인되기도 하고, 예측 불가능한 환경 자원을 획득하기 위해 지속성을 높여 편리하게 보수할 수 있도록 만들어지기도 한다(Bamforth 1986; Bleed 1986; Eerkens 1998). 정형화한 도구를 재가공하는 패턴이 중심인 큐레이티드, 또는 정형 석기기술과 당장의 필요에 따라 석기를 제작 사용하고 폐기하는 일회성 기술은 이런 환경 및 행위적 맥락을 분석하기 위한 개념이다(Binford 1979, 1983; 제13장 참조). 석기기술체계는 주어진 환경이라는 무대에서 모습을 갖추고, 여러 조건이 서로 변화하면서 석기기술의 변이와 석기군의 구성은 변모한다.

자연과학 분석 역시 중요하다. 석기를 분류하고 분석하기 위해서는 먼저 기초 암석학 지식이 필요하다. 선사시대 사람들이 어떤 재질의 암석을 어디에서 어떻게 얻었는지는 매우 중요한 고고학의 연구주제이다. 특히 석기 제작은 원석을 고르는 데서 시작하기에 암석의 물리학적 특징과 이용 가능성은 석기기술체계를 결정하는 요인 가운데 하나이다. 후기 구석기시대 흑요석의 주요 산지는 백두산 인근으로 알려져 있으며, 남해안 신석기시대 흑요석은 주로 일본 규슈에서 들여온 것이다. 이처럼 광역의 상호작용 네트워크가 있었다는 것은 선사 문화의 다양성과 진화를 연구하는 데 중요하다. 산지 추정을 비롯한 과학적 분석과 연구는 석기기술 복원뿐 아니라 선사시대 집단의 사회네트워크까지도 시사해 준다.

그런데 산지 추정은 굉장히 어려운 일이며, 심지어 암석 판정마저도 그리 간단한 일이 아니다. 산지 추정이나 사용흔 분석 같은 자연과학 분석이라고 해서 수식을 풀 듯 간단한 답을 주는 것이 아니다. 같은 암석일지라도 분석자의 시각에 따라 다른 결론에 이르기도 한다. 거기에서 더 나아가 산지 추정을 위해서는 유물 제작에서 쓰인 암석과 실험에 쓰인 암석이 분명하게 일치해야 하는데, 이는 엄격한 자연과학 분석뿐 아니라 선행 연구가 축적되어야 하는 일이다. 비교할 수 있는 알려진 산지가 있어야 하는데, 분석자가 이미 인지하고 있는 노두만을 비교 대상으로 삼기 이전에 넓은 지역의 암석을 면밀하고도 포괄적으로 검토해야 한다. 육안 관찰에만 의존해서도 안 되며, 한편으론 자연과학 분석에만 의존하여 지나치게 미시적인 접근도 단점을 지니고 있다. 반드시 고고학적 문제의식 아래 고고학자가 주도하는 분석이 이루어져야 한다. 고고학의 맥락 없이 분석만으로 과거에 대해 새로운 지식이 쌓일 수는 없다.

석기의 기능 추정 역시 마찬가지이다. 미세흔 분석은 아주 유망한 분야이다. 그러나 실험적이고, 과학분석이라고 해서 무조건 옳다는 것은 아니다. 뗸석기든, 신석기, 청동기시대 간석기이든 미세흔 분석과 관련된 이슈는 그리 간단하지 않다. 석기 미세흔 분석이든, 잔존물 분석, 나아가 퇴적물 분석 같은 자연과학 분석은 현대 고고학을 살찌우는 동력이지만, 어디까지나 고고학의 맥락에서 이루어져야 한다. 고고학자가 분석을 주도하고, 결과물을 고고학의 맥락에서 해석해야 한다.

유물 분류는 고고학의 출발이면서도 그것 자체가 이론과정이기도 하다. 이론 적재성(theory ladenness)을 무시하고 적절한 관찰, 기록, 동정을 할 수 없다(성춘택 2017). 그저 경험과 직관에만 의존하여 물질 자료에 담겨 있는 정보를 꺼낼 수는 없는 것이다. 그렇다고 완전히 새로운 분류체계를 만들어 내는 일은 가능하지도 바람직하지도 않다. 기존 분류와 형식명이 학문의 경험에 바탕을 두고 제안된 것이긴 하지만, 이미 학문 속에 자리 잡고 있기 때문이다. 그리하여 분류와 관련된 용어는 의사소통 수단이기도 하다. 기존의 틀을 답습하자는 말은 아니다. 다만 그것을 수정하고 보완하면서 더 체계적인 틀을 만들기 위해 노력해야 한다. 그러기 위해서는 한국의 선사시대 자료가 가지는 특성도 잘 이해해야 한다.

제작과정, 나아가 작업연쇄(chaîne opératoire)를 고려할 때 석기의 분류와 형식은 고정된 실체라 여기면 안 된다. 사실 고고학 자료는 물질 현상으로서 변이로 가득 차 있다. 본질론(essentialism) 또는 유형론에 입각하여 전형만을 찾으려 해서는 고고학 자료에 숨어 있는 수많은 변이를 보지 못한다. 따라서 석기뿐 아니라 고고학에서는 유물론(materialism), 곧 변이론의 시각이 어울린다. 과거 인간이 남긴 자료는 그저 시공간과 형태의 변이에서 마치 봉우리처럼 솟은 부분이 있을 뿐이다. 이를 바탕으로 형식을 설정하여 과거 인간행위와 문화를 연구하는 개념 장치로 삼는다.

새로운 변화는 주어진 시공간에서 기존 형태변이의 장(場)에서 나타난다. 예컨대 르발루아기법은 양면석기 제작에, 돌날기법은 르발루아기법에 뿌리를 두고 있다. 특정 시공간에서 만들어지는 도구 조합은 이전 시기의 물질문화의 토대에서 등장하기 때문에 형식분류와 순서배열과 같은 고고학 분석으로 유물 변화의 계보와 계통진화의 과정을 구성할 수도 있다(오브라이언·라이맨 2009, 그림 10.3). 다만 이런 분석을 위해서는 예상되는 작업을 완수하기 위한 기술과 기능 속성뿐 아니라 시공간의 변수에 민감한 양식 속성을 면밀하게 파악하고 비교해야 한다.

석기는 중요한 고고학 자료이다. 고고학은 물질 자료를 토대로 과거 인간행위를 복원하고 문화의 변화를 탐구하는 학문이고, 우리는 석기라는 자료를 수집하고 분류하여 패턴을 찾고 그로부터 의미 있는 과거 인간행위의 양상을 파악하고 문화변화에 대해 의미 있는 진술을 해야 한다. 고고학이 다루는 물질 자료는 이미 사라진 사회의 잔존물이지만, 거기에는 시간의 흐름에 따른 변화 과정이 담겨 있다. 석기는 우리가 이용할 수 있는 단 하나의 자료이기도 하고, 토기나 집자리와 같이 다른 여러 자료와 더불어 해석해야 하는 경우도 있다.

되풀이 말하지만, 고고학이 다루는 물질 자료는 인간행위의 산물이면서도 실제 어떤 의도와 과정이 담겨 있는지 직접 다가갈 수 있는 길은 없다. 물질 자료는 스스로 말하지 않는다. 그리하여 고고학자는 물질 자료로부터 인간행위를 추론할 수밖에 없는 무거운 짐을 지고 있다. 아무런 말도 하지 않는 자료에서 물질문화의 패턴과 과거 인간행위, 문화변화와 관련된 의미 있는 진술을 꺼내야 하는 것이다. 그래서 고고학에서는 학문으로서 성장할 때부터 이론과 방법론의 역할이 컸다. 물론 오랜 시간 동안 자료를 다루어 본 경험을 통한 시행착오의 과정을 거쳐야 하지만, 인간행위 복원이나 문화변화의 설명은 물론이고 어지러이 널려 있는 자료에 질서를 찾기 위해서도 고고학자의 경험은 물론 이론과 방법론의 역할은 크다.

한국 고고학에서 석기 자료는 가지고 있는 잠재력에 비해 관심을 덜 받고 있는 것 같다. 인문학으로서 고고학이 지닌 가장 큰 장점은 장기간의 시각에서 문화의 변화를 해석한다는 점일 것이다. 고고학이 다루는 자료 가운데 석기는 가장 긴 시간의 변이와 정보를 담고 있다. 그런데 현재 한국 고고학은 시대별 전문성을 지나치게 강조하고 있다. 그리하여 구석기고고학과 신석기, 청동기시대를 다루는 고고학 사이의 간격이 너무 크다. 구석기시대와 신석기시대 자료, 그리고 신석기시대와 청동기시대의 자료는 여러 양상에서 연속성이 있지만, 이를 장기간의 시각에서 종합하여 연구하지 않는다. 어느 시대의 자료든지 고고학의 대상은 결국 같은 원칙에서 접근할 수 있음을 유념해야 한다. 앞으로 구석기시대와 신석기시대, 그리고 신석기시대와 청동기시대를 폭넓게 다룸으로써 더 장기간의 시각에서 과거 인간행위와 문화의 변화를 규명하는 고고학의 목적에 다가서기를 기대한다.

참고문헌

강인욱, 2010. 「비파형동검의 한반도 유입과정에 대하여: 小黑石溝 출토 동검의 재해석과 마제석검의 기원을 중심으로」. 제4회 한국청동기학회 학술대회 발표자료.

강지영, 2002. 「한반도 석기 연구를 위한 데비타쥐 분석 방법과 활용」. 『한국구석기학보』 5: 59-74.

강창화, 2009. 「제주(濟州) 고산리유적(高山里遺蹟) 출토(出土) 석촉(石鏃)의 형식(形式)과 변화(變化)」. 『제주도연구』 32: 1-28.

갬블, 클라이브, 2013. 『기원과 혁명: 휴머니티 형성의 고고학』. 사회평론(원저 Clive Gamble, 2007. *Origins and Revolutions: Human identity in earliest prehistor*. Cambridge University Press).

경기문화재연구원, 2010. 『남양주 호평동 구석기유적 III』. 경기문화재연구원.

경남발전연구원, 2004. 『거창 정장리 유적: 구석기시대』. 경남발전연구원 역사문화센터.

공민규, 2006. 「무문토기시대 전기 마제석기의 검토(1): 반월형석도 및 무경식석촉」. 『숭실사학』 19: 47-102.

공민규, 2013. 「청동기시대 전기 금강유역 취락 연구」. 숭실대학교대학원 박사학위논문.

국립대구박물관, 2005. 『사람과 돌: 머나먼 진화의 여정』. 국립대구박물관.

국립대구박물관, 2008. 『인류의 여명: 동아시아의 주먹도끼』. 국립대구박물관.

국립문화재연구소 편, 2005. 『한국고고학전문사전: 청동기편』. 국립문화재연구소.

국립문화재연구소 편, 2012. 『한국고고학전문사전: 신석기편』. 국립문화재연구소.

국립문화재연구소 편, 2013. 『한국고고학전문사전: 구석기편』. 국립문화재연구소.

김건수, 1999. 『한국 원시·고대의 어로문화』. 학연문화사.

김경규, 2003. 「한반도 신석기시대 어로활동 연구 — 어망추를 중심으로」. 충남대학교 석사학위논문.

김경진, 2009. 「프랑스 막달레니앙 시기 석기 기능 연구 — 라 쉐르아깔벵 3유물층 석기의 사용흔 분석을 통해」. 『한국구석기학보』 20: 43-81.

김경진, 2013. 「한국 석영계 석기 쓴자국 분석 방법 시론」. 『야외고고학』 13: 35-56.

김경칠, 2004. 「돌도끼」. 『한국고고학전문사전: 청동기편』, pp. 156-157.

국립문화재연구소.

김권중·홍주희·남귀희·김민지, 2008.『천전리: 동면-신북간 도로 확장 및 포장
　　공사구간 내 유적 발굴조사 보고서』. 강원문화재연구소(학술총서 80책).

김도헌, 2016.「한국 고대 목제 기경구 연구」.『중앙고고연구』21: 81-121.

김미령·이창승, 2013.『익산 서두리 2, 보삼리 유적』. 호남문화재연구원.

김상태, 2002.「한반도 출토 흑요석기와 원산지 연구현황」.『한국구석기학보』6:
　　47-60.

김상태, 2012.『한국 구석기시대 석기군 연구』. 서경문화사.

김선우, 1994.「한국 마제석검의 연구 현황」.『한국상고사학보』16: 385-403.

김선지, 1999.「남해안지역 신석기시대 석부에 대한 일고찰」. 서울대학교대학원
　　석사학위논문.

김성욱, 2008.「사용흔분석을 통한 신석기시대 수확구 시론」.『한국신석기연구』
　　16: 35-61.

김소영, 2011.「남양주 호평동 후기구석기유적의 밀개 연구」. 서울시립대학교
　　석사학위논문.

김양선, 1962.「재고를 요하는 마제석검의 형식분류와 조형 고정의 문제」.『고문화』
　　1: 7-25.

김양선, 2015.「청동기시대 유병식석검의 지역성 연구」. 경북대학교대학원
　　고고인류학과 석사학위논문.

김영은, 2016.「서울·경기지역 청동기시대 마제석촉 연구」. 경희대학교대학원
　　석사학위논문.

김영하, 1979.「마제석검의 조형에 관하여」.『한국사연구』24: 1-12.

김원용, 1971.「한국 마제석검 기원에 관한 일고찰」.『백산학보』10: 1-32.

김원용, 1972.「한국 반월형석도의 발생과 전개」.『사학지』6: 1-17.

김은정, 2005.「동북아시아 좀돌날몸돌 연구 동향」.『한국구석기학보』12: 31-55.

김장석·이청규, 2010.「청동기시대」.『한국고고학강의』, pp. 81-120. 한국고고학회,
　　사회평론.

김재원·윤무병, 1967.『한국지석묘연구』. 국립박물관.

김정학, 1958.「한국에 있어서 구석기문화의 문제」.『고려대학교 문리논집』3: 1-23.

김혜진, 2007.「강원 영서지역 청동기시대 마제석기 연구」. 한림대학교대학원
　　석사학위논문.

나건주·이찬희, 2006.「당진 자개리 1유적 출토 마제석촉의 제작과정 및 형식학적
　　검토」.『금강고고』3: 5-37.

노혁진, 1981. 「유구석부에 대한 일고찰」.『역사학보』89: 1-72.

노혁진, 2001. 「유구석부 재검토」.『고문화』57: 3-24.

노혁진·이선복·김종규·성춘택·최종모·심재연, 2001.『국도38호선 도로공사 구간(연당-영월 및 영월-덕포) 내 문화유적 시굴조사 보고서』. 한림대학교박물관.

레이먼드, 로렌(Loren Raymond) (안건상 옮김), 2000.『변성암석학』. 시그마프레스.

레이먼드, 로렌(Loren Raymond) (정공수 옮김), 1999.『퇴적암석학』. 시그마프레스.

레이먼드, 로렌(Loren Raymond) (정지곤 옮김), 2003.『화적암석학』. 시그마프레스.

박가영, 2012. 「한반도 출토 슴베찌르개 연구」. 부산대학교 고고학과 석사학위논문.

박근태, 2006. 「제주 고산리 출토 석촉 연구」. 부산대학교 고고학과 석사학위논문.

박근태, 2011. 「제주도 신석기시대 석기 검토」.『한국신석기연구』21: 43-83.

박선영, 2004. 「남한 출토 유병식 석검 연구」. 경북대학교 고고인류학과 석사학위논문.

박성진, 2000. 「임진-한탄강 지역의 구석기시대 몸돌 분석」.『한국구석기학보』1: 29-42.

박영철, 2002. 「한국 중기구석기 문화의 석기분석 연구」.『한국구석기학보』5: 1-58.

박영철·최삼용, 2002. 「한국 중기 구석기문화의 석기 분석연구」. 『한국구석기학보』6: 25-35.

박종현, 2011. 「임진-한탄강 유역 출토 대형박편과 도구의 제작기술상의 관계연구」.『한국구석기학보』23: 73-101.

박준범, 2005. 「우리나라 선사시대 간돌화살촉의 형식과 그 변화에 대한 연구 ― 한강 유역 출토품을 중심으로」.『사학지』37: 7-42.

박준범, 2008. 「신석기시대 서울경기인천 지역 출토 간석기에 대한 연구」. 『한국신석기연구』15: 39-63.

배기동, 1992. 「구석기시대」.『한국선사고고학사』, pp. 9-75. 까치.

배기동, 2000. 「구석기유적의 형성과정」.『한국구석기학보』1: 73-83.

배기동, 2009. 「한반도 후기구석기공작의 기원과 편년의 문제점」. 『아시아문화연구』16: 117-157. 가천대학교 아시아문화연구소.

배기동·이한용·황소희·이철민·김기룡·홍혜원, 2009.『전곡리구석기유적 제5-2지점 발굴조사보고』. 한양대학교 문화재연구소.

배진성, 2005.「무문토기시대 석기의 지역색과 조성변화」.『사람과 돌: 머나먼 진화의 여정』(국립대구박물관 편), pp. 377-389. 국립대구박물관.

배진성, 2007.「동북형석도에 대한 소고: 동해문화권의 설정을 겸하여」. 『영남고고학』40: 5-25.

버스, 데이비드, 2012.『진화심리학』(이충호 옮김). 웅진지식하우스.

上條信彦, 2005.「선사시대의 제분 가공구: 한반도와 북부 구주를 중심으로」. 『한국신석기연구』10: 87-106.

서인선, 2015.「석장리유적 돌날과 좀돌날 제작의 기술학적 재검토: 돌감, 제작방법과 폐기기술을 중심으로」.『한국구석기학보』31: 54-83.

성춘택, 2001.「석기이론 연구와 한국 구석기」.『한국구석기학보』4: 1-16.

성춘택, 2003.「구석기 제작기술과 석재분석: 한국 후기구석기시대 석재에 대한 예비적 고찰」.『한국상고사학보』. 39: 1-18.

성춘택, 2006a.「구석기시대 석기분석 입문」.『한국 매장문화재 조사연구방법론』2. 국립문화재연구소 편, pp. 169-206. 국립문화재연구소.

성춘택, 2006b.「한국 구석기시대 석기군 구성의 양상과 진화 시론」. 『한국상고사학보』51: 5-41.

성춘택, 2006c.「한국 후기구석기 문화유형론」.『한국고고학보』59: 4-37.

성춘택, 2009.「수렵채집민의 이동성과 한반도 남부 플라이스토세 말-홀로세 초 문화변동의 이해」.『한국고고학보』72: 4-35.

성춘택, 2010.「후기구석기혁명 재고: 현생인류 진화의 행위·문화적 배경」. 『한국고고학보』77: 191-221.

성춘택, 2011.「수렵채집민 연구의 동향과 후기 구석기 사냥기술의 변화」.『한국 선사시대 사회와 문화의 이해』. 중앙문화개연구원 편, pp. 35-62. 서경문화사.

성춘택, 2015.「한국 구석기고고학사 시론」. 제43회 한국상고사학회 학술대회 발표문.

성춘택, 2016.「역사 교과서의 선사시대 서술에 대한 비판적 검토: 구석기·신석기시대를 중심으로」.『인문학연구』31: 105-129. 경희대학교 인문학연구원.

성춘택, 2017.「고고학과 물질문화의 기원과 계통: 비판적 검토」.『한국고고학보』 102.

성춘택, 근간.「중국 동북지방의 구석기 고고학」.『중국동북지방고고학개설』.

동북아역사재단.

성춘택·민경인·이홍주·이호준, 2011.『돌의 시대: 인류의 옛흔적』. 경희대학교
중앙박물관.

성춘택·민경인·최철민·오정우, 2013.『용인 천리 구석기 유적』. 경희대학교
중앙박물관.

손보기, 1967.「층위를 이룬 석장리 구석기 문화」.『역사학보』35·36: 1-25.

손보기, 1988.『한국 구석기학 연구의 길잡이』. 연세대학교 출판부.

손보기, 1993.『석장리 선사유적』. 동아출판사.

손준호, 2002.「한반도 출토 반월형석도의 변천과 지역성」.『선사와고대』17.

손준호, 2003.「반월형석도의 제작 및 사용방법 연구」.『호서고고학』8.

손준호, 2005.「마제석기 사용흔분석의 현황과 한국에서의 전망」.『호남고고학보』
21: 51-71.

손준호, 2006.『청동기시대 마제석기 연구』. 서경문화사, 서울.

손준호, 2007.「마제석촉의 변천과 형식별 기능 검토」.『한국고고학보』62: 90-
113.

손준호, 2009.「호서지역 마제석검의 변화상」.『호서고고학』20: 4-33.

손준호, 2010.「청동기시대 석기 생산체계에 대한 초보적 검토」.『호남고고학보』
36: 37-62.

손준호, 2013.「청동기시대 석기 연구의 최신동향」.『숭실사학』31: 49-81.

손준호·上條信彦, 2011.「청동기시대 갈돌, 갈판의 사용흔 및 잔존 녹말 분석」.
『중앙고고연구』9: 1-48.

손준호·조진형, 2006.「고배율 현미경을 이용한 반월형석도의 사용흔분석」.
『야외고고학』1: 1-31.

쇼다 신야(庄田慎矢), 2009.『청동기시대의 생산활동과 사회』. 학연문화사.

쇼다 신야·우메자키켄지·지민주·나가이켄지·유하라마사키, 2013.「청동기시대
마제석촉 제작공정의 복원 ─ 서산 신송리유적 출토유물에 대한 분석을
중심으로」.『한국상고사학보』79: 145-162.

시모죠 노부유키(下條信行, 석기연구회 옮김), 2008.『동아시아 마제석기론』.
서경문화사.

신국진·정용욱·오제헌·김교헌, 2014.「팔공산 주변 혼펠스의 변성도에 따른
물리적 특성」.『한국지반공학회논문집』30(5): 25-35.

신숙정, 1997.「석기와 뼈연모」.『한국사 2: 구석기문화와 신석기문화』, pp. 474-
484. 국사편찬위원회.

심봉근, 1989, 「일본 彌生文化 초기의 마제석기에 대한 연구: 한국 마제석검과
　　관련하여」. 『영남고고학』 6: 1-28.

안승모, 1985. 「한국 반월형석도의 연구」. 서울대학교대학원 석사학위논문.

안재호, 2000. 「한국 농경사회의 성립」. 『한국고고학보』 43: 41-66.

안재호, 2009. 「한국 청동기시대 연구의 성과와 과제」. 『한국 청동기시대
　　조사연구의 성과와 과제』. 학연문화사.

양동윤, 2006. 「석기의 재질 분석과 원료 산지 추정」. 『한국 매장문화재
　　조사연구방법론』 2. 국립문화재연구소 편, pp. 207-226. 국립문화재연구소.

예맥문화재연구원, 2010. 『동해 묵호진동 월소유적—동해 월소지구
　　도시개발사업부지내 유적 발굴조사보고서』. 예맥문화재연구원.

오브라이언, 마이클·리 라이맨(성춘택 옮김), 2009. 『다윈진화고고학』. 나남(원저,
　　Michael J. O'Brien and R. Lee Lyman, 2000. *Applying Evolutionary
　　Archaeology: A systematic approach*. Kluwer).

웬키, 로버트(안승모 옮김), 2003. 『선사문화의 패턴 I』. 서경.

유미연·이찬희·김명진·배상훈·한창균, 2010. 「청양 대박리 유적 출토 흑요석
　　석기의 재질 분석」. 『한국구석기학보』 21: 21-38.

유용욱, 1997. 「임진-한탄강 유역 주먹도끼의 특성에 대하여」. 『한국고고학보』 36:
　　147-180.

유용욱, 2011. 「파쇄역학 및 삭감과정을 통해서 살펴본 구석기 도구의 생성과정」.
　　『한국선사시대 사회와 문화의 이해』. 중앙문화재연구원 편, pp. 9-34.
　　서경문화사. 서울.

유용욱, 2012. 「한국 구석기시대 석영계 석재의 기계적 성질 비교 시론: 임진-
　　한탄강 유역 석재를 중심으로」. 『한국구석기학보』 25: 3-37.

유용욱·김동완, 2010. 「대칭으로 살펴본 임진-한탄강 유역 주먹도끼의 성격」.
　　한국고고학보』 75: 4-45.

윤덕향, 1983. 석기. 『한국사론』 13. 국사편찬위원회.

윤덕향, 1997. 석기. 『한국사론: 청동기문화와 철기문화』, pp. 188-208.
　　국사편찬위원회.

윤정국, 2009. 「신석기시대 굴지구의 제작기법에 대한 연구 ― 진안 진그늘유적과
　　갈머리유적을 대상으로」. 『한국신석기연구』 17: 29-62.

윤정국, 2011. 「남부내륙지역 신석기시대 석기의 변천과 양상」. 『한국신석기연구』
　　22: 57-92.

윤정국, 2016. 「신석기시대 석기의 제작과 유통」. 『신석기시대 석기론』.

중앙문화재연구원 편, pp. 78-103. 진인진.

윤지연, 2007. 「사용흔 분석을 통한 석부의 기능 연구」. 『한국고고학보』 63: 4-33.

윤혜나, 2011. 「한반도 중서부지방 신석기시대의 석기조성과 생업」. 전남대학교 인류학과 석사학위논문.

이기길, 2005. 「일본 구석기학계의 흑요석 연구 동향」. 『한국구석기학보』 12: 93-99.

이기길, 2011. 「진안 진그늘유적 출토 슴베찌르개 연구」. 『한국상고사학보』 73: 5-30.

이기성, 2006. 「석기 석재의 선택적 사용과 유통: 일본 오사카 평야를 중심으로」. 『호서고고학』 15: 33-60.

이기성, 2011. 「'도구론'으로서의 선사시대 석기 연구」. 『한국선사시대 사회와 문화의 이해』. 중앙문화재연구원 편, pp. 85-110. 서경문화사. 서울.

이기성, 2015. 「무문토기시대 타제석기 시론: '타제 인기(刃器)' 기종 설정을 중심으로」. 『호남고고학보』 49: 69-95.

이동주, 2000. 「상노대도 지표채집 석기에 대하여」. 『고고역사학지』 16: 45-59.

이백규, 1974. 「경기도 출토 무문토기 마제석기」. 『고고학』 3.

이백규, 1991, 「경북대 박물관 소장 마제석검·석촉」. 『영남고고학』 9: 79-91.

이상규, 2014. 「신석기시대 한반도 해안지역 작살에 관한 검토」. 『한국신석기학보』 27: 57-94.

이상균, 2003. 「신석기시대 한반도 남해안 석기군의 양상」. 『日韓新石器時代의 石器』. 제5회한일신석기시대연구회 발표요지.

이석범, 2004. 「영남지역 마제석촉의 형식분류」. 『영남문화재연구』 17: 5-34.

이석범, 2005. 「영남지역 주거지 출토 마제석촉의 편년」. 경주대학교대학원 석사학위논문.

이석범, 2012. 「마제석촉을 통한 영남지역 주거지의 편년」. 『한국청동기학보』 10: 22-60.

이선복, 1989. 『동북아시아 구석기연구』. 서울대학교 출판부.

이선복, 2000. 「한국 구석기연구의 발전을 위한 모색」. 『우리나라의 구석기문화』(연세대학교 박물관 편), pp. 327-340. 연세대학교 출판부.

이선복, 2001. 「雷斧考」. 『한국고고학보』 44: 151-188.

이선복, 2009. 「임진강 유역 출토 주먹도끼 연구의 두 세 과제」. 『한국구석기학보』 19: 3-18.

이선복·유용욱·성춘택, 2000. 『용인 평창리 구석기 유적』. 서울대학교 고고미술사학과.

이선복·이교동, 1993.『파주 주월리·가월리 구석기 유적』. 서울대학교
　　고고미술사학과.

이선복·좌용주, 2015.「흑요석 산지 추정 연구의 재검토」.『한국구석기학보』31:
　　156-180.

이선복·최종택·성춘택, 1994.『임진·한탄강유역 지표조사보고서』.
　　서울대학교박물관.

이승원, 2007.「진천 송두리 구석기유적 출토 여러면석기」.『한국구석기학보』16:
　　63-80.

이영문, 1997.「전남지방 출토 마제석검의 연구」.『한국상고사학보』24: 7-71.

이재운, 2011.「남한지역 청동기시대 주거지 출토 석검 연구」. 목포대학교대학원
　　고고인류학과 석사학위논문.

이정은, 2012.「임진·한탄강유역 출토 주먹도끼의 박리전략 연구: 3차원 스캔을
　　통한 박리흔 패턴 분석을 중심으로」.『한국구석기학보』24: 46-75.

이찬희·이명성·문은정·김정훈·이선명, 2006.「당진 자개리 선사유적지의
　　토양층의 고고지질학적 연구」.『당진 자개리 유적 (I)』. 충청문화재연구원, pp.
　　521-661.

이청규, 1988.「남한지방 무문토기문화의 전개와 공렬토기문화의 위치」.
　　『한국상고사학보』1: 37-92.

이해용·홍성학·최영석, 2005.『동해시 망상동 기곡 구석기유적』.
　　강원문화재연구소.

이헌종, 1998.「석기분석법」.『고고학연구방법론: 자연과학의 응용 (최몽룡,
　　최성락, 신숙정 편), pp. 19-59. 서울대학교 출판부.

이헌종, 2004.「우리나라 후기구석기시대의 편년과 석기의 기술형태적 특성의
　　상관성연구」,『한국상고사학보』44.

이헌종, 2009.「동북아시아 현생인류의 등장과 사냥도구의 지역 적응에 대한
　　연구」.『한국구석기학보』20: 23-42.

이헌종·장대훈, 2010,「우리나라 후기구석기시대 현생인류의 석기제작
　　복합인지체계연구 ― 정장리유적 접합석기를 중심으로」.『한국상고사학보』
　　67: 5-24.

이헌종·장대훈, 2011.「우리나라 후기구석기시대 슴베석기의 기능과 도구복원
　　연구」.『한국구석기학보』23: 103-120.

이형우, 2001.「유물속성의 연구와 계량적 분석: 전기 구석기 주먹도끼를

중심으로」.『한국구석기학보』 3: 71-84.

이형우, 2002.「구석기 유물의 탈색화 과정에 대한 고찰: 영국의 전기구석기
　　　유물을 중심으로」.『한국고고학보』 47: 5-28.

이형우, 2003.「주먹도끼 형식에 대한 계량적 고찰」.『호남고고학보』 18: 5-23.

이형원, 2009.『청동기시대 취락구조와 사회조직』. 서경문화사.

임상택, 2001.「중서부지역 신석기시대 석기에 대한 초보적 검토 1」.
　　　『한국신석기연구』 1: 57-81.

임상택, 2008.『한반도 중서부지역 빗살무늬토기문화 변동과정 연구』. 일지사.

임세권, 1977.「우리나라 마제석촉의 연구」.『한국사연구』 17.

장용준, 2001.「후기구석기 중엽의 박리기법 연구」.『한국구석기학보』 3: 43-64.

장용준, 2002.「우리나라 찌르개(尖頭器)연구」.『한국구석기학보』 6: 37-45.

장용준, 2005.「구석기시대의 자연환경과 도구로 본 생활방식」.『사람과 돌: 머나먼
　　　진화의 여정』(국립대구박물관 편), pp. 330-349. 국립대구박물관.

장용준, 2005.「석영제 석기군의 내재적 발전가능성에 대한 검토」.
　　　『한국구석기학보』 12: 57-91.

장용준, 2007.『한국 후기구석기의 제작기법과 편년 연구』. 학연문화사.

장용준, 2010.「한국 후기구석기시대 인부마제석기 시론」.『고고광장』 6: 1-24.

장용준, 2015.『구석기시대 석기 생산』. 진인진.

장용준·平君達哉, 2009.「유절병식석검으로 본 무문토기시대 매장의례의 공유」.
　　　『한국고고학보』 72: 36-71.

장호수, 2009.『청주 사천동 재너머들 유적』. 충청북도문화재연구원.

전영래, 1982.「한국 마제석검·석촉 편년에 관한 연구」.『마한백제문화』 4·5: 39-
　　　116.

정기영·이봉호, 2004.「경주시 양남면 제4기 해안단구퇴적층내 혼펠스 자갈의
　　　화학적 풍화작용」. *Journal of the Mineralogical Society of Korea* 17: 85-
　　　97.

조대연·박서현, 2013.「청동기시대 석기 생산에 대한 일고찰」.『호서고고학』 28:
　　　4-33.

최경용·문수균, 2013.「신석기시대 찔개살 제작 및 사용 실험 연구」.
　　　『중앙고고연구』 13: 35-57.

최득준, 2014.「한반도 결합식조침에 대한 소고」.『고고광장』 15: 1-20.

최삼용, 2007.「동해 망상동 기곡 유적 석기에서 관찰된 미세흔적의 성격」.
　　　『한국구석기학보』 16: 47-62.

최성락, 1982.「한국 마제석촉의 고찰」.『한국고고학보』12: 263-320.

최숙경, 1960.「한국 적수석도의 연구」.『역사학보』13: 23-53.

최승엽, 2006.「강원도 지역의 주먹도끼류(handaxe/pick) 석기」.
    『한국구석기학보』14: 19-33.

최승엽, 2010.「강원지역 구석기문화 연구」. 강원대학교 박사학위논문.

최종혁, 2005.「한국 남부지방 농경에 대한 연구: 석기조성을 중심으로」.
    『한국신석기연구』10: 69-86.

최종혁, 2016.「신석기시대 석기조성과 생업」.『신석기시대 석기론』.
    중앙문화재연구원 편, pp. 46-77. 진인진.

최철민, 2014.「한국 후기 구석기시대 슴베찌르개 연구」. 경희대학교 사학과
    석사학위논문.

켈리, 로버트, 2014.『수렵채집 사회: 고고학과 인류학』. 사회평론(원저, Robert
    Kelly, 2013. *The Lifeways of Hunter-Gatherers: The foraging spectrum*.
    Cambridge University Press).

트리거, 브루스(성춘택 옮김), 2010.『고고학사』제2판. 사회평론(원저, Bruce G.
    Trigger, 2006. *A History of Archaeological Thought*. 2nd ed. Cambridge
    Univ. Press).

하인수, 2005.「신석기시대 석기의 종류와 양상」.『사람과 돌: 머나먼 진화의
    여정』(국립대구박물관 편), pp. 350-376. 국립대구박물관.

하인수, 2011.「생업도구」.『한국 신석기문화 개론』, pp. 387-435.
    중앙문화재연구원.

하인수, 2016.「신석기시대 석기 연구의 현황과 과제」.『신석기시대 석기론』.
    중앙문화재연구원 편, pp. 8-45. 진인진.

한창균, 2014.「일제강점기에 있어 한국 구석기시대의 인식」.『한국구석기학보』
    29: 3-20.

한창균·黃慰文·A.P. 데레비안코·이헌종, 2003.『동북아시아구석기시대의
    자갈돌석기 전통에 대한 연구』. 학연문화사.

허의행, 2013.「호서지역 청동기시대 전기 취락 연구」. 고려대학교 고고미술사학과
    박사학위논문.

홍미영·코노넨코, 2005.「남양주 호평동 유적의 흑요석제 석기와 그 사용」.
    『한국구석기학보』12: 1-30.

홍미영·김종헌, 2008.『남양주 호평동 구석기유적 I, II』. 경기문화재단
    기전문화재연구원.

황기덕, 1958. 「조선에서 나타난 활촉의 기본 형태와 분포」. 『문화유산』 6.

황기덕, 1965. 「무덤을 통하여 본 우리나라 청동기시대 사회관계」. 『고고민속』 4.

황재훈, 2005. 「한국 남서부 마제석촉의 변천과정」. 전남대학교대학원 석사학위논문.

황창한, 2004. 「무문토기시대 마제석촉의 제작기법 연구」. 『호남고고학보』 20: 33-56.

황창한, 2007. 「암석의 분석방법과 고고학적 활용」. 『동아문화』 2·3: 781-806.

황창한, 2009. 「청동기시대 석기 제작의 양극기법 연구 ― 제작실험을 중심으로 ―」. 『한국상고사학보』 63: 27-46.

황창한, 2011. 「청동기시대 혼펠스제 마제석검의 산지추정」. 『고고광장』 9: 25-49.

候哲, 2015. 「중국 동북지방과 한반도 출토 후기 구석기시대 흑요석제 석기 비교」. 경희대학교대학원 석사학위논문.

히라고리 타츠야, 2013. 『무덤자료로 본 청동기시대 사회』. 서경문화사.

히라이 마사루(平井勝) (손준호 옮김), 2007. 『야요이시대의 석기』. 서경문화사.

Hahn, Joachim(이재경 역), 2000. 『석기와 골기의 실측』. 춘추각.

Hahn, Joachim(이재경 역), 2012. 『석기와 골기의 인식과 규정』. 학연문화사.

加藤晋平·鶴丸俊明, 1980. 『図錄石器の基礎知識』. 柏書房, 東京.

德永重康·森爲三, 1939, 「豆滿江沿岸潼關鎭發掘物調査報告」. 『第一次滿蒙學術調査研究團報告』 2-1, pp. 1-43.

松藤和人, 1998. 『西日本後期舊石器文化の研究』. 學生社, 東京.

須藤隆司, 1991. 「ナイフ形石器の型式論(1)」. 『舊石器考古學』 42: 55-66.

須藤隆司, 1991. 「ナイフ形石器文化の成立」. 『石器文化研究』 3: 249-258.

安齊正人, 1988. 「斜軸尖頭器石器群からナイフ形石器群への移行: 前·中期/後期舊石器時代 過渡期の研究」. 『先史考古學研究』 1: 1-4.

有光敎一, 1959. 『朝鮮磨製石劍の研究』. 京都大學文學部考古學叢書 2.

長崎潤一, 1992. 「後期舊石器時代初頭の石器群 ― 山方遺跡とその周邊遺跡の採集資料の紹介」. 『舊石器考古學』 44: 75-84.

佐藤宏之, 1992. 『日本舊石器文化の構造と進化』. 柏書房, 東京.

佐藤宏之, 1992. 「台形樣石器研究序說」. 『考古學雜誌』 73(3): 1-37.

佐原眞, 2005. 『道具の考古學』. 岩波書店, 東京.

竹岡俊樹, 1989. 『石器研究法』. 言叢社, 東京.

竹岡俊樹, 2003. 『舊石器時代の形式學』. 學生社.

直良信夫, 1940,「朝鮮潼關鎭發掘舊石器時代ノ遺物」.
『第一次滿蒙學術調査研究團報告』6-3, 1-12.

戸田正勝, 1992.「武藏野台地におけるナイフ形石器文化成立の背景」.『古代文化』44: 16-32.

戸澤充則, 1990.『先土器時代文化の構造』. 同朋舍, 京都.

Abbott, Alysia L., Robert D. Leonard, and George T. Jones, 1996. Explaining the change from biface to flake technology: a selectionist application. in *Darwinian Archaeologies*, edited by H. D. G. Maschner, pp. 33-42. New York: Plenum Press.

Adams, Jenny L., 2002. *Ground Stone Analysis: A Technological Approach*. Salt Lake City: University of Utah Press (2nd ed., 2012).

Addington, Lucile R., 1986. *Lithic Illustration: Drawing Flaked Stone Artifacts for Publication*. Chicago: University of Chicago Press.

Ahler, Stanley, 1989. Mass analysis of flaking debris: studying the forest rather than the trees, in D. O. Henry & G. H. Odell eds., *Alternative Approaches to Lithic Analysis*, pp. 85-118. Archaeological Papers of the American Anthropological Association No. 1.

Ahn, Sung-Mo, Jangsuk Kim, and Jaehoon Hwang, 2015. Sedentism, Settlements, and Radiocarbon Dates of Neolithic Korea. *Asian Perspectives* 54(1): 113-143.

Akoshima, Kaoru, and Yoshitaka Kanomata, 2015. Technological organization and lithic microwear analysis: an alternative methodology. *Journal of Anthropological Archaeology* 38: 17-24.

Ambrose, Stanley, 2001. Paleolithic technology and human evolution. *Science* 291: 1748-1753.

Andrefsky, W., Jr., 1994. Raw material availability and the organization of technology. *American Antiquity* 59: 21-35.

Andrefsky, W., Jr., 2009. Lithic studies. In *Handbook of Methods in Archaeology*, eds. H. D. G. Maschner & C. Chippindale, pp. 713-770. Walnut Creek; Alta Mira Press.

Andrefsky, W., Jr., 2009. The analysis of stone tool procurement, manufacture and maintenance. *Journal of Archaeological Research* 17(1): 65-103.

Andrefsky, William, Jr., 1998 (2005). *Lithics: Macroscopic approaches to analysis*. Cambridge: Cambridge University Press(2nd edition, 2005).

Andrefsky, William, Jr., 2003. *Lithic Debitage: Context, Form and Meaning*. Salt Lake City: University of Utah Press.

Andrefsky, William, Jr., 2007. The application and misapplication of mass analysis in lithic debitage studies. *Journal of Archaeological Science* 34: 392–402.

Andrefsky, William, Jr., 2008. *Lithic Technology: Measures of Production, Use and Curation*. Cambridge: Cambridge University Press.

Audouse, F., 2002. Leroi-Gourhan, a philosopher of technique and evolution. *Journal of Archaeological Research* 10(4): 277–306.

Austin, Robert J., 1997. Technological characterization of lithic waste-flake assemblages: multivariate analysis of experimental and archaeological data. *Lithic Technology* 24 : 53–68.

Bae, C. J., and Bae, K. D., 2012. The nature of the Early to Late Paleolithic transition in Korea: current perspectives. *Quaternary International* 281, 26–35.

Bamforth, D. B. 1986. Technological efficiency and tool curation. *American Antiquity* 51: 38–50.

Bamforth, D. B., 1991. Technological organization and hunter-gatherer land use: a California example. *American Antiquity* 56: 216–234.

Bamforth, D. B., and P. Bleed, 1997. Technology, flaked stone technology, and risk. in *Rediscovering Darwin: Evolutionary Theory and Archaeological Explanation*, eds. by CC. M. Barton and G. A. Clark, pp. 109–139. Archaeological Papers of the American Anthropological Association, 7.

Bar-Yosef, O., and S. Kuhn, 1999. The big deal about blades: laminar technologies and human evolution. *American Anthropologist* 101: 322–338.

Beck, C., A. K. Taylor, G. T. Jones, C. M. Fadem, C. R. Cook, and S. A. Millward, 2002. Rocks are heavy: transport costs and Paleoarchaic quarry behavior in the Great Basin. *Journal of Anthropological Archaeology* 21: 481–507.

Becker, M., and F. Wendorf, 1993. A use-wear study of a Late Pleistocene Qadan assemblage from southern Egypt. *Journal of Field Archaeology* 20: 389-398.

Bettinger, R. L., and Eerkens, J., 1999. Point typologies, cultural transmission, and the spread of bow-and-arrow technology in the prehistoric Great Basin. *American Antiquity* 64: 231-242.

Binford, L. R., 1962. Archaeology as anthropology. *American Antiquity* 28: 217-225.

Binford, L. R., 1979. Organization and formation processes: looking at curated technologies. *Journal of Anthropological Research* 35: 255-273.

Binford, L. R., 1980. Willow smoke and dogs' tails: hunter-gatherer settlement systems and archaeological site formation. *American Antiquity* 45: 4-20.

Binford, L. R., 1982. The archaeology of place. *Journal of Anthropological Archaeology* 1: 1-31.

Binford, L. R., 1983. *In Pursuit of the Past: Decoding the Archaeological Record*. Thames and Hudson, London.

Binford, L. R., and S. R. Binford, 1966. A preliminary analysis of functional variability in the Mousterian of Levallois facies. *American Anthropologist* 68: 238-295.

Blades, Brooke S., 2001. *Aurignacian Lithic Economy: Ecoloogical Perspectives from Southwestern France*. New York: Kluwer Academic/ Plenum.

Bleed, Peter, 1986. The optimal design of hunting weapons: maintainability or reliability. *American Antiquity* 51: 737-747.

Bleed, Peter, 2002. Cheap, regular, and reliable: implications of design variation in Late Pleistocene Japanese microblade technology. In *Thinking Small: Global Perspectives on Microlithization*, eds. Robert G. Elston and Steven L. Kuhn, pp. 95-102. Archaeological Papers 12. Arlington, Virginia: American Anthropological Association.

Bliege Bird, R., and E. A. Smith, 2005. Signaling theory, strategic interaction, and symbolic capital. *Current Anthropology* 221-248.

Boëda, E., 1995. Levallois: a volumetric construction, methods, a technique.

In *The Definition and Interpretation of Levallois Technology*, edited by H.
L. Dibble and O. Bar-Yosef, pp. 41-68. Madison, WI: Prehistory Press.

Bordes, F., and D. de Sonneville-Bordes, 1970. The significance of variability
in Paleolithic assemblages. *World Archaeology* 2: 61-73.

Bordes, François, 1961. *Typologie du palélithique ancien et moyen*.
Publications de l'Institut de Préhistoire de l'Universite' de Bordeaux,
Mémoire 1, Bordeaux.

Bordes, François, 1972. *Tale of Two Caves*. Joanna Cotler Books.

Brantingham, P. J., J. W. Olsen, J. A. Rech, and A. I. Krivoshapkin, 2000. Raw
Material Quality and Prepared Core Technologies in Northeast Asia.
Journal of Archaeological Science 27: 255-271.

Braun, D. R., J. C. Tactikos, J. V. Ferraro, S. L. Arnow, and J. W. K. Harris,
2008. Oldowan reduction sequences: methodological considerations.
Journal of Archaeological Science 35: 2153-2163.

Braun, D. R., T. Plummer, J. V. Ferraro, P. Ditchfield, and L. C. Bishop, 2009.
Raw material quality and Oldowan hominin toolstone preferences:
evidence from Kanjera South, Kenya. *Journal of Archaeological Science*
36: 1605-1614.

Brumma, Adam, and Andrew McLaren, 2011. Scraper reduction and "imposed
form" at the Lower Palaeolithic site of High Lodge, England. *Journal of
Human Evolution* 80(2): 185-204.

Buchanan, B., 2006, An analysis of Folsom projectile point resharpening
using quantitative comparisons of form and allometry. *Journal of
Archaeological Science* 33: 185-199.

Buchanan, B., and Collard, M., 2007, Investigating the peopling of North
America through cladistic analyses of Early Paleoindian projectile
points. *Journal of Anthropological Archaeology* 26: 366-393.

Cahen, D., L. H. Keeley, and F. L. Van Noten, 1979. Stone tools, toolkits, and
human behavior in prehistory. *Current Anthropology* 20: 661-683.

Chatters, James C., 1987. Hunter-gatherer adaptations and assemblage
structure. *Journal of Anthropological Archaeology* 29: 432-454.

Chauhan, P. R., 2007. Soanian cores and core-tools from Toka, Northern
India: towards a new typo-technological organization. *Journal of*

　　　Anthropological Archaeology 26: 412-441.

Chazan, Michael, 1997. Redefining Levallois. *Journal of Human Evolution*
　　　33: 719-735.

Chazan, Michael, 2010. Technological perspective on the Upper Paleolithic.
　　　Evolutionary Anthropology 19: 57-65.

Clark, J. D,, and M. R. Kleindienst, 1974. The Stone Age cultural sequence:
　　　terminology, typology and raw material. in *Kalambo Falls Prehistoric*
　　　Site II: Later prehistoric cultures, edited by J. D. Clark, pp. 71-106.
　　　Cambridge: Cambridge University Press.

Clark, J. Desmond, 1983. Report on a visit to Palaeolithic sites in Korea. in
　　　『전곡리』, pp. 594-598. 문화재관리국 문화재연구소.

Clark, J. G. D., 1969. *World Prehistory: A New Outline*. Cambridge:
　　　Cambridge University Press.

Clarke, David L., 1978. *Analytical Archaeology*. 2nd ed. New York: Columbia
　　　University Press.

Clarke, David L., 1978. *Analytical Archaeology*. London: Methuen.

Clarkson, C., 2002. An index of invasiveness for the measurement of unifacial
　　　and bifacial retouch: a theoretical, experimental and archaeological
　　　verification. *Journal of Archaeological Science* 29(1): 65-75.

Close, A. E., 1978. The identification of style in lithic artifacts. *World*
　　　Archaeology 10: 223-237.

Close, A. E., 1996. Carry that weight: the use and transportation of stone
　　　tools. *Current Anthropology* 37: 545-553.

Close, A. E., 2000. Reconstructing movement in prehistory. *Journal of*
　　　Archaeological Method and Theory 7: 49-77.

Close, A. E., 2010. Inherited social difference at the edges of flakes.
　　　Cambridge Archaeological Journal 20: 291-322.

Cochrane, G. W. G., 2003. Artifact attribute richness and samples size
　　　adequacy. *Journal of Archaeological Science* 30: 837-848.

Cooper, Judith, and Fang Qiu, 2006. Expediting and standardizing stone
　　　artifact refitting using a computerized suitability mode. *Journal of*
　　　Archaeological Science 33: 987-998.

Corvinus, Gudrun, 2004. *Homo erectus* in East and Southeast Asia, and the questions of the age of the species and its association with stone artifacts, with special attention to handaxe-like tools. *Quaternary International* 117: 141-151.

Cotterell, B., and J. Kamminga, 1987. The Formation of Flakes. *American Antiquity* 52(4): 675-708.

Cotterell, B., and J. Kamminga, 1992. *Mechanics of Pre-Industrial Technology.* Cambridge: Cambridge University Pess.

Craig, O., H. Saul, A. Lucquin, Y. Nishida, K. Taché, L. Clarke, A. Thompson, D. T. Altoft, J. Uchiyama, M. Ajimoto, K. Gibbs, S. Isaksson, C. P. Heron, & P. Jordan, 2013. Earliest evidence for the use of pottery. *Nature* 496: 351-354.

Debénath, Andre and Harold L. Dibble, 1994. *Handbook of Paleolithic Typology 1: Lower and Middle Paleolithic of Europe*, University Museum, University of Pennsylvania, Philadelphia(이선복 옮김, 『구석기 형식분류』. 사회평론, 2012).

Delagnes, A., Roche, H., 2005. Late Pliocene hominid knapping skills: the case of Lokalalei 2C, West Turkana, Kenya. *Journal of Human Evolution* 48: 435-472.

de Sonneville-Bordes, D., and J. Perot, 1954-6. Lexique typologique du Paléolithique supérieur. *Bulletin de la Société Préhistorique de France* 51, 53, 54.

Dibble, H. L., 1987. The interpretation of Middle Paleolithic scraper morphology. *American Antiquity* 52: 109-117.

Dibble, H. L., 1988. Typological aspects of reduction and intensity of utilization of lithic resources in the French Mousterian. In *Upper Pleistocene Prehistory of Western Eurasia*, eds. H. L. Dibble & A. Montet-White, pp. 181-197. University Museum Monograph 54. Philadelphia: University of Pennsylvania.

Dubreuil, L., 2004. Long-term trends in Natufian subsistence: a use-wear analysis of ground stone tools. *Journal of Archaeological Science* 31: 1613-1629.

Dubreuil, L, and Daniel Savage, 2014. Ground stones: a synthesis of the use-wear approach. *Journal of Archaeological Science* 48: 139-153.

Dunnell, Robert C., 1971. *Systematics in Prehistory*. New York: Free Press.

Eerkens, J. W., 1998. Reliable and Maintainable Technologies: Artifact Standardization and the Early to Later Mesolithic Transition in Northern England. *Lithic Technology* 23: 42-53.

Eerkens, J. W., and Rosenthal, J. S., 2004. Are obsidian subsources meaningful units of analysis?: temporal and spatial patterning of subsources in the Coso Volcanic Field, southeastern California. *Journal of Archaeological Science* 31: 21-29.

Ellis, C. J., 1997. Factors influencing the use of stone projectile tips, in *Projectile Technology*, ed., H. Knecht, pp. 37-74. New York: Plenum Press.

Elston, R. G., and J. P. Brantingham, 2002. Microlithic technology in nothern Asia: a risk minimizing strategy of the late Paleolithic and early Holocene. in *Thinking Small: Global Perspectives on Microlithization*, pp. 117-132. Anthropological Papers 12. Arlington, Virginia: American Anthropological Assocaition.

Elston, Robert G., and Steven L. Kuhn (eds.), 2002. *Thinking Small: Global Perspectives on Microlithization*, Anthropological Papers 12. Arlington, Virginia: American Anthropological Association.

Ensor, H. Blaine, and Erwin Roemer, Jr., 1989. Comments on Sullivan and Rozen's debitage analysis and archaeological interpretation. *American Antiquity* 54: 175-178.

Eren, M. I., M. Dominguez-Rodrigo, S. L. Kuhn, D. S. Adler, I. Le, and O. Bar-Yosef, 2005. Defining and measuring reduction stone tools. *Journal of Archaeological Science* 32: 1190-1201.

Eren, M. I., S. J. Lycett, C. I. Roos, and C. G. Sampson, 2011. Toolstone constraints on knapping skill: Levallois reduction with two different raw materials. *Journal of Archaeological Science* 38: 2731-2739.

Frere, John, 1800. Account of flint weapons discovered at Hoxne in Suffolk. *Archaeologia* Volume 13.

Gamble, Clive, 1999. *The Palaeolithic Societies of Europe*. Cambridge University Press, Cambridge. UK.

Gamble, Clive, 2007. *Origins and Revolutions: Human Identity in Earliest*

Prehistory. Cambridge University Press, Cambridge. UK.

Gamble, Clive, John Gowlett, and Robin Dunbar, 2014. *Thinking Big: How the Evolution of Social Life Sahped the Human Mind*. London: Thames & Hudson.

Gao, Xing, and Christopher Norton, 2002. A critique of the Chinese Middle Palaeolithic. *Antiquity* 76: 397-412.

Genéste, J.-M., and S. Maury, 1997. Contributions of multidisciplinary experimentation to the study of Upper Paleolithic projectile points. In *Projectile Technology*, ed. Heide Knecht, pp. 165-190. Interdisciplinary Contributions to Archaeology. New York: Plenum Press.

Goodale, Nathan, and William Andrefsky, Jr. (eds.), 2015. *Lithic Technological Systems and Evolutionary Theory*. Cambridge University Press.

Gowland, William, 1895. Note on the Dolmens and Other Antiquities of Korea. *Journal of the Anthropological Institute of Great Britain and Ireland* Vol. 24: 318-331.

Gowlett, John, 1992. *Ascent to Civilization: The Archaeology of Early Humans*. McGraw-Hill.

Grayson, D. K., 1983. *The Establishment of Human Antiquity*. New York: Academic Press.

Grayson, D. K., and Cole, Stephen C., 1998. Stone Tool Assemblage Richness during the Middle and Early Upper Palaeolithic in France. *Journal of Archaeological Science* 25: 927-938.

Hamon, Caroline, 2008. Functional analysis of stone grinding and polishing tools from the earliest Neolithic of north-western Europe. *Journal of Archaeological Science* 35: 1502-1520.

Harmand, S., J. E. Lewis, C. S. Feibel, C. J. Lepre, S. Prat, A. Lenoble, X. Boës, R. L. Quinn, M. Brenet, A. Arroyo, N. Taylor, S. Clément, G. Daver, J.-P. Brugal, L. Leakey, R. A. Mortlock, J. D. Wright, S. Lokorodi, C. Kirwa, D. V. Kent, and H. Roche, 2015. 3.3-million-year-old stone tools from Lomekwi 3, West Turkana, Kenya. *Nature* 521: 310-315.

Hayden, Brian (ed.), 1979. *Lithic Usewear Analysis*. New York: Academic Press.

Hayden, B., N. Franco, and J. Spafford, 1996. Evaluating lithic strategies and design criteria. in *Stone Tools: Theoretical Insights into Human Prehistory*. ed., G. Odell, pp. 9-45. Plenum, New York.

Hiscock, P., and V. Attenbrow, 2003. Early Australian implement variation: a reduction model. *Journal of Archaeological Science* 30: 239-249.

Hiscock, Peter, and Chris Clarkson, 2005. Experimental evaluation of Kuhn's geometric index of reduction and the flat-flake problem. *Journal of Archaeological Science* 32: 1015-1022.

Ingbar, Eric E., 1994. Lithic material selection and technological organization. in *The Organization of North American Prehistoric Chipped Stone Tool Technologies*, ed., P. Carr, pp. 45-56. Ann Arbor: International Monographs in Prehistory.

Inizan, Marie-Louise, Helene Roche, and Jacques Tixier, 1992. *Technology of Knapped Stone*. Meudon, CREP, France.

Isaac, G. Ll., 1977. *Olorgesailie: Archaeological studies of a Middle Pleistocene Lake Basin in Kenya*. Chicago: University of Chicago Press.

Jensen, H. Juel, 1988. Functional analysis of prehistoric flint tools by high-power microscopy: a review of West European Research. *Journal of World Prehistory* 2(1): 53-88.

Jeske, R. J., 1992. Energetic efficiency and lithic technology: an Upper Mississippian example. *American Antiquity* 57(3): 467-481.

Jia, Peter Weiming, Trudy Doelman, Chuanjia Chen, Hailong Zhao, Sam Lin, Robin Torrence, and Michael D. Glascock, 2010. Moving sources: A preliminary study of volcanic glass artifact distributions in northeast China using PXRF. *Journal of Archaeological Science* 37: 1670-1677.

Keeley, Lawrence, 1981. *Experimental Determination of Stone Tool Uses: A Microwear Analysis*. Chicago: University of Chicago Press.

Kelly, R. L., 1988. The three sides of a biface. *American Antiquity* 53: 717-734.

Kelly, R. L., 1992. Mobility/sedentism: concepts, archaeological measures, and effects. *Annual Review of Anthropology* 21: 43-66.

Kelly, R. L., 2013. *The Lifeways of Hunter-Gatherers: The Foraging Spectrum*. Cambridge University Press(성춘택 옮김,『수렵채집 사회: 고고학과 인류학』. 사회평론, 2014).

Kim, Minkoo, Heung-Nam Shin, Shinhye Kim, Dong-jung Lim, Kyuhee Jo, Ara Ryu, Haesun Won, Semi Oh, and Hyengsin Noh, 2015. Population and social aggregation in the Neolithic Chulmun villages of Korea. *Journal of Anthropological Archaeology* 40: 160-182.

Kimura, Yuki, 2002. Examining time trends in the Oldowan technology at Beds I and II, Olduvai Gorge. *Journal of Human Evolution* 43: 291-321.

Klein, Richard G., 2009. *The Human Career: Human biological and cultural origins.* 3rd ed. Chicago: University of Chicago Press.

Klein, Richard G. (with Edgar Blake), 2002. *The Dawn of Human Culture.* New York: Wiley.

Kohn, Marek, and Steven Mithen. 1999. Handaxes: products of sexual selection? *Antiquity* 73: 518-526.

Kononenko, Nina, Robin Torrence, and Peter White, 2015. Unexpected used for obsidian: experimental replication and use-wear/residue analyses of chopping tools. *Journal of Archaeological Science* 54: 254-269.

Kuhn, S. L., 1991. "Unpacking" reduction: lithic raw material economy in the Mousterian of West-Central Italy. *Journal of Anthropological Archaeology* 10: 76-106.

Kuhn, S. L., 1992. Blank form and reduction as determinants of Mousterian scraper morphology. *American Antiquity* 57: 115-128.

Kuhn, S. L., 1994. A formal approach to design and assembly of mobile toolkits. *American Antiquity* 59(3): 426-442.

Kuhn, S. L., 1995. *Mousterian Lithic Technology.* Princeton, Princeton, NJ: Princeton University Press.

Kuhn, Steven L., 1990. A geometric index of reduction for unifacial stone tools. *Journal of Archaeological Science* 17: 585-593.

Leakey, Mary, 1971. *Olduvai Gorge, vol. 3 Excavations in Beds I and II, 1960-1963.* Cambrige: Cambridge University Press.

Lerner, H., X. Du, A. Costopoulos, and M. Ostoja-Starzewski, 2007. Lithic raw material physical properties and use-wear accrual. *Journal of Archaeological Science* 34: 711-722.

Lipo, Carl, 2005. *Mapping Our Ancestors: Phylogenetic method in anthropology and prehistory,* C. P. Lipo, M. J. O'Brien, M. Collard, & S.

Shennan, eds., Aldine Transaction.

Luedtke, B., 1992. *An Archaeologist's Guide to Chert and Flint.* Los Angeles: University of California Press.

Lycett, S. J., 2007a. Is the Soanian techno-complex a Mode 1 or Mode 3 phenomenon? A morphometric assessment. *Journal of Archaeological Science* 34: 1434-1440.

Lycett, S. J., 2007b. Why is there a lack of Mode 3 Levallois technologies in East Asia? A phylogenetic test of the Movius-Schick hypothesis. *Journal of Anthropological Archaeology* 26: 541-575.

Lycett, S. J., 2009. Are Victoria West cores "proto-Levallois"? A phylogenetic assessment. *Journal of Human Evolution* 56: 175-191.

Lycett, S. J., 2010. Quantifying transitions: morphometric approaches to Palaeolithic variability and technological change. In *Sourcebook of Paleolithic Transitions: Methods, Theories and Interpretations*, edited by M. Camps and P. R. Chauhan. New York: Springer.

Lycett, S. J., and C. J. Norton, 2010. The Movius Line and Old World Palaeolithic patterns: the state of the debate. *World Archaeology* 42(4): 521-544.

Lycett, S. J., and M. I. Eren, 2013. Levallois economics: and examination of 'waste' production in experimental produced Levallois reduction sequences. *Journal of Archaeological Science* 40: 2384-2392.

Machin, A. J., Hosfield, R. T., and Mithen, S. J., 2007. Why are some handaxes symmetrical? Testing the influence of handaxe morphology on butchery effectiveness. *Journal of Archaeological Science* 34: 883-893.

McCall, Grant, 2007. Behavioral ecological models of lithic technological change during the Middle Stone Age in South Africa. *Journal of Archaeological Science* 34: 1738-1751.

McCall, Grant S. (ed.), 2010. *Pushing the Envelope: Experimental Directions in the Archaeology of Stone Tools.* Nova Science Publication.

McPherron, Shannon, 2007. *Tools versus Cores: Alternative Approaches to Stone Tool Analysis.* Cambridge Scholar Publishing.

Mellars, Paul, 1996. *The Neanderthal Legacy.* Princeton, New Jersey: Princeton University Press.

Morales, Juan I., and Josep M. Vergès, 2014. Technological behaviors in Paleolithic foragers. Testing the role of resharpening in the assemblage organization. *Journal of Archaeological Science* 49: 302-316.

Movius, Hallam L., 1944. Early man and Pleistocene stratigraphy in southern and eastern Asia. *Papers of the Peabody Museum of American Archaeology and Ethnology* 19(3): 1-125.

Movius, Hallam L., 1948. The Lower Paleolithic cultures of southern and eastern Asia. *Transactions of the American Philosophical Society* 38: 329-420.

Nelson, M. C., 1991. The study of technological organization. In *Archaeological Method and Theory 3*, edited by M. B. Schiffer, pp. 57-100. University of Arizona Press. Tucson. Arizona.

Norton, Christopher J., and Bae, Kidong, 2009. Erratum to The Movius Line *sensu lato* further assessed and defined. *Journal of Human Evolution* 57: 331-334.

Norton, Christopher J., Bae, Kidong, Harris, J. W. K., and Lee, H. Y., 2006. Middle Pleistocene handaxes from the Korean Peninsula. *Journal of Human Evolution* 51: 527-536.

Nowell, April, and Iain Davidson, 2011. *Stone Tools and the Evolution of Human Cognition*. University Press of Colorado.

O'Brien, M. J., R. L. Lyman, and M. B. Schiffer, 2005. *Archaeology as a Process: Processualism and Its Progeny*. Plenum Press, New York.

O'Brien, M J., M. T. Boulanger, B. Buchanan, M. Collard, R. L. Lyman, and J. Darwent, 2014. Innovation and cultural transmission in the American Paleolithic: phylogenetic analysis of easter Paleoindian projectile-point classes. *Journal of Anthropological Archaeology* 34: 100-119.

O'Brien, M. J., J. Darwent, and R. L. Lyman, 2001. Cladistics is useful for reconstructing archaeological phylogenies: Palaeoindian points from the southeastern United States. *Journal of Archaeological Science* 28: 1115-1136.

Odell, G. H., 2000. Stone tool research at the end of the millennium: procurement and technology. *Journal of Archaeological Research* 8(4): 269-331.

Odell, George H. (editor), 1996. *Stone Tools: Theoretical Insights into Human Prehistory*. Springer, New York.

Odell, George, 2004. *Lithic Analysis*. Kluwer/Plennum, New York.

Oguchi, Chiaki T., 2001. Formation of weathering rinds on andesite, *Earth Surface Processes and Landforms, Weathering* 26(8): 847-858.

Parry, W. J., and R. L. Kelly, 1987. Expedient core technology and sedentism. in *The Organization of Core Technology*, edited by Jay K. Johnson and C. A. Morrow, pp. 285-304. Westview Press, Boulder, Colorado.

Patterson, L., 1982. Characteristics of bifacial-reduction flake-size distribution. *American Antiquity* 55: 550-558.

Railey, J. A., 2010. Reduced mobility or the bow and arrow? Another look at 'expedient' technologies and sedentism. *American Antiquity* 75: 259-286.

Ricklis, Robert A., and Kim A. Cox, 1993. Examining lithic technological organization as a dynamic cultural subsystem: the advantages of an explicitly spatial approach. *American Antiquity* 58: 444-461.

Rolland, N., and H. L. Dibble, 1990. A new synthesis of Middle Paleolithic variability. *American Antiquity* 55: 480-499.

Rosen, Steven A., 1996. *Lithics after the Stone Age: A Handbook of Stone Tools from the Levant*. Altamira, Walnut Creek, CA.

Rots, Veerle, and Hughes Plisson, 2014. Projectiles and the abuse of the use-wear method in a search for impact. *Journal of Archaeological Science* 48: 154-165.

Rowan, Yorke M., and Jennie R. Ebeling, 2008. *New Approaches to Old Stones: Recent Studies of Ground Stone Artifacts*. Equinox.

Sackett, J. R., 1977. The meaning of style in archaeology. *American Antiquity* 42: 369-380.

Sackett, J. R., 1982. Approaches to style in lithic archaeology. *Journal of Anthropological Archaeology* 1: 59-112.

Sak, P. B, D. M. Fisher, T. W. Gardner, K. Murphy, and S. L. Brantley, 2004. Rates of weathering rind formation on Costa Rican basalt. *Geochimica et Cosmochimica Acta* 68(7): 1453-1472.

Schick, Kathy D., and Nicholas Toth, 1994. *Making Silent Stones Speak:*

Human Evolution and The Dawn Of Technology. Touchstone.

Schick, Kathy D., and Nicholas Toth, 2007. *The Oldowan: Case Studies in the Earliest Stone Age*. The Stone Age Institute Press.

Schiffer, M. B., 1972. Archaeological context and systemic context. *American Antiquity* 37: 156-165.

Schiffer, M. B., 1987. *Formation Processes of the Archaeological Record*. Albuquerque: University of New Mexico Press.

Schneider, Joan S., 2009. Analyses of ground stone milling and processing implements, decorative and ritual objects, cutting and abrading tools. in *Archaeological Laboratory Methods: An Introduction*, M. Q Sutton & B. R. Arkush, eds., pp. 75-109. Kendall/Hunt Publishing, Dubuque, IA.

Semenov, S., 1964. *Prehistoric Technology*. Cory, Adams and Mackay, London.

Seong, Chuntaek, 1998. Microblade technology in Korea and adjacent northeast Asia. *Asian Perspectives* 37: 245-278.

Seong, Chuntaek, 2002. Issues in lithic use-wear studies. 『한국구석기학보』 6: 61-76.

Seong, Chuntaek, 2004. Quartzite and vein quartz as lithic raw materials reconsidered: a perspective from Korea. *Asian Perspectives* 43: 73-91.

Seong, Chuntaek, 2007. Late Pleistocene microlithic assemblages in Korea. in *Origin and Spread of Microblade Technology in Northern Asia and North America*, Y. V. Kuzmin, S. G. Keates, & Chen Sehn, eds., pp. 103-114. Burnaby, BC: Archaeology Press, Simon Fraser University.

Seong, Chuntaek, 2008. Tanged points and evolution of Late Paleolithic hunting in Korea. *Antiquity* 82: 871-883.

Seong, Chuntaek, 2009. Emergence of a blade industry and evolution of Late Paleolithic technology in Republic of Korea. *Journal of Anthropological Archaeology* 65: 417-451.

Seong, Chuntaek, 2014. Large flake technology and the Acheulian problem in Korea. Paper presented at the International Meeting of Asian Paleolithic Association, Gonju, Korea.

Seong, Chuntaek, 2015. Diversity of Lithic Assemblages and Evolution of Late Paleolithic Culture in Korea. *Asian Perspectives* 54: 91-112.

Seong, Chuntaek, and Christopher Bae, 2016. The easteran Asian 'Middle Palaeolithic' revisited: a view from Korea. *Antiquity* 90(353): 1151-1165.

Seong, Chuntaek, Costly signaling, waste, and handaxe enigma. manuscript in preparation.

Sharon, Gonen, 2008. The impact of raw material on Acheulian large flake production. *Journal of Archaeological Science* 35: 1329-1344.

Sharon, Gonen, 2009. The Acheulian giant core technology: a worldwide perspective. *Current Anthropology* 50(3): 335-367.

Shea, John J., 1988. Spear points from the Middle Paleolithic of the Levant. *Journal of Field Archaeology* 15: 441-450.

Shea, John J., 2006, The origins of lithic projectile point technology: evidence from Africa, the Levant, and Europe. *Journal of Archaeological Science* 33: 823-846.

Shea, John J., 2013. Lithic Modes A-I: A New framework for describing global-scale variation in stone tool technology illustrated with evidence from the east Mediterranean Levant. *Journal of Archaeological Method and Theory* 20(1): 151-186.

Shott, Michael J., 1986. Technological organization and settlement mobility: an ethonographic examination. *Journal of Anthropological Research* 42: 15-51.

Shott, Michael J., 1994. Size and form in the analysis of flake debris: review and recent approaches. *Journal of Archaeological Method and Theory* 1(1): 69-110.

Siegel, Peter, 1984. Functional variability within an assemblage of endscrapers. *Lithic Technology* 13: 35-51.

Stahle, D., and J. E. Dunn, 1982. An analysis and application of the size distribution of waste flakes from the manufacture of bifacial stone tools. World Archaeology 14: 84-97.

Steffer, A., E. J. Skinner, and P. W. Ainsworth, 1998. A view to the core: technological units and debitage analysis. In *Unit Issues in Archaeology: Measuring Time, Space, and Material*, edited by A. F. Ramenofsky and A. Steffen. Salt Lake City: University of Utah Press. pp. 131-146.

Sullivan III, A. P., and K. C. Rozen, 1985. Debitage analysis and archaeological interpretation. *American Antiquity* 50: 755-779.

Tallavaara, M., M. A. Manninen, E. Hertell, and T. Rankama, 2010. How flakes shatter: a critical evaluation of quartz fracture analysis. *Journal of Archaeological Science* 37: 2442-2448.

Teltser, P. A., 1991. Generalized core technology and tool use: a Mississippian example. *Journal of Field Archaeology* 18: 363-375.

Torrence, Robin, 1989. Re-tooling: towards a behavioral theory of stone tools. In *Time, Energy and Stone Tools*, edited by R. Torrence, pp. 57-66. Cambridge University Press, Cambridge.

Torrence, Robin (ed.), 1989. *Time, Energy and Stone Tools*. Cambridge University Press, Cambridge, UK.

Toth, N., 1985. Oldowan reassessed: a close look at early stone artifacts. *Journal of Archaeological Science* 12: 101-120.

Trigger, Bruce G., 1989. *A History of Archaeological Thought*. Cambridge University Press, Cambridge(성춘택 옮김, 2010. 『브루스 트리거의 고고학사』. 사회평론).

Vaughn, Patrick, 1985. *Use-Wear Analysis of Flaked Stone Tools*. University of Arizona Press, Tucson, AZ.

Wang, Chunxue, Gao Xing, Chen Quanjia, Zhao Hailong, and Fang Qi, 2008. New discoveries of the Upper paleolithic microblade(or bade)-based micro-tool industry in northeast China. 『한국구석기학보』 18: 79-106.

Wenke, Robert J., 1991. *Patterns in Prehistory: Humankind's First Three Million Years*. Oxford University Press.

Whittaker, John C., 1994. *Flintknapping: Making and Understanding Stone Tools*. University of Texas press, Austin, TX.

Wu, Xiaohong, Chi Zhang, Paul Goldberg, David Cohen, Yan Pan, Trina Arpin, and Ofer Bar-Yosef, 2012. Early Pottery at 20,000 Years Ago in Xianrendong Cave, China. *Science* 336: 1696-1700.

Wylie, Alison, 2002. *Thinking From Things: Essays in the Philosophy of Archaeology*. Berkely: University of California Press.

찾아보기

271, 272, 276, 280, 287, 361, 410, 412

통형석부 324, 325, 328, 422

투공구 156, 174

ㅍ

패총 44, 167, 168, 176, 177, 297, 298, 420, 424

페르드(Boucher de Perthes) 39

편인 160, 172, 177, 178, 180-182, 186, 325, 327-331, 422, 427, 428

편평편인석부 160, 177, 182, 183, 328, 335, 427, 429

풍화테 76, 77, 80, 81, 85, 94

프레어(John Frere) 38, 39

플라이스토세(Pleistocene) 40, 211, 293, 295, 377, 410, 418

플린트 36, 39, 40, 65, 77, 82, 83, 374

ㅎ

하가 214, 217, 284, 332

하빌리스(Homo habilis) 20, 406

하화계리 87, 163, 217, 221, 417

합인 151, 157, 160, 178, 186, 327, 329-331

합인석부 151, 157, 160, 178, 180, 182, 324, 325, 327-329, 331, 335, 422, 427, 429, 431

헤르츠 원추(Hertzian cone) 96, 97

현생인류(modern human, Homo sapiens) 21, 186, 194, 210, 211, 407, 415

혈암 ⇒ 셰일

형식분류 ⇒ 분류체계

형태 속성 31, 95, 201, 217, 234, 262, 265, 269, 275, 278, 280, 287, 306, 307, 345, 346, 357, 358, 374, 376

호평동 214, 217, 248-250, 279, 284, 286, 290, 291, 373, 415-417

혼펠스 64, 65, 75, 76, 78-81, 88, 89, 91, 142, 157, 171, 182, 184, 220, 249, 290, 299, 315, 414, 417

홈날 24, 45, 46, 54, 84, 125, 138-140, 271, 276, 280

홈자귀 160, 181, 182, 328, 329, 427, 428, 430, 433

화대리 164, 283, 415

후빙기 163, 288, 294, 297, 417-419

후지타 료사쿠(藤田亮策) 44, 302

후퇴적변형(postdepositional alteration) 109, 244-248, 360, 371, 381, 436

흑요석 44, 54, 68, 82, 86-88, 91, 92, 96-98, 100, 115, 163, 202, 214, 221, 222, 229, 233, 248-250, 285, 297, 373, 374, 404, 407, 414, 417, 420, 428

흔암리유형 348, 378, 429